O tempo do nacional-estatismo

Jorge Ferreira e Lucilia de Almeida Neves Delgado
(Organizadores)

O tempo do nacional--estatismo

Do início da década de 1930 ao apogeu do Estado Novo

Segunda República (1930-1945)

Coleção O Brasil Republicano

Volume 2

12ª edição revista e atualizada

CIVILIZAÇÃO BRASILEIRA
Rio de Janeiro
2025

Capa: Ronaldo Alves
Foto de capa: Arquivo Nacional

CIP-BRASIL. CATALOGAÇÃO NA PUBLICAÇÃO
SINDICATO NACIONAL DOS EDITORES DE LIVROS, RJ

T28 O tempo do nacional-estatismo: do início dos anos 1930 ao
12. ed. apogeu do Estado Novo: Segunda República (1930-1945) / organização Jorge Ferreira, Lucília de Almeida Neves Delgado – 12ª ed., rev. e atual. – Rio de Janeiro: Civilização Brasileira, 2025. (O Brasil Republicano; 2)

Inclui bibliografia
Inclui filmografia, encarte
ISBN 978-85-200-1358-8

1. Brasil – História, 1930 – 1945. 2. Brasil – Política e governo, 1930-1945. I. Ferreira, Jorge. II. Delgado, Lucília de Almeida Neves. III. Série.

CDD: 981.06
18-51801 CDU: 94(81) "1930/1945"

Vanessa Mafra Xavier Salgado – Bibliotecária – CRB-7/6644

EDITORA AFILIADA

Texto revisado segundo o novo Acordo Ortográfico da Língua Portuguesa.

Direitos desta edição adquiridos pela
EDITORA CIVILIZAÇÃO BRASILEIRA
Um selo da
EDITORA RECORD LTDA.
Rua Argentina, 171 – Rio de Janeiro, RJ – 20921-380 –
Tel.: (21) 2585-2000.

Impresso no Brasil
2025

Sumário

Apresentação

Em novembro de 2003, no Rio de Janeiro e em Belo Horizonte, ocorreu o lançamento da coleção O Brasil Republicano, em quatro volumes. Na *Apresentação* da primeira edição, fizemos algumas considerações que, passados tantos anos, reescrevemos:

> Análises e interpretações relativas à História do Brasil Republicano têm, na maior parte das vezes, destacado uma questão recorrente: a de que a construção e consolidação da cidadania e da democracia são, simultaneamente, dilema e desafio que perpassam o cotidiano nacional brasileiro.
>
> Dilema, pois a herança do passado colonial/patrimonial tem persistido, sob diferentes formas e graus, ao longo da trajetória republicana, reproduzindo manifestações de práticas autoritárias, tanto na esfera privada quanto na pública.
>
> Desafio, pois a construção da democracia no Brasil tem encontrado inúmeros focos de resistência que se manifestam em diferentes formas de comportamento político autoritário, destacando-se os períodos ditatoriais, tanto o do Estado Novo quanto o do regime militar. Persistem também formas antigas, mas ainda usuais, de mandonismo local e de patrimonialismo. Essas práticas, em especial a do patrimonialismo, teimam em se reproduzir em escalas ampliadas, contaminando a esfera pública nos planos municipal, estadual e federal. Expressam-se em diferentes maneiras de apropriação do público pelo privado e, embora pudessem ser consideradas ultrapassadas, demonstram, no alvorecer desse novo milênio, uma vitalidade incontestável que contamina as instituições republicanas brasileiras.
>
> Na verdade, a democracia e a plena realização da cidadania no Brasil apresentam-se como um dilema histórico ainda a ser decifrado e um desafio a ser enfrentado.

Analisar e entender, em diferentes ângulos, esse processo é tarefa que requer o estudo de diversas temáticas que, inter-relacionadas, possibilitem melhor compreensão das esferas micro e macro da História. Mas tal tarefa, por sua envergadura, não pode deixar de contar com a contribuição de um elenco plural de historiadores e de profissionais de outras áreas da Ciências Humanas. Esse é um dos maiores e melhores motivos para atualização, reedição e ampliação da coleção O Brasil Republicano.

Durante a preparação dos originais da primeira edição, fomos ambiciosos. Afirmávamos que nosso objetivo era atingir todos os brasileiros curiosos pela própria história. Passados tantos anos, não sabemos se alcançamos essa meta. Também dissemos que queríamos que os livros colaborassem com um público muitas vezes esquecido: alunos e professores de nível médio. Acreditamos que nosso objetivo foi alcançado em parte, sobretudo no caso dos professores de nível médio. Igualmente nos referimos a alunos de graduação em Ciências Humanas, em particular na área de História, grande parte deles com dificuldades para adquirir livros que resultam de pesquisas originais. Nesse aspecto, nossas expectativas tiveram grande sucesso. Os quatro volumes da coleção foram adotados por professores universitários de História, e diversos capítulos da coleção serviram como recurso didático, sendo discutidos em salas de aula. O Brasil Republicano, dessa maneira, tornou-se material didático de nível superior adotado nos cursos de graduação em História.

No entanto, a pesquisa historiográfica sobre o período republicano tem avançado muito nos últimos tempos. O país tem mais de 50 cursos de pós-graduação e cerca de 250 de graduação em História. Nesse sentido, pensamos em atualizar a coleção, convidando os autores a revisarem seus capítulos, pois entendemos que na produção do conhecimento histórico e historiográfico é fundamental considerar dois tempos específicos: o referente ao desenrolar dos acontecimentos e processos e o relativo à produção de interpretações e narrativas sobre a construção do movimento da História. Desde os idos de 2003, quando a coleção veio a público, a História sobre a República brasileira ganhou novas e relevantes contribuições que não podem e não devem ser desconsideradas. O acesso a novas fontes impressas, iconográficas e audiovisuais – vide como exemplo os relatórios da Comissão da Verdade – têm contribuído para rico processo de escrita e reescrita da História, que conta também com o suporte de novas abordagens teóricas e conceituais.

Para que a atualização da coleção ficasse mais abrangente, considerando, inclusive, a crescente aceitação de pesquisas e estudos sobre o tempo presente, decidimos publicar o quinto volume que trata da Nova República (1985-2016). Tarefa audaciosa e, sobretudo, trabalhosa, mas que contou com o apoio da editora Civilização Brasileira.

A nova edição da coleção, portanto, sofreu mudanças. Uma delas foi a revisão e atualização dos capítulos. A maioria dos autores interferiu no seu próprio texto, revisando e/ou inserindo nele a produção historiográfica mais recente. Outra alteração resultou de nossa avaliação de que temas relevantes estavam ausentes da coleção. Assim, em todos os volumes foram incluídos capítulos sobre política externa brasileira. Foram também acrescidos capítulos sobre o segundo governo Vargas, o governo Jânio Quadros, a anistia política de 1979, entre outros temas. A bibliografia foi atualizada, privilegiando livros. A filmografia também foi atualizada, constituída por filmes exclusivamente de conteúdo histórico ou que se tornaram clássicos na história do cinema do país.

Mantivemos a mesma orientação anterior: convidar os autores considerando-se os critérios de pluralidade, especialidade e reconhecimento acadêmico. Reiteramos, assim, que aqui estão reunidos historiadores, sociólogos, cientistas políticos, economistas e profissionais da área de comunicação social e literatura de diversas universidades e instituições de pesquisa brasileiras, distribuídas por diferentes estados da federação. Sob o prisma da história política, social, cultural e econômica, os autores sugerem hipóteses interpretativas que visam a contribuir com o esforço reflexivo sobre as peculiaridades da história do Brasil República.

A obra é constituída por cinco volumes. Dois deles tiveram seus títulos alterados, obedecendo às mudanças dos próprios livros. O primeiro volume, *O tempo do liberalismo oligárquico – da Proclamação da República à Revolução de 1930*, aborda o processo político, a exclusão social e econômica, bem como os movimentos sociais e culturais na Primeira República. O segundo volume, *O tempo do nacional-estatismo – do início da década de 1930 ao apogeu do Estado Novo*, enfatiza a construção da cidadania social no país, além de análises relativas à dinâmica política e econômica em um Estado ao mesmo tempo modernizador e autoritário. O terceiro volume, *O tempo da experiência democrática – da democratização de*

1945 ao golpe civil-militar de 1964, volta-se para a vida política da época, privilegiando atores sociais que, de maneira crescente, se engajaram em lutas por reformas econômicas e sociais, como também os grupos políticos e sociais contrariados com os avanços dos movimentos reivindicatórios.

O quarto volume, *O tempo do regime autoritário – ditadura militar e redemocratização*, dedica-se ao processo de exclusão política, econômica e social sob a égide da ditadura inaugurada em 1964, mas também à luta pela redemocratização do país.

Por fim, no novo e quinto volume da coleção, *O tempo da Nova República – da transição democrática à crise política de 2016*, historiadores, sociólogos, cientistas políticos, economistas, comunicólogos e literatos discutem os processos políticos, econômicos, sociais e culturais do período iniciado em 1985 até o esgotamento da Nova República com o golpe de Estado de 2016.

Dessa forma, almejamos estar contribuindo para maior divulgação do conhecimento histórico sobre a República no Brasil.

Finalmente, agradecemos a todos os colaboradores da obra, tanto os da primeira edição quanto os da atual, o empenho e dedicação com que redigiram e/ou revisaram e atualizaram seus textos. É preciso, igualmente, agradecer aos diretores da Civilização Brasileira, em particular à editora executiva Andréia Amaral, cujo apoio e incentivo nunca nos faltaram no difícil projeto de atualização dos quatro volumes da coleção e na produção do quinto. Agradecemos ao conjunto de funcionários da Civilização Brasileira o carinho e dedicação no trato com os autores e suas obras. Nossos agradecimentos mais uma vez são dedicados aos alunos de graduação em História da Universidade Federal Fluminense (UFF) pelo trabalho com as fichas técnicas dos filmes. Por fim, um agradecimento especial aos jovens alunos de graduação em História do país. A eles, finalidade maior de nossa profissão, dedicamos a obra.

Jorge Ferreira* e
Lucilia de Almeida Neves Delgado**

* Professor Titular do programa de pós-graduação em História Social da Universidade Federal Fluminense e Professor Visitante do programa de pós-graduação em História da Universidade Federal de Juiz de Fora.

** Professora Titular aposentada de História da PUC-Minas, professora aposentada de História e Ciência Política da UFMG e professora do programa de pós-graduação em Direitos Humanos da UnB.

1. Os anos 1930: as incertezas do regime

*Dulce Chaves Pandolfi**

No dia 10 de novembro de 1937, o presidente Getúlio Vargas, que havia assumido o poder em 1930, reuniu o ministério e, diante dos microfones da Rádio Nacional, por intermédio do programa *A hora do Brasil*, apresentou ao país uma nova Constituição. Segundo as palavras do presidente, "a ordem constitucional de 1934, vazada nos moldes claros do liberalismo e do sistema representativo, evidenciara falhas lamentáveis, sob esse e outros aspectos. A Constituição estava, evidentemente, antedatada em relação ao espírito do tempo. Destinava-se a uma realidade que deixara de existir" (Vargas, 1938-1945, p. 21). Naquele momento, através de um golpe, tinha início o Estado Novo, um dos períodos mais repressivos e eficientes da história do Brasil. De acordo com o discurso de Vargas e dos homens que ajudaram a construir o novo regime, a Revolução de 1930 e o golpe de 1937 eram fases de um mesmo processo. Ou seja, o Estado Novo, segundo essa visão, seria o resultado natural de um movimento que teve o ponto de partida em 1930.[1]

Neste capítulo, procuro analisar o processo político brasileiro que começa com a Revolução de 1930 e finda em 1937, com a implantação do Estado Novo. Um dos objetivos é explorar as ambiguidades do período e apontar para a existência de diferentes projetos que disputaram o jogo político.

---

* Historiadora e presidenta do Conselho Curador do Instituto Brasileiro de Análises Sociais e Econômicas (Ibase).

Diferentemente do discurso dos vitoriosos em 1937, pretendo demonstrar que entre a revolução e o golpe ocorreram disputas importantes e, se houve continuidade entre os dois acontecimentos, houve também ruptura.[2]

Da Aliança Liberal ao Governo Provisório: os primeiros embates

Os anos que antecederam o Estado Novo foram de efervescência e disputa política. Essa situação tinha a ver com a diversidade das forças que se haviam aglutinado em torno da Aliança Liberal, a coligação partidária oposicionista que em 1929 lançou a candidatura de Getúlio Vargas à Presidência da República. Enquanto alguns dos que aderiram à Aliança Liberal faziam oposição sistemática ao regime, outros ali ingressaram apenas por discordar do encaminhamento dado pelo então presidente Washington Luís à sucessão presidencial. Conhecidos como "oligarcas dissidentes", alguns aliancistas eram ex-presidentes da República, como Artur Bernardes, Epitácio Pessoa e Venceslau Brás, governadores ou ex-governadores de estado, como Antônio Carlos Ribeiro de Andrada, Olegário Maciel, João Pessoa e o próprio Getúlio Vargas. Também participavam da Aliança Liberal os rebeldes "tenentes", um grupo de jovens oficiais do Exército que, a partir do início da década de 1920, tentava, através das armas, derrubar o regime em vigor desde 1889. Defendendo a educação pública obrigatória, a reforma agrária, a adoção do voto secreto, os tenentes se definiam como antioligárquicos e propunham um novo lugar para o Exército na sociedade brasileira. Embora o líder maior do tenentismo, Luís Carlos Prestes, não tivesse aderido à Aliança, ali estavam lideranças tenentistas expressivas como Juarez Távora, Miguel Costa, João Alberto, Siqueira Campos e Cordeiro de Farias.

A despeito da sua heterogeneidade, no ideário da Aliança Liberal estavam presentes temas relacionados com justiça social e liberdade política. Os aliancistas propunham reformas no sistema político, a adoção do voto secreto e o fim das fraudes eleitorais. Pregavam anistia para os perseguidos políticos e defendiam direitos sociais, como jornada de oito horas de trabalho, férias, salário mínimo, regulamentação do trabalho das mulheres e dos menores. Propunham também a diversificação da economia, com a defesa de outros produtos agrícolas além do café, e diminuição das disparidades regionais.

Realizadas as eleições em março de 1930, o candidato da Aliança Liberal, Getúlio Vargas, foi derrotado. Enquanto alguns aliancistas reconheciam a derrota e davam a campanha por encerrada, outros decidiam preparar uma insurreição para chegar ao poder. A condução do movimento revolucionário ficou a cargo dos tenentes e de um grupo de políticos civis. Muitos deles, como Osvaldo Aranha, Pedro Ernesto, Virgílio de Melo Franco, Carlos de Lima Cavalcanti e João Neves da Fontoura, por afinidade com as propostas tenentistas, passaram a ser conhecidos como os "tenentes civis". Alguns militares legalistas, que haviam combatido as manifestações tenentistas da década anterior, como Góes Monteiro, também participaram dos preparativos do movimento revolucionário de 1930. A revolução eclodiu em outubro e, no dia 3 de novembro, Vargas assumiu a chefia do Governo Provisório da nação. De imediato o Congresso Nacional e as assembleias estaduais e municipais foram fechados, os governadores de estado depostos e a Constituição de 1891 revogada. Vargas passou a governar por meio de decretos-leis.

Cedo começaram os embates entre os diversos grupos que tinham participado da Aliança Liberal. Uma das principais divergências foi sobre o tempo de duração do Governo Provisório. Enquanto alguns desejavam a instalação imediata da democracia, outros afirmavam que o retorno a uma ordem democrática só deveria ocorrer após a promoção das reformas sociais. Para os tenentes e seus aliados civis, o processo revolucionário iniciado em 1930 ainda não havia conseguido desmantelar os alicerces do poder oligárquico, profundamente enraizados na sociedade brasileira. Portanto, num curto prazo, qualquer eleição seria permeada pelos mesmos desvios que marcaram o jogo político ao longo da República Velha.

Disputas também ocorriam em torno do modelo de Estado a ser implantado no país. Inspirados no pensamento de autores como Oliveira Vianna e Alberto Torres, os tenentes, favoráveis a um regime forte e apartidário, queriam um Estado centralizador de orientação nacionalista e reformista. Propunham medidas como a exploração estatal do petróleo, a instalação de uma indústria siderúrgica nacional, a nacionalização das minas e demais recursos naturais e a estatização dos núcleos fundamentais da infraestrutura econômica. Já os "oligarcas dissidentes", sobretudo os representantes dos estados mais fortes da federação, defendiam propostas liberais e federativas: tentavam limitar os poderes da União e conquistar mais autonomia para o poder estadual. Para os estados do Norte e Nordeste do país, a situação era diferente. O federalismo fortemente presente na Constituição de 1891 não lhes havia sido favorável ao longo da República. Por isso eles desejavam um Estado mais intervencionista e centralizador. Eram, portanto, mais sensíveis às propostas do tenentismo. A mudança no quadro político provocada pela Revolução de 1930, diminuindo a força dos estados mais poderosos do Centro-Sul, poderia possibilitar uma participação mais expressiva em nível nacional. Para recuperar o espaço perdido ao longo da República, além do apoio do poder central, era necessário consolidar a unidade política da região. Coesos, os estados do Norte e Nordeste teriam melhores condições de participar do jogo político. Neste sentido é que a busca de uma atuação conjunta marcaria, no pós-1930, a história da região.

As primeiras medidas adotadas pelo Governo Provisório foram intervencionistas e centralizadoras, inspiradas nas reivindicações dos setores tenentistas. Entre elas estava o Sistema de Interventorias, um importante instrumento de controle do poder central na política local (Souza, 1976, pp. 87-95). Diferentemente do pré-1930, quando o governador era eleito e próximo das classes dominantes locais, no pós-1930 o interventor era nomeado e subordinado diretamente ao presidente da República. *Grosso modo*, os primeiros interventores eram vinculados ao tenentismo, podendo-se afirmar que, nos primeiros anos do processo revolucionário, ocorreu o fenômeno da "militarização das interventorias" (Pandolfi, 1980, p. 345). Em 1931, por exemplo, à exceção de Pernambuco e da Paraíba, todos os chefes dos estados das regiões Norte e Nordeste eram militares. Coube ao tenente Juarez Távora a tarefa de supervisionar as interventorias do Acre até a Bahia. Nomeado, em dezembro de 1930, delegado militar da revolução nos estados da região, Juarez, devido ao seu poder, foi apelidado o "vice-rei do Norte". Também nos estados do Centro-Sul do país muitos interventores não tinham ligações com as forças políticas locais. Essa falta de sintonia provocava frequentes crises, cujo resultado era a substituição do interventor. Entre 1930 e 1935 os vinte estados da federação e o Distrito Federal foram governados por 94 interventores (Levine, 1980, pp. 75-92). Dos que haviam sido nomeados em 1930, os únicos que permaneceram no cargo até 1932 foram Flores da Cunha, do Rio Grande do Sul, Carlos de Lima Cavalcanti, de Pernambuco, Punaro Bley, do Espírito Santo, Pedro Ludovico, de Goiás, Olegário Maciel, de Minas Gerais, e Magalhães Barata, do Pará. Em São Paulo, por exemplo, a nomeação, no imediato pós-1930, do tenente pernambucano João Alberto para chefiar o estado economicamente mais forte do país incomodou a elite paulista. Inclusive o Partido Democrático, que havia participado da Aliança Liberal, sentiu-se desprestigiado e exigiu sua deposição. Em junho de 1931 foi nomeado o paulista Laudo Camargo, mas as crises se sucediam, levando a que, em um período de menos de dois anos, fossem efetuadas cinco substituições na interventoria paulista.

Ao mesmo tempo que fazia concessões às forças políticas locais, substituindo interventores, Vargas tomava medidas que reforçavam o controle sobre os estados e cerceavam sua autonomia. Em agosto de 1931 o governo promulgou o Código dos Interventores: diferentemente do pré-1930, os estados não podiam contrair empréstimos externos sem autorização do poder central. Também não podiam gastar mais de 10% da despesa ordinária com serviços da polícia militar, dotar as polícias estaduais de artilharia e aviação ou de armá-las em proporção superior à do Exército (Fausto, 1972, p. 52). Para um regime que queria combater o exacerbado federalismo da República Velha, a nacionalização das Forças Armadas era uma questão crucial. Para diminuir o poder das oligarquias regionais fazia-se necessário diminuir seu poder de fogo.

Na área social, o Governo Provisório também fez investimentos significativos. Ainda em novembro de 1930 foram criados o Ministério do Trabalho, Indústria e Comércio, chamado Ministério da Revolução, e o Ministério da Educação e Saúde Pública. À exceção do salário mínimo, que será regulamentado durante o Estado Novo, entre 1931 e 1934 foi promulgada uma série de decretos e leis de proteção ao trabalhador. A jornada de trabalho no comércio e na indústria foi fixada em oito horas; o trabalho da mulher e do menor foi regulamentado; adotou-se uma lei de férias; foram instituídos a carteira de trabalho e o direito a pensões e aposentadorias. Esse conjunto de leis e decretos culminariam, em 1943, com a Consolidação das Leis do Trabalho. Em 1933 foi criado o Instituto de Aposentadoria e Pensões dos Marítimos e no ano seguinte o Instituto de

Aposentadoria e Pensões dos Comerciários. Por intermédio de uma legislação específica, o governo buscava nacionalizar o trabalho: em qualquer estabelecimento industrial ou comercial era exigida a presença de 2/3 de empregados nacionais.

O investimento na questão social era reforçado por uma legislação sindical cujo objetivo maior era subordinar os sindicatos à tutela do Estado. A proposta de Vargas era implantar uma estrutura sindical corporativista na qual patrões e empregados, reunidos nas associações de classe, se transformassem em elementos de sustentação do governo. Em 19 de março de 1931, através do Decreto n.º 19.770, adotou-se o modelo de sindicato único. Definido como órgão de colaboração com o poder público, o Estado só reconhecia um sindicato por categoria profissional. A sindicalização não era obrigatória, mas, na prática, tornou-se compulsória porque apenas os membros dos sindicatos oficiais eram atingidos pelos benefícios. Ou seja, o regime atrelou o gozo dos benefícios sociais à condição de trabalhador sindicalizado. Isso significava que esses direitos eram de abrangência restrita pois só existiam para os que tivessem um contrato formal de trabalho. Para arbitrar os conflitos entre patrões e empregados, o governo implantou as Juntas de Conciliação e Julgamento.

Num primeiro momento, trabalhadores e patrões resistiram à política trabalhista de Vargas. Mas aos poucos as resistências foram diminuindo. Ao mesmo tempo que afastava antigas lideranças operárias, anarquistas e comunistas, comprometidas com a autonomia sindical do passado, o governo estimulava a emergência de novas lideranças que pudessem compactuar com seu projeto corporativista.

No campo econômico, as medidas adotadas no imediato pós-1930 também foram centralizadoras e intervencionistas. O governo desejava exercer um controle maior sobre a produção e comercialização dos principais produtos agrícolas brasileiros. Visando a retirar das mãos de São Paulo o controle absoluto que o estado vinha exercendo sobre a política cafeeira, Vargas criou, em maio de 1931, o Conselho Nacional do Café (CNC). Posição mais enérgica foi adotada em fevereiro de 1933, com a criação do Departamento Nacional do Café (DNC). Enquanto o CNC era constituído por delegados dos estados produtores, os diretores do DNC eram nomeados diretamente pelo ministro da Fazenda. Em 1932 foi criado o Instituto do Cacau e no ano seguinte o Instituto do Açúcar e do Álcool, ambos instituições nacionais. Um pouco mais tarde, em 1934, surgiu o Conselho Federal de Comércio Exterior, que, além de centralizar a política do comércio exterior, se tornou um órgão de assessoramento do governo nas diversas questões econômicas. Os anos de 1930 marcam uma etapa importante nos rumos da economia brasileira. É a partir daí que se desencadeia o processo de industrialização do país.

À medida que as propostas intervencionistas e centralizadoras eram implementadas, crescia a insatisfação dos setores oligárquicos, inclusive de muitos "oligarcas dissidentes", com a Revolução de 1930. Os tenentes, por sua vez, temerosos com a força das oligarquias regionais, buscavam se organizar enquanto grupo. Para eles, a ameaça maior vinha não por parte dos "carcomidos", isto é, dos derrotados em 1930, mas dos "políticos profissionais", aqueles que, apesar de terem participado do movimento revolucionário, não haviam aderido ao "espírito da revolução". Ainda no mês de novembro de 1930, os tenentes e seus aliados civis lançaram um manifesto propondo a criação da Legião Revolucionária, uma organização nacional que congregasse as chamadas "forças revolucionárias". Com caráter civil e militar, um dos seus objetivos era reforçar o apoio popular ao Governo Provisório, garantindo a implementação das suas propostas. Mas a Legião não conseguiu se estruturar nacionalmente e, de forma diferenciada, surgiram núcleos em diversos estados da federação (Drummond, 1986, p. 216).

Outra tentativa de organização nacional do movimento tenentista foi o Clube 3 de Outubro, criado em fevereiro de 1931 e que funcionou até 1935. Inicialmente presidido por Góes Monteiro, quatro meses depois a direção estava com Pedro Ernesto, nomeado em setembro daquele ano interventor do Distrito Federal e considerado uma das principais lideranças do "tenentismo civil". Além das críticas ao federalismo oligárquico, do programa do clube constavam a defesa de um governo central forte; a intervenção do Estado na economia; a representação corporativa eleita por associações profissionais reconhecidas pelo governo; a instituição de conselhos técnicos de auxílio ao governo; a eliminação do latifúndio mediante tributação ou simples confisco; a nacionalização de várias atividades econômicas e dos transportes; a exploração estatal dos recursos hídricos e minerais; e a implantação da legislação trabalhista. Diferentemente da legião, o clube não pretendia ser uma organização de massa, mas um núcleo de pressão junto ao Governo Provisório e um centro de discussão e debate. A ideia era trazer o debate político para o clube, evitando que os conflitos entre os militares contaminassem os quartéis e acentuassem as cisões no interior das Forças Armadas. Para se ter uma ideia do estado de indisciplina que tomou conta da instituição depois da revolução, entre 1930 e 1934 ocorreram cerca de 50 movimentos militares, incluindo aí revoltas, protestos, conspirações e agitações variadas (Carvalho, 1988, p. 113).

Por outro lado, para se contrapor aos avanços do tenentismo, diversas facções oligárquicas que se haviam cindido na conjuntura pré-revolucionária de 1930 se rearticularam, exigindo o fim do regime discricionário. No fim de 1931, em São Paulo, por exemplo, o Partido Republicano Paulista, o grande derrotado no ano anterior, se reestruturou e se aliou ao seu opositor, o Partido Democrático, um dos vitoriosos de 1930. Juntos eles fundaram a Frente Única Paulista, que contava ainda com o apoio das associações de classe mais fortes do estado: da lavoura, do comércio e da indústria. No Rio Grande do Sul, lideranças que haviam participado da Revolução de 1930, como Borges de Medeiros, Raul Pilla, João Neves, articulados na Frente Única Gaúcha, começaram a questionar a continuidade do Governo Provisório. Em Minas teve início movimento semelhante. Contudo, o interventor Olegário Maciel, por meio de um acordo, conseguiu neutralizar, num primeiro momento, o Partido Republicano Mineiro, exceto a ala liderada por Artur Bernardes. Ansiosos para acelerar a marcha pela reconstitucionalização do país, lideranças do Sul tentam, sem sucesso, arregimentar os interventores do Norte e Nordeste.

Além das resistências civis, Vargas enfrentava sérias dificuldades na área militar, sobretudo por parte de setores da alta oficialidade do Exército, insatisfeitos também com o fortalecimento do tenentismo. Apesar de lançadas no centro dos acontecimentos, as Forças Armadas se encontravam frágeis e fragmentadas. Na realidade, a Revolução de 1930 havia sido um movimento civil que contou com a participação de alguns setores militares, sobretudo dos segmentos inferiores. A maioria dos oficiais não havia participado da revolução e alguns aderiram na última hora, quando o movimento estava praticamente vitorioso. Vitoriosa a revolução, era necessário ter uma cúpula militar afinada com o novo regime. Uma das primeiras medidas de Vargas foi conceder anistia a todos os tenentes revoltosos da década de 1920 que foram automaticamente reintegrados ao Exército e passaram a ocupar postos-chave no governo. A participação dos tenentes rebeldes no poder subvertia a hierarquia militar e acirrava as tensões entre a baixa e a alta oficialidade iniciadas na década anterior. Além da anistia, no imediato pós-1930, Vargas promoveu vários oficiais subalternos que haviam participado da revolução. Esse foi o caso de Góes Monteiro, uma peça-chave do novo regime e que iria ter uma importante participação no golpe de 1937. Mas, para conter as insatisfações e neutralizar a oposição militar, em maio de 1931, Vargas também promoveu ao posto de general vários oficiais que não haviam participado da Revolução de 1930. Entre eles estava Bertoldo Klinger, inimigo dos tenentes. Apesar de promovidos, alguns, como Klinger, iriam se insurgir contra o governo e marchar com as lideranças civis na luta em prol da reconstitucionalização do país.

Do Governo Provisório ao Governo Constitucional

O primeiro semestre de 1932 foi marcado por agitações e crises sucessivas nos meios civis e militares.

Pressionado, em fevereiro, o governo editou o Código Eleitoral, que contemplava diversas bandeiras da Aliança Liberal. Uma delas foi a instituição da Justiça Eleitoral. Outra foi a adoção do sufrágio universal, direto e secreto. As mulheres conquistaram a cidadania política, mas a idade para ser eleitor era de 21 anos, e os analfabetos, assim como as praças de pré e os religiosos de ordens monásticas, continuaram, como na República Velha, excluídos do processo eleitoral. O código instituía também a representação classista, uma das reivindicações do tenentismo. Da Assembleia Nacional Constituinte que iria ser convocada, além dos parlamentares eleitos pelo voto direto da população de eleitores, participariam representantes das associações de classes, eleitos indiretamente por delegados escolhidos pelos sindicatos de suas respectivas categorias profissionais. Seriam ao todo 40 representantes classistas: 17 representando os empregadores, 18, os empregados, três, os profissionais liberais, e dois, os funcionários públicos. A ideia era que a bancada classista funcionasse como uma força auxiliar do governo, neutralizando, em certo sentido, a força dos representantes das oligarquias regionais na futura Assembleia Constituinte.

No dia seguinte da decretação do Código Eleitoral, no Rio de Janeiro, a sede do *Diário Carioca*, um jornal antitenentista radical, foi depredada por elementos vinculados ao tenentismo. O ato acirrou o confronto dos tenentes com os setores oligárquicos e provocou nova crise no governo. Em protesto pelo desinteresse de Vargas em punir os culpados, vários dos seus auxiliares diretos, inclusive os ministros Maurício Cardoso, Lindolfo Collor, Assis Brasil e o chefe de polícia do Distrito Federal, Batista Luzardo, todos gaúchos, pediram demissão. Poucos meses depois, em maio, em São Paulo, estudantes depredaram a sede dos jornais favoráveis a Vargas, *A Razão* e *Correio da Tarde*, e da Legião Revolucionária. No conflito de rua, quatro estudantes foram mortos. Com as iniciais dos nomes dos estudantes mortos, Miragaia, Martins, Dráusio e Camargo, formou-se uma entidade, o MMDC, encarregada de coordenar as ações preparatórias para um levante armado pró-reconstitucionalização do país, que seria desencadeado em São Paulo.

Apesar de Vargas ter assinado no dia 14 de maio um decreto criando uma comissão para elaborar o anteprojeto constitucional e marcando para 3 de maio de 1933 as eleições para a Assembleia Nacional Constituinte, as insatisfações contra o governo continuavam.

Ainda no fim de maio, num clima de muita tensão, Vargas enfrentou grave crise militar, que redundou na demissão do ministro da Guerra Leite de Castro, no cargo desde novembro de 1930 e que foi substituído pelo general de reserva Espírito Santo Cardoso. A crise ficou conhecida como o caso dos "picolés" e "rabanetes". Eram considerados "picolés" os tenentes que se haviam mostrado "frios" diante da adesão tardia dos oficiais à Revolução de 1930. Os "picolés", por sua vez, chamavam os adesistas de última hora de "rabanetes", por serem vermelhos por fora mas brancos por dentro. Quando o ministro da Guerra, para efeito de promoção, considerou os "picolés" mais antigos do que os "rabanetes", estes protestaram e foram punidos disciplinarmente. O impasse foi solucionado com a criação de quadros paralelos de promoção para os "picolés", cujas promoções por antiguidade se fariam sem preenchimento de vagas e, portanto, sem prejuízo para os "rabanetes" com igual tempo de serviço. Mas a punição dos "rabanetes" gerou revoltas nas guarnições militares de diversos estados e contribuiu para aumentar o clima de agitação política que grassava nos meios civis e militares.

Em julho, eclodiu uma revolução em São Paulo que se transformou na pior guerra civil vivida pelo país. O comando geral da revolução estava com Isidoro Dias Lopes, um dos tenentes revoltosos da década de 1920 e revolucionário de 1930. São Paulo se sentia o grande perdedor da Revolução de 1930. Insatisfeitos com a política centralizadora de Vargas e com a lentidão das medidas que restaurariam o Estado de direito, os paulistas, em armas, exigiam o fim imediato do regime ditatorial e maior autonomia para São Paulo. Era de tal ordem a insatisfação no estado que a população, em massa, aderiu à revolução. Voluntariamente, milhares de pessoas se alistaram para participar da guerra. Através da campanha Ouro para o Bem de São Paulo chegavam recursos financeiros para a revolução. Fábricas foram adaptadas para produzir material bélico e a população civil se organizou para prestar serviços médicos e atuar nas áreas de transporte e abastecimento. Apesar dos esforços, São Paulo não recebeu apoio oficial de nenhum governo estadual, mas conseguiu adesões de expressivas lideranças, sobretudo gaúchas e mineiras. Os líderes Artur Bernardes em Minas e Borges de Medeiros no Rio Grande do Sul, comprometidos com a causa paulista, fracassaram na tentativa de criar focos de resistência armada nos seus respectivos estados. Contudo, de vários pontos do país chegavam voluntários para lutar ao lado dos paulistas. A Revolução Constitucionalista, como se tornou conhecida, durou três meses. No dia 2 de outubro os paulistas, cercados por tropas federais, se renderam. Os principais líderes do movimento foram presos, tiveram os direitos políticos suspensos por três anos e muitos foram exilados.

Mas, apesar da derrota militar, os paulistas tiveram ganhos políticos. Além do compromisso do Governo Provisório em levar avante o processo de reconstitucionalização do país, São Paulo, a partir de agosto de 1933, passou a ter um interventor paulista e civil, como desejava a elite: Armando Sales de Oliveira.

Sem dúvida, a revolução de 1932 provocou uma reorganização no cenário político nacional e representou um marco no processo de depuração das elites civis e militares. A repressão não se abateu somente sobre os revoltosos paulistas. Parte da liderança gaúcha e mineira que havia participado da Revolução de 1930, como Artur Bernardes, Borges de Medeiros, Assis Brasil, Epitácio Pessoa, por ter apoiado a causa paulista, foi alijada do processo político em curso, e mais de 500 oficiais foram expulsos das Forças Armadas.

Depois da experiência de 1932, reestruturar as Forças Armadas e fazer delas um ator político significativo passou a ser uma das preocupações centrais de Vargas. Para tal era necessário eliminar os antigos generais nomeados pelos governos anteriores a 1930. Isso se tornou possível, em parte, graças à participação de vários deles na Revolução Constitucionalista. Se até 1932 ainda havia a predominância de generais anteriores a 1930, como João Gomes, Tasso Fragoso e Valdomiro Lima, depois da Revolução Constitucionalista, passou a haver uma ascendência de novos generais, como Pargas Rodrigues, Guedes da Fontoura, Pantaleão Pessoa, José Pessoa, Góes Monteiro e Eurico Dutra, ocupando os dois últimos importantes posições no Ministério da Guerra e no Clube Militar (Carvalho, 1988, pp. 130-132).

A reconstitucionalização do país representava uma derrota para o tenentismo e os aliados civis. Diante da sua inevitabilidade, os adeptos do tenentismo se posicionaram das mais variadas formas. Muitos, como o interventor da Bahia, Juraci Magalhães, o interventor de Pernambuco, Carlos de Lima Cavalcanti, e Juarez Távora, embora considerando a proposta prematura, partiram com vigor para a rearticulação das agremiações partidárias e para o alistamento eleitoral. Outros, como o interventor do Ceará, Carneiro de Mendonça, e o interventor do Sergipe, Augusto Maynard, em protesto, assumiram uma postura de neutralidade e distanciamento diante das eleições. Alguns, desiludidos com o que consideravam os desvirtuamentos da Revolução de 1930, decidiram se afastar do governo e abraçaram movimentos contestatórios ao regime, como o integralismo e o comunismo, que ganhavam força depois de 1932. O ex-interventor do Rio Grande do Norte, Hercolino Cascardo, justificava sua posição:

> Desiludido, abandono a luta junto aos chefes revolucionários [...]. Deles só tenho visto transigências diárias, falta de coragem cívica, acomodações estranhas e sobretudo afanosa atividade no sentido de criar instrumentos de perpetuação de influências pessoais. [...] O nosso pacto fundamental está manipulado por um punhado de juristas de mentalidade ultraconservadora [...]. A revolução está esterilizada.[3]

Havia ainda aqueles que, como o general Manuel Rabelo, defendiam a necessidade de uma ditadura militar. Através de um manifesto, Rabelo propôs a criação do Clube Republicano Ditatorial.

Com a proximidade das eleições para a Assembleia Nacional Constituinte era necessário criar novos partidos, pois os existentes antes de 1930 haviam sido praticamente extintos. Para se contrapor às oligarquias regionais, as forças mais vinculadas ao tenentismo propunham a criação de um partido nacional. Esse partido de novo tipo deveria aglutinar os "revolucionários" de todos os estados para impedir que as máquinas partidárias da República Velha, direcionadas para a "politicagem" e para os "interesses particulares", voltassem a controlar o jogo político. Com o apoio de Vargas, líderes tenentistas realizaram em novembro de 1932 um Congresso Revolucionário cujo objetivo era unir as diversas correntes revolucionárias em torno de um programa partidário. Mas, apesar de algumas tentativas, nenhum partido nacional foi criado. O que surgiu foi uma infinidade de partidos estaduais, muitos articulados pelos interventores. A legislação permitia a existência de partidos provisórios, constituídos apenas para disputar as eleições, e também as candidaturas avulsas, isto é, podiam concorrer às eleições candidatos que não estivessem inscritos em nenhum partido. A Igreja, com o objetivo de mobilizar o eleitorado católico, criou a Liga Eleitoral Católica, que, independentemente da filiação partidária, pedia votos para os candidatos comprometidos com sua doutrina social. Diante da participação na primeira disputa eleitoral, as mulheres também se mobilizaram.

Realizadas as eleições, os partidos que tiveram melhor desempenho, salvo algumas exceções, foram os situacionistas, articulados pelos interventores. Em Minas o Partido Progressista, recém-criado pelo interventor Olegário Maciel e que contou com o apoio de Virgílio de Melo Franco, Antônio

Carlos e Gustavo Capanema, derrotou o tradicional Partido Republicano Mineiro, um dos mais poderosos da República Velha. Processo semelhante ocorreu no Rio Grande do Sul: o interventor Flores da Cunha, ao lado de Osvaldo Aranha, fundou o Partido Republicano Liberal e derrotou, também de forma esmagadora, seus opositores, articulados na Frente Única Gaúcha, que reunia os tradicionais Partido Republicano Rio-Grandense e o Partido Libertador. Em São Paulo o interventor organizou o Partido da Lavoura, esperando o apoio da cafeicultura, mas o tradicional Partido Republicano Paulista e o Partido Democrático se uniram e formaram a Chapa Única por São Paulo Unido, que obteve uma esmagadora vitória. Dos 22 eleitos, 17 eram da Chapa Única, entre eles a médica Carlota Pereira de Queiroz, única presença feminina no Parlamento.

A Constituinte brasileira iniciou os trabalhos no dia 15 de novembro de 1933 e sete meses depois, em 16 de julho do ano seguinte, a Constituição foi promulgada. Um dia após a promulgação, Getúlio Vargas foi eleito indiretamente, pelos constituintes, presidente da República. Obteve 175 votos contra 59 dados a Borges de Medeiros, 4, ao general Góes Monteiro, e 9, distribuídos entre diversos outros candidatos. Para ser eleito, Vargas teve de fazer uma série de concessões (Gomes, 1981, p. 56). Durante os trabalhos constitucionais, grupos militares conspiraram para tentar depor Vargas e formar um conselho de generais para dirigir o país. Além de elaborar a Constituição e de eleger o presidente da República, uma das tarefas da Assembleia Nacional Constituinte era aprovar os atos do Governo Provisório. Dos 220 deputados, apenas 135 votaram a favor, evidenciando o clima de insatisfação reinante no país.

Inovadora em muitos aspectos, a Constituição de 1934 atendia aos anseios liberais democráticos presentes no ideário da Revolução de 1930. Na realidade ela propunha um modelo de Estado mais liberal e menos centralizador do que desejava Vargas. Embora limitasse a autonomia financeira dos estados, o regime federativo ficava assegurado. No capítulo sobre a Ordem Econômica e Social sancionou-se o intervencionismo do Estado em assuntos econômicos e sociais. O fortalecimento do Estado, no entanto, não podia ser confundido com o poder intervencionista do Executivo federal, questão central para muitos dos revolucionários de 1930. Neste sentido, os representantes liberais na Constituinte conseguiram assegurar o predomínio do Legislativo no sistema político e fazer dele um instrumento para inibir o avanço do Executivo. A representação classista que vigorou nas eleições de 1933 foi mantida no texto constitucional. O direito de voto foi estendido a homens e mulheres maiores de 18 anos, os direitos sociais foram consagrados e instituiu-se a Justiça do Trabalho. A Igreja Católica teve ganhos importantes, como o direito à educação confessional nas escolas públicas. As eleições para a Presidência da República, governos estaduais e prefeituras eram diretas. Mas, à semelhança do que havia ocorrido no caso da Presidência da República, os próximos governadores seriam eleitos indiretamente pelas respectivas assembleias estaduais, cujas eleições iriam ocorrer em outubro de 1934. O mandato de todos era de quatro anos, não sendo permitida a reeleição. Portanto, as próximas eleições seriam em 1938 e Vargas não poderia ser candidato.

Em discurso do dia pronunciado na Assembleia Nacional Constituinte, Vargas não escondeu o descontentamento com a nova Constituição. Segundo ele,

> a Constituição de 34, ao revés da que se promulgou em 1891, enfraquece os elos da Federação: anula, em grande parte, a ação do presidente da República, cerceando-lhe os meios imprescindíveis à manutenção da ordem, ao desenvolvimento normal da administração; acoroçoa as forças armadas à prática do facciosismo partidário, subordina a coletividade, as massas proletárias e desprotegidas ao bel-prazer das empresas poderosas; coloca o indivíduo acima das comunhão.[4]

Pouco depois, em conversa particular, o presidente recém-eleito teria dito: "Serei o primeiro revisor da Constituição."[5] De fato, a vida da nova Carta Magna do país foi muito curta.

Do Governo Constitucional ao golpe do Estado Novo

Findos os trabalhos constitucionais, Vargas reorganizou o ministério. Na composição ministerial os tenentes foram preteridos, e as pastas, distribuídas para os estados que o haviam apoiado na Constituinte: Minas, Rio

Grande do Sul, Bahia e Pernambuco. São Paulo também foi aquinhoado. Na busca de apoio para levar avante seu projeto político de fortalecimento do Estado e combate ao poder das oligarquias, Vargas voltou-se para os militares. A partir de então o projeto de Vargas passou a confluir com a estratégia que vinha sendo apontada por Góes Monteiro, que se devia fazer a política *do* Exército, e não a política *no* Exército. A esse respeito, Aspásia Camargo afirma:

> Implantar este tipo de política implicava reprimir os frequentes movimentos de protesto e indisciplina ocorridos entre praças, sargentos e tenentes, e ao mesmo tempo reforçar os laços de solidariedade interna [...]. Nesta difícil luta dos militares em busca da sua identidade, o objetivo fundamental era realizar a unificação da corporação, tornando-a impermeável à classe política, a fim de consolidar a sua influência como organização integrante do poder central (Camargo *et al.*, 1989, p. 32).

Entretanto, o projeto de Vargas, e de Góes, estava em total descompasso com o clima político do país. Com o fim do regime discricionário, o Brasil retomou a normalidade institucional. A anistia proclamada pela Constituição trouxe de volta os exilados de 1932, muitos recebidos com grandes manifestações populares.

Em outubro de 1934 foram realizadas eleições para o Congresso Nacional e para as assembleias legislativas estaduais. As eleições foram turbulentas e houve conflitos no Pará, Maranhão, Rio Grande do Norte, Santa Catarina e Rio de Janeiro (Levine, 1980, pp. 75-88). Em muitos estados os interventores foram derrotados, e as forças decaídas em 1930, reconduzidas ao poder. Este foi, sem dúvida, outro momento de rotatividade das elites. Apenas nove dos vinte interventores foram eleitos governadores. Entretanto, entre eles, encontravam-se os cinco politicamente mais fortes: Armando de Sales Oliveira (SP), Flores da Cunha (RS), Benedito Valadares (MG), Juraci Magalhães (BA) e Carlos de Lima Cavalcanti (PE). Permaneceram ainda na chefia do Executivo estadual Manuel Ribas (PR), Punaro Bley (ES), Pedro Ludovico (GO) e Osman Loureiro de Farias (AL).

O restabelecimento de uma ordem legal estimulou a participação política e fortaleceu o movimento social. Várias greves eclodiram no período e o processo político radicalizou-se. À direita e à esquerda surgiram duas organizações políticas não partidárias que tiveram abrangência nacional e se tornaram bastante expressivas. Totalmente divergentes entre si, a Ação Integralista Brasileira (AIB) e a Aliança Nacional Libertadora (ANL) eram bem definidas programaticamente e conseguiram produzir grande mobilização no país.

A AIB, criada em 1932 e dirigida pelo intelectual Plínio Salgado, inspirada no fascismo italiano, possuía uma estrutura organizacional paramilitar. Pautava-se por um nacionalismo e um moralismo extremados, o que a fez ter muitos adeptos entre militares e católicos. Combatia os partidos políticos existentes e defendia a integração total da sociedade e do Estado, que seriam representados por meio de uma única e forte agremiação: a própria AIB. A preocupação de mobilizar amplamente a população levava-a a realizar encontros, festas, palestras e manifestações de rua, durante os quais entrava em choque aberto com os comunistas. Os integralistas usavam um uniforme que os tornou conhecidos como os "camisas-verdes" e adotavam também um símbolo – o sigma – e um gesto de saudação, acompanhado de uma espécie de brado de guerra de inspiração indígena: "*Anauê!*" De início, a AIB dava sustentação política ao governo de Vargas, sobretudo na luta contra o comunismo.

Já a ANL, inspirada no modelo das frentes populares que surgiam na Europa para impedir o avanço do nazifascismo, foi criada em março de 1935. Diferentemente da AIB, desde sempre fez oposição cerrada ao regime: defendia propostas anti-imperialistas e levantava a bandeira da reforma agrária e das liberdades públicas. A organização congregava comunistas, socialistas e liberais desiludidos com o rumo que havia assumido o processo revolucionário iniciado em 1930, e tinha como presidente de honra o ex-tenente e agora líder comunista Luís Carlos Prestes. Importantes lideranças civis e militares, inclusive muitos oriundos do tenentismo, como Miguel Costa, Hercolino Cascardo, Agildo Barata, João Cabanas, Silo Meireles e Roberto Sisson, que haviam atuado de maneira destacada na linha de frente da Revolução de 1930 e ocupado postos-chave no pós-1930, ingressaram na organização, rompendo de forma radical com os rumos da revolução. Com sedes espalhadas em diversas cidades do país, rapidamente conseguiu a adesão de milhares de simpatizantes, mas em julho, alguns meses após sua criação, foi colocada na ilegalidade. Na clandestinidade, em agosto, a organização intensificou os preparativos para a deflagração de um movimento armado cujo objetivo era derrubar Vargas do poder e instalar um governo popular, chefiado por Luís Carlos Prestes. Iniciado com levantes militares em várias regiões, o movimento deveria contar com o apoio do operariado, que desencadearia greves em todo o território nacional. O primeiro levante militar foi deflagrado no dia 23 de novembro na cidade de Natal. No dia seguinte, outra sublevação militar ocorreu em Recife. No dia 27, a revolta eclodiu no Rio de Janeiro, então Distrito Federal. Sem contar com a adesão do operariado e restrita às cidades de Natal, Recife e Rio de Janeiro, a rebelião foi rápida e violentamente debelada.

Depois da rebelião, uma forte repressão se abateu não só contra os comunistas, mas contra todos os considerados opositores do regime. Milhares de pessoas foram presas em todo o país, inclusive deputados, senadores e até mesmo o prefeito do Distrito Federal, Pedro Ernesto, um dos principais articuladores da Revolução de 1930. Mais de cem oficiais e centenas de sargentos, cabos e soldados foram expulsos do Exército. Todos sofreram rigorosos processos judiciais e muitos foram condenados a penas altas. Alguns, como Luís Carlos Prestes, amargaram quase dez anos de prisão.

Sem dúvida, o ano de 1935 foi mais um momento de depuração da elite civil e militar vitoriosa em 1930. Segundo José Augusto Drummond,

> os levantes de novembro de 1935, embora menos violentos do que a maioria dos levantes militares em 1930, foram tratados com singular intolerância pela cúpula militar e pelo governo de Vargas, depois de 13 anos de turbulência militar (e duas anistias, em 1930 e 1934). [...] Finalmente chegava ao fim a tolerância da cúpula militar com a iniciativa política autônoma da jovem oficialidade (Drummond, 1986, pp. 267-268).

A despeito do fracasso, a chamada revolta comunista serviu de forte pretexto para o fechamento do regime. A partir de novembro de 1935, o Congresso passou a aprovar uma série de medidas que cerceavam seu próprio poder, enquanto o Executivo ganhava poderes de repressão praticamente ilimitados. Entre as emendas constitucionais aprovadas havia uma que considerava que o país vivia uma situação de "estado de guerra" quando ocorressem manifestações, em qualquer parte do território nacional, que subvertessem as instituições políticas e sociais. Mesmo antes da revolta comunista, em abril de 1935, sob o impacto das várias greves que vinham ocorrendo, o Congresso aprovou a Lei de Segurança Nacional, suprimindo diversas franquias democráticas presentes na Constituição de 1934. A lei previa a censura aos meios de comunicação e prisão de um a dez anos para aqueles que estimulassem ou promovessem manifestações de indisciplina nas Forças Armadas ou greves nos serviços públicos. As entidades sindicais consideradas suspeitas poderiam ser fechadas. Ficava evidente o recuo dos liberais diante da organização do movimento popular (Pandolfi e Grynszpan, 1997, p. 14).

Entretanto, mesmo tendo os poderes reforçados e argumentando que o país estava ameaçado pela desordem interna, Vargas não conseguia o apoio de 2/3 do Congresso, necessário para prorrogar seu mandato presidencial. Sondados, os governadores de São Paulo, Rio Grande do Sul, Pernambuco e Bahia se posicionaram contra a prorrogação do mandato. A partir de então, ficou selado o afastamento deles do presidente. Desarticulá-los passou a ser uma das metas de Vargas. Entre os governadores dos estados mais fortes da federação, apenas o de Minas Gerais, Benedito Valadares, iria participar das articulações golpistas que redundariam na implantação do Estado Novo.

À revelia de Vargas, e num clima de muita repressão, a questão da sucessão presidencial ocupou lugar de destaque na cena política. Durante o decorrer de 1937 foram lançados três candidatos à Presidência da República: o governador de São Paulo, Armando de Sales Oliveira, que recebeu o apoio do governador gaúcho Flores da Cunha e de diversos agrupamentos estaduais oposicionistas; o paraibano José Américo de Almeida, representante das forças do Norte/Nordeste do país e do tenentismo, e apoiado por todos os partidos situacionistas, exceto os de São Paulo e Rio Grande do Sul; e finalmente Plínio Salgado, o chefe dos integralistas, indicado por um grande plebiscito promovido pela AIB.

Em junho de 1937 o Congresso rejeitou o pedido do governo de prorrogação do estado de guerra, em vigor desde abril do ano anterior, e o governo, por intermédio do ministro da Justiça, José Carlos de Macedo Soares, concedeu anistia a alguns presos políticos. Mas, poucos meses depois, a Câmara dos Deputados aprovou o retorno ao estado de guerra e suspendeu as garantias constitucionais por noventa dias. Isso porque, no dia 30 de setembro, o governo, através da imprensa, divulgou um documento, o "Plano Cohen", relatando a preparação de uma insurreição comunista no Brasil. Tratava-se de uma peça de ficção, mas ela serviu aos seus objetivos. Os setores oposicionistas, que eram minoria no Congresso Nacional, questionaram o novo pedido de decretação do estado de guerra. Contestavam as evidências de que realmente houvesse uma ameaça subversiva, associando o novo pedido a uma tentativa do governo de impedir a realização das eleições presidenciais. Apesar da expressividade das forças políticas de oposição, mais identificadas com a candidatura Armando de Sales, e apesar de, mesmo entre os setores considerados situacionistas, haver um grande número de elementos contrários ao continuísmo de Vargas e às manobras golpistas, o pedido foi aprovado. Havia uma suspeita de que, caso a medida não fosse aprovada, o Exército fecharia o Congresso. Segundo Pandolfi e Grynszpan,

> Instalou-se, portanto, um processo em que as forças contrárias ao continuísmo, cedendo constantemente para evitar o pior – primeiramente o comunismo e depois a intervenção militar –, facilitaram a ação de Vargas, ação esta que terminaria por se voltar contra aquelas mesmas forças. Dessa forma, até fins de outubro não se manifestaram sérias resistências ao projeto golpista (Pandolfi e Grynszpan, 1997, p. 21).

Seguindo as instruções de Vargas e do governador de Minas, Benedito Valadares, o deputado mineiro Negrão de Lima saiu em missão pelos estados do Norte e Nordeste, à exceção de Bahia e Pernambuco, para buscar apoio para o que estava para acontecer. Conforme o previsto, nos estados politicamente mais fracos, o sucesso da missão foi total. Bahia e Pernambuco encontravam-se acuados diante de uma ameaça de intervenção. Em São Paulo, enquanto as forças ligadas a Armando de Sales protestavam, seu substituto, o governador Cardoso de Melo Neto, que vinha adotando uma política de gradativo alinhamento com o governo federal, terminou concordando com a proposta de mudança do regime. No Rio Grande do Sul, Flores da Cunha renunciou ao governo depois de se ver cercado e perder o controle sobre a Brigada Militar gaúcha.

Na manhã do dia 10 de novembro de 1937 o Congresso Nacional foi cercado por tropas da Polícia Militar. O regime mudou, mas Vargas manteve-se na chefia do Executivo. Parte expressiva dos aliados de 1930 estava marginalizada do poder. O afastamento dos aliados civis e militares foi se dando de forma lenta e gradual. Além de Vargas, a condução do novo regime estava nas mãos de Góes Monteiro, Eurico Dutra, Agamenon Magalhães, Benedito Valadares, Negrão de Lima, Francisco Campos e Filinto Müller. Sem dúvida, a ação de Vargas, no sentido de garantir bases de sustentação para o golpe, teve sucesso. Entretanto, o Estado Novo esteve longe de ser um desdobramento natural da Revolução de 1930. Foi um dos resultados possíveis das lutas e enfrentamentos diversos travados durante a incerta e tumultuada década de 1930.

Notas

1. Para uma análise detida da ideologia estado-novista, ver Gomes, Angela Maria de Castro (1982, p. 114).
2. O processo de depuração das elites políticas no período de 1930 a 1937 está contemplado nos textos de Camargo (1988); Camargo *et al.* (1989) e Pandolfi e Grynszpan (1997).
3. Carta de Hercolino Cascardo. Arquivo Osvaldo Aranha, OA 33.02.23/3. Rio de Janeiro, CPDOC-FGV.
4. Discurso pronunciado por Vargas na Assembleia em 20 de julho de 1934. Arquivo Getúlio Vargas, GV 34.07.15/02. Rio de Janeiro, CPDOC/FGV.
5. Vellinho, Moisés. Moisés Vellinho (depoimento, 1977). Rio de Janeiro, CPDOC/FGV, 1981.

Bibliografia

Abreu, Alzira; Beloch, Israel (coords.) 2001. *Dicionário Histórico-Biográfico Brasileiro pós-1930*. 2ª ed. rev. e atual. Rio de Janeiro: Fundação Getulio Vargas, 5 v., il.

Brandi, Paulo. 1983. *Vargas: da vida para a história*. Rio de Janeiro: Zahar.

Camargo, Aspásia. 1988. "A revolução das elites: conflitos regionais e centralização política". In *A Revolução de 30*. Seminário Internacional. Brasília: UnB.

______; *et al.* 1989. *O golpe silencioso:* as origens da República Sindicalista. Rio de Janeiro: Rio Fundo.

Carvalho, José Murilo de. 1988. "Forças Armadas e política. 1930-1945". In *A Revolução de 30*. Seminário Internacional. Brasília: UnB.

D'Araújo, Maria Celina. 1997. *A Era Vargas*. São Paulo: Moderna.

Diniz, Eli. 1999. "Engenharia institucional e políticas públicas: dos conselhos técnicos às câmaras setoriais". In Pandolfi, Dulce (org.). *Repensando o Estado Novo*. Rio de Janeiro: Fundação Getulio Vargas.

Drummond, José Augusto. 1986. *O movimento tenentista:* a intervenção política dos jovens oficiais (1922-1935). Rio de Janeiro: Graal.

Fausto, Boris. 1972. *Pequenos ensaios de história da República (1889/1945)*. São Paulo: Cebrap (Cadernos Cebrap, n. 10).

Gomes, Angela de Castro (coord.). 1980. *Regionalismo e centralização política*. Rio de Janeiro: Nova Fronteira.

______. 1981. "Confronto e compromisso no processo de constitucionalização (1930-1935)". In Fausto, Boris (dir.). *O Brasil Republicano*, v. 3: Sociedade e política (1930-1964) (Coleção História Geral da Civilização Brasileira, t. III). São Paulo: Difel.

______. 1982. "O redescobrimento do Brasil". In Oliveira, Lúcia Lippi; Velloso, Monica Pimenta; Gomes, Angela Maria de Castro. *Estado Novo: ideologia e poder*. Rio de Janeiro: Zahar.

Levine, Robert. 1980. *O regime de Vargas, 1934-1938:* os anos críticos. Rio de Janeiro: Nova Fronteira.

Oliveira, Lucia Lippi; Velloso, Monica Pimenta; Gomes, Angela Maria de Castro. 1982. *Estado Novo:* ideologia e poder. Rio de Janeiro: Zahar.

Pandolfi, Dulce. 1980. "A trajetória do Norte: uma tentativa de ascenso político". In Gomes, Angela de Castro (coord.). *Regionalismo e centralização política*. Rio de Janeiro: Nova Fronteira.

———. 2002. "Voto e participação política nas diversas repúblicas do Brasil". In Gomes, Angela de Castro; Pandolfi, Dulce; Alberti, Verena (orgs.). *A República no Brasil*. Rio de Janeiro: Nova Fronteira.

———; Grynszpan, Mario. 1997. "Da Revolução de 30 ao golpe de 37: a depuração das elites". *Revista de Sociologia e Política*, n. 9, UFPR.

Souza, Maria do Carmo Campello de. 1976. *Estados e partidos políticos no Brasil (1930 a 1964)*. São Paulo: Alfa-Ômega.

Vargas, Getúlio. 1938-1945. *A nova política do Brasil*, v. 5. Rio de Janeiro: José Olympio.

2. Ação Integralista Brasileira: um movimento fascista no Brasil (1932-1938)

*Marcos Chor Maio**
*Roney Cytrynowicz***

Introdução

O período entre 1930 e 1937 se caracteriza por um quadro de intensa polarização no terreno político. O ambiente de indefinições que compreendeu o intervalo entre a crise de hegemonia das oligarquias da República Velha e o fechamento político que culmina no Estado Novo favoreceu o surgimento de projetos radicais e mobilizantes que tentaram galvanizar a sociedade com a ideia de mudança. As principais propostas deste tipo foram a Aliança Nacional Libertadora (ANL) e a Ação Integralista Brasileira (AIB). Os dois movimentos tinham críticas profundas aos preceitos liberais da República Velha e também aos descaminhos da Revolução de 1930.

A AIB foi fundada oficialmente em 7 de outubro de 1932, com o lançamento do Manifesto de Outubro. Existiu legalmente até dezembro de 1938, um ano após o golpe do Estado Novo, imposto por Getúlio Vargas, que colocou os partidos políticos na ilegalidade. O movimento estruturou-se a partir de uma série de pequenos grupos e partidos de extrema direita, tais como Ação Social Brasileira (Partido Nacional Fascista); Legião Cearense

* Pesquisador da Casa de Oswaldo Cruz/Fiocruz e professor do programa de Pós-Graduação em História das Ciências da Saúde.
** Doutor em História pela USP e diretor da Editora Narrativa Um – Projetos e Pesquisas de História.

do Trabalho, de 1931, dirigida por Severino Sombra; Partido Nacional Sindicalista, de Minas Gerais, fundado por Olbiano de Melo; e o monarquista Ação Imperial Patrionovista. No início da década de 1930, integrantes desses grupos aglutinaram-se em torno da liderança de Plínio Salgado, redator, com San Tiago Dantas, do jornal *A Razão*, fundado em 1931, e da futura Sociedade de Estudos Políticos, tendo como lema principal "Deus, Pátria e Família" (Trindade, 1974, pp. 103-116).

Em sua ideologia, organização e ação política, o integralismo pertence à constelação ideológica dos movimentos e partidos fascistas europeus que surgiram entre o fim da Primeira Guerra Mundial e a ascensão do nazismo na Alemanha, em 1933 (De Felice, 1976; Laqueur, 1976). Embora tenha atuado por um período de apenas seis anos, a AIB foi, sem dúvida, a mais importante organização fascista na história do Brasil, pelo número de adeptos que teve, pela expressiva participação no debate político dos anos 1930 e, particularmente, pela atração que exerceu sobre extensa gama de intelectuais que discutiam os destinos do país. Seus principais líderes foram Plínio Salgado, Miguel Reale e Gustavo Barroso.

A Ação Integralista Brasileira foi o primeiro partido político brasileiro com implantação nacional e chegou a reunir – segundo diferentes estimativas – entre 500 mil e 800 mil aderentes, para uma população do país de 41,5 milhões de habitantes em 1935 (Hilton, 1983), o que a distinguia dos partidos oligárquicos da República Velha, que possuíam expressão regional e não tinham maior inserção popular ou junto às classes médias urbanas.

O primeiro ato público de relevo da AIB foi em 1933: uma marcha em São Paulo reuniu cerca de 40 mil adeptos do movimento e marcou o lançamento de Miguel Reale como candidato da AIB à Assembleia Constituinte de 1934. No mesmo período, foram organizadas as "Bandeiras Integralistas" para o Nordeste e Sul do país, lideradas por Plínio Salgado, Gustavo Barroso e Miguel Reale, com o objetivo de difundir as ideias do movimento. A concepção subjacente às "bandeiras" sugeria um novo processo de "conquista" ideológica e interiorização do projeto político integralista em âmbito nacional, no contexto do surgimento de slogans como a "marcha para oeste" e a necessidade de conhecer o "Brasil real", ideias essas formuladas por intelectuais como Euclides da Cunha, Oliveira Viana e Alberto Torres.

Em 1934, a AIB realizou seu 1° Congresso Nacional, em Vitória, no qual definiu sua estrutura organizacional e seus estatutos, e elegeu Plínio Salgado como chefe supremo e perpétuo. Gustavo Barroso foi designado chefe das milícias integralistas. O movimento propagou-se por vários estados, entre os quais Minas Gerais, Bahia, Maranhão, Ceará, Rio Grande do Sul, Santa Catarina, Paraná e Pernambuco (Trindade, 1974; Levine, 1980; Carone, 1982; Hilton, 1983).

Por ocasião da celebração do segundo aniversário de fundação da AIB houve na cidade de São Paulo um confronto entre integralistas e militantes do então Partido Comunista do Brasil (PCB), deixando seis mortos. A AIB cresceu politicamente após a revolta comunista de 1935, na medida em que uma de suas bandeiras centrais era a luta contra o comunismo. A liderança integralista chegou a se colocar à disposição do governo federal para combater a insurreição comunista em Natal, Recife e Rio de Janeiro.

Em 1936, no 2° Congresso Nacional, em Petrópolis (RJ), a AIB transformou-se em partido político com o intuito de concorrer às eleições presidenciais previstas para 1938. Uma reestruturação organizacional cria a Câmara dos Quarenta, um conselho consultivo de notáveis, o Conselho Supremo, com dez membros, e a Corte do Sigma, que se torna a instância de poder mais importante, logo abaixo do chefe nacional. Segundo Trindade (1974), esse modelo marca a transformação da AIB em uma estrutura pré-estatal: o Conselho Supremo seria um gabinete restrito no qual os ministros seriam os secretários nacionais, a Câmara dos Quarenta atuaria como um senado e a Câmara dos Quatrocentos, formada em 1937 com representantes de vários estados, seria uma câmara corporativa. A Corte do Sigma seria a instância suprema, todos regidos por partido único e rígida obediência ao chefe supremo (Trindade, 1974).

Ainda em 1936, em função do processo de radicalização política, vários governos estaduais, entre eles Bahia, Santa Catarina, Espírito Santo, Alagoas e Paraná, fecharam sedes do movimento. Em agosto de 1937 um confronto público deixou 13 mortos em Campos, Rio de Janeiro, durante uma marcha integralista.

Além da difusão ideológica de seu ideário, a AIB atuou no Executivo e no Legislativo de diversas cidades e estados entre 1933 e 1937. Em 1935, elegeu um deputado federal e quatro deputados estaduais. Naquele ano havia 1.123 núcleos organizados em 548 municípios e 400 mil ativistas. Nas eleições de 1936, elegeu cerca de 500 vereadores, 20 prefeitos e 4 deputados estaduais, obtendo cerca de 250 mil votos. Nas eleições de 1938, para eleger o candidato do partido às eleições presidenciais, participaram quase 850 mil integralistas, cerca de 500 mil eleitores habilitados, sendo que o eleitorado do país era de cerca de três milhões de votantes (Hilton, 1983, p. 45). Mesmo que os números sejam imprecisos, eles sugerem a dimensão do movimento e a extensão de sua militância.

Ascensão do fascismo

Entre a Primeira e a Segunda Guerra Mundial, diversos movimentos fascistas foram fundados na Europa e nas Américas. A ascensão do fascismo na Itália e do nazismo na Alemanha criou as condições políticas e ideológicas para o surgimento de partidos similares na Inglaterra, Bélgica, Portugal, Espanha, México, Chile, Bolívia e Brasil. Embora cada um desses movimentos tivesse suas peculiaridades locais e nacionais, no conjunto podem ser tipificados como variações de uma mesma matriz ideológica (Trindade, 1974; Linz, 1976; Deutsch, 1999).

A definição de fascista a um movimento ou partido é extremamente complexa no campo da história e das ciências sociais e tem suscitado debates. A produção intelectual é extensa e encontra-se longe de oferecer um caminho interpretativo único e definitivo. Caracteriza-se o fascismo, em princípio, por um modelo de dominação política que apresenta os seguintes aspectos: controle exclusivo do exercício da representação política mediante a atuação de um partido único de massa, caracterizado por forte estrutura hierárquica; ideologia centrada no culto à liderança política; exacerbação dos valores da nacionalidade; recusa dos princípios que norteiam o liberalismo individual; oposição radical aos valores do socialismo e do comunismo; exaltação da colaboração de classes e crença no ideal corporativo; atribuição de um papel central ao aparato estatal no plano econômico, social e político; domínio absoluto do Estado sobre as informações e, especialmente, os meios de comunicação de massa; eliminação de qualquer forma de pluralismo político, com o aniquilamento das oposições, embasado na violência e no terror (Saccomani, 1986, p. 466).

O intervalo entre as guerras na Europa foi marcado simultaneamente por crises econômicas, como a de 1929, e por um intenso conflito político-ideológico envolvendo fascistas, liberais, social-democratas, socialistas e comunistas em contexto de crescente descrença no sistema liberal-democrático. Esse período foi também de intensa produção cultural, artística e intelectual e de novos experimentos econômicos, sociais e políticos, tais como a Revolução Russa de 1917, a ascensão do fascismo na Itália, a República de Weimar e a crise que redundou na emergência do nazismo, cujo fim trágico foi a chegada de Hitler ao poder em 1933 (Bracher, 1970; Gay, 1978).

Evidentemente não se pode comparar o impacto político do fascismo na Europa com suas consequências no Brasil, mas é importante avaliar o contexto mundial para se pesquisar e interpretar o caso brasileiro.

Tendo como marco inicial o livro de Hélgio Trindade em 1974,[1] cerca de vinte dissertações, teses, livros, artigos foram escritos até meados da década de 1990, principalmente análises da ideologia.[2] Estes estudos pioneiros podem ser divididos em, pelo menos, quatro vertentes: a primeira procura detalhar a especificidade brasileira do movimento fascista, inserindo-a na conjuntura do período entre as guerras e tendo como parâmetro a acepção clássica do fascismo europeu (Trindade, 1974); a segunda recusa a associação entre fascismo e integralismo, estabelecendo vínculos entre capitalismo retardatário e emergência de movimentos de extrema direita (Chasin, 1978; Rago Filho, 1989); a terceira procura analisar o integralismo como uma expressão singular do fascismo no contexto do capitalismo dependente das décadas de 1920 e 1930; uma quarta vertente privilegia a análise da ideologia integralista de Plínio Salgado para demonstrar a forte correlação entre integralismo e totalitarismo (Araújo, 1988).

Para Trindade (1974), o integralismo se caracteriza como movimento de massas de corte nacionalista, antiliberal e anticomunista. Ele emerge no contexto do avanço das ideias autoritárias nos anos 1930. Além das motivações de caráter ideológico, o autor evidencia que a composição social da AIB, sua estrutura política e organizacional, se aproxima daquela observada nas congêneres fascistas.

José Chasin (1978) e Antonio Rago Filho (1989) consideram a AIB um movimento de extrema direita, romântico e reacionário, mas não fascista, porque entendem que o fascismo seria uma expressão particular do estágio de desenvolvimento pleno do modo de produção capitalista, que o Brasil ainda não havia atingido na década de 1930, dada sua dependência estrutural ao centro do capitalismo. Para esses autores, além de uma análise de sua ideologia e de sua estrutura como movimento, é preciso fazer uma análise do capitalismo periférico que gera movimentos sociais e políticos como o integralismo.

Em uma vertente próxima à de Chasin e Rago Filho, Gilberto Vasconcelos, em seu trabalho sobre o que qualificou de "ideologia curupira", entende a especificidade do integralismo no plano de uma "utopia autonomística" e indaga: como realizar um projeto fascista autônomo no Brasil, dada a dependência estrutural ante o centro do capitalismo? Essa dualidade pode ser bem compreendida quando se analisa o nativismo (no contexto do movimento modernista de busca de "brasilidade") em autores como Plínio Salgado. Os índios, dessa perspectiva, eram saudados como os brasileiros originais e autênticos. Assim, a "ideologia curupira" seria a manifestação possível de uma burguesia subordinada e de seu engajamento em um limitado projeto de desenvolvimento capitalista nacional.

Por sua vez, Araújo analisa inicialmente as afinidades e as diferenças entre conservadorismo e totalitarismo para, em seguida, abordar o integralismo pliniano. A AIB se aproximaria do pensamento conservador em sua crítica ao capitalismo liberal, à sociedade burguesa e à ética liberal do individualismo. Uma leitura do postulado de Plínio Salgado de uma completa transformação social do Brasil e do mundo, uma espécie de espírito revolucionário com ilimitada mobilização e incorporação de todos os setores da sociedade, levou Araújo a trabalhar com o conceito de totalitarismo e dois de seus elementos principais: "concepção absoluta da ideia de participação, pois importa na afirmação de um projeto de cidadania e soberania popular através de uma modalidade radical de mobilização, que envolve a tudo e a todos, de forma permanente e ilimitada, na defesa dos seus ideais". O segundo elemento implica a "identificação da noção de igualdade com a de uniformidade, da qual resulta a imagem de uma sociedade totalmente desprovida de conflitos e de diferenças, composta por cidadãos tão homogêneos quanto ativos" (Araújo, 1988, p. 21).

Nesse sentido, mesmo aproximando-se do conservadorismo ao abordar a ordem social a partir da ideia de totalidade, o totalitarismo representa outra forma de abordagem. Nela, a sociedade civil seria absorvida pelo Estado, restando apenas organizações consideradas "naturais", como a família e a corporação profissional. Para a AIB, a democracia liberal e o comunismo eram os principais inimigos a serem combatidos. O integralismo, na vertente ideológica de Plínio Salgado, entende a noção de igualdade como total negação da diferença e do conflito e procura instituir a homogeneidade absoluta. Assim, o todo deixa de ser formado por partes distintas e plurais, seja política, social ou culturalmente. Mais do que isso, prevalece a ideia de mobilização e de combate permanente a qualquer possibilidade de manutenção de espaços autônomos de sociabilidade. Por sua vez, os movimentos de direita não fascistas, conservadores, autoritários procuram preservar, resguardar, sejam aspectos da ordem social sejam privilégios sociais, econômicos ou políticos, mantendo, portanto, um grau variável de autonomia das instâncias sociais e políticas (Linz, 1976).

A trajetória da AIB

As décadas de 1920 e 1930 deram continuidade a um debate que vinha desde o fim do século XIX sobre a formação de um Estado nacional, organizações sociais, econômicas e culturais adequadas à "realidade" brasileira. Período de revoltas tenentistas e experiências revolucionárias (1930 e 1932), o intenso debate sobre a viabilidade de um projeto nacional e a inserção do país na modernidade não se restringia ao integralismo, mas a diversas matrizes políticas e partidárias que procuravam simultaneamente buscar as raízes do Brasil, entender sua especificidade e propor reformas e transformações. Os pensadores desse período foram marcados por uma intensa inquietação intelectual, prevalecendo a descrença nos valores da democracia liberal, sob acentuada influência do conservadorismo europeu (Trindade, 1974, pp. 98-103). O modernismo e o nacionalismo foram vertentes centrais na estruturação ideológica da AIB (Trindade, 1974; Deutsch, 1999).

Não obstante as diferenças entre o autoritarismo e o fascismo à brasileira, a AIB canalizou as expectativas de muitos simpatizantes do pensamento autoritário graças às críticas à democracia liberal e ao comunismo. As diferenças ideológicas existentes entre Salgado, Barroso e Reale permitiam diferentes pontos de adesão à AIB. Em suas memórias, Miguel Reale destaca a militância no integralismo como um espaço importante de discussão da "realidade nacional" (Reale, 1986).

Os integralistas exerceram papel fundamental no desenrolar dos fatos que levaram à instauração do regime autoritário estado-novista em novembro de 1937. Foram parceiros importantes do governo Vargas no combate ao liberalismo e ao comunismo. A militância aguerrida dos camisas-verdes nutria simpatias em segmentos das elites políticas e militares. Todavia, o movimento integralista, por seu caráter mobilizante e sua estrutura organizacional à semelhança da corporação militar, sobre a qual tinha grande ascendência, especialmente na Marinha, se destacava ainda por ter serviços de espionagem e articulações com os países do eixo nazifascista que suscitavam receios dentro do governo. Enfim, a AIB era um aliado essencial para a estratégia golpista, não obstante gerasse apreensões quanto aos objetivos de preservação de um projeto político autônomo em face do plano getulista (Camargo *et al.*, 1989, pp. 194-197).

Após o golpe do Estado Novo, a AIB tornou-se uma sociedade cultural. Tendo participado ativamente dos bastidores, das articulações que redundaram no golpe do Estado Novo, os integralistas, em 15 de novembro de 1937, expressaram publicamente seu apoio a Vargas. A persistência da atuação partidária independente da AIB teve influência decisiva na resolução de Vargas de proibir sociedades com o mesmo nome dos partidos políticos existentes até o golpe de 1937. Em janeiro de 1938, Salgado registra o partido como Associação Brasileira de Cultura (Trindade, 1974).

Em 11 de março de 1938, o primeiro *Putsch* integralista fracassou com a tentativa de tomar uma rádio no Rio de Janeiro. Em 11 de maio de 1938 – enquanto Salgado negociava um ministério com Vargas – ocorreu um novo ensaio golpista contra o Palácio Guanabara e outros alvos civis e militares, o que resultou na prisão de dezenas de militantes (Silva, 1971). O levante foi liderado por Belmiro Valverde, Olbiano de Melo e Gustavo Barroso, que tiveram o apoio de oposicionistas a Vargas, como Euclides Figueiredo, Otávio Mangabeira e José Antônio Flores da Cunha. Salgado foi preso mais de uma vez até partir para o exílio em Portugal. Barroso ficou no país e, em 1941, negociou novamente com Vargas um cargo ministerial (Cytrynowicz, 1992).

A liderança integralista e os princípios da AIB

Plínio Salgado, Gustavo Barroso e Miguel Reale foram intelectuais que tiveram expressão política e cultural para além da década de 1930. É interessante notar como o período integralista acabou sendo encarado pela memória posterior como uma espécie de intervalo excepcional na trajetória política dos três, especialmente de Barroso. Com diferenças e conflitos, eles foram as expressões mais visíveis da AIB durante sua existência legal e é possível encontrar uma matriz ideológica comum.

Plínio Salgado (1895-1975) nasceu em São Bento de Sapucaí (SP), participou, de forma secundária, na Semana de Arte Moderna de 1922 e publicou *O estrangeiro* em 1926, integrou os grupos Verde-Amarelo e Anta. Como político (elegeu-se deputado estadual pelo Partido Republicano Paulista em 1928), escritor e jornalista (do *Correio Paulistano*), Salgado tornou-se participante dos debates intelectuais e políticos nos anos de 1920. Deixou dezenas de livros publicados, entre literatura, ensaios e tradução (Trindade, 1974).

Miguel Reale, nascido em 1910 em São Bento do Sapucaí (SP), formou-se em direito pela Faculdade do Largo de São Francisco e foi secretário nacional de Doutrina e membro do Conselho Supremo da AIB. Foi diretor da revista *Panorama*, da AIB, e centrou seus livros integralistas, antiliberais e anticomunistas em torno do tema do Estado (Trindade, 1974; *Dicionário Histórico Biográfico Brasileiro*, 2001).

Gustavo Barroso (1888-1959) nasceu em Fortaleza (CE). Jornalista, advogado e político, escreveu cerca de 70 livros, entre ficção, poesia, teatro, museologia, história regional, do Brasil e história militar, entre outros. Em 1915 foi deputado federal pelo Ceará e em 1919 foi representante brasileiro na Conferência de Paz de Versalhes. Foi presidente da Academia Brasileira de Letras, cujas reuniões chegou a frequentar vestido com uniforme integralista. O eixo central de seu pensamento, enquanto militante da AIB, foi o antissemitismo (Maio, 1992).

Para entender a força que a AIB teve, conforme as memórias de integralistas, a iconografia e as publicações, é importante aproximar-se da sua gramática e do seu discurso. A ideologia integralista deve ser compreendida, nas operações internas, com imagens aterradoras de crise, voluntarismo totalitário, constante explicação monolítica que procura ser a chave do passado, do presente e do futuro e uma sintaxe que justapõe um conjunto de ideias de forma a causar determinados impactos e impor uma certa ordem sempre oposta à suposta anomia reinante, associada à democracia (Chaui, 1978).

A exemplo de outros movimentos fascistas, o integralismo concedia importância central aos símbolos e às imagens. A denominação Ação Integralista Brasileira sugeria a desvinculação da ideia de partido, concebido como representante de interesses particularistas, indicador preciso do decadente sistema político democrático e liberal. O integralismo rejeitava a ideia de representação política, defendendo a mobilização integral e a submissão da massa ao chefe supremo. O termo "Brasileira", cunhado na sigla AIB, sugeria a defesa dos interesses nacionais contra os partidos estaduais, os objetivos regionais e oligárquicos e ainda aqueles considerados internacionalistas, como os afeitos ao Partido Comunista.

"Ação" enfatizava o primado e o culto da mobilização, da força, inclusive da violência, eliminando assim o hiato entre reflexão e prática, traduzindo-se em um voluntarismo messiânico. Uma das características do fascismo é a crença de que o movimento e seus membros são portadores de uma análise totalizadora em todos os planos, do passado e do presente (Arendt, 1989). Sua ideologia é portadora da salvação futura, após a vitória no combate aos inimigos. Os principais jornais do movimento tinham os nomes de *A Ofensiva* e *Ação*.

O termo "integralismo" é derivado de integral, conotando totalidade, contra a democracia dos partidos e em favor de uma sociedade totalitária. O símbolo do integralismo era a letra grega sigma, de soma, somatória, integração, sugerindo que o movimento era uma síntese de todas as ideologias, acima das diferenças. A saudação era o braço direito esticado e levantado e o grito de "Anauê" (saudação e grito de guerra, na língua tupi).

Para o integralismo, enquanto movimento fascista, tão importante quanto a ideologia defendida era o apelo à permanente mobilização, por meio de desfiles minuciosamente coreografados, comícios disciplinados, símbolos, palavras de ordem, bandeiras, canções, discursos dramatizados, estandartes, uniformes, insígnias e rituais, que configuravam uma mística, um apelo messiânico que incitava à ação violenta (Friedlander, 1984).

Valendo-se da fotografia, do rádio, do cinema e de rituais e concepções propriamente "teatrais" da política, a AIB difundia seu apelo e apresentava, assim, uma faceta que parecia moderna no contexto dos anos 1930, mesmo quando o conteúdo do discurso fosse, por exemplo, a luta contra a industrialização do país, no caso de Gustavo Barroso, e a defesa da suposta vocação agrária do país. Organizar crianças e jovens, mulheres, desfiles públicos, palavras de ordem inflamadas, bandeiras, marchas e estandartes revelava uma forma de fazer política distinta dos partidos oligárquicos da República Velha.

A organização "burocrática e totalitária" do integralismo exercia papel central no processo de socialização dos militantes. Altamente hierarquizada, ritualizada, disciplinada, todos os aspectos da vida de uma pessoa, do nascimento à morte – quando o militante passava à "Milícia do Além" –, eram rigidamente codificados. A integração formal na AIB começava aos 4 anos de idade, em grupos de 4 a 6 (infantes), depois 6 a 9 (curupiras), 10 a 12 (vanguardeiros) e 13 a 15 (pioneiros). Havia rituais de obediência ao chefe a partir dos 6 anos de idade. A estrutura de organização era um pré-Estado, um modelo do Estado integral a erigir (Trindade, 1974; 1981, p. 330).

Classes médias urbanas

O integralismo era dirigido basicamente às classes médias urbanas na década de 1930, período em que o Brasil passava por importantes transformações urbanas. O alargamento da esfera do Estado nas mais diferentes áreas contribuiu para expandir a classe média, que ansiava – no limite de sua própria dependência das oligarquias e do sistema da Primeira República – por reformas no sistema político e econômico. Essa era também a plataforma do tenentismo e o ideário da Revolução de 1930, que resultou no rompimento do eixo oligárquico São Paulo-Minas Gerais da política nacional. O país se urbanizava e se modernizava, e novos setores sociais e econômicos careciam de representação política. Os membros da AIB eram funcionários públicos, profissionais liberais, jornalistas, advogados, médicos, professores, padres, pequenos agricultores, funcionários do comércio, militares, setores ainda não representados politicamente pelos partidos oligárquicos. Segmentos das classes médias foram atraídos pela militância integralista, com o uso maciço de meios de propaganda modernos, como jornais, rádio, comícios, e até *designs* de produtos domésticos. O jornal *Ação* abriu espaço em suas colunas para assuntos trabalhistas, embora o partido nunca tenha alcançado significativa adesão operária (Hilton, 1983). A AIB atraía particularmente a população com menos de 30 anos.

Em 1936 as mulheres constituíam aproximadamente 20% dos militantes do movimento (Deutsch, 1997). A AIB realizou em 1936 um Congresso Nacional Feminino, no Rio de Janeiro, e uma Convenção Trabalhista, em São Paulo, em 1937. A reunião de mulheres tinha como lema "Crer, obedecer e preservar". Segundo Deutsch, as mulheres tinham várias funções na AIB, entre elas dedicar-se às suas famílias e lares, procriar e educar crianças cristãs e patrióticas, proteger os lares contra o comunismo e cultivar valores "femininos", como obediência, amor, sacrifício, pureza e espiritualidade, apoiando também os maridos na luta do movimento. As mulheres participaram ativamente na política e nas manifestações de massa da AIB. Dois anos antes, mais precisamente em 1934, a Ação Feminina Integralista foi fundada no Maranhão e chegou a representar 18% dos membros do partido.

O caso do Maranhão (Caldeira, 1999) é emblemático do apelo da AIB em um estado do Nordeste, pouco industrializado e urbanizado e com um movimento operário pouco expressivo, o que revela a singularidade brasileira quando comparada com o fascismo europeu do período entre as guerras. A atuação regional da AIB não se limitava apenas a reiterar as questões nacionais. Levavam-se em conta as especificidades do jogo político entre as forças políticas locais e o regime de Getúlio Vargas. Os principais fatores que catalisaram o apoio ao integralismo no Maranhão, segundo Caldeira, foram o anticomunismo, o nacionalismo e o catolicismo, que veio atrair o apoio de setores da Igreja. O anticomunismo deve ser matizado diante de dados como o número de apenas 3.105 operários na década de 1920

(São Luís tinha 70 mil habitantes). O discurso antioligárquico, contra os coronéis locais, era um dos motes principais do partido naquele estado, com slogans como a "liberação de Pedreiras das garras de um feudalismo entorpecente e retrógrado".

No entanto, apesar do discurso contra as oligarquias, o integralismo, ao se inserir no jogo político-parlamentar, próprio à democracia liberal, teve de moderar o discurso e buscou tecer alianças. O partido apoiou, por exemplo, uma negociação, em 1936, para eleger um governador ligado a Getúlio Vargas, e participou de uma ampla composição de forças tradicionais da política local, passando a integrar a administração pública.

O integralismo atraía, assim, especialmente setores das classes médias urbanas não representadas na política tradicional, que respondiam ao discurso de um movimento que se pretendia moderno e que prometia que as libertaria do poder das oligarquias regionais. A presença de profissionais liberais e de intelectuais explica-se em parte pela defesa de um Estado nacional forte, acima dos regionalismos.

Outro polo de atração da AIB foram os imigrantes. O integralismo buscou apoio também em regiões de colonizações italiana e alemã. Gertz (1987) problematiza a ideia de que a ascensão de Hitler ao poder na Alemanha teria mobilizado os imigrantes alemães no Rio Grande do Sul e em Santa Catarina e que as ideologias nazista e integralista seriam similares do ponto de vista dos imigrantes. O historiador mostra – baseado em pesquisa documental e nos resultados eleitorais municipais nas chamadas "colônias alemãs" – as diferenças e as divergências políticas entre o integralismo, os movimentos germanistas e os nazistas, especialmente sobre questões referentes à campanha de nacionalização de Getúlio Vargas e a valorização da cultura pátria.

Para Gertz, a ideia de que os imigrantes teriam aderido em massa àqueles movimentos baseia-se na falsa premissa de que a população de origem alemã não teria se "integrado" ao Brasil, mantendo uma identidade cultural e política separada e vinculada à Alemanha. Esse era o discurso estado-novista, que calculava índices de "enquistamento" étnico e que acabou impondo um padrão de julgamento dos imigrantes baseado em critérios tais como o grau de solubilidade e assimilação de determinadas nacionalidades ou etnias etc. Em seu estudo, Gertz mostra que a variável importante para a análise das relações entre imigração, nazismo, germanismo (entendido como o esforço de preservação de valores e da cultura alemã e defesa dos interesses dos imigrantes) e integralismo é a estratificação social e inserção econômica, e não a questão étnica. Os dados eleitorais de 1935 mostram, por exemplo, que a votação da AIB nos municípios de colonização alemã foi bastante relativa, e não se pode definir uma determinante étnica para isso. Em Novo Hamburgo, por exemplo, maior densidade demográfica depois de Porto Alegre e terceiro no que se refere ao percentual de população urbana, Gertz sugere que pode haver uma correlação entre integralismo e urbanização/industrialização mais importante do que o dado étnico. Em municípios com menor densidade urbana, o voto na AIB era significativamente menor, mesmo em núcleos de população imigrante onde se preservava de forma mais intensa a cultura alemã. Havia também antagonismo entre os germanistas, que defendiam o ensino do alemão nas escolas de descendentes de imigrantes, e os integralistas, que defendiam o ensino obrigatório apenas do português. Portanto, com base no estudo de Gertz, mobilidade social, grau de instrução e nível de informação têm um papel importante e que pode ser mais relevante que o elemento étnico, que, de qualquer forma, não pode ser considerado uma variável determinante e isolada.

A revolução integralista e o tema do antissemitismo

Na visão de Salgado, o objetivo da luta integralista e da ação humana era a revolução integralista, a construção e o fortalecimento do Estado integral. O indivíduo deveria estar permanentemente subordinado e mobilizado para responder às necessidades do Estado, conforme o lema: "O integralista é o soldado de Deus e da Pátria, o homem-novo do Brasil que vai construir uma grande nação." Os indivíduos são avaliados e organizados em função da capacidade para a luta e para a construção desse Estado. Para a AIB haveria um modelo genuinamente brasileiro de Estado, de organização política, de civilização, de cultura, compatível com uma suposta originalidade brasileira construída sobre o mito da "cooperação entre as raças". Em Barroso, a ideologia da interação positiva em matéria racial não incorporaria os judeus, que, conforme seus livros, seriam os artífices da dependência financeira internacional a que o Brasil estaria submetido. O Estado liberal e democrático era visto como fraco e desagregador, não defendendo os genuínos interesses nacionais, culturais e econômicos. Enfim, o país seria uma "colônia de banqueiros".

Para legitimar a construção do Estado "genuinamente" nacional, compatível com a sociedade brasileira, era preciso buscar as raízes autênticas. Daí a construção de genealogias e mitologias, invocando uma presença original na terra, um espírito fecundador primeiro que teria definido uma "originalidade" nacional. Esse movimento foi muitas vezes associado à busca de um "Brasil puro", que estaria no interior, no sertão, longe do litoral e da influência estrangeira do colonizador e do mundo moderno. Há uma clara influência da obra de Euclides da Cunha e sua visão dualista, que teve papel de relevo sobre as perspectivas presentes na intelectualidade das décadas de 1920 e 1930. Essa matriz de pensamento teve ainda ascendência sobre o movimento modernista de 1922 (Prado, 1983). Salgado vislumbraria o Brasil como uma "Aurora dos Tempos Futuros, nova luz que anuncia no mundo, uma nova Atlântida que ressurge, síntese das Idades Humanas" (uma boa síntese desse pensamento encontra-se em Chasin, 1978, e Araújo, 1978) que realizaria uma nova civilização em substituição à decadência do Ocidente. Benzaquen, por sua vez, lembra a ideologia do caboclo em Plínio, o autêntico brasileiro, a expressão da miscigenação.

Ponto central no ideário fascista era a concepção de que o conflito não é originalmente constitutivo da vida social e deve ser superado. Os embates seriam a expressão do caos provocado pela democracia e pelas divisões causadas "artificialmente". Para a AIB o que deve caracterizar a vida em sociedade é um sistema corporativo e hierarquizado, harmônico e enquadrado em uma rígida disciplina. A sociedade constituiria um todo indissociável que deve ser governado como as engrenagens de uma máquina, a partir de um chefe único ao qual se devem submissão e lealdade totais. Níveis hierárquicos intermediários são criados em função das diferenças "naturais" entre os homens. A família e a corporação profissional, ou sindicato, lembrando as corporações medievais, seriam grupos "naturais" de agregação. Uma vez que o conflito não seria constitutivo da vida social, mas, pelo contrário, uma fraqueza, toda manifestação de diferença, de divergência, de conflito, deveria ser combatida. Para que o todo funcione em harmonia, os inimigos da nação precisam ser identificados, isolados, combatidos e, em última instância, eliminados.

O integralismo tem uma visão teleológica da história na qual operam o bem e o mal, o materialismo e o espiritualismo, a religião e o ateísmo, e que fatalmente desembocará no "Estado integral", um estado permanente de paz social e de aprimoramento individual e social. A ideologia integralista caracteriza-se pela permanente mobilização dos indivíduos, que estariam constantemente respondendo às necessidades da revolução. Essa visão de mundo e de história encontra-se em *A Quarta Humanidade* (1934), de Plínio Salgado, e em *O Quarto Império* (1935), de Gustavo Barroso (Maio, 1992).

Comunismo, democracia, liberalismo, capitalismo internacional, judaísmo e maçonaria eram considerados os principais inimigos da AIB. Para combatê-los, na perspectiva de realizar os ideais da nova sociedade, a AIB organizou uma estrutura de vigilância e de controle. O antissemitismo, portanto, foi um importante instrumento de mobilização das bases integralistas. Tornou-se um tema recorrente em jornais e panfletos da organização, "em função da simplicidade de seu esquema explicativo: desde as revoluções francesa e soviética até o controle das finanças internacionais, tudo seria dirigido pela ação judaica" (Trindade, 1979, p. 228).

Entre os ideólogos do partido, o antissemitismo foi um tópico central apenas na obra de Barroso. Era menos explícito nos textos doutrinários de Miguel Reale e Plínio Salgado, que não atacavam os imigrantes judeus no Brasil, mas o "capitalismo e o comunismo judaicos internacionais" (Maio, 1992; Cytrynowicz, 1992). No caso de Barroso, tratava-se de um antissemitismo influenciado pelo catolicismo da extrema direita francesa do século XIX, que responsabilizava o judaísmo pela ruptura com o idealizado mundo medieval e pré-moderno. Salgado chegou a censurar a difusão do antissemitismo de Barroso na imprensa integralista. Afinal, o antissemitismo, entre outros aspectos, era utilizado pelo chefe das milícias integralistas como um instrumento de competição política com Plínio Salgado. A disputa pela liderança do movimento integralista caminhou *pari passu* com a radicalidade do discurso antissemita de Barroso (Maio, 1996).

O ideário integralista de Barroso estava centrado em dois princípios. Em primeiro lugar, a história, seja do mundo, seja do Brasil, não passaria de um conjunto de capítulos da permanente ação de um complô judaico que controlaria todos os acontecimentos mundiais. Os agentes desse complô teriam diversas denominações: maçonaria, capitalismo, comunismo, liberalismo. A matriz ideológica do mito da conspiração judaica é um panfleto apócrifo, "Os protocolos dos sábios de Sião", editado pela primeira vez pela polícia czarista no fim do século XIX (Cohn, 1983; Poliakov, 1991; 1992).

Barroso acreditava ainda na luta de raças, ou seja, a história do mundo seria um permanente embate entre grupos raciais, no qual os brancos acabariam por ser vitoriosos caso combatessem a "raça judaica", que não teria aceitado se dissolver na totalidade branca cristã. Esta difundiria os ideais da modernidade e do materialismo, quer na chave capitalista quer na perspectiva comunista, contra o espiritualismo cristão de uma ordem que remetia ao mundo medieval. A missão da revolução integral, segundo Barroso, seria criar uma nova civilização e derrotar o inimigo judaico. Para isso era necessário eliminá-lo (Maio, 1992).

Em *O que o integralista deve saber*, Barroso escreveu que

> a medonha crise que se vem desencadeando sobre toda a humanidade desde muitos anos e que tem culminado nos acontecimentos terríveis da guerra mundial e do após-guerra, gangrena econômica e moral dos povos que vai destruindo não só o patrimônio material dos povos como o espiritual, não é propriamente o resultado de causas acidentais, porém foi deliberadamente provocada, segundo um estudo magnífico de W. Creuz, por poderosíssimo bando de criminosos. Está definitivamente verificado e provado que a maioria desse bando de criminosos é composta de judeus e que sua inspiração e suprema direção ocultas provêm de judeus (Barroso, 1936, pp. 119-120).

Em nota à versão brasileira de "Os protocolos", o qual traduziu, ele escreveu que, "no Brasil, a glândula principal é São Paulo. Fixados em São Paulo, dirigindo-lhe a política, os grandes jornais, os grandes bancos, a grande indústria, as operações de café, um grupo de judeus, meio-judeus e judaizantes ou judaizados, dominam a vida econômica de todo o país, forçando a governação política através da direção da economia" ("Os protocolos dos sábios de Sião", citado em *A Gazeta*, 30 set. 1936). Trechos como estes não são exceção, mas o eixo central da obra de Barroso.

Conforme Hannah Arendt (1989), poder-se-ia sugerir que o delírio de conspiração integralista é projeção invertida de seu desejo de efetivamente dirigir os destinos do mundo e a política de forma conspiratória, como se fosse possível manobrar e manipular pessoas, governos, economia, ciência etc. O antissemitismo, como o anticomunismo, não foi apenas tema secundário ou aspecto específico do ideário integralista. Embora a ideologia antissemita não tenha se traduzido em ações violentas contra a população judaica do Brasil, a figuração de um inimigo mítico a combater para a salvação do país e catalisar a mobilização foi uma questão-chave do fascismo em geral e do integralismo em particular.[3]

Os estudos sobre o integralismo na virada do século

A partir dos anos 1990, seguindo a expansão das pesquisas relativas ao primeiro período Vargas (1930-1945) e um renovado interesse pela história política, houve um crescente foco em estudos sobre a AIB, culminando, do ponto de vista institucional, com a criação de um Grupo de Estudos de Integralismo (Geint), que se reúne nos encontros da Associação Nacional de Pós-Graduação em História desde 2001 (e cujos seminários constituem roteiro das pesquisas em andamento), além de simpósios específicos sobre o tema, inclusive regionais, e das pesquisas reunidas em torno do Arquivo Municipal de Rio Claro (SP), onde está depositado o acervo documental de Plínio Salgado.

Entre as coletâneas que mostram a diversidade de temas e abordagens nos estudos sobre a AIB, pode-se citar o livro organizado por Renato Dotta, Rosa Cavalari e Lídia Possas, *Integralismo: novos estudos e reinterpretações*, de 2004, e o livro organizado por Giselda Brito Silva, de 2007, *Estudos do Integralismo no Brasil*.

A multiplicação de pesquisas levou, inclusive, aos primeiros estudos historiográficos, problematizando a produção em ciências humanas sobre a AIB e periodizando as publicações na área, com destaque para o importante livro de João Fábio Bertonha, *O Integralismo e sua história: memória, fontes, historiografia*, de 2016, coletânea de artigos que mapeia as questões de história, memória e historiografia da AIB, incluindo os ensaios "A construção da memória através de um acervo pessoal: o caso do fundo Plínio Salgado em Rio Claro (SP)" e "Além das palavras e do discurso: questões metodológicas para o estudo do antissemitismo integralista". O livro de Bertonha atualiza as discussões sobre o integralismo, mostrando, ademais, as inúmeras possibilidades de pesquisa e interpretação em aberto, inclusive no debate atual sobre o fascismo. Sobre a historiografia da AIB, vale ainda citar o artigo "A evolução dos estudos sobre o integralismo", de Rodrigo Santos de Oliveira.[4]

Celebrando os mais de 40 anos decorridos da publicação da primeira edição de seu livro sobre a AIB (publicado em 1974 e com uma segunda edição em 1979), Hélgio Trindade publicou em 2017 *A tentação fascista no Brasil:* imaginário de dirigentes e militantes integralistas, reunindo pela primeira vez a íntegra das 24 entrevistas que realizou em 1969-1970 para o doutorado. Trata-se de material inédito de grande relevância, especialmente considerando o pioneirismo do autor nos estudos sobre a AIB, em um tema sobre o qual não havia fontes sistematizadas nem tampouco uma bibliografia disponível. As entrevistas incluem uma geração de dirigentes e militantes integralistas nos anos 1930, entre os quais Plínio Salgado, Miguel Reale, Godofredo da Silva Telles, Roland Corbisier, Jeovah Mota e Olympio Mourão Filho. Sua publicação permitirá certamente novas leituras deste material à luz das pesquisas acumuladas sobre o integralismo. No livro de Hélgio Trindade, João Fábio Bertonha realizou levantamento desde 1974, relacionando 804 referências, entre artigos, dissertações, teses e livros sobre a AIB ou que incluíram a AIB como tema importante, evidenciando o crescimento exponencial do interesse e das pesquisas sobre integralismo, particularmente por meio de pesquisas no campo da História.

Essa expansão incluiu novas abordagens, temas e fontes de pesquisa, entre os quais se destaca, em número de publicações, a história regional, com monografias sobre estados, cidades e diversos aspectos circunscritos localmente, incluindo diversos estudos relativos a estados e cidades do Nordeste. Essas pesquisas mostram a capilaridade da atuação da AIB nos anos 1930 e reforçam sua característica de movimento nacional e de massa ao mesmo tempo que com características regionais e locais relevantes. Também indicam o interesse pelo tema por parte de pesquisadores das mais diversas (geograficamente) universidades no país.

Além da perspectiva regional, têm sido realizados estudos em diversas outras vertentes, entre elas a de gênero, sobre o lugar e as representações da mulher para o integralismo e da mulher integralista, como o trabalho *Evidências esmagadoras dos seus atos:* fotografia e imprensa na construção da imagem pública da Ação Integralista Brasileira (1932-1937), de Tatiana da Silva Bulhões, que faz um cruzamento com a utilização de fotografias produzidas pela AIB como fonte de pesquisa.[5] O discurso integralista, segundo esta autora, construiu, por meio da fotografia, representações de gênero feminino em um enquadre antifeminista, cristão e ligado à biologia.

Mostrando a importância da adesão à AIB não apenas entre as classes médias, mas entre outros setores, como o operariado, existe a dissertação de mestrado de Renato Alencar Dotta: *O integralismo e os trabalhadores:* as relações entre a AIB, os sindicatos e os trabalhadores através da imprensa integralista (1936-1938).[6]

Há também estudos sobre a continuidade da ideologia após a proibição formal do partido em 1938 e a trajetória política pós-1930 de dirigentes como Plínio Salgado, entre eles *O integralismo no pós-guerra:* a formação do PRP (1945-1950), de Gilberto Grassi Calil. Nesse estudo, o autor examina a dinâmica política entre a permanência da ideologia e o jogo partidário-político do período, que obrigou à institucionalização das ideias da AIB.

Outras linhas que vêm sendo abordadas são as relações entre o integralismo e a Igreja Católica e outras denominações religiosas; estudos sobre a imprensa e a difusão das ideias integralistas; pesquisas sobre imigração e grupos étnicos; trabalhos sobre educação e estudos de memória do próprio integralismo e como a AIB produziu sua própria memória, como *As celebrações dos 25 anos do integralismo e o caso da Enciclopédia do Integralismo*, de Rodrigo Cristopholetti.[7]

Em grande parte, os estudos sobre integralismo seguem o veio interpretativo de Trindade, inserindo a AIB como partido tipicamente fascista. Como todas as grandes questões de história e ciências sociais, existe ainda amplo campo de pesquisa em relação à AIB e seria interessante que não apenas a natureza de sua ideologia fosse rediscutida, à luz da produção internacional crescente sobre o fascismo no século XX, como também em uma perspectiva comparativa entre regiões do Brasil e entre países, por exemplo, da América Latina, vertente que tem sido pouco explorada. Com uma bibliografia que em poucos anos passou de pouco mais de 20 títulos para mais de 800 referências, o cruzamento bibliográfico e o diálogo crítico entre as pesquisas, com a diversidade de temas, abordagens e fontes, certamente aprofundará o conhecimento sobre o integralismo para além das contribuições locais e específicas.

Conclusão

O integralismo emerge no contexto de polarização ideológica que se seguiu à Revolução de 1930. Conflitos oligárquicos, levantes militares, oscilações entre projetos autoritários e liberais, movimentos radicais e insurreições à direita e à esquerda marcaram os diversos cenários nos quais se desenrolaram as atividades da AIB.

O movimento integralista não pode ser analisado como um fenômeno social e político uníssono, quer no plano ideológico quer no plano da ação política, social e cultural. As novas pesquisas e publicações vêm ampliando o conhecimento e a compreensão de sua manifestação nos anos 1930 e seu lugar na história do século XX no país. Seja um projeto de fascismo à brasileira ou uma alternativa conservadora ao capitalismo dependente, ou ainda uma resposta geracional de segmentos de classe média não contemplados pelas mudanças ocorridas após a Revolução de 1930, o movimento integralista ainda é um cenário em aberto no campo da pesquisa. Ele representa uma vertente do nacionalismo e de ideias de extrema direita cujo estudo ganhou nova relevância e novos significados à luz dos desdobramentos da política brasileira na segunda década do século XXI.

Notas

1. Trindade, Hélgio (1974). O livro pioneiro de Trindade é ainda o mais completo e compreensivo estudo sobre o tema, com ampla pesquisa de campo. Os trabalhos que vieram depois particularizaram temas ou aprofundaram certos aspectos ideológicos específicos.
2. Esta produção historiográfica e de ciências sociais era reduzida, até meados dos anos 1990, se comparada, por exemplo, à vasta bibliografia sobre movimentos e partidos de esquerda, e mais ainda se analisada no contexto da produção

sobre o primeiro período Vargas e o Estado Novo. Existe objetivamente muito campo para pesquisa documental e interpretações sobre a AIB, bem como para o debate nos campos da História e das Ciências Sociais.

3. Sobre o antissemitismo no Brasil na década de 1930, ver: Lesser (1995); Maio (1999); Maio e Calaça (2000); Tucci Carneiro (1988).
4. Oliveira, Rodrigo Santos de. "A evolução dos estudos sobre o integralismo". *Estudos Íbero-americanos*, v. 36, n. 1, pp. 118-138, PUCRS, jan./jun. 2010.
5. Bulhões, Tatiana da Silva. *Evidências esmagadoras dos seus atos:* fotografia e imprensa na construção da imagem pública da Ação Integralista Brasileira (1932-1937). Niterói, mestrado em História, UFF, 2007.
6. Dotta, Renato Alencar. *O Integralismo e os trabalhadores:* as relações entre a AIB, os sindicatos e os trabalhadores através da imprensa integralista (1936-1938). São Paulo, mestrado em História, USP, 2003.
7. Cristopholetti, Rodrigo. *As celebrações dos 25 anos do Integralismo e o caso da Enciclopédia do Integralismo*. São Paulo, mestrado em História, Unesp, 2002.

Bibliografia

Araújo, Ricardo Benzaquen de. jul./set. 1978. "As classificações de Plínio – uma análise do pensamento de Plínio Salgado entre 1932 e 1938". *Revista de Ciência Política*. Rio de Janeiro, 21 (3).

______. 1988. *Totalitarismo e revolução:* o integralismo de Plínio Salgado. Rio de Janeiro: Zahar.

Arendt, Hannah. 1989. *As origens do totalitarismo*. São Paulo: Companhia das Letras.

Barroso, Gustavo. 1936. *O que o integralista deve saber*. Rio de Janeiro: Civilização Brasileira.

Bertonha, João Fábio. 1999. *Sob a sombra de Mussolini:* os italianos em São Paulo e a luta contra o fascismo, 1919-1945. São Paulo: Annablume.

______. 2000. *Fascismo, Nazismo, Integralismo*. São Paulo: Ática.

______. 2016. *O Integralismo e sua história:* memória, fontes, historiografia. Salvador: Pontocom.

Bracher, Karl Dietrich. 1970. *The German dictatorship:* The origins, Structure, and Effects of National Socialism. Nova York: Praeger Publishers.

Caldeira, João Ricardo de Castro. 1999. *Integralismo e política regional:* a ação integralista no Maranhão (1933-1937). São Paulo: Annablume.

Calil, Gilberto Grassi. 2001. *O Integralismo no Pós-Guerra:* a formação do PRP (1945-1950). Porto Alegre: EdiPUCRS.

Camargo, Aspásia *et al.* 1989. *O golpe silencioso.* Rio de Janeiro: Rio Fundo.

Carone, Edgard. 1982. *A Terceira República (1937-1945).* São Paulo: Difel.

Cavalari, Rosa Maria Feiteiro. 1999. *Integralismo:* ideologia e organização de um partido de massa no Brasil (1932-1937). Bauru: Edusc.

Chasin, José. 1978. *O integralismo de Plínio Salgado:* forma de regressividade no capitalismo hipertardio. São Paulo: Ciências Humanas.

Cohn, Norman. 1983. *El mito de la conspiración judia mundial.* Madri: Alianza.

Chaui, Marilena. 1978. "Apontamentos para uma crítica da Ação Integralista Brasileira". In *Ideologia e mobilização popular.* São Paulo: Paz e Terra.

Cristopholetti, Rodrigo. 2002. *As celebrações do jubileu de prata integralista (1957-1961).* Assis, Faculdade de Ciências e Letras Unesp, dissertação de mestrado em História.

Cytrynowicz, Roney. 1992. *Integralismo e antissemitismo nos textos de Gustavo Barroso na década de 30.* São Paulo: FFLCH, dissertação de mestrado.

______. 1996. "A América e o antissemitismo na visão integralista de Gustavo Barroso e de Plínio Salgado". In *Ibéria-judaica:* roteiros da memória. Rio de Janeiro/São Paulo: Expressão e Cultura/Edusp.

______. 1998. "O fascismo brasileiro entre as oligarquias e a modernidade". Prefácio de Sombra, Luiz Henrique; Guerra, Luiz Felipe Hirtz. *Imagens do Sigma.* Rio de Janeiro: Arquivo Público do Estado do Rio de Janeiro.

De Felice, Renzo. 1976. *Explicar o fascismo.* Lisboa: Edições 70.

Deutsch, Sandra McGee. 1999. *Las derechas:* The extreme Right in Argentina, Brazil, and Chile 1890-1939. Stanford: Stanford University Press.

______. 1997. "What Difference Does Gender Make? The Extreme Right in the ABC Countries in the Era of Fascism". *E.I.A.L.*, v. 8, n. 2.

Dicionário Histórico-Biográfico Brasileiro Pós-1930. 2001. "Integralismo" e "Gustavo Barroso" (Amélia Coutinho); "Plínio Salgado" (Paulo Brandi); "Miguel Reale". Rio de Janeiro: Fundação Getulio Vargas.

Dotta, Renato Alencar. 2003. *O integralismo e os trabalhadores:* as relações entre a AIB, os sindicatos e os trabalhadores através do jornal "Acção" (1936-1938), (1932-1938). São Paulo: USP, dissertação de mestrado em História.

______. Cavalari, Rosa M. F.; Possas, Lídia M. V. (orgs.). *Integralismo:* novos estudos e reinterpretações. 2004. Rio Claro: Arquivo Municipal de Rio Claro.

Friedlander, Saul. 1984. *Reflections of Nazism: An essay on kitsch and death.* Nova York: Harper & Row.

Gay, Peter. 1978. *A cultura de Weimar*. Rio de Janeiro: Paz e Terra.

Gertz, René. 1987. *O fascismo no sul do Brasil:* germanismo, nazismo, integralismo. Porto Alegre: Mercado Aberto.

______. 1991. *O perigo alemão*. Porto Alegre: Editora UFRGS.

Hilton, Stanley. 1983. "Ação Integralista Brasileira: o fascismo no Brasil, 1932-1938". In *O Brasil e a crise internacional:* 1930-1945 (cinco estudos). São Paulo: Nova Fronteira.

Lesser, Jeffrey. 1995. *O Brasil e a questão judaica*. Rio de Janeiro: Imago.

Laqueur, Walter. 1976. *Fascism:* A Reader's Guide. Penguim Books.

Levine, Robert. 1980. *O regime Vargas (os anos críticos, 1934-1938)*. Rio de Janeiro: Nova Fronteira.

Linz, Juan. 1976. "O integralismo e o fascismo internacional". Porto Alegre: *Revista do Instituto de Filosofia e Ciências Humanas da UFRS.*

Maio, Marcos Chor. 1992. *Nem Rotschild nem Trotsky:* o pensamento antissemita de Gustavo Barroso. Rio de Janeiro: Imago.

______. 1996. "Marcas de uma trajetória: a militância antissemita de Gustavo Barroso". In *Ibéria judaica:* roteiros da memória. Rio de Janeiro/São Paulo: Expressão e Cultura/Edusp.

______. 1999. "Qual antissemitismo? Relativizando a questão judaica no Brasil dos anos 30". In Pandolfi, Dulce (org.). *Repensando o Estado Novo*. Rio de Janeiro: Fundação Getulio Vargas.

______. Calaça, Carlos Eduardo. 1° sem. de 2000. "Cristãos novos e judeus: um balanço da bibliografia sobre o antissemitismo no Brasil". *BIB*. Rio de Janeiro, n. 49.

Poliakov, Leon. 1991. *A causalidade diabólica I*. São Paulo: Perspectiva.

______. 1992. *A causalidade diabólica II*. São Paulo: Perspectiva.

Prado, Antonio Arnoni. 1983. *1922* – Itinerário de uma falsa vanguarda, os dissidentes, a Semana e o integralismo. São Paulo: Brasiliense.

Rago Filho, Antonio. 1989. *A crítica romântica à miséria brasileira:* o integralismo de Gustavo Barroso. São Paulo: PUC-SP, dissertação de mestrado.

Saccomani, Edda. 1986. "Fascismo". In Bobbio, Norberto *et al. Dicionário de Política*. Brasília: UnB.

Silva, Giselda Brito (org.). 2007. *Estudos do Integralismo no Brasil*. Recife: Editora da UFRPE.

______. Gonçalves, Leandro Pereira; Parada, Maurício (orgs.). *Histórias da política autoritária:* integralismos, nacional-sindicalismo, nazismo e fascismos, 2ª. ed. Porto Alegre: EdiPUCRS, 2016.

Silva, Hélio. 1971. *Terrorismo em Campo Verde*. Rio de Janeiro: Civilização Brasileira.

Trindade, Hélgio. 1974. *Integralismo, o fascismo brasileiro na década de 30*. São Paulo: Difel.

———. 1981. "Integralismo: teoria e práxis política nos anos 30". In Fausto, Boris (dir.). *O Brasil Republicano*, v. 3: Sociedade e política (1930-1964). Coleção História Geral da Civilização Brasileira, t. III. São Paulo: Difel.

———. 2017. *A tentação fascista no Brasil:* imaginário de dirigentes e militantes integralistas. Porto Alegre: Editora da UFRGS.

Tucci Carneiro, Maria Luiza. 1988. *O antissemitismo na Era Vargas*. São Paulo: Brasiliense.

Vasconcelos, Gilberto. 1979. *Ideologia curupira:* análise do discurso integralista. São Paulo: Brasiliense.

3. O PCB, a ANL e as insurreições de novembro de 1935

*Marly de Almeida G. Vianna**

Introdução

Falar da Aliança Nacional Libertadora (ANL), dos levantes de novembro de 1935 e do Partido Comunista do Brasil (PCB) é falar de um período importante de nossa história, período no qual os tenentes e o PCB tiveram ativa participação.

Já no começo dos anos 1920 as rebeliões tenentistas que culminaram na Revolução de 1930 tornavam mais acirrado o debate sobre os rumos da sociedade brasileira e, de certa forma, legitimavam as ações armadas para transformá-la. O ambiente criado pela revolução, no início dos anos 1930, intensificou ainda mais a efervescência política. Vários setores da sociedade se organizavam e participavam de debates e de ações que visavam a colocar o país no caminho do progresso e da democracia. A mobilização era intensa: jovens militares, intelectuais, profissionais liberais, estudantes, lideranças sindicais, comunistas, socialistas e também setores da Igreja, integralistas, políticos tradicionais e dissidências partidárias.

Numa sociedade ainda atrasada culturalmente, como a nossa, os grupos que lideravam as discussões eram aqueles ligados aos setores que tiveram acesso ao ensino superior, como profissionais liberais, estu-

* Professora aposentada da Universidade Federal de São Carlos e Professora Titular do programa de pós-graduação mestrado e doutorado em História da Universidade Salgado de Oliveira.

dantes e, destacadamente, os tenentes, que, além do mais, constituíam um grupo armado.

A classe operária também se manifestava, em especial por intermédio do movimento sindical, mas era ainda uma organização com pouca força política, e a configuração autoritária da sociedade não abria espaço para a participação de classes e grupos subalternos.

É importante notar a ausência de uma representatividade política organizada em partidos que, na época, sequer existiam em nível nacional (o que só viria acontecer em 1945). Os únicos partidos existentes na ocasião, que se encaixavam numa definição de partido político – um programa ideológico mais uma estrutura organizativa – e de âmbito nacional, eram o Partido Comunista do Brasil (PCB), fundado em março de 1922, e a Ação Integralista Brasileira (AIB), fundada em outubro de 1932.

O tenentismo, iniciado com a rebelião do Forte de Copacabana em 5 de julho de 1922, fortaleceu-se no segundo 5 de julho, de 1924, com o levante paulista comandado por Isidoro Dias Lopes e os levantes do Rio Grande do Sul, liderados por Luís Carlos Prestes. A junção do movimento paulista com o gaúcho desembocou na epopeia da famosa Coluna Prestes-Miguel Costa, que percorreu mais de 25 mil quilômetros do território nacional, desafiando o governo, sem sofrer uma única derrota. No início de 1927, eleito Washington Luís, a coluna encerrou suas atividades e o quadriênio presidencial de 1926-1930 transcorreu com aparente tranquilidade, embora os tenentes continuassem a conspirar.

No fim de 1929, início de 1930, colocada a candidatura de Getúlio Vargas, o movimento tenentista dividiu-se: de um lado, ficou o general da coluna, Luís Carlos Prestes, que aderiu ao socialismo por considerá-lo o único caminho capaz de conduzir a uma sociedade mais justa, e do outro, ficou a quase totalidade dos tenentes revolucionários, que apoiaram Getúlio porque acharam que a chegada ao poder da coligação que o sustentava (a Aliança Liberal) seria a "regeneração" da República, a concretização dos objetivos do ideal republicano que os tenentes expressavam no lema "representação e justiça": voto secreto e moralidade pública.

Apesar de não terem um programa de transformações sociais definidas, sendo suas propostas bastante vagas e moralistas, os tenentes foram os representantes das necessidades de mudança e de democratização da vida política, expressando os anseios da maioria da população brasileira. Se não eram os únicos a lutar por mudanças, pois o movimento operário também o fazia, os tenentes eram os únicos aceitos pela parte da sociedade que queria transformações nos rumos que a República tomara, reconhecendo na jovem oficialidade uma vanguarda revolucionária e democrática capaz de realizar tais transformações.

A República fizera-se com imprescindível participação dos militares, chamados a encabeçar as reivindicações mais progressistas da sociedade da época: contra o trabalho escravo e pelos avanços econômicos no sentido capitalista, que a dominação imperial-escravista entravava. No ideário republicano estava presente a noção de cidadania que incluía não só o liberalismo da participação popular nos pleitos eleitorais, mas também noções de direitos e deveres sociais, a defesa dos interesses nacionais, alguns pontos de democracia e até mesmo de socialismo. Evidentemente, numa sociedade saída da escravidão e sem qualquer tradição de lutas populares organizadas e dirigidas pelos próprios setores populares, a cidadania republicana estava mais no discurso do que na prática. Mas isso não exclui a importância da presença desses ideais na abertura de espaços, ainda que pequenos, para a luta dos setores não diretamente ligados às classes dominantes.

Substituída a monarquia e passado o período militar da república florianista-"jacobina", os barões do café pareciam ter tomado o lugar dos nobres da corte, continuando a restringir não só o espaço popular como o dos setores – e até dos estados – não ligados aos interesses cafeeiros.

A Revolução de 1930, que contara com a simpatia ativa da esmagadora maioria da população, conseguiu quebrar a hegemonia da oligarquia cafeeira, em especial da paulista e de seus representantes políticos do Partido Republicano Paulista. O Governo Provisório de Vargas tentava reorganizar o poder político do Estado, mas sem afastar dele os grupos derrotados pela revolução. A Aliança Liberal, união de Minas Gerais, Rio Grande do Sul, Paraíba e do Partido Democrático de São Paulo contra Washington Luís e seu candidato, Júlio Prestes, expressava os interesses das classes dominantes de outros estados que não São Paulo – tanto cafeicultores insatisfeitos com a hegemonia paulista como setores desvinculados do café. Agrupava também camadas e segmentos da sociedade que lutavam pela democracia e defendiam, como já vimos, a volta ao ideal republicano.

Em nossa sociedade, com a tradição – e o peso – do autoritarismo e da exclusão, gerados e alimentados em quatro séculos de escravidão, mesmo os setores mais democráticos viam a participação popular a partir de uma perspectiva elitista: achavam que seria preciso tutelar as massas pobres e ignorantes para ajudá-las a evoluir. A democracia de que falavam e pela qual pegavam em armas era uma democracia que entendiam como o desmantelamento do processo eleitoral corrupto então vigente.

A Revolução de 1930, apesar de ser um movimento dirigido pelos interesses de grupos da classe dominante, que não tinham qualquer pretensão de transformações radicais na estrutura produtiva, teve em sua vanguarda os tenentes, o que provocou certas contradições: embora direta ou indiretamente ligados aos setores dominantes da sociedade, os jovens tenentes vinham de uma tradição de lutas que incluía a democracia política em sua bandeira. Não eram também indiferentes aos destinos das classes subalternas, sentindo-se responsáveis pela proteção e tutela da classe operária. Seguindo a tradição positivista, reconheciam o direito dos trabalhadores a uma vida mais digna, ao mesmo tempo que ressaltavam sua incapacidade cultural para representar-se enquanto classe. Por outro lado, o operariado da época não tinha condições de liderar movimentos políticos que incorporassem outras classes e camadas da sociedade.

As mudanças trazidas pela Revolução de 1930 – importantes, sem dúvida – não solucionaram os problemas econômicos e sociais do país nem os anseios democráticos de parte da população. As medidas de Getúlio Vargas remodelaram o Estado e beneficiaram a classe operária, embora subordinando-a ao Ministério do Trabalho, mas não modificaram a estrutura produtiva nem as relações sociais, e estavam longe de satisfazer àqueles que desejavam mudanças mais radicais. Uma parte dos tenentes que participou da Revolução de 1930 – que passaremos a chamar de tenentes de esquerda – mostrou-se decepcionada com os rumos do movimento e achou que a politicagem que combateu logo estaria de volta.

A habilidade de Getúlio, mantendo os tenentes no poder por algum tempo, conseguiu conservar o apoio deles até que, depois do movimento constitucionalista de 1932, em São Paulo, a ordem hierárquica no Exército foi restabelecida, e a Assembleia Nacional Constituinte, finalmente convocada.

Em julho de 1934, aprovada a nova Constituição, terminou o período do Governo Provisório revolucionário de Vargas, eleito na ocasião presidente da República. O país entrava num período de normalidade constitucional, mas a movimentação política continuava intensa, pois ninguém estava satisfeito. O próprio Vargas declarou-se contra a Constituição que acabava de jurar.

É importante não esquecer que no ano anterior, em janeiro de 1933, Hitler chegara ao poder na Alemanha, prometendo levar o país à liderança mundial. Na Itália, dizia-se que Mussolini operava milagres. Os Estados fortes, com regimes autoritários, eram apontados como solução para a crise do Estado de democracia liberal e do capitalismo de livre concorrência, que parecia haver falido depois da quebra da Bolsa de Nova York, em 1929.

No Brasil, em outubro de 1932, foi fundada a Ação Integralista Brasileira, com nítidas simpatias pelo fascismo internacional. O autoritarismo que se espalhava pelo mundo tinha fortes raízes no Brasil, arraigado e adubado, como já dissemos, por séculos de escravidão. Aqui, as ideias nazifascistas conquistaram adeptos rapidamente, não só entre as classes dominantes e os altos escalões militares como entre setores das camadas médias urbanas, que engrossaram as fileiras da AIB, chegando mesmo a penetrar em importantes setores operários.

Também a esquerda tinha seu viés autoritário e via com simpatia o fortalecimento do Estado, o que era defendido principalmente pelos militares de esquerda. A democracia de que falavam, não é demais repetir, era a tutela de uma elite que governaria para o povo e em nome dele, mas não com sua participação. E o próprio PCB não deixava de pregar um governo de força, a ditadura democrática do proletariado, até que a luta de classes fosse superada, com a implantação do regime socialista.

A eclosão da Revolução de 1930 ampliou o espaço de participação política, fazendo com que os mais diversos setores da população elaborassem seus programas, se organizassem politicamente, buscassem alianças e, principalmente, disputassem a liderança em ações de rua. E se a luta era essencialmente política, nenhum grupo descartava o recurso às armas: a tradição republicana brasileira não era de mudanças eleitorais, mas de movimentos militares.

É dessa luta pela hegemonia política, que tem como episódio importante os levantes de novembro de 1935, que vamos falar. E, para entendermos melhor os acontecimentos, precisamos apresentar os dois principais participantes deles: o PCB e a ANL.

O PCB

O Partido Comunista do Brasil foi fundado, em março de 1922, por um pequeno grupo de militantes oriundos principalmente do sindicalismo revolucionário. Entusiasmados com a Revolução Socialista na Rússia, os comunistas brasileiros procuraram logo filiar-se à Internacional Comunista (IC) e, para isso, enviaram um delegado ao IV Congresso da organização, realizado em meados de 1922. Mas não conseguiram tornar-se membros da IC nessa ocasião, ficando apenas como observadores. Somente no V Congresso da IC, em 1924, é que foram aceitos como membros com plenos direitos.

A Terceira Internacional ou Internacional Comunista, conhecida também por suas iniciais russas, Kominter (*komunististcheskaia internacional*), foi fundada em 1919 pelo dirigente da Revolução Russa, Vladimir Ilitch Lenin e por Trótski, criador do Exército Vermelho. Eles e seus seguidores posicionaram-se pelo internacionalismo e contra as posições dos membros da Segunda Internacional, que apoiaram as burguesias nacionais de seus respectivos países ao referendarem a participação deles na Primeira Guerra Mundial.

A IC representava comunistas, socialistas, trabalhistas e as tendências e partidos de esquerda que aceitassem as 21 condições estabelecidas para o ingresso na organização, que passou a ser um partido comunista mundial. A 12ª condição de admissão na IC tornava obrigatória a aceitação do centralismo democrático, isto é, as resoluções tomadas pela IC, por maioria dos votos dos participantes, tinham de ser seguidas pelas suas diversas seções – os partidos comunistas nacionais. Estes, por sua vez, também adotavam o princípio do centralismo: se a discussão dentro do partido era aberta, as ações eram centralizadas a partir da decisão majoritária.

Como disse o historiador inglês Eric Hobsbawm, ao fazer parte da IC os comunistas passavam a incorporar o prestígio da revolução socialista

– que era imenso – e a ser membros do exército revolucionário mundial, o que lhes dava grande força moral. No caso do Brasil esse aspecto compensava também o pequeno número de aderentes ao Partido Comunista nos primeiros anos de sua fundação.

Depois que Lenin morreu e o domínio de Stalin se consolidou na União Soviética (URSS), a Terceira Internacional passou a se pautar principalmente pelos interesses de defesa do Estado socialista, o que foi fortalecido pelo fato de os partidos comunistas terem fracassado na tentativa de tomar o poder em diversos países europeus. Pode-se dizer que a partir de 1923 a revolução mundial passou a um segundo plano, pela preocupação da IC em não ameaçar os interesses diplomáticos da URSS.

Os problemas na consolidação da revolução na URSS, o cerco capitalista e as imensas dificuldades econômicas por que passava a jovem República soviética – o primeiro e, na ocasião, único país socialista – fizeram com que as preocupações e as esperanças revolucionárias estivessem concentradas nos países europeus desenvolvidos e com uma forte classe operária. A IC só passou a dar maior atenção à América Latina em 1929 e, assim mesmo, por não ser uma prioridade da política do movimento comunista internacional, o conhecimento que a IC tinha da América Latina era precário e simplista.

O PCB subordinava-se às diretivas da IC – questão fundamental para pertencer a seus quadros, como já vimos –, mas até meados de 1929 os comunistas brasileiros mantiveram uma atuação bastante independente do centro internacional.

Fundado no mesmo ano da eclosão do movimento tenentista, o PCB não participou das duas primeiras revoltas militares, de 1922 e 1924, mesmo simpatizando com elas. Não só muitos de seus membros admiravam os tenentes, como o dirigente máximo dos comunistas na época, Astrojildo Pereira, procurou Prestes e seus camaradas, em 1927, e propôs uma aliança político-militar para o desencadeamento de uma "terceira revolta". Os comunistas pretendiam ter a direção política de tal movimento, do qual os tenentes seriam o braço armado, proposta que não foi aceita pelos militares.

Quando ocorreu a Revolução de 1930, o PCB declarou que aquela era uma luta entre o imperialismo inglês e o norte-americano, e que os comunistas nada tinham a ver com ela. Por essa ocasião, apesar de Luís Carlos Prestes já ter aderido ao comunismo e tentar se aproximar do PCB, a direção do partido era outra, Astrojildo Pereira fora afastado e a nova direção não queria qualquer tipo de aliança com Prestes. Este, que estava em Moscou desde outubro de 1931, fazia de lá todas as tentativas para ser aceito no PCB. Para isso chegou a escrever artigos que renegavam sua atuação na coluna e consideravam o "prestismo" como posição pequeno-burguesa e inconsequente.

Em seus primeiros anos de vida o PCB realizou três congressos: o de fundação, em março de 1922; o II Congresso, em maio de 1925; e o III, em dezembro de 1928/janeiro de 1929. Apesar de ser um partido pequeno, o PCB tentava ligar-se à política nacional, elaborar uma política de frente única eleitoral e representar a classe operária. Sua principal tese no período, ingênua e esquemática, era a do agrarismo *versus* industrialismo na luta pela dominação do país: o capital inglês, "agrário", representado por Artur Bernardes, e o norte-americano, "industrialista", representado pela pequena burguesia e especialmente pelos "tenentes". Para a direção do partido, as lutas tenentistas ocorridas até então eram expressão dessa rivalidade – os II e III congressos do partido basearam-se em tais teses. O III Congresso considerou haver no país uma crise revolucionária (tese 15) que, desembocando na terceira revolta, ultrapassaria "os limites da simples 'democracia' burguesa" (tese 16). Foi quando o partido cogitou numa aliança formal com os tenentes e Astrojildo Pereira foi encontrar-se com Prestes, já exilado na Bolívia.

O VI Congresso da Internacional Comunista

O VI Congresso da IC foi muito importante para os comunistas. Suas análises nortearam a política da IC até meados de 1935, influenciando diretamente a vida do PCB. Nesse congresso a IC dividiu o mundo em três tipos de países, de acordo com seu desenvolvimento econômico, e, conforme o nível desse desenvolvimento, projetou um tipo de revolução: 1) os países de capitalismo altamente desenvolvido, que deviam lutar pelo socialismo e a ditadura do proletariado; 2) os países de nível médio de desenvolvimento, que deviam primeiro buscar conquistas democrático-burguesas, para depois avançar rumo ao socialismo; e 3) as colônias, semicolônias e países dependentes, em cujo grupo o Brasil estava incluído, onde haveria um intervalo entre a revolução democrático-burguesa e a socialista, uma vez que esses países deveriam livrar-se primeiro do jugo colonial direto ou da dominação pela dependência econômica para então seguir rumo ao socialismo.

Em junho de 1929, na capital argentina, realizara-se uma conferência dos partidos comunistas da América Latina. Logo que terminou a conferência, o médico e militante comunista Leôncio Basbaum, que representava a direção do PCB, foi ao encontro de Prestes para convidá-lo a candidatar-se à presidência pela legenda do partido, o que contrariava as orientações da IC. Outra vez o encontro não teve consequências, pois os tenentes não estavam interessados em aliança com os comunistas.

Depois da conferência de 1929, a direção do PCB foi mudada, pois a direção chefiada por Astrojildo Pereira e Otávio Brandão, em favor de uma política mais ampla e de aliança com os tenentes, foi considerada oportunista pela IC. Sob sua interferência direta, realizou-se, em outubro de 1929, o III Pleno do Comitê Central do PCB, que renegou as teses do II e do III Congressos do partido, formalizou o afastamento de Astrojildo Pereira e Otávio Brandão da direção e deu início ao chamado "processo de proletarização", que quase esfacelou o PCB. Numa interpretação simplista e até grosseira, da parte dos representantes da IC que aqui estavam e de comunistas brasileiros influentes naquele momento, considerou-se que a direção do partido – e, de preferência, todos os comunistas – deveria ser de operários ou filhos de operários. Tal orientação foi uma catástrofe, como era de esperar.

No período da proletarização, que foi até meados de 1933, início de 1934, o PCB só não obedeceu à IC em relação ao pedido de Prestes de ingresso no partido. Os comunistas brasileiros atacavam Prestes, chamando-o de caudilho pequeno-burguês, e não o queriam em suas fileiras, apesar do apoio que a IC dava ao Cavaleiro da Esperança.

A mais grave consequência da vulgarização, da esquematização e da dogmatização do marxismo que ocorria na União Soviética stalinista – e que atingiu a vida do PCB e influenciou muito Prestes – foi a estruturação de uma forma de pensar sectária, que supria a falta de cultura política dos comunistas brasileiros pela aceitação religiosa de verdadeiros dogmas estabelecidos em Moscou. Os principais traços desse pensamento, ressaltados por Franz Márek, são: "uma rígida regulamentação da linguagem partidária" e um "pensamento militar-autoritário-maniqueísta" cuja "lógica de argumentação" era "simples, atraente e convincente": "ou pela socialização forçada dos meios de produção ou pela restauração da economia privada" (Márek, 1986, pp. 274-276). Quem não estivesse em favor de algo estava, necessariamente, em favor de seu oposto: ou preto ou branco, ignorando-se todas as nuances do cinza e as inúmeras alternativas e possibilidades na luta política. O dogmatismo e o mecanicismo de tal tipo de pensamento abriram caminho para outro perigo na política: o subjetivismo.

A política de proletarização desmantelou o PCB a tal ponto que, no fim de 1933, a IC interveio novamente no Brasil para reorganizar o partido. Foi nessa reorganização que foram colocados na direção partidária aqueles que participariam dos acontecimentos de 1934-1935. Eram eles, Antônio Maciel Bonfim, o "Miranda", secretário-geral; Lauro Reginaldo da Rocha, o "Bangu", secretário de agitação e propaganda; e Honório de Freitas Guimarães, "Martins", secretário de organização.

A efervescência política do início dos anos 1930, a que já nos referimos, encontrou o PCB desarticulado. A reorganização do partido em 1933 foi feita a partir de uma política que não via com simpatia a unidade com outras forças de esquerda e cujo objetivo estratégico era a criação de um governo de sovietes (conselhos) de operários, camponeses, soldados e marinheiros.

Com o acirramento das lutas antifascistas e anti-integralistas, em especial a partir de 1934, embora a direção do PCB continuasse a repetir a palavra de ordem da Internacional Comunista por um governo de sovietes, seus militantes, na prática, desobedeciam a tais diretivas, pois, em conjunto com outras forças democráticas, participavam das lutas de rua contra os integralistas. E as ações de rua se multiplicavam. A 7 de outubro de 1934, em São Paulo, quando tentaram comemorar os dois anos de fundação da AIB, os integralistas foram impedidos pelo conjunto dos antifascistas. Esse acontecimento, que ficou conhecido como "a batalha da Praça da Sé", fortaleceu a unidade dos diversos grupos de esquerda, incluídos os comunistas, como veremos adiante.

No momento desses confrontos de rua a cúpula partidária encontrava-se em Moscou, para onde seguira em agosto de 1934, para participar do VII Congresso da IC. Como o congresso fora adiado, realizou-se na capital soviética uma reunião do secretariado da IC com delegados dos países latino-americanos que já haviam chegado a Moscou para discutir a situação política do continente e traçar diretivas de ação. Trataremos a seguir dessa reunião, que teve importância decisiva nos acontecimentos de 1935, tanto por suas consequências práticas quanto – e principalmente – pelas fantasias que gerou sobre as "ordens de Moscou" para os levantes de novembro.

Luís Carlos Prestes e a Conferência de Moscou

Rompido com os tenentes revolucionários, que em sua quase totalidade apoiaram Getúlio Vargas, Prestes declarou adesão ao comunismo em manifesto lançado em maio de 1930. Embora rejeitado pelo PCB como caudilho pequeno-burguês, cujas intenções não eram confiáveis, Prestes mantinha, desde o manifesto de 1930, contatos com a IC, através de seu representante na América Latina, Dimitri Guralski, por quem sentia grande admiração.

Prestes, a partir da atuação da coluna, tornara-se um verdadeiro mito nacional, chamado desde então de "O Cavaleiro da Esperança". Getúlio ofereceu-lhe insistentemente o comando militar para o movimento de 1930, que Prestes não aceitou. Depois de alguns percalços, tanto financeiros quanto políticos, ocasionados pelo golpe de Uriburo na Argentina, onde se encontrava exilado, Prestes, em outubro de 1931, mudou-se com a família para Moscou. Lá, trabalhou como engenheiro e depois como uma espécie de assessor da IC e só voltaria à cena nacional no início de 1935. Na capital soviética Prestes solidificou a adesão ao comunismo e insistia na admissão no PCB, que continuava a não aceitá-lo. Somente em agosto de 1934, por ordens expressas da Internacional, Prestes conseguiu ser admitido como membro do PCB.

Segundo ele mesmo contou, desde o início de 1934 ele fazia planos para retornar ao Brasil e continuar a luta revolucionária. Prestes discutia esses planos com um dos únicos tenentes que o acompanharam, Silo Meireles. Planejavam voltar ao país, Silo indo dirigir o movimento revolucionário no Nordeste, de onde era oriundo, ficando Prestes com a direção no Rio de Janeiro. Quando a delegação brasileira, nas reuniões realizadas em Moscou, informou que no Brasil a revolução estava na ordem do dia, Prestes decidiu que era preciso voltar ao país, o quanto antes, para dirigi-la.

Os encontros dos partidos comunistas latino-americanos com a IC ficaram conhecidos como a Terceira Conferência dos Partidos Comunistas da América do Sul e do Caribe. Prestes, nessa época já admitido como membro do PCB desde agosto de 1934, participou deles. Foi nessa ocasião que o secretário-geral, Antônio Maciel Bonfim, o "Miranda", entusiasmou a direção do Kominter ao afirmar que a revolução estava para eclodir no Brasil a qualquer momento, e o PCB, pronto para dirigi-la. O partido, dizia Miranda, tinha forte organização em todo o território nacional, em especial nas Forças Armadas.

Os encontros de Moscou foram decisivos para os levantes de novembro de 1935. Miranda, que chefiava a delegação brasileira, era um homem vaidoso e, querendo mostrar-se importante – o que conseguiu –, mentiu à vontade. Por sua vez, o responsável da IC pela América Latina, Dimitri Manuilski, ficou maravilhado com o palavrório mentiroso de Miranda, em especial quando este forneceu detalhes sobre a pretensa situação revolucionária no Brasil. Miranda insistia em que o país estava às vésperas de um grande movimento revolucionário; contou que os cangaceiros de Lampião estavam prontos a seguir as ordens do PCB; que o governo, cada vez mais fraco, seria facilmente derrubado; que o PCB estava organizado em todo o Brasil, da capital da República ao mais distante município do interior; e que havia movimento guerrilheiro por todo o país. Apesar de conhecido, vale a pena reproduzir um trecho do discurso de Miranda:

> Numa só província da Bahia os guerrilheiros constituem destacamentos de 1.500 pessoas armadas de metralhadoras, providas de caminhões etc. [...] Lampião e seus partidários são guerrilheiros cujo nome e façanhas correm de boca em boca, como atos arrojados de defensores da liberdade, defensores da vida do camponês, [...] que buscam o Partido Comunista, cuja autoridade cresce também no campo. [...] O Exército está desagregado de alto a baixo. [...] Nos quartéis, desenvolve-se uma luta permanente. No Nordeste, os soldados leem os chamamentos do PC, que os exortam a organizar sovietes e falam da União Soviética.[1]

Até hoje, muito se especula sobre as ordens de Moscou para os levantes de novembro de 1935. Apesar das evidências de que os levantes se deram por motivações essencialmente internas, entre outras coisas pela tradição de luta armada da sociedade brasileira e pelos traços tenentistas fortemente presentes em Prestes – mesmo depois da adesão ao comunismo –, alguns autores ainda sustentam a tese das ordens de Moscou.

Na verdade, não só os levantes de 1935 estavam enraizados nas tradições tenentistas da sociedade brasileira como a IC não assumiria – como não assumiu – a responsabilidade pela eclosão de um movimento revolucionário em outro país. Para os homens de Moscou contavam, naquele momento, principalmente as boas relações diplomáticas da URSS com os demais países e não estavam dispostos a arriscá-las.

O discurso de Manuilski na conferência de 1934 – alvo das especulações sobre supostas ordens dadas para os levantes no Brasil – é vago, banal, cheio de afirmações pretensamente teórico-contundentes, mas que, na realidade, não dizem muita coisa. Aponta os êxitos do movimento comunista internacional e do PCB, em seguida as dificuldades. O mais são declarações vagas, de pouco compromisso. Deixemo-lo com a palavra:

> A questão central e de peso desta conferência é a questão do Brasil. Se no período de formação de nossos partidos, no período de agitação e propaganda entre as massas, de preparação da revolução, a hegemonia no continente latino estava sob a direção do partido mais antigo, o argentino, então é preciso ver claramente, camaradas, que agora, no centro da luta, está colocada a questão do Brasil.
>
> [...] O secretariado latino-americano não percebeu o processo de transformação do período de agitação e propaganda para um novo período, no qual se coloca a questão da tomada do poder em alguns países da América Latina.[2]

Manuilski examinou vários aspectos da situação brasileira – sempre dando como verdade inconteste o informe de Miranda. Disse que a revolução, se ocorresse no Brasil, seria importante para toda a América Latina e que nas mudanças que ocorriam o Brasil tinha um papel central. Ao passar-se "de uma fase de agitação e propaganda a uma fase de luta pela tomada do poder" a "questão brasileira" era central.

> Os camaradas brasileiros não exageram sobre o amadurecimento da situação revolucionária em seu país. [...] No Brasil há restos feudais que criam condições favoráveis para uma extraordinariamente ampla revolução agrária. Mais ampla do que a que temos em outros países capitalistas.

> [...] No Brasil, diferentemente de uma série de países europeus e coloniais, já está de fato em andamento uma guerra civil. Isto é fato. [...] O aparelho estatal brasileiro só existe no litoral. Todo o resto do Brasil não é atingido por esse aparelho estatal e neste sentido o Brasil lembra muito uma série de países coloniais tais como a China, e num certo sentido lembra também a Rússia tzarista, quando o tzarismo não se estendia a grandes extensões territoriais incluídas no Império.
>
> E a questão que se coloca é se vai ser criado um grande Estado burguês ou vai ser criado um grande Estado soviético, se isso será obra da burguesia estatal ou do PCB (aplausos fortes e continuados). Vocês, camaradas, ainda não criaram um Estado soviético, mas já comemoram. Depois eu vou mostrar que esta não é uma questão tão simples.
>
> [...] Camaradas, falamos muito da conquista das massas, mas as massas não são uma coisa que os comunistas conquistam e botam tranquilamente no bolso.
>
> Camaradas, eu não levantei casualmente as perspectivas possíveis da revolução brasileira. Eu falo isso porque desejo enfatizar o entusiasmo que despertam entre nós as perspectivas brasileiras. E agora permitam-me falar sobre nossas dificuldades. As perspectivas são enormes, mas as dificuldades são ainda maiores, no Brasil. Camaradas, toda a conferência deve ver claramente essas dificuldades.[3]

Manuilski falou então das dificuldades e terminou alertando para o fato de que, apesar do otimismo da delegação brasileira, ainda havia muito que fazer no Brasil para o desencadeamento da revolução:

> O partido de vocês é muito bom! Um partido jovem, mas isso não é suficiente para uma séria revolução democrático-burguesa e para a revolução socialista é ainda insuficiente. O partido de vocês ainda não passou pela prova de fogo. Esse partido se forjará na luta, transformando-se num forte partido bolchevique, com capacidade de manobra.
>
> Segunda condição [...] é dirigir os sindicatos. E vocês ainda não os controlam.[4]

Para Manuilski, os comunistas também precisavam controlar o campo:

> no sentido dialético estou convencido de que num país colonial existe tal grau de exploração que a união entre operários e camponeses pode vir a ser maior do que na URSS. E vocês também ainda não têm os camponeses

> no bolso. Parte dos camponeses segue Lampião e outra parte segue alguns elementos prestistas, e nosso camarada Prestes tem também seguidores entre os camponeses. [...] A questão dos índios. Vocês também não têm os índios no bolso, eles estão sob a influência de mitos religiosos, de caciques etc. Esta é um aspecto muito difícil do trabalho.

Falou a seguir sobre o Exército:

> Por último, camaradas, o Exército. Temos que falar seriamente do Exército. Eu ouvi aqui que temos células no Exército e isso é muito bom. Mas é um fato que vocês estão longe de ter conquistado o Exército. Vocês falaram da possibilidade de um Exército Vermelho no Brasil. Camaradas, o caminho da criação de um Exército Vermelho é muito longo. Vocês ainda têm que superar o coronelismo camponês dentro de suas fileiras. [...] Eis por que, apesar de todas as perspectivas favoráveis, a vitória de vocês está longe e exige grandes esforços do P.
>
> E, camaradas, com toda a seriedade, examinaremos com a delegação brasileira as medidas que facilitem essa vitória (frenéticos aplausos).

A ajuda da Internacional Comunista para a revolução é conhecida. Em função da situação política da Argentina, a IC já resolvera transferir seu *bureau* sul-americano (que coordenava as atividades dos partidos comunistas da América do Sul) de Buenos Aires para o Rio de Janeiro. Isso, com a ajuda que estava disposta a dar ao Brasil, pela situação pretensamente revolucionária que aqui estaria se dando, fez com que a IC enviasse alguns de seus quadros para cá: o argentino Rodolfo Ghioldi, que veio acompanhado da mulher; o casal alemão Arthur Ernst Ewert (Harry Berger) e Elise Saborowski; outro casal, Franz Paul e Erika Gruber, ele especialista em explosivos e ela motorista; o casal Léon-Jules e Alphonsine Vallée, que se diziam belgas (Vallée era "o homem do dinheiro"); e o jovem norte-americano Victor Allen Barron, especialista em radiotransmissão. Para acompanhar Prestes a IC destacou a revolucionária Olga Benário, que apesar de jovem já possuía experiência e tradição de luta e coragem. No fim de 1934, início de 1935, o grupo começou a deslocar-se para o Brasil. Prestes contou de seu entusiasmo:

> Resolvi voltar porque eu achava que no Brasil tinha que se travar a luta armada, porque havia força militar para isso. Tínhamos influência nas Forças Armadas e era o que devíamos fazer.[5]

A influência do pensamento e da ação tenentista nos acontecimentos que culminarão no levante de novembro de 1935, no Rio de Janeiro, é clara. A esmagadora maioria dos militares que participaram do movimento – quase todos eles desvinculados orgânica e ideologicamente do PCB – o fez por estar convencida de que a Revolução de 1930 fora traída, de que era preciso regenerá-la e que, para isso, só havia um caminho: a luta armada, organizada nos quartéis e sob a direção do grande líder tenentista, o revolucionário Luís Carlos Prestes.

A Aliança Nacional Libertadora

Enquanto a delegação do comitê central do PCB estava em Moscou, começava a se tornar realidade no Brasil a articulação de uma frente única antifascista-anti-integralista.

A partir das lutas democráticas e da repressão contra elas, em especial a repressão policial ao I Congresso Nacional contra a Guerra Imperialista e o Fascismo, realizado no Rio de Janeiro em agosto de 1934, surgiu, liderado pelos tenentes de esquerda descontentes com os rumos que a Revolução de 1930 tomava, o Comitê Jurídico Popular de Investigação, que foi lançado a 22 de setembro de 1934. O comitê passou a articular uma grande frente anti-imperialista e anti-integralista, que agrupasse todas as forças e instituições democráticas e que viria a transformar-se na ANL.

Com o aumento dos enfrentamentos de rua, dos quais a militância comunista participava ativamente, fortaleceu-se a frente única. A direção do PCB, entretanto, ao voltar de Moscou e tomar conhecimento da organização que se articulava fora de sua iniciativa, desconfiou dela e resolveu apoiar a ANL sem aderir a ela.[6]

Em março daquele ano foi publicado o Manifesto Programa da ANL, seus estatutos e eleito o Diretório Nacional Provisório da organização, com absoluta maioria de tenentes: Hercolino Cascardo (presidente) e Roberto

Sisson eram comandantes da Marinha de Guerra; o vice-presidente Carlos Amorety Osório, André Trifino Corrêa, Antônio Rolemberg e José Augusto de Medeiros eram capitães do Exército; Carlos da Costa Leite, major do Exército; Antônio Rodrigues Gouveia, capitão da Marinha Mercante e presidente do Sindicato dos Capitães e Pilotos da Marinha Mercante. Havia civis na direção da Aliança, todos tenentistas: o secretário-geral, Francisco Mangabeira, estudante de Direito ligado à União da Juventude Comunista; Abguar Bastos, deputado da Oposição Parlamentar; Armando Leydner, deputado e presidente da Federação Brasileira dos Sindicatos Ferroviários; Manoel Venâncio Campos da Paz, médico ligado ao PCB; Benjamin Soares Cabello e Horácio Valadares, jornalistas; e ainda Fernando Muniz Freire, Marcelo Curvelo de Mendonça e Walfrido Caldas.

A ANL foi lançada, a 30 de março de 1935, em grande comício realizado no Teatro João Caetano, no Rio de Janeiro, ocasião em que o nome de Luís Carlos Prestes foi aclamado como presidente de honra da ANL. O porta-voz da proposta foi o estudante e comunista Carlos Lacerda.

A ANL, que dizia ser "uma associação constituída de aderentes individuais e coletivos, com o fim de defender a Liberdade e a Emancipação Nacional e Social do Brasil",[7] uniu partidos políticos, sindicatos, diversas organizações femininas, culturais, estudantis, profissionais liberais e militares.

A escolha do nome de Luís Carlos Prestes para a direção de honra da ANL teve consequências importantes para a organização. Impossível dizer se a ideia dos proponentes fora apenas garantir para a ANL o prestígio do nome do general da coluna, mesmo sem contar com sua atuação na organização, uma vez que Prestes estava fora do país. Mas Prestes era um homem de ação e não emprestaria seu nome sem juntar a isso uma ativa participação na direção do movimento.

Embora as posições dos comunistas e dos tenentes coincidissem em pontos essenciais – a luta democrática, anti-imperialista, antilatifundiária e antifascista –, havia diferenças na compreensão do conteúdo e na forma das lutas. A maior diferença dizia respeito, entretanto, à questão do poder. Os comunistas propunham a tomada do poder por um governo popular, enquanto os tenentes não falavam em tomada do poder e sua percepção da luta democrática era bastante vaga, concebida principalmente como uma luta pela moralidade dos costumes políticos. Luís Carlos Prestes não deixaria tal lacuna no programa da ANL. Logo que chegou ao Brasil ele buscou assumir a liderança do movimento e lançou a palavra de ordem, "Por um Governo Popular Nacional Revolucionário", que acabou incorporada, embora não formalmente, ao programa da ANL.

Outros pontos diferenciavam o programa da ANL do programa do PCB, como o caráter nacional do programa aliancista, que pregava uma ampla união de classes, e não a luta entre elas, como os comunistas. Os tenentes aliancistas viam a luta anti-imperialista, antifeudal e democrática como uma luta de toda a nação, que mudaria o país e seria, inclusive, uma garantia contra ditaduras de esquerda ou de direita.

A ANL foi, reconhecidamente, a maior organização de massas que o país já teve. Em cerca de três meses, organizou centenas de núcleos em todo o Brasil, sendo a maioria no Rio Janeiro. O sucesso da organização assustou o governo, cuja primeira reação foi fazer aprovar a Lei de Segurança Nacional (a 4 de abril de 1935). Por outro lado, o governo tentava identificar a ANL com o PCB, para isolá-la e combatê-la com maior eficácia.

Como já comentamos, depois que Prestes assumiu a participação na ANL e que o PCB ingressou oficialmente na organização, os rumos da atividade da ANL mudaram. Embora com perspectivas programáticas de conteúdo diferentes, Prestes e os tenentes estavam convencidos de que a revolução no Brasil se aproximava, e tanto os comunistas quanto os tenentes de esquerda consideravam a luta armada o único caminho para alcançar seus objetivos. Como já dissemos em outra ocasião, a frente única de tenentes revolucionários com o PCB indicava o caminho conspirativo que se fortaleceu com o fechamento da ANL. A aclamação do Cavaleiro da Esperança como presidente de honra da ANL selou a aliança entre tenentes e comunistas, cuja unidade Prestes expressava.

Tanto para Prestes quanto para os tenentes revolucionários, as lutas pelas transformações da sociedade brasileira vinham de 1922 e 1924. Na metade dos anos 1930, com toda a movimentação trazida pela revolução e, principalmente, com a incorporação da classe operária e outras camadas populares à luta política, a perspectiva da unidade do movimento tenentista com a classe operária, representada pelos comunistas, parecia – e foi, em certa medida – uma possibilidade real.

Prestes não queria perder tempo:

> A tarefa da ANL, o segredo de seu sucesso está na rapidez com que souber e puder passar da agitação à ação. Precisamos agir com rapidez e decisão. [...] nas condições atuais do Brasil pode a ANL chegar rapidamente a ser uma grande organização nacional revolucionária capaz de sustentar a luta de massas pela instauração de um governo popular nacional revolucionário em todo o Brasil.[8]

E a palavra de ordem de um governo popular nacional revolucionário, tendo à frente de tal governo, como chefe de maior prestígio popular em todo o país, Luís Carlos Prestes, ganhou terreno rapidamente.

A situação tornava-se a cada dia mais conturbada e, nesse ambiente, o governo de Getúlio começou a ser contestado até por antigos aliados. Nas Forças Armadas o reajuste dos militares gerou forte descontentamento, enquanto as greves por aumentos salariais se intensificaram, com maior organização sindical. Em maio, por exemplo, foi criada a Confederação Sindical Unitária do Brasil, com grande influência do PCB.

Significativo número de militares, tanto integralistas quanto aliancistas, passou a manifestar-se politicamente e isso fortalecia a perspectiva de conflitos armados para a resolução dos problemas políticos brasileiros, com os tenentes aliancistas acentuando seu papel de continuadores das revoluções iniciadas em 1922.

Tanto o movimento social quanto as agitações na cúpula governamental (como a demissão do ministro da Guerra, Góes Monteiro, em julho) faziam aumentar os permanentes boatos sobre golpes. Desde o início de 1935 a preocupação com conspirações militares era constante, inclusive de oficiais que nada tinham a ver com a ANL ou com o PCB. Em fevereiro, por exemplo, o governador do Rio Grande do Sul, Flores da Cunha, escrevia a Vargas: "Graves acontecimentos ameaçam segurança nação e estabilidade seu governo; há uma conspiração generalizada por todo o país, com o propósito de derrubá-lo e implantar uma ditadura militar, ou sabe-se lá de que outro nefasto regime."[9] Do Norte as notícias também eram alarmantes, avisando a Getúlio de outras tantas conspirações. O general Guedes da Fontoura teria declarado que ou passava o aumento dos militares ou derrubaria o governo.

Por outro lado, as provocações contra as forças democráticas e de esquerda aumentavam. Em maio o jornal integralista *A Ofensiva* publicou artigo injurioso contra Prestes, chamando-o de "Cavaleiro da Triste Figura", fato que revoltou os militares aliancistas. Convocou-se um comício em desagravo a Prestes e na ocasião vários oficiais manifestaram apoio ao comandante da coluna: "Acompanharei Prestes aonde quer que ele vá, porque só as ações nobres o empolgam" (capitão Aristides Corrêa Leal); "Ele é e sempre será, cada vez mais, o Cavaleiro da Esperança do povo brasileiro" (Trifino Corrêa).

Ao comício, que se realizou em Madureira (RJ), muitos militares foram ostensivamente fardados saudar o nome de Prestes, fato que irritou profundamente o novo ministro da Guerra, João Gomes. Por sua ordem cabos e sargentos que haviam estado em Madureira foram expulsos do Exército e oficiais foram presos. Insistimos na conturbada situação da época para mostrar como os levantes de novembro foram frutos diretos da insatisfação que reinava nos meios políticos e, em especial, entre os militares.

Os choques entre aliancistas e integralistas eram cada vez mais frequentes e mais graves. Em meio à greve dos tecelões de Petrópolis (RJ), ameaça de greve dos marítimos e da expulsão de militares das Forças Armadas, a notícia sobre a redução dos efetivos militares, planejada pelo ministro da Guerra e publicada a 28 de maio, passou relativamente despercebida. Tal fato teve importância decisiva na eclosão dos movimentos de novembro.

A 8 de junho a ANL publicou, com seu programa e estatutos, a carta de adesão de Prestes à organização. Entre outras coisas, dizia-se que "o povo faminto e oprimido levanta-se num brado uníssono, clamando contra o imperialismo, que rouba e explora, ameaçando-o revolucionariamente". Dizia-se ainda que, no caso da tentativa de golpe fascista, "o Exército nacional, popular e anti-imperialista" marcharia ao lado do povo e implantaria um governo popular.[10]

No dia seguinte realizou-se grande comício aliancista em Petrópolis, de apoio aos grevistas da cidade e arredores. Em meio ao comício, da sede da AIB, os integralistas começaram a atirar contra a multidão. Houve muitos feridos e um operário morreu. A partir daí o clima de confronto foi num crescendo. O jornal aliancista *A Manhã* desafiava o governo: "Petrópolis, cidade libertadora! As multidões continuarão a marcha invencível pela libertação do povo e pela glória do Brasil!" Ameaçava-se o governo com uma greve geral com a participação de mais de 2,5 milhões de trabalhadores.[11] Os folhetos que circulavam nos meios militares diziam que Vargas era um

> miserável, salteador gaúcho, incapaz, traidor e sem nenhum sentimento de dignidade pessoal e funcional, está fora da lei! [...] Seus cúmplices, o moleque sem-vergonha Pedro Aleixo, o conhecido ladrão Adalberto Correia, o clerical italiano fascista Vicente Rao e sobretudo os abjetos portadores de bordados, antigos "més"* de 1922 e 1925, cínicos e covardes adesistas de 1930, que o infame gaúcho andou catando entre os mais servis e indignos para elevar ao generalato [...]. Ao Exército cumpre, nessa hora de agonia para a Pátria, expulsar esses canalhas do poder e estabelecer um governo capaz de salvar o país! Às armas, pois, pelo Brasil, contra o tirano infame e seus cúmplices! Viva o Exército Nacional! Viva o Brasil livre![12]

Hoje, vemos que o país não estava amadurecido para um movimento revolucionário, mas as lutas militares que vinham de 1922, remontando às tradições republicano-positivistas e ao jacobinismo florianista, passando pela epopeia da Coluna Prestes e pela organização da ANL – com a adesão de Prestes ao movimento –, tudo isso autorizava o clima emocional de esperanças no Exército e em favor de golpes militares redentores.

A agitação popular, em torno principalmente da ANL, também levava a crer que o povo responderia prontamente a um chamado insurrecional. E o sucesso da ANL não se limitava à capital. Uma Caravana Libertadora, que percorria o Norte e o Nordeste, chefiada por líderes tenentistas, foi aclamada com entusiasmo por milhares de pessoas. O governo resolveu acabar com a ANL.

No dia 26 de junho de 1935, em sua primeira edição, o jornal *O Globo* deu início a uma grande provocação (o que seria repetido por ocasião do Estado Novo), anunciando a descoberta de "um plano subversivo", ordenado por Moscou, para a implantação imediata no Brasil de um regime soviético. No mesmo dia, a segunda edição do jornal publicava em letras garrafais: "SOVIETS NO BRASIL! O Governo está de posse de um plano, vindo da Rússia, visando implantar o comunismo entre nós. Moscou legislando para o Brasil!" O "plano" seria parte de uma "revolução vermelha",

---

* "Més" era a alcunha dos partidários de Artur Bernardes.

a ser desencadeada simultaneamente no Brasil, Uruguai e Argentina. O "plano" aconselhava que o primeiro período da revolução deveria ter "duração MUITO RÁPIDA E VIOLENTA", e não faltavam os ingredientes dos assassinatos premeditados. O "plano" recomendava: "FUZILAMENTOS – d) A tropa que se revoltar agirá assim: FUZILAMENTO DOS OFICIAIS NÃO COMUNISTAS, de preferência NAS PORTAS DE SUAS CASAS OU MESMO INVADINDO-LHES OS DOMICÍLIOS."[13]

Começaram as prisões contra comunistas, aliancistas, líderes sindicais e militantes democratas, e panfletos contra a ANL falavam de "planos assassinos" dos comunistas, que teriam conseguido ganhar Lampião para sua causa.

À medida que a situação se radicalizava, os apelos aos militares e a exaltação do papel das Forças Armadas ficavam mais fortes. A ANL apresentava-se como legítima continuadora não só das lutas tenentistas mas de todo o Exército, dentro do espírito progressista de Benjamin Constant e da energia de Floriano Peixoto.

> Sacrificando-se na areia de Copacabana, ressurgindo dois anos após na pauliceia indômita, batendo-se pela liberdade em Iguassu, sacudindo o torpor da nacionalidade no *raid* magnífico da Coluna que o Cavaleiro da Esperança comandou, vencendo uma camorra em 1930, traído em 1931, novamente contra os politiqueiros que mentiam ao povo em 1932, recompondo suas fileiras em 1935, nele confiemos ainda. A tarefa de Floriano será concluída![14]

Luís Carlos Prestes, à época, era principalmente um tenente, como ele próprio reconheceria mais tarde, e seu discurso de 5 de julho de 1935, comemorando a data dos tenentes, foi dentro desse espírito. Prestes começava: "Troam os canhões de Copacabana! Tombam os heroicos companheiros de Siqueira Campos! Levantam-se com Joaquim Távora os companheiros de São Paulo."

O discurso de Prestes serviu de pretexto para o fechamento da ANL, que tentou sobreviver na ilegalidade. Como não é possível existir um movimento de massas ilegal, a Aliança esvaziou-se e a partir daí Prestes e o PCB passaram a dominar a organização. Prestes intensificou o contato com ex-camaradas, deixando clara a pretensão de continuar a luta iniciada com a coluna. Escreveu a Trifino Corrêa, por exemplo:

> A ti cabe [...] a grande tarefa de mobilizar todos os companheiros da coluna, bem como todos os outros lutadores honestos que contigo combateram em 30 e 32. [...] É necessário que a coluna se reorganize e que seja multiplicada e orientada. Multiplicada porque cada soldado da coluna deve ser, nos dias de hoje, o comandante de um grupo ou destacamento a serviço da ANL. Orientada porque os últimos anos de lutas e desilusões esclareceram os nossos objetivos e tornaram claro nosso programa.[15]

O governo sentia-se ameaçado; os integralistas saíam às ruas em manifestações anticomunistas, o que quase sempre resultava em sérios conflitos; boatos sobre golpes se sucediam, bombardeando Getúlio com telegramas que denunciavam tramas para derrubá-lo. As greves, e também as ameaças de rompimento de bancadas estaduais com Vargas, atingiram o auge nas eleições estaduais de outubro e na greve da estrada de ferro Great Western, que paralisou o Nordeste no início de novembro.

Os levantes

A 27 de novembro estourava no Rio de Janeiro a rebelião que ficou conhecida como "Intentona Comunista". O levante, iniciado no 3º Regimento de Infantaria (3º RI) e secundado por rebeldes da Escola de Aviação Militar (EAM), acompanhava, já anacronicamente, os levantes do dia 23 – iniciado pelo 21º Batalhão de Caçadores (BC), sediado em Natal – e do dia 24 – no 29º BC, em Recife.

O movimento no Rio Grande do Norte

As eleições estaduais de outubro, no Rio Grande do Norte, tumultuaram o estado. O clima político ficou mais agitado ainda com a ordem para o desengajamento de militares do Exército. Quando o governador eleito mandou dissolver a Guarda Civil, criada pelo governo anterior, derrotado nas eleições, a situação tornou-se crítica.

O Partido Comunista em Natal agia com cautela, seguindo as ordens da direção nacional de não desencadear levantes. Diziam as instruções recebidas: "Para a ANL não é ainda conveniente tentar um grande movimento nacional, nem mesmo precipitar os acontecimentos nos outros estados do Nordeste. Sem uma ação simultânea nos outros estados, não acreditamos que seja viável nem oportuno lançar no RN a palavra de ordem de tomada imediata do poder."[16]

Poucos dias antes da eclosão do movimento em Natal soldados do 21° BC assaltaram um bonde, foram presos e depois expulsos do Exército. No dia 23 a notícia da expulsão dos baderneiros deixou indignados os militares subalternos do quartel. No mesmo dia o sargento Quintino Clementino de Barros e o cabo Giocondo Dias foram procurar a direção do Partido Comunista, do qual eram membros, para comunicar que o 21° ia rebelar-se às sete e meia da noite, e pediam que o partido dirigisse a revolta. A direção era contrária à rebelião, mas, depois de muita insistência dos dois militares, resolveu participar.

A revolta começou à hora marcada, sendo o quartel tomado com facilidade, em meio a vivas à ANL e a Luís Carlos Prestes. Os revoltosos tentaram que algum oficial assumisse a direção da rebelião, mas nenhum aderiu.

Os comunistas, que, como vimos, acabaram por concordar em participar do motim, receberam fardas, armas e formaram com os militares do quartel grupos que saíram em diversas missões pela cidade: tomar o quartel da Inspetoria de Polícia, o Esquadrão de Cavalaria, os Correios e Telégrafos, o aeroporto, estradas de ferro, a central elétrica, delegacias e cartórios. Somente a Polícia Militar resistiu. Na revolta de Natal a única morte ocorrida foi a de um soldado legalista no ataque ao quartel da PM.

Enquanto o quartel se rebelava, o governo do estado estava numa cerimônia de formatura. Ao saber-se do levante houve grande correria e o chefe de polícia, indo verificar o que se passava, acabou caindo numa armadilha, que o levou preso ao quartel.

A oficialidade não reagiu ao motim. Segundo relatos dos tribunais da época, a maior parte escondeu-se com medo e também aguardando o resultado da revolta, que, para eles, poderia ser vitoriosa.

Os rebeldes, por seu lado, agiam sem a menor organização. Na noite do dia 24, já donos da cidade, souberam do levante no 29° BC, em Recife, e ficaram certos de que a revolução nacional libertadora começava em todo o país. Foi aí que os comunistas de Natal assumiram abertamente a direção da revolta, com a nomeação de um Comitê Popular Revolucionário, do qual só os comunistas fizeram parte. A direção do comitê coube ao sapateiro José Praxedes, que era também o dirigente local do PCB. Praxedes recebeu o cargo de secretário de Abastecimento. Os demais membros eram Lauro Cortez Lago, funcionário da Polícia Civil, no cargo de secretário do Interior; Quintino Clementino de Barros, sargento músico do 21º BC, secretário da Defesa; José Macedo, tesoureiro dos Correios e Telégrafos, secretário das Finanças; e João Batista Galvão, funcionário público, secretário da Viação.

O comitê requisitou carros, armas, mantimentos e dinheiro, que distribuiu entre o povo sem qualquer critério. Apesar dos esforços para controlar a situação, houve assaltos ao comércio local. O povo, que passou a receber pão gratuitamente e a não pagar os transportes coletivos, festejava nas ruas a revolta do 21º BC, a queda de um governo impopular e a farra da distribuição de comida e dinheiro.

> Lançamos um programa: bonde barato, pão barato. Demos pão ao povo. Tiramos 10 mil manifestos e falamos pelos alto-falantes, chamando o povo para se unir. Que nós queríamos pão, terra e liberdade. [...] Mas o povo não queria trabalhar, só queria gritar: "Viva Prestes!" "Viva Prestes!" Prestes era a menina dos olhos de lá.[17]

O Rio Grande do Norte foi o único estado onde a rebelião estendeu-se pelo interior, onde a população via o movimento como obra dos partidários do ex-governador Mário Câmara, derrotado nas eleições.

A resistência aos rebeldes foi organizada por Dinarte Mariz, fazendeiro e político em Caicó. Do interior, Dinarte reuniu grupos armados e conseguiu ajuda do governador da Paraíba, que enviou tropas contra os rebeldes. No dia 27, depois de sérios combates, as tropas de Mariz entraram em Natal, que já estava ocupada pela polícia paraibana.

Os membros do comitê, ao se verem derrotados, deram ordem de debandar, mas acabaram todos presos, com exceção de Praxedes, que conseguiu escapar e viveu cerca de 50 anos na clandestinidade.

No início da repressão o governador do estado, Rafael Fernandes, acusou como cabeças do levante seus inimigos políticos locais. Só depois do 27 de novembro, quando o 3º RI rebelou-se no Rio de Janeiro e ficou clara a participação de Prestes, é que se começou uma campanha anticomunista orquestrada nacionalmente. O que não passou de uma quartelada, apoiada pela anarquia popular, transformou-se em movimento cuidadosamente organizado, "uma solerte e traiçoeira trama" ordenada e comandada por Moscou, o que justificava a fuga das autoridades do estado e a falta de resistência dos oficiais do 21º BC.

Apesar da desorganização do movimento, Natal ficou quase quatro dias nas mãos dos rebeldes. Mas o fato de os comunistas terem aderido ao golpe não deu a ele características socialistas: não havia qualquer programa de governo. Só mesmo a má-fé ou o absoluto desconhecimento dos fatos pôde ver nos acontecimentos de Natal um levante comunista. A maioria dos participantes não sabia nem explicar o porquê da rebelião. O cabo Dias, um dos que iniciaram o movimento, foi dos poucos a dizer à polícia o que realmente ocorrera, que a rebelião

> não tinha chefes. Foi um movimento de indisciplina, como protesto pela expulsão de grande número de praças, nos dias 22 e 23 de novembro. [...] Aí os extremistas se aproveitaram da situação e o transformaram num movimento comunista. Não havendo chefes, não sabe quais os articuladores.[18]

Boa parte da população achava que a rebelião era contra o governador eleito e apoiada por Vargas. Muitos aderiram por medo, outros, por oportunismo. Foram poucos os que consideraram o levante "em torno das ideias de Prestes". Mas a maioria não tinha a menor ideia do que ocorrera. Um dos participantes, preso, declarou: "Deram-me farda, fuzil e me convidaram para assaltar o armazém Galvão. Fui."[19] Outro contou: "Uns diziam que o movimento era da ANL, outros, que era da Aliança Social, outros, que de elementos despeitados da situação, e um cabo me disse que era comunista."

No Recife

Recife sediava o secretariado do Nordeste, direção comunista regional. Dele faziam parte o ex-tenente Silo Meireles, que estivera com Prestes em Moscou, o padeiro Caetano Machado e Pascácio de Souza Fonseca, funcionário público. Entre os militares, o trabalho era organizado pelo sargento Gregório Bezerra, instrutor do tiro de guerra, que controlava também as ligações com a Polícia Militar, o Corpo de Bombeiros e a Guarda Civil.

No início de novembro uma greve na estrada de ferro Great Western abarcou todo o Nordeste e no Recife recebeu o apoio de outros setores, inclusive de praças do 29° BC. A combatividade do movimento fez com que os comunistas locais considerassem que se consolidava uma situação revolucionária. No 29° BC, alguns soldados enfrentaram oficiais que queriam combater os grevistas e, num ataque aos manifestantes, chegou a morrer um tenente integralista.

Foi nesse clima de agitação, operária e militar, que o secretariado do Nordeste soube do levante do 21° BC em Natal. Resolveram então desencadear a rebelião no 29° BC. Avisado dos planos, Gregório Bezerra foi contra começar o movimento num domingo, dizendo que o quartel estaria vazio, mas o secretariado insistiu e o levante foi marcado para as nove horas da manhã do domingo, 24 de novembro.

Lamartine Coutinho era, naquela época, um jovem tenente que servia no 29° BC. Ligado à ANL e aos comunistas, foi escolhido para iniciar o movimento no quartel. Silo Meireles transmitiu a ele as ordens do secretariado e, disciplinadamente, Lamartine foi cumpri-las, contando com o apoio do tenente Alberto Bomílcar Besouchet, também membro do Partido Comunista.

Da mesma forma que em Natal, não houve dificuldade para tomar o quartel, embora no Recife os oficiais resistissem tenazmente. Depois de tomado o quartel, os revoltosos começaram a distribuir armas a curiosos que foram ver o que ocorria, pois estavam certos de que o povo ia aderir em massa à insurreição – o que não ocorreu.

Os rebeldes organizaram dois pelotões: um para tomar o centro da cidade, e o outro, comandado pelo tenente Lamartine, ficaria no Largo da Paz, dominando um ponto estratégico da cidade. Lá chegando, depois de parlamentar com o padre, Lamartine colocou duas metralhadoras na torre da igreja. O diálogo entre o padre e o tenente foi curioso:

> Lamartine: – Padre, nós somos irmãos. O senhor é padre, eu sou militar. O senhor é um servo de Deus e eu sou um servo da Pátria. E eu preciso botar duas metralhadoras na torre da Igreja.
>
> Padre: – Pois não, meu filho, mas você não me estrague os objetos de culto!
>
> Lamartine: – Prometo, padre. – E mantive.[20]

Ao contrário de Natal, alguns oficiais, embora poucos, tomaram parte no movimento. Além de Lamartine e Silo Meireles, participaram o capitão Otacílio Alves de Lima, também membro do PCB, que servia no 22° BC de João Pessoa, e Alberto Besouchet, que ajudou Lamartine na tomada do quartel.

O sargento Gregório Bezerra passara a noite mobilizando os praças do CPOR. Ele contava também com a adesão de estivadores, portuários e outros operários, cuja participação o partido garantira: não apareceu ninguém. Num feito extraordinário Gregório tomou sozinho o quartel-general, sede da 7ª Região Militar. Foi ferido e saiu em busca de reforços – que não encontrou. Apenas um grupo de garotos de rua aderiu à revolução. Conta Gregório: "Convidei-os para participarem da revolução. Aceitaram. Ensinei-lhes a carregar os fuzis, a fazer pontaria e a atirar. Aprenderam rápido." (Bezerra, 1979, p. 240).

Na tarde de domingo os rebeldes se viram encurralados pelas tropas legalistas e a ofensiva do tenente Lamartine e do capitão Otacílio no Largo da Paz fracassou. Não receberam qualquer adesão. Na segunda-feira, 25, com a chegada de reforços de outros estados para combater os rebeldes e a ameaça de bombardeio aéreo, o pânico tomou conta da cidade. À tarde, os insurretos retiraram-se do Largo da Paz e do quartel do 29° BC – o movimento estava derrotado.

Os oficiais que dirigiam o levante resolveram ir para o interior continuar a luta, mas Vitória de Santo Antão, onde pretendiam se reorganizar, estava ocupada por tropas do governo. Além do mais, os poucos seguidores que haviam arregimentado debandaram durante a noite. No dia 27, data dos levantes no Rio, os chefes rebeldes já estavam todos presos.

A repressão em Recife foi feroz e atribuiu-se logo o levante às ordens de Moscou.

Apesar de parecer mais politizado, o povo de Recife também não entendeu o que ocorria. De qualquer forma, houve uma maior consciência do que se passava porque, ao contrário de Natal, a maioria dos participantes era ligada aos comunistas. Boa parte dos presos falou que a rebelião era por um "governo popular, nacional e revolucionário, com Luís Carlos Prestes à frente", "por um governo em que o proletariado não sofresse mais os vexames impostos pelo capitalismo" ou, ainda, "por pão, terra e liberdade".[21]

No Rio de Janeiro

Basta seguir os acontecimentos para perceber o absurdo de atribuir os levantes às ordens de Moscou. Em Natal o movimento ocorreu de surpresa, por questões políticas locais e agitações de quartel. Em Recife foi determinado pelo secretariado do Nordeste, que desencadeou a quartelada sem ter clareza do que ocorria em Natal e demonstrando absoluto despreparo político e militar.

Enquanto isso, no Rio, a direção do PCB e o grupo da Internacional Comunista desconheciam por completo o que se passava no Nordeste – mais uma prova da desarticulação do movimento, que não ocorreu sequer por deliberação do próprio PCB. No dia 23 de novembro, dia em que teve início o levante em Natal, terminava no Rio um encontro da direção nacional do PCB com representantes das direções estaduais – inclusive do Rio Grande do Norte. E ninguém sabia, nem suspeitava, das rebeliões.

As notícias começaram a chegar mais tarde e eram vagas. Café Filho, deputado federal pelo Rio Grande do Norte e partidário de Mário Câmara, candidato que perdera as eleições, afirmou que o movimento em seu estado era anti-integralista e "resultado das arbitrariedades e violências praticadas pelo governo Rafael Fernandes".[22]

Vargas determinou o envio de tropas ao Nordeste e colocou todas as unidades militares em rigorosa prontidão. Enquanto líderes da oposição democrática eram presos, os integralistas hipotecavam solidariedade ao governo, colocando seus homens à disposição para combater os rebeldes.

Apesar de tudo isso Prestes decidiu pelo levante das unidades militares do Rio de Janeiro. A direção nacional do PCB não dera maior importância às notícias sobre os movimentos, mas Prestes considerou imprescindível "apoiar os companheiros do Nordeste". Na noite de domingo, ainda sem saber ao certo o que se passava, ele convocou uma reunião com a direção do PCB e com os assessores da IC Berger e Ghioldi, para decidirem o que fazer. Miranda foi contrário à rebelião e Ghioldi e Berger tendiam a apoiar o secretário-geral do PCB. Prestes jogou então toda sua influência para que se aprovasse o levante e acabou por convencer os outros. O principal argumento foi o de que seria uma iniquidade abandonar os camaradas do Nordeste à própria sorte.

A partir daí as tarefas para o movimento foram distribuídas. Miranda foi convencer os demais membros da direção do partido, usando para isso os argumentos de Prestes. Com a concordância de todos – e o entusiasmo dos militares comunistas –, a insurreição ficou marcada para a madrugada de 27 de novembro. Tinham 48 horas para organizar o movimento!

Foi nesse momento que Prestes buscou contato com a Internacional Comunista, em Moscou, para comunicar a decisão que fora tomada. Depois começou a enviar ordens para as unidades militares do Rio de Janeiro e a escrever cartas para antigos companheiros da coluna. Ele tinha como certo poder contar com todos aqueles que serviram sob suas ordens, mas estava tragicamente enganado. Newton Estillac Leal, por exemplo, a quem Prestes convidou para participar do levante, foi um dos primeiros a atacar os revoltosos, à frente do Grupo de Obuses de São Cristóvão, que comandava.

Despacharam-se emissários com ordens para o levante em outros estados, mas a maioria não conseguiu entregá-las. No Rio de Janeiro, a ordem de sublevação foi dada às unidades da Vila Militar, do Realengo, à Escola de Aviação do Campo dos Afonsos e ao 3° Regimento de Infantaria.

Os civis não estavam no plano insurrecional de Prestes: pensava-se neles como apoio aos militares, depois de vitoriosos os golpes nos quartéis. O PCB tentou, no entanto, alguma mobilização, organizando 11 "brigadas civis": de estivadores, marítimos, operários da construção civil, membros da Juventude Comunista, metalúrgicos, marinheiros, motoristas, operários da indústria de cerâmica, militantes do bairro de Bento Ribeiro, ferroviários da Central do Brasil e operários da Light: 140 pessoas no total. Sem uma perspectiva real de revolução – apesar do palavrório revolucionário, das conclamações inflamadas e dos mirabolantes informes de Miranda em Moscou –, o partido praticamente não tinha armas e começou-se a fabricá-las – bombas e granadas de mão – na casa de militantes às vésperas do movimento e sem ter nem mesmo onde armazená-las.

No 3° RI

O 3° Regimento de Infantaria, que ficava na Praia Vermelha, era uma unidade importante, com um efetivo de 1.700 homens. No quartel o PCB só contava com dois oficiais ligados ao partido, o tenente Leivas Otero, do efetivo do regimento, e o capitão Agildo Barata, que estava preso lá. Mas o núcleo aliancista tinha cerca de 30 militares subalternos, sendo 11 deles filiados ao PCB, além de haver no 3° RI muitos oficiais simpatizantes da ANL, dispostos a pegar em armas. As ordens de Prestes para o quartel determinavam: "O 3° Regimento Popular Revolucionário deverá levantar-se às duas horas da madrugada de 26 para 27 do corrente e, a partir das três horas, iniciar a execução das missões constantes no plano anexo por mim rubricado. 26/11/35 – Luís Carlos Prestes."[23] Depois de dominado o quartel seriam tomados o Arsenal de Marinha, o Batalhão Naval, a Polícia Militar, a Polícia Especial, o Palácio do Catete e o Palácio Guanabara. Só depois disso atacariam o quartel-general do Exército.

Apesar das ordens para o levante chegarem ao quartel com um prazo mínimo para prepará-lo, os oficiais do 3° RI receberam-nas com enorme entusiasmo: ninguém duvidou da vitória. Por causa dos levantes do Nordeste a prontidão era rigorosa e, evidentemente, não havia ninguém dormindo, como depois se inventou.

Quando o movimento começou no 3° RI, desencadeado pelo tenente Leivas Otero, e apesar da reação imediata dos oficiais legalistas, só houve dois mortos em combate: o tenente rebelde Tomás Meireles e o major legalista Misael Mendonça. O primeiro foi morto por um oficial governista, e o segundo, por um sargento rebelde, que revidou ao tiro que recebeu do major. Todos os outros que morreram no 3° RI foram mortos mais tarde, pelo bombardeio do governo, que visou especialmente ao pavilhão de comando, onde se encontravam os prisioneiros.

A tomada do 3º RI, que parecera simples aos rebeldes, não se deu como os planos de Prestes previam, pois houve grande resistência da companhia de metralhadoras. Quando os revolucionários ficaram donos do quartel já estavam cercados pelas forças governistas.

A localização do regimento – entre os dois morros da Praia Vermelha, e tendo o mar aos fundos – impediu que os rebeldes saíssem do quartel. E os esperados reforços da Vila Militar e da Escola de Aviação não chegaram. A Vila Militar não se rebelou e os que tentaram tomar a Escola de Aviação foram derrotados ao amanhecer. Pouco antes do meio-dia do dia 27, o 3º RI começou a ser bombardeado, o quartel foi arrasado e os revolucionários se renderam.

Na Escola de Aviação Militar o número de oficiais comunistas era maior. O PCB contava com os capitães Agliberto Vieira de Azevedo e Sócrates Gonçalves, os tenentes Benedito de Carvalho, Dinarco Reis e Ivan Ramos Ribeiro e com o então cabo José Homem Corrêa de Sá.

No Campo dos Afonsos os rebeldes não contaram com o fator surpresa, porque o levante começara mais cedo no 3º RI e a direção da Escola de Aviação Militar fora avisada. Só depois de uma luta ferrenha os rebeldes conseguiram dominar a escola e manter o controle até o amanhecer. Na EAM não só a resistência foi grande como os legalistas tiveram o apoio da Vila Militar, apoio este que os revoltosos contavam como certo receber.

A Marinha também não aderiu ao levante. Quanto às brigadas civis, como não podia deixar de ser, foram um estrondoso fracasso. E a população não tinha a menor ideia do que estava acontecendo.

Quanto a Prestes, ao saber da derrota, convenceu-se de que era apenas um revés, de que a luta continuaria e seria vitoriosa.

A repressão aos movimentos

A 3 de dezembro o governo criou a Comissão de Repressão ao Comunismo. Numa reunião de generais, o chefe do Estado-Maior do Exército, general Góes Monteiro, insinuou que os direitos constitucionais não deveriam ser mantidos, para que a repressão pudesse ser mais eficiente.

Pediu-se a ajuda do Intelligence Service inglês e da Gestapo nazista para identificar os revolucionários estrangeiros, e o chefe de polícia, Filinto Strübing Müller, iniciou uma brutal repressão. Foram atingidos por ela não só comunistas e aliancistas, mas todos os democratas e quem mais se opusesse ao governo.

Também no Rio de Janeiro os participantes do movimento – soldados, cabos e sargentos, em sua esmagadora maioria – não tinham claros os motivos da revolta. Para uns, era uma revolução comunista-aliancista para colocar Prestes à frente de um governo de libertação nacional; para outros, era uma rebelião de chefes militares. De qualquer forma, a maioria dos militares subalternos lutou por obediência aos oficiais que os chefiavam. Roberto Sisson, oficial de Marinha e dirigente da ANL, resumiu bem o que ocorrera:

> O terror policial contra os militantes da ANL, [...] a baixa dos efetivos militares, com o reforço das polícias estaduais fascistas com a ajuda dos integralistas, o auxílio às empresas imperialistas, com o adiamento *sine die* da reconstitucionalização nacional – foi o que levou à radicalização da ANL e a que muitos aderissem espontaneamente e sem a devida preparação à revolução de novembro de 1935. [...] Essa revolução foi *espontânea, prestista, militar, nacional libertadora* e, portanto, anti-imperialista, anti-integralista, a favor da industrialização do país e pela *democratização e eficiência do Exército Nacional.*[24]

Depois da derrota

Os revolucionários estavam certos de que poderiam continuar a luta e que a vitória era possível. Os boatos começaram a circular. Prestes foi informado da preparação de um golpe de generais, de séria oposição nas Forças Armadas ao terrorismo desencadeado por Filinto Müller e da perda de prestígio de Getúlio.

O jornalista Otávio Costa, "Ramalho", membro do partido que estivera preso, enviou o seguinte informe à direção do partido: "O moral dos militares é ótimo! Muito entusiasmo! E enorme confiança na vitória próxima. Entre cabos e sargentos, idem. Confiança cega na vitória próxima! Nenhum derrotismo, NENHUM! O primeiro revés é interpretado por eles como o começo do barulho."[25]

Alguns presos chegavam a dormir vestidos, para não serem surpreendidos em trajes de dormir no momento de serem libertados por novo movimento insurrecional. Os oficiais desafiavam a repressão, ficando famoso o caso do capitão Trifino Corrêa, que todos os dias mandava recados desaforados para o diretor do presídio, por intermédio de um servente que lhes levava comida:

> Trifino: – Você sabe meu nome?
> Servente: – Sei sim senhor, capitão Trifino Corrêa.
> Trifino: – Está seguro mesmo? Capitão Trifino Corrêa?
> Servente: – Tô sim senhor.
> Trifino: – Pois então diga ao tenente Canepa que o capitão Trifino Corrêa mandou dizer que ele é um corno, um filho da puta.[26]

Em meio aos boatos surgiram notícias sobre movimentos guerrilheiros no Nordeste, principalmente no Rio Grande do Norte, comandados pelo partido. Apesar de serem falsas informações, Prestes acreditou nelas, mandando dinheiro, homens e instruções para o Nordeste.[27] A avaliação do PCB sobre as insurreições de novembro foi a de que os movimentos foram derrotados por terem sido prematuros:

> O levante do Nordeste deu-se repentinamente e num momento em que a situação em outras partes do país não tinha ainda chegado ao ponto culminante de sua madureza revolucionária. Ela se deu num momento de preparação ainda insuficiente das forças revolucionárias para a luta decisiva...[28]

Prestes comentou:

> Minha perspectiva, apesar de ter achado o começo um desastre, era continuar a luta. Achava que havia condições para continuar a luta armada e não podia passar tudo em brancas nuvens! Foi um acontecimento importante, levantaram-se unidades, como o 3º RI, em três estados do Brasil! Houve gestos de grande desprendimento e dedicação! A repercussão do comportamento dos militares na prisão era muito boa! Era preciso levar isso em conta![29]

Em dezembro de 1935, com a prisão de membros da direção do partido, que não resistiram à tortura, e com o auxílio especializado do Intelligence Service, Arthur Ernst Ewert foi identificado, localizado e preso, em companhia de sua mulher. Por puro acaso Olga Benário assistiu de longe à prisão do casal, teve tempo de avisar Prestes e conseguiram fugir. Berger, torturado bestialmente, declarou apenas seu verdadeiro nome, naturalidade e a condição de comunista. A 13 de janeiro de 1936, foi preso Miranda, o secretário-geral do partido.

Depois da prisão de Miranda, Rodolfo Ghioldi procurou Allen Barron, o único que conhecia o endereço de Prestes, querendo um encontro com este. Prestes lembrou-se de que,

> a rigor, Barron não podia tê-lo levado a mim. Mas Ghioldi era a figura mais importante da direção, por ser o chefe do *bureau* sul-americano (da IC – MV) e convenceu Barron a levá-lo lá onde eu estava, na Nossa Senhora de Copacabana. Levei um susto quando bateram lá, tarde da noite... Ghioldi estava num estado de nervos tremendo! Insistia em que eu tinha de sair daqui, que isso aqui estava muito perigoso. Eu mostrei-lhe que nesses momentos movimentar-se é que era perigoso mas ele insistia em sairmos. Nessa ocasião *eu disse que ia para o Méier.*[30]

Ghioldi, que foi preso tentando fugir com a mulher para Buenos Aires, forneceu à polícia as indicações que tinha sobre o paradeiro de Prestes: que estava no Méier. Contou também da existência de Olga Benário – de quem a polícia sequer suspeitava; deu o nome e o endereço de Barron, de quem a polícia também ignorava a existência. Ghioldi denunciou ainda Vallée, que tinha sido preso, fora solto e conseguira fugir. E entregou o dono da casa de Copacabana onde visitara Prestes, Marcos Yubman.[31]

Léon-Jules e Alphonsine Vallée fugiram e a polícia brasileira não lhes pôs mais as mãos. Victor Barron os havia levado para a casa onde se escondia Prestes, na rua Honório, no Méier. Mas Barron, denunciado por Ghioldi, não conseguiu escapar. Preso, reconheceu ser um profissional da IC e nada mais. Foi barbaramente torturado e assassinado pela polícia no dia da prisão de Prestes, insinuando-se que se suicidara por ter entregado o paradeiro do Cavaleiro da Esperança. Mas o americano foi o único em cuja residência não se encontrou nenhum documento, nada que comprometesse alguém. E jamais se soube do endereço onde tinha montado o aparelho radiotransmissor, que conseguira falar com Moscou a 26 de novembro. Além do mais, Barron sabia o endereço de Prestes, e não apenas a indicação do bairro que tinha Rodolfo Ghioldi. No dia seguinte da prisão do líder argentino a polícia começou a bater o Méier rua por rua, casa por casa, 24 horas por dia, com turmas que se revezavam.

Desde que Barron levara Alphonsine e Léon-Jules para a casa da rua Honório eles dividiam com Prestes e Olga o pequeno espaço, esperando que outro local ficasse pronto para abrigar um dos casais. A 2 ou 3 de março, com outra casa já preparada, Prestes e Vallée discutiram quem deveria mudar-se e chegaram à conclusão que Prestes ficava, pois seria perigoso movimentar-se. Na noite de 5 de março Prestes e Olga foram presos. Levados para o DOPS e lá separados, foi a última vez que se viram. Em setembro de 1936 o governo brasileiro entregou Olga Benário e Elise Berger à Alemanha nazista, onde Elise morreu tuberculosa e Olga foi assassinada em câmara de gás. Estava grávida de sete meses da filha de Prestes.

Em entrevista à autora, um dos oficiais que iniciou o levante na Escola de Aviação comentou:

> A insurreição de novembro de 1935 foi uma continuação dos movimentos militares que vinham há muito ocorrendo no país. [...] Contou principalmente com a participação de oficiais aliancistas, bem nas tradições golpistas do Exército. Aliás, no fundo, todos nós éramos isso mesmo: golpistas. Uma continuação do tenentismo, com outra coloração.[32]

Em 1939 Roberto Sisson concluiu:

> Os movimentos do Rio Grande do Norte e do Recife não foram uma "revolução comunista", como os classificou a reação fascistizante. Como tampouco foi comunista a sublevação que pouco depois estalou no Rio de Janeiro, sob a responsabilidade de Luís Carlos Prestes. Tais movimentos foram sublevações de quartel, dentro da mais rigorosa tradição revolucionária militar latino-americana. [...]. Não podia deixar de contar com o apoio da ANL e ser considerada como legítima continuação e desenvolvimento da gesta que desde 1922 se vem desenrolando no Brasil.[33]

E Prestes afirmou:

> Houve muito de subjetivismo [...]. Pensávamos que éramos os donos da situação. Como os tenentes: faziam a revolução pelo povo e este adere. *Em 1935 eu era um tenente. Estava muito longe ainda de ser um comunista, um marxista [...] Esta é que é a realidade* (Grifos da autora).[34]

Concluindo

Os movimentos desencadeados em novembro de 1935 foram a última manifestação da rebeldia tenentista, o que se evidencia tanto nos objetivos do movimento quanto na forma de luta escolhida e, inclusive, na própria composição dos movimentos, cuja esmagadora maioria era de militares. Luís Carlos Prestes, o líder tenentista já convertido ao socialismo, possibilitou a unidade entre os tenentes revolucionários e o PCB.

Os movimentos seguiram as tradições das lutas que vinham ocorrendo no Brasil desde 1922 e que expressavam os anseios de classes e camadas da população que queriam novos caminhos para o país, superando a dominação dos grupos da já ultrapassada Primeira República.

Os levantes de novembro tiveram diferenças marcantes: o de Natal, desencadeado pela revolta de militares subalternos do 21° BC, contou com ativa e ampla participação popular; o de Recife, desencadeado pela direção regional do PCB, tentou arregimentar a população civil sem maior sucesso; os do Rio, decididos por Prestes, foram principalmente levantes de quartel. Apesar das diferenças, o traço que uniu os três movimentos foi o elemento tenentista.

Muitas calúnias foram escritas sobre novembro de 1935. As rebeliões foram depreciativamente chamadas de "Intentona", e "Intentona Comunista", o que dava aos levantes conotações terríveis, uma vez que o comunismo era considerado o próprio anticristo.

No entanto, apesar da participação de comunistas, a insurreição não teve sequer um caráter socialista. A plataforma do movimento era a dos tenentes, de luta contra a exploração do Brasil pelo capitalismo internacional, pela reforma agrária e pela democracia – por pão, terra e liberdade –, plataforma, aliás, bastante atual.

Mas, se o programa da luta era justo, o caminho escolhido para alcançá-lo não o foi. As rebeliões – em especial a do Rio, que, apesar de iniciada depois de as do Nordeste já terem sido derrotadas, foi a que mais caracterizou os movimentos – foram um erro de avaliação política. É preciso notar, no entanto, que se hoje percebemos com clareza os erros cometidos pelos rebeldes, naquela época as lutas tenentistas, os levantes militares – autorizados pela própria Revolução de 1930 – levavam a crer que tais revoltas eram um meio eficaz e justo para alcançar as mudanças no poder.

Também não podemos deixar de considerar o saldo em favor dos rebeldes de 1935: o da luta contra as injustiças sociais, o do inconformismo, o da indignação diante de uma sociedade que continuava a reproduzir brutais diferenças sociais. A ação política equivocada foi fruto da falta de cultura política da sociedade brasileira, mas é importante ressaltar, também dentro das tradições de luta de nosso povo, a capacidade daqueles homens de sonhar com uma sociedade justa e digna e, principalmente, de lutar por seus ideais.

Esses ideais vinham de longe. Os tenentes rebeldes continuavam a luta pela "regeneração" dos ideais republicanos, pela cidadania que a República pretendia implantar. Mesmo que possamos criticar o elitismo dos tenentes, tanto a Aliança Nacional Libertadora, em que se agrupavam, como o PCB reconheciam que uma cidadania restrita às classes dominantes impede o próprio ideal de cidadania, e que esta não pode existir num país se for negada à maioria de seus habitantes. Que, no Brasil, não se tratava – não se trata – de resgatar a cidadania, mas de conquistá-la.

Notas

1. Queirós – "Miranda". "Em vésperas da revolução no Brasil", informe apresentado na III Conferência dos Partidos Comunistas da América Latina, tradução do PCB da revista *La Internacional Comunista*, n. 5, abril de 1935, pp. 426-44.
2. *Atas taquigráficas da III Conferência dos Partidos Comunistas da América do Sul e do Caribe*. Moscou, 1934.
3. *Idem*.
4. *Idem*.
5 Entrevista de Luís Carlos Prestes à autora, 1988.

6. "Por que apoiamos a Aliança Nacional Libertadora". *A Classe Operária*, n. 173, Rio de Janeiro, 24 jan. 1935, p. 3.
7. Estatutos da Aliança Nacional Libertadora, 12 mar. 1935.
8. Carta de Luís Carlos Prestes de adesão à Aliança Nacional Libertadora, 12 abr. 1935.
9. Telegrama de Flores da Cunha a Vargas, 24 fev. 1935, Arquivo Getúlio Vargas, CPDOC.
10. A ANL ao povo brasileiro, pela salvação nacional, 8 jun. 1935.
11. *A Manhã*, n. 40, 11 jun. 1935.
12. Aos oficiais e sargentos do Exército. Comitê Militar da ANL Pró-Integridade das Forças Armadas.
13. *O Globo*. Rio de Janeiro, 26 jun. 1935.
14. *A Manhã*, n. 57, 30 jun. 1935.
15. Carta de Prestes a Trifino Corrêa. 17 jul. 1935. Tribunal de Segurança Nacional, processo nº 1.
16. Tribunal de Segurança Nacional, processo nº 2.
17. Depoimento de João Lopes. Citado em Gomes, Angela Castro; Flaksman, Dora; Stotz, Eduardo. *Velhos Militantes, depoimentos*. Rio de Janeiro: Zahar, 1988, pp. 109-110.
18. Depoimento de Giocondo Dias, Tribunal de Segurança Nacional, processo nº 233.
19. Tribunal de Segurança Nacional, processo nº 2.
20. Depoimento do coronel Lamartine Coutinho à autora.
21. Tribunal de Segurança Nacional, processo nº 75.
22. Café Filho. "Não tem caráter extremista o movimento no Rio Grande do Norte!", *A Manhã*, n. 184, Rio de Janeiro, 25 nov. 1935.
23. Tribunal de Segurança Nacional, processo nº 1.
24. Sisson, R. 1939. *La Revolución democrática progresista brasileña*. Buenos Aires: Ed. Rio-Buenos Aires, p. 21.
25. Carta de Ramalho à direção nacional do PCB, 13 dez. 1935. Tribunal de Segurança Nacional, processo nº 1.
26. Relato do dr. Odilon Baptista à autora.
27. Sobre o assunto, ver Vianna. Marly de A.G. "Os 'bandoleiros vermelhos', as guerrilhas do PCB nos anos 30". In *Ideias*, Revista do Instituto de Filosofia e Ciências Humanas da Unicamp, Campinas, ano 4, n. 01-02, jan./fev. 1997.
28. "Começou a Revolução", em suplemento de *A Classe Operária*, n. 195, Rio de Janeiro, 14 jul. 1935.

29. Entrevista de Luís Carlos Prestes à autora.
30. *Idem.*
31. Ver depoimentos de Rodolfo Ghioldi no TSN, o *Relatório Belles Porto*, o depoimento de Thomaz Pompeu Accioli Borges ao CPDOC e depoimento do próprio Prestes.
32. Entrevista de Agliberto Vieira de Azevedo à autora.
33. Sisson, Roberto. *La Revolución democrática progresista brasileña*. Buenos Aires: Ed. Rio-Buenos Aires. 1939, pp. 22-23.
34. Entrevista de Luís Carlos Prestes à autora.

Bibliografia

Barata, A. 1978. *Memórias de um revolucionário*. São Paulo: Alfa-Ômega.

Basbaum, L. 1978. *Uma vida em seis tempos*. São Paulo: Alfa-Ômega.

Bastos, A. 1986. *Prestes e a revolução social*. São Paulo: Hucitec.

Bezerra, Gregório. 1979. *Memórias*, v. 1. Rio de Janeiro: Civilização Brasileira.

Canalle, Dario *et al.* 1985. "A Internacional Comunista e o Brasil – 1920-1935". In *Novembro de 1935* – meio século depois. Petrópolis: Vozes.

Cancelli, E. 1997. *A intentona em Nova York*. Série Prometeu. Brasília: Ed. UnB/ Humanidades.

Carone, E. 1982. *O PCB, de 1922 a 1943*. São Paulo: Difel.

______. 1982. *O PCB, de 1943 a 1964*. São Paulo: Difel.

______. 1983. *O PCB, de 1964 a 1982*. São Paulo: Difel.

Costa, Homero de Oliveira. 1995. *A insurreição comunista de 1935. Natal* – O primeiro ato da tragédia. São Paulo/Rio Grande do Norte: Ensaio Cooperativa Universitária do Rio Grande do Norte.

Ferreira, J.; Reis, Daniel Aarão (orgs.). 2007. *A formação das tradições*, As esquerdas no Brasil, v. 1. Rio de Janeiro: Civilização Brasileira.

______. Delgado, Lucília. 2003. *O tempo do nacional estatismo*, O Brasil Republicano, v. 2. Rio de Janeiro: Civilização Brasileira.

Gomes, Angela de Castro (coord.); Flaksman, Dora; Stotz, Eduardo. 1988. *Velhos militantes:* depoimentos. Rio de Janeiro: Zahar.

Hobsbawm, Eric (org.). 1981-1989. *História do marxismo*, 12 v. Rio de Janeiro: Paz e Terra.

Joffily, José. 1987. *Hary Berger*. Rio de Janeiro: Paz e Terra/Paraná, UFPr.

Márek, Fraz. 1986. "Sobre a estrutura mental de Stalin". In Hobsbawm, Eric (org.). *História do marxismo*, v. 7. Rio de Janeiro: Paz e Terra.

Medeiros, J. 1937. *Meu depoimento sobre a revolução comunista e outros assuntos*. Natal: Imprensa Oficial.

Morais, Fernando. 1985. *Olga*. São Paulo: Alfa-Ômega.

Oliveira, Moacyr. 1985. *Praxedes, um operário no poder*. São Paulo: Alfa-Ômega.

Pacheco, E. 1984. *O Partido Comunista Brasileiro – 1922-1964*. São Paulo: Alfa--Ômega.

Pessanha, A; Nascimento, E. 1995. *Partido Comunista Brasileiro:* caminhos da Revolução (1929-1935). Rio de Janeiro: UFRJ/IFCS/AMORJ.

Pinheiro, Paulo Sérgio. 1991. *Estratégias da Ilusão*. São Paulo: Companhia das Letras.

Porto, Eurico. 1936. *A insurreição de 27 de novembro de 1935*: relatório do delegado. Rio de Janeiro: Imprensa Nacional. [O relatório conta agora com uma nova edição: Bellens. 2015. *A insurreição da ANL em 1935*. Rio de Janeiro: Revan.]

Prestes, A. L. 1999. *Tenentismo pós-30*. Continuidade ou ruptura?. Rio de Janeiro: Paz e Terra.

———. 1999. *Da insurreição armada (1935) à "União Nacional" (1938-1945):* a virada tática na política do PCB. Rio de Janeiro: Paz e Terra.

Ramos, Graciliano. 1960. *Memórias do cárcere*. São Paulo: Martins, 2 v.

Reis, Daniel Aarão. 2014. *Luís Carlos Prestes:* um revolucionário entre dois mundos. São Paulo: Companhia das Letras.

Silva, Hélio. 1969. *1935* – A revolta vermelha. Rio de Janeiro: Civilização Brasileira.

Sisson, R. 1939. *La Revolución democrática progresista brasileña*. Buenos Aires: Ed. Rio-Buenos Aires.

Sodré, Nelson Werneck. 1986. *A Intentona Comunista de 1935*. Porto Alegre: Mercado Aberto.

Vianna, Marly de A. G. 1992. *Revolucionários de 1935* – Sonho e realidade. São Paulo: Companhia das Letras.

———. (org.). 1995. *Pão, terra e liberdade:* memória do movimento comunista de 1935. Rio de Janeiro: Arquivo Nacional/São Carlos: EdUFSCar.

———. 1995. *Política e rebelião nos anos 30* (Coleção Polêmica). São Paulo: Moderna.

Zinbarg, Luis Alberto. 2001. *O cidadão armado, comunismo e tenentismo (1927-1945)*. Franca: Unesp, dissertação de mestrado.

4. O Estado Novo: o que trouxe de novo?

*Maria Helena Capelato**

O Estado Novo se constituiu em decorrência de uma política de massas que se foi definindo no Brasil a partir da Revolução de 1930, com a ascensão de Getúlio Vargas ao poder.

Esse tipo de política, voltada para as classes populares, desenvolveu-se no período entre as guerras a partir das críticas ao sistema liberal, considerado incapaz de solucionar os problemas sociais. Nesses anos manifestou-se na Europa, e em outras partes do mundo, uma crise do liberalismo: os impactos da Primeira Guerra e da Revolução Russa provocaram, segundo inúmeros autores, uma crise de consciência generalizada que, por sua vez, resultou em críticas à democracia representativa parlamentar de cunho individualista. Correntes intelectuais e políticas antiliberais e antidemocráticas, de diferentes matizes, revelavam extrema preocupação com a questão social e muito se discutia sobre novas formas de controle das massas com o intuito de evitar a eclosão de revoluções socialistas.

Uma das soluções propostas era a do controle social através da presença de um Estado forte comandado por um líder carismático, capaz de conduzir as massas no caminho da ordem. Essa política foi adotada em alguns países europeus, assumindo características específicas em cada um deles. Regimes como o fascismo na Itália, o nazismo na Alemanha, o salazarismo em Portugal e o franquismo na Espanha foram constituídos nessa época.

---

* Professora Titular do programa de pós-graduação em História Social da Universidade de São Paulo.

O sucesso das experiências italiana e alemã serviu de inspiração para reformas políticas que ocorreram em alguns países latino-americanos: Brasil e Argentina, especialmente.

Apesar de apresentar características próprias, o Estado Novo brasileiro teve inegável inspiração europeia. Um traço comum foi a crítica à liberal democracia e a proposta de organização de um Estado forte e autoritário, encarregado de gerar as mudanças consideradas necessárias para promover o progresso dentro da ordem.

O crescimento de movimentos sociais e políticos na década de 1920 fez com que o fantasma da Revolução Russa assombrasse setores das elites intelectuais e políticas brasileiras. A questão social passou a ser debatida intensamente e muitos questionaram as instituições liberais vigentes pela incapacidade de vencer o "atraso" e controlar a "desordem" reinante no país.

Nesse contexto, as dificuldades da economia brasileira, muito afetada pelo *crack* da bolsa de Nova York em 1929, serviram para acelerar o processo de mudança que vinha sendo apregoado nos anos anteriores. A conjuntura de crise provocou revoluções em vários países da América Latina: no Brasil ocorreu, em outubro, a Revolução de 1930, que acarretou modificações importantes no país.

Com a vitória dos "revolucionários" de 1930, as correntes autoritárias foram se fortalecendo. Elas se opunham à Constituição liberal de 1891, considerada mera cópia de fórmulas estrangeiras e, portanto, inadequada à realidade do país; alegava-se que o povo brasileiro ainda não estava preparado para o exercício da democracia. Para os críticos do liberalismo, os erros da Primeira República, que precisavam ser corrigidos, advinham dessa inadequação.

A reforma política se deu a partir do golpe de 10 de novembro de 1937, sob liderança de Getúlio Vargas, com apoio do Exército e de outras forças antidemocráticas. O povo foi comunicado do golpe a partir de informações obtidas pelo rádio. A mudança política produziu um redimensionamento do conceito de democracia, norteada por uma concepção particular de representação política e de cidadania; a revisão do papel do Estado se complementou com a proposta inovadora do papel do líder em relação às massas e apresentação de uma nova forma de identidade nacional: a identidade nacional coletiva.

Após o advento do Estado Novo, deu-se a consolidação de uma política de massas que vinha se preparando desde o início da década. Constituídos a partir de um golpe de Estado, sem qualquer participação popular, os representantes do poder buscaram legitimação e apoio de setores mais amplos da sociedade através da propaganda, veiculada pelos veículos de comunicação, voltada para a sociedade, em geral, e para as classes populares, em particular. Além da busca de apoio, a integração política das massas visava ao seu controle em novas bases.

O Estado Novo na visão dos historiadores

O estudo do Estado Novo tem sido alvo de grande interesse dos historiadores a partir de meados da década de 1980, época que coincide com a redemocratização do país. Supõe-se que a motivação para o estudo desse período esteja relacionada às tentativas de compreensão mais aprofundada do fenômeno do autoritarismo no Brasil, ignorado pelos autores que, no passado, haviam enaltecido o país "cordial" e "pacífico". O regime militar contribuiu para o questionamento desse mito e incentivou os estudiosos de nossa história a revisitarem um passado ainda recente – a Era Vargas –, buscando identificar, nesse período, fórmulas autoritárias cujos traços persistiram na cultura política brasileira, mesmo depois do seu fim. Reconstituir a democracia no Brasil implicava olhar para essa época com outros olhos, buscando aspectos pouco analisados pelos trabalhos de pesquisa até então realizados sobre o período.

A ênfase recaiu nas décadas de 1930 e 1940 e o Estado Novo mereceu especial atenção. Muitas pesquisas foram, e continuam sendo, realizadas com o objetivo de colocar novas questões a esse passado que levaram ao estudo de aspectos não abordados até então. Muitos temas se constituíram em objeto de investigação. Cabe mencioná-los: cultura política; mundo do trabalho; novas formas de controle social; papel da polícia política e formas de repressão; organização do Departamento de Imprensa e Propaganda (DIP), suas práticas de propaganda e de censura; política cultural do Estado atuando sobre produções artísticas como música, artes plásticas, cinema; significado dos imaginários sociais criados e recriados na época através da manipulação de símbolos, emblemas, sinais, criação de mitos, cerimônias cívicas e esportivas e demais espetáculos do poder; importância dos meios de comunicação e seu uso político, e, nesse aspecto, foram realizados trabalhos sobre imprensa, rádio, documentários, revistas, livros e demais publicações do DIP; políticas de imigração; preconceitos racial e social; educação e ensino; atuação da Igreja e relação do catolicismo com a tentativa de sacralização da política.

Além de novos estudos, a retomada desse período suscitou um importante debate acerca das formas de interpretação sobre essa experiência política. O conceito de "populismo" foi o alvo central da polêmica.[1] Alguns autores passaram a questionar a eficácia do conceito para explicar o fenômeno enquanto outros o reafirmaram acrescentando novos dados às reflexões.

Nota-se, também, que o debate sobre as questões interpretativas é informado pelas visões de mundo dos participantes. Para uns, o "varguismo" ou "getulismo" (até na denominação há diferenças) apresentou aspectos mais positivos do que negativos e por isso sua herança é valorizada em termos das conquistas sociais; para outros, esse período, sobretudo o do Estado Novo, é questionado mais a fundo pelo caráter autoritário dessa experiência, não só no que se refere à natureza do regime, mas também no que diz respeito à formulação da política trabalhista. Neste caso, pretende-se que essa herança seja superada.

A importância desses estudos é ainda maior quando se leva em conta que, no debate político atual, o varguismo acabou se tornando, para uns, uma bandeira de luta contra a política neoliberal e, para outros, uma experiência a ser superada completamente.

Como este texto se refere ao Estado Novo, muitas das interpretações mais genéricas sobre o varguismo não poderão ser aqui contempladas. Interessam apenas as que se referem às décadas de 1930 e 1940 e nesse recorte é preciso esclarecer alguns aspectos relativos à periodização.[2]

Em primeiro lugar, a chamada primeira fase do governo Vargas, ou seja, nos anos 1930 e 1940, não constitui um bloco homogêneo. Cabe distingui-la, propondo uma divisão em dois níveis:

1. 1930 a 1937 foram os anos de indefinição, quando inúmeros projetos e propostas estavam sendo postos em pauta e quando, também, a sociedade se mobilizou intensamente em torno deles. O campo de possibilidades, nessa ocasião, era imenso e o governo se movia em terreno movediço.
2. 1937 a 1945 correspondem à vigência do Estado Novo, que se caracterizou pela introdução de um novo regime político orientado por novas regras legais e políticas. No entanto, esse momento também não é homogêneo porque as circunstâncias externas e internas são responsáveis por mudanças significativas no jogo político. A entrada do Brasil na Segunda Guerra constitui um marco de mudança importante nos rumos do Estado Novo.

Por esse motivo, propõe-se a divisão desse período em dois momentos: a) 1937-1942: caracterizou-se pelas reformas mais significativas e pela tentativa de legitimação do novo regime; b) 1942-1945: com a entrada do Brasil na guerra, ao lado dos aliados, as contradições do regime ficaram explícitas. Nesse período, o governo se voltou, de forma mais direta, para as classes trabalhadoras, buscando apoio.

Pretende-se mostrar que, nos dois períodos, o Estado Novo definiu-se pelo autoritarismo graças ao intenso controle político, social e cultural e pelo cerceamento das liberdades em muitos planos; houve repressão e violência extrema expressa nos atos de tortura. O período se caracterizou também pelas significativas mudanças promovidas pelo governo. Elas ocorreram em vários níveis: reorganização do Estado, reordenamento da economia, novo direcionamento das esferas pública e privada, nova relação do Estado com a sociedade, do poder com a cultura, das classes sociais com o poder, do líder com as massas. Além disso, a conjuntura internacional, marcada por acontecimentos extremamente importantes, que culminaram com a eclosão da Segunda Guerra, obrigaram o país a redimensionar suas relações internacionais e assumir posições que se definiam a partir do complexo jogo militar e diplomático. Portanto, a conjuntura externa também ajuda a explicar as mudanças ocorridas durante o Estado Novo, desde sua ascensão até a queda.

Antecedentes do golpe

A década de 1930, como já foi dito, foi um período de grandes mudanças no país. Depois da "Revolução", abriu-se um leque de possibilidades de caminhos e vários setores sociais propunham medidas diferentes para solucionar a crise que se abatera sobre o país. O setor agrário, após o *crack* da bolsa de Nova York, debilitou-se muito. Amplo debate se estabeleceu em torno da questão do desenvolvimento do país e sobre o melhor percurso a ser trilhado para a superação não só da crise, mas também do "atraso" em relação aos países capitalistas avançados. Polêmicas foram travadas acerca da questão social e novas formas foram propostas para solucionar os conflitos sociais. As discussões em torno da natureza do Estado, tema amplamente debatido na Europa e em outros países da América, polarizaram posições: havia setores favoráveis à manutenção de um Estado liberal descentralizado e com limitado poder de intervenção no plano econômico, social, político e cultural; e outros, seguindo as novas tendências internacionais, favoráveis a um modelo de Estado forte e intervencionista. No plano político, os conflitos foram violentos em torno da questão da centralização política *versus* autonomia dos estados.

O Governo Provisório deu início a uma política centralizadora, que acabava com a autonomia dos Estados. O federalismo, introduzido com o regime republicano, acabara beneficiando as unidades mais prósperas da federação – São Paulo, principalmente. Este foi um dos motes da Revolução de 1930, que trouxe em seu bojo um projeto de centralização do poder.

As elites paulistas reagiram contra a perda de liderança do estado e, em luta contra o governo Vargas, exigiam a volta do regime liberal federativo, que lhes garantia autonomia ante o poder central. Mesmo os que apoiaram a queda do governo de Washington Luís, reagiram à perda de hegemonia e a Revolução de 1932 significou a resposta à nova situação. São Paulo foi derrotado na "guerra", mas a pacificação só ocorreu quando o governo atendeu as exigências dos adversários de convocar uma Assembleia Constituinte, o que ocorreu em 1933.

Na tentativa de apaziguamento nacional, o governo permitiu a organização de uma Assembleia Constituinte encarregada de elaborar a nova Carta Constitucional do país. Mas, nesse âmbito, também os conflitos foram intensos, demonstrando a existência de vários projetos para o futuro do Brasil. No plano ideológico debatiam-se as correntes liberais e antiliberais; entre essas marcavam presença os nacionalistas oriundos do movimento tenentista, os católicos e os integralistas, que, apesar dos pontos comuns, tinham reivindicações específicas.

Além das divergências entre as elites políticas e intelectuais, havia divisão entre os trabalhadores: alguns setores apoiavam as novas medidas trabalhistas do governo e outros se rebelaram contra elas porque o novo tipo de política implicava a ausência de autonomia do movimento operário. Nesse nível havia ainda diferenças entre grupos de esquerda compostos por anarquistas, socialistas e comunistas.

Todas as controvérsias vieram à tona nas discussões da Constituinte, que acabou, de uma perspectiva de consenso, procurando contemplar propostas contrárias. A Constituição de 1934 foi considerada inviável por vários autores porque tentava conciliar tendências inconciliáveis.

Getúlio Vargas administrara o Brasil de forma provisória nos primeiros anos da década de 1930. Ao assumir o poder, tomou medidas que já anunciavam uma nova maneira de encarar o desenvolvimento do país dentro da ordem. Criou o Ministério do Trabalho, que se responsabilizou pela formulação de novas leis referentes ao mundo do trabalho e pela fiscalização da observância das que já existiam; tais medidas significavam o atendimento de uma reivindicação antiga dos trabalhadores brasileiros, mas também o controle do Estado nas relações entre patrões e operários.

Em 16 de julho de 1934, a nova Constituição foi apresentada ao país e, no dia seguinte, Getúlio Vargas foi eleito presidente constitucional do Brasil por sufrágio indireto. Como o texto constitucional representou uma síntese de posições contrárias, nenhum dos grupos se sentiu plenamente vencedor.

Até o golpe de 1937 havia grande efervescência de ideias que se expressavam num cenário de manifestações públicas de cunho político e social. A partir de 1935, com o levante comunista, a situação radicalizou-se.

O levante comunista, denominado de "Intentona" pelos anticomunistas, foi liderado pela Aliança Nacional Libertadora e derrotado a partir de uma forte repressão, que terminou por extinguir o movimento. O comunismo, considerado o perigo mais ameaçador à sociedade brasileira desde os anos de 1920, deu ensejo a uma forte campanha de propaganda anticomunista que acabou servindo para justificar o fortalecimento do regime. Já no início de 1935, começou a ser discutido o projeto de Lei de Segurança Nacional; seus defensores alegavam essa necessidade em função da intensa agitação social que dominara o país depois de 1930. Previa a supressão dos sindicatos, associações profissionais e entidades jurídicas, item que provocou reações contrárias. Mas, após a "Intentona", mesmo alguns liberais a consideraram insuficiente para enfrentar a ameaça social. O jornal *O Estado de S. Paulo*, expressão significativa do liberalismo brasileiro, argumentou que os atos de extrema violência e gravidade eram prova irrefutável de que o texto constitucional fora insuficientemente forte para prevenir as investidas contra a ordem vigente e, em vista disso, aplaudia a decisão do Congresso, que, "com a consciência nítida do perigo que nos ameaça, concedeu ao governo o estado de sítio".[3]

O estado de guerra foi decretado por três meses e, no fim desse tempo, o governo entendeu ser necessária sua prorrogação.[4]

Os liberais apoiaram as medidas de exceção adotadas pelo governo sob alegação de que o combate ao comunismo era a prioridade do momento; tais medidas acabaram por fortalecer o poder do governante, que, em 1937, liderou o golpe promotor do Estado Novo, que dissolveu o Congresso e outorgou nova Constituição à nação.

Consolidação do Estado Novo (1937-1942)

A campanha pela Presidência da República, que se iniciara em 1936 com as candidaturas do paulista Armando de Sales Oliveira, candidato dos liberais, do paraibano José Américo, candidato de Getúlio Vargas, e Plínio Salgado, candidato dos integralistas, foi definitivamente encerrada nesse momento. As instituições liberais foram extintas a partir do golpe de Estado.

Os generais Góes Monteiro, Daltro Filho e Eurico Gaspar Dutra, que foi nomeado ministro da Guerra em 1936, apoiaram o golpe. Quando ele ocorreu, os integralistas desfilaram pelas ruas com muito entusiasmo.

Após o golpe, como os partidos e o Parlamento foram abolidos, não havia mais intermediários entre as massas e o governo. Este passou a intervir nos estados mediante a nomeação de interventores, que assumiram o Poder Executivo orientados pela nova Constituição. Pessoas de confiança de Getúlio Vargas foram escolhidas para as interventorias.

Os interventores reproduziam nos estados a política determinada pelo governo central, que terminou com o sistema federativo da Primeira República. Após o golpe, apenas uma bandeira passou a existir para todos os estados e, para demonstrar que o sistema federativo tinha sido derrotado, realizou-se, no Rio de Janeiro, um ato simbólico: numa cerimônia cívica ocorreu a queima das bandeiras estaduais para marcar a vitória do poder central sobre os estados.

A censura coibiu qualquer manifestação contrária ao novo regime. Os articuladores do golpe definiram o episódio como um novo marco na história do país. Francisco Campos, um dos ideólogos mais importantes do Estado Novo, interpretou o regime como uma decorrência histórica e necessária da Revolução de 1930: "O 11 de novembro foi o elo final de uma longa cadeia de experiências [...] a Revolução de 30 só se operou definitivamente em novembro de 1937." Segundo o ideólogo, o Estado Novo suscitara no país uma "consciência nacional", unificara uma nação dividida, colocara um ponto final às lutas econômicas e impusera silêncio à querela dos partidos empenhados em quebrar a unidade do Estado e, por conseguinte, a unidade do povo. Azevedo Amaral, outro ideólogo do Estado Novo, definiu o regime como uma "necessidade" e uma "inevitabilidade", que viria adequar as instituições às nossas realidades. Ambos consideravam que Vargas cometera um grave erro ao permitir a reconstitucionalização do país em 1934. Acreditavam que a partir de 1937 o progresso se concretizaria no Brasil (citado em Capelato, 1989, pp. 210-211).

Organização do poder: ordem e progresso

Como foi dito no início, a política varguista teve como um dos objetivos principais a concretização do progresso dentro da ordem. Para atingir essa meta, tomou várias medidas para promover o desenvolvimento econômico e outras tantas para estabelecer o controle social em novas bases. Mas a primeira preocupação do novo regime, oriundo de um golpe de Estado, foi assegurar sua legitimidade. Para isso utilizou duas estratégias: a propaganda política e a repressão aos opositores.

Os meios de comunicação, cerceados na liberdade de expressão, ficaram impedidos pela censura de externar suas opiniões, bem como de expressar as opiniões alheias contrárias ao regime. Os órgãos opositores foram silenciados e os adeptos do regime tiveram como missão enaltecer os atos do governo e divulgar a ideologia que o norteava. Nesse período, muitos veículos de comunicação acabaram aderindo ao poder para continuar usufruindo de suas benesses; os que não se dobraram a ele ficaram à mercê do controle da censura. Aos meios de comunicação cabia a tarefa de exaltar a figura de Vargas, não só como conciliador entre as classes e protetor dos oprimidos, mas também como realizador do progresso material, o que significava vencer o atraso. As realizações do governo no terreno econômico, no campo da legislação social e da organização planificada do Estado foram enaltecidas.

O projeto econômico do governo começou a ser elaborado a partir da crise de 1929, que atingiu duramente a economia brasileira, baseada na exportação de produtos primários, sendo o café o principal deles naquela ocasião. O novo governo, advindo da Revolução de 1930, enfrentou problemas de superprodução de café, esgotamento das reservas cambiais e crise das finanças públicas. O comércio mundial ficou reduzido em mais da metade, o preço do café baixou para um terço do que era antes e os estoques do produto aumentavam dia a dia nos portos brasileiros. Getúlio Vargas procurou acudir os cafeicultores, mas novas providências deveriam ser tomadas para solucionar as dificuldades.

Depois de esforços feitos em várias frentes, a economia começou a dar mostras de recuperação em 1933. O governo provisório procurou sustentar o setor cafeeiro e adaptar-se à nova situação do mercado mundial. Aliviada a situação, esboçou-se um projeto de desenvolvimento econômico em bases novas, que procurou priorizar o avanço do setor industrial com a participação do Estado.

A partir de 1937 foi posto em prática o projeto que preconizava o Estado como agente da política econômica. A nova Constituição definiu a necessidade de intervenção do poder público na economia para "suprir as deficiências da iniciativa individual e coordenar os fatores de produção".

Os ideólogos estado-novistas criticavam o liberalismo alienante, inadaptável à realidade brasileira. Oliveira Vianna preconizava a necessidade de um Estado forte para compensar a fragilidade da burguesia brasileira. Azevedo Amaral considerava que ele deveria atuar no jogo econômico corrigindo abusos e reajustando situações prejudiciais ao interesse coletivo. O dirigismo econômico, segundo o autor, tinha a vantagem de assegurar considerável liberdade à iniciativa privada e, ao mesmo tempo, a de se adaptar às exigências do capitalismo moderno, que ele definia como capitalismo corporativo. O Estado corporativo deveria encarar o planejamento como um dos seus principais meios de intervenção.

Nesse período, os Conselhos Técnicos substituíram o Congresso como órgão de representação. A ênfase no papel da tecnocracia à frente dos negócios públicos, em detrimento da liderança política, constituiu uma novidade introduzida pelo regime.

O governo voltou as atenções para o mercado interno; aboliu os impostos interestaduais, introduzindo um sistema tributário padronizado, para facilitar sua integração. Procurou estimular o desenvolvimento das indústrias através de um sistema de substituição das importações que implicava o incentivo à utilização da capacidade ociosa das indústrias já existentes no país. A indústria têxtil e outras acabaram se beneficiando com os obstáculos colocados às importações de similares. Além disso houve isenções para importação de bens de capital. As indústrias básicas desenvolveram-se de forma especial.

Os industriais, mesmo os que haviam feito oposição ao governo Vargas no seu início, foram, pouco a pouco, se aproximando do poder federal. Tinham recusado a política social do governo, mas acabaram admitindo sua necessidade. O boicote à legislação trabalhista que entrou em vigor a partir do fim de 1930, com a criação do Ministério do Trabalho, foi desaparecendo ao longo da década.

Getúlio Vargas tinha como meta principal superar o atraso e transformar o Brasil num país desenvolvido do ponto de vista econômico. O tema da modernização ganhou destaque no referido período. Uma das justificativas para o golpe era a necessidade de produzir mudanças capazes de colocar o país num patamar de progresso material que pudesse equipará-lo às nações mais prósperas do mundo. A meta do progresso indicava a ordem como parceira: neste aspecto, a racionalização do mundo do trabalho e o controle social, tido como ameaçado pelos agentes da subversão, constituíam outro pilar da política estado-novista.

A legislação trabalhista visava a regulamentar os conflitos entre patrões e operários e a controlar as atividades dos sindicatos até então independentes. O objetivo maior consistia no impedimento de que conflitos sociais se expressassem na esfera pública. Foram, então, criados órgãos para coordenar as relações de classe. Essa política tinha inspiração na "Carta del Lavoro", posta em prática na Itália de Mussolini. Estabelecia o regime de sindicato único controlado pelo Ministério do Trabalho e regulamentava o imposto sindical a ser pago por todos os trabalhadores. Em 1942 foi instituído o salário mínimo, que os trabalhadores consideraram insuficiente para o sustento de suas famílias. Nesse ano o conjunto de leis referentes ao mundo do trabalho (salário mínimo, férias, limitação de horas de trabalho, segurança, carteira de trabalho, justiça do trabalho, tutela dos sindicatos pelo Ministério do Trabalho), promulgadas ao longo dos anos, foi sistematizado pela Consolidação das Leis do Trabalho. Esta medida representou, de um lado, o atendimento das reivindicações operárias que foram objeto de intensa luta da categoria por várias décadas e, de outro, o controle, por meio do Estado, das atividades independentes da classe trabalhadora, que acabou perdendo sua autonomia através do controle estatal.

Essa política acabou por dividir o movimento sindical. Uma parcela significativa mostrou-se satisfeita com as "benesses generosamente" concedidas pelo chefe do governo, como alardeava a propaganda governamental, e outra parcela tentou reagir ao controle do Estado e à perda da liberdade política. Mas essa corrente foi sufocada porque o regime autoritário impedia as manifestações de oposição em todos os níveis. Com o pretexto de manter a ordem e acabar com a subversão, muitos sindicalistas que se opuseram à nova política foram perseguidos, presos, torturados ou exilados durante o Estado Novo.

A relação dos trabalhadores com o governo era complexa e, por isso, gera muitas controvérsias entre os intérpretes desse período. Para alguns autores, a atuação de Vargas foi benéfica para os trabalhadores, mas outros salientam o caráter autoritário dessa política que resultou na impossibilidade de atuação independente desse setor social. Os dois lados devem ser levados em conta para a compreensão desse fenômeno: os benefícios da legislação social que resultaram em direitos adquiridos e proteção mínima no que se refere à exploração que até então caracterizou o mundo do trabalho são inegáveis. Além disso, o reconhecimento dos trabalhadores como sujeitos do processo histórico e cidadãos ativos teve um importante impacto no que se refere à dignidade do trabalhador, como bem mostra Angela de Castro Gomes em sua análise sobre essa questão. Segundo a autora, além da lógica material, o discurso estatal resgatava ideias, crenças, valores e a autoimagem construída pelos próprios trabalhadores na Primeira República. O Estado não se mostrava apenas como produtor de bens materiais, mas também como articulador das demandas e tradições da classe operária, e os apresentava como seus – além de ressaltar os benefícios sociais como tendo sido generosamente concedidos pelo chefe do governo, o que, em troca, exigia reconhecimento e retribuição (Gomes, 1988).

No entanto, essa política concebida do alto, sem a participação efetiva dos interessados, representou uma nova forma de controle social, mais eficaz porque recorreu a um imaginário que encontrava terreno fértil entre os trabalhadores. Ela era, também, mais adequada às novas condições internacionais da ordem capitalista porque introduziu, com a legislação social, um domínio mais direto sobre as ações dos operários.

Cabe ainda esclarecer que, durante o Estado Novo, a justiça social, com resultados efetivos no que se refere à melhoria do nível de vida das classes populares, foi postergada para o futuro; os representantes do governo alegavam que as reivindicações das classes trabalhadoras poderiam ser atendidas, de forma mais efetiva, quando o progresso material se consolidasse. Na verdade, as condições econômicas do país naquele período não eram favoráveis a aumentos salariais para a população de baixa renda. Cartas, telegramas, bilhetes dirigidos a Vargas demonstram descontentamento diante de baixos salários, carestia de vida e falta de emprego.

José Rogério da Silva mostra que a carestia de vida foi constante e progressiva ao longo do Estado Novo. O aumento de preços atingiu patamares muito altos a partir de 1940. A situação tornou-se drástica em 1941, provocando inúmeras reclamações de trabalhadores. A intervenção do Estado na tentativa de controlar os preços foi nula e o problema se agravou com a entrada do Brasil na guerra em 1942.

Os salários cresceram pouco na maior parte das indústrias, enquanto o custo de vida mais que triplicou entre 1935 e 1945. Em consequência disso, as rendas reais caíram e a maioria das famílias operárias se viu obrigada a restringir a alimentação, como mostram inúmeras mensagens dirigidas ao chefe da nação (Silva, 1992).

Essa realidade é confirmada por Joel Wolfe, quando se refere ao fato de que as condições eram tão difíceis a ponto de inquietar os membros da Federação das Indústrias do Estado de São Paulo (Fiesp); os baixos salários e o desemprego passaram a ser vistos como uma ameaça à ordem social. A Fiesp sugeriu cautela na construção de casas e restaurantes luxuosos, a fim de evitar a ira dos inquietos desempregados (Wolfe, 1994, pp. 42-43).

O regime alardeava os benefícios da nova cidadania introduzida pelo regime – a cidadania do trabalho. Era considerado cidadão quem trabalhava, e a carteira de trabalho assinada era o documento de identidade mais importante. No entanto, o número de desempregados era muito alto; estes se sentiam, além de marginalizados do mercado de trabalho, excluídos da condição de cidadania. As cartas e os bilhetes endereçados, em tom suplicante, ao "pai dos pobres" (epíteto atribuído a Getúlio Vargas) demonstram o desespero de ampla parcela da população.

Mas Jorge Ferreira, em seu estudo sobre o mesmo tema, mostra, também através de correspondência enviada ao chefe do governo, que muitos trabalhadores se sentiam gratos a ele pelas benesses recebidas por meio da nova política trabalhista (Ferreira, 2011).

Como se pode observar, a política trabalhista teve leituras diversas por parte de seus destinatários. Isto explica por que os intérpretes dessa política até hoje divergem sobre seus resultados.

Propaganda política e produção cultural

O governo procurou ampliar a base de apoio através da propaganda política, arma muito importante num regime que se volta para as massas. É preciso lembrar que o regime nazista transformou-a num dos pilares do poder. O ministro Joseph Goebbels criou uma máquina de propaganda que serviu de modelo a vários governos em busca do apoio das massas como base de sustentação de suas políticas.

Antes do Estado Novo o governo brasileiro já se preocupara com a organização da propaganda política e da censura.[5]

A criação do Departamento de Imprensa e Propaganda foi fundamental nesse sentido. Ele tinha o encargo de produzir material de propaganda, incentivando a produção de cartazes, objetos, espetáculos, livros e artigos enaltecedores do poder.

Os organizadores da propaganda se valeram de símbolos e imagens na busca de consentimento e adesão da sociedade. A bandeira brasileira e a figura de Vargas foram os símbolos mais explorados nas representações visuais do Estado Novo. Muito significativo é o cartaz no qual se desenha o mapa do Brasil, colorido de verde e, no centro, a bandeira brasileira com a imagem de Vargas desenhada na esfera azul; ao lado havia os dizeres "Fortes e unidos, os brasileiros do Estado Novo são guiados pela grande trindade nacional: nossa Pátria, Nossa Bandeira, nosso Chefe." A referência à simbologia cristã da Santíssima Trindade é clara: a sacralização dos símbolos, como bem mostrou Alcir Lenharo, emprestava maior força à imagem (Lenharo, 1986).

Havia um cartaz também bastante significativo. Nele aparecia a figura paternal de Vargas acariciando as crianças, seguida dos dizeres: "Crianças! Aprendendo no lar e nas escolas o culto à Pátria, trareis para a vida prática todas as probabilidades de êxito" (*Nosso Século*, *apud* Capelato, 1998, p. 48).

As imagens e os símbolos eram difundidos nas escolas com o objetivo de formar a consciência do pequeno cidadão. Nas representações do Estado Novo, a ênfase no novo era constante: o novo regime prometia criar o homem novo, a sociedade nova e o país novo. O contraste entre o antes e o depois era marcante: o antes era representado pela negatividade total e o depois (Estado Novo) era a expressão do bem e do bom. Havia promessas de um futuro glorioso. As crianças aprendiam o que significava o novo através de publicações de textos em forma de diálogo: as perguntas e respostas ensinavam didaticamente o sentido das mudanças.

Nas publicações destinadas à formação cívica das crianças, como era o caso do *Catecismo cívico do Brasil Novo*, os pequenos aprendiam a importância do princípio da autoridade e da ordem. No item referente ao "Princípio da autoridade" estava posta a seguinte pergunta, seguida de resposta:

> Pergunta: O exercício da autoridade suprema por um chefe não contraria a vontade do povo em uma democracia?
>
> Resposta: Absolutamente, não. O Chefe do Estado, em um regime democrático como o que foi estabelecido no Brasil pela Constituição de novembro, é o expoente do povo, o seu representante direto [...]. Obedecendo, portanto, ao Chefe que o representa, o povo, apenas, se conforma com aquilo que ele próprio deseja e é executado pelo depositário de uma autoridade por ele conferida.

A busca de legitimidade fica evidente neste texto.

No livreto *O Brasil é bom* o tema da educação aparecia da seguinte forma: "O menino, para ser um bom brasileiro, deve também saber ler. Um homem sem instrução é um homem infeliz [...]. Por isso o governo não quer que haja brasileiros que não saibam ler. Por que o governo não quer? Porque o governo é amigo dos brasileiros e não gosta da ignorância [...]" (*apud* Capelato, 1998, p. 219).

Muitas biografias de Getúlio Vargas e obras laudatórias ao governo foram publicadas na época. Nelas o chefe do poder era comparado ora a um sociólogo, porque conhecia profundamente a sociedade, ora a um psicólogo, porque sabia interpretar a alma brasileira, ora a Jesus Cristo, porque se sacrificava pelo povo.

A propaganda, além de enaltecer a figura do líder e sua relação direta com as massas, demonstrava a preocupação do governo com a formação de uma identidade nacional coletiva. O sentimento de agregação e pertencimento foi muito valorizado através da associação entre Estado, Pátria, Nação e povo, como bem mostra a lição 3 do livreto *O Brasil é bom*: "Se todos os brasileiros são irmãos, o Brasil é uma grande família. Realmente, é uma grande família feliz. Uma família é feliz quando há paz no lar. Quando os membros não brigam. Quando não reina a discórdia [...]. O chefe do governo é o chefe do Estado, isto é, o chefe da grande família nacional. O chefe da grande família feliz."

Amor, paz, felicidade, generosidade, concórdia constituíam os elementos que compunham a estrutura afetiva organizada para propor a unidade em torno de um todo harmônico. Ao estimular esses sentimentos, pretendia-se neutralizar os conflitos através da formação da identidade nacional coletiva (Capelato, 1998, pp. 246-247).

A produção artística cultural engajada ficou a cargo do ministro da Educação, Gustavo Capanema, responsável pela orientação cultural no período. A política cultural do varguismo foi coerente com a concepção de Estado que orientou a atuação do governante. Em nome de valores políticos, ideológicos, religiosos e morais, os representantes do regime justificaram a proibição ou valorização de produtos culturais. O poder político definiu, em última instância, o que deveria ser produzido e incentivou certas obras em detrimento de outras. A defesa da intervenção estatal na cultura, entendida como fator de unidade nacional e harmonia social, caracterizou esse período. A cultura foi entendida como suporte da política e, nessa perspectiva, cultura, política e propaganda se mesclaram.

O governo considerava importante a intervenção do Estado na cultura, entendida como fator de unidade nacional. Nessa perspectiva, a arte e o saber descompromissados foram questionados por Getúlio Vargas nos seguintes termos: "Não tenho, como é moda, desdém pela cultura ou menosprezo pela ilustração [...]. No período de evolução em que nos encontramos, a cultura intelectual sem objetivo claro e definido deve ser considerada, entretanto, luxo acessível a poucos indivíduos e de escasso proveito para a coletividade."[6]

Esse discurso enfatiza a necessidade de que a cultura atingisse setores excluídos desses benefícios, mas a referência à coletividade explicita a perspectiva de que a cultura tinha uma tarefa política, ou seja, de contribuir para a unidade nacional (Velloso, 2003).

O regime varguista concebeu e organizou a cultura com os olhos voltados para as experiências europeias nazifascistas. Na Alemanha e na Itália a cultura era entendida como suporte da política. No Estado Novo brasileiro essa concepção também orientou a política cultural, mas os resultados foram diferentes.

No Estado Novo a função do artista foi definida como socializadora em nível nacional e unificadora em nível internacional. Deveria cumprir a missão de testemunho do social, o que em muito ultrapassava a mera produção de beleza. A arte se vinculava ao nacional. Para exprimir os sentimentos sociais o artista deveria se inspirar em nossos temas e motivos mais típicos (Goulart, 1990, p. 100). Nesse contexto, a arte se voltou para fins utilitários em vez de ornamentais e, por meio dela, buscou-se ampliar e divulgar a doutrina política do governo.

A partir dessas concepções, o varguismo atuou ante a produção cultural do período que se inseria num projeto político.

O apoio de intelectuais e artistas ao Estado Novo e a convivência "pacífica" dos que se opunham ao governo autoritário com o Ministério da Educação, representado por Capanema, permitem explicar uma das características peculiares do regime. Segundo alguns autores, a postura controvertida de Gustavo Capanema, que esteve à frente do ministério entre 1934 e 1945, foi responsável pela atitude conciliatória e ambígua do Estado Novo no plano da cultura, que até hoje causa perplexidade entre os analistas do período. O ministro tinha especial preocupação com o desenvolvimento da cultura e procurava impedir que "a nacionalidade incipiente fosse ameaçada por outras culturas e ideologias". Pertencera, nos anos de 1920, ao grupo de intelectuais mineiros com os quais continuou mantendo contato nas décadas posteriores.

Como mostra Sérgio Miceli, personalidades de diferentes tendências gravitaram em torno do Ministério da Educação. O autor considera que a gestão Capanema erigiu uma espécie de território livre infenso às salvaguardas ideológicas do regime (Miceli, 1979, p. 161). Entre os nomes que ocupavam postos junto a esse ministério, muitos deles não se identificavam ideologicamente com o regime, como era o caso do poeta mineiro Carlos Drummond de Andrade, chefe de gabinete do ministro, que em 1945 declarou-se simpatizante do comunismo.

Não só a revista do DIP – *Cultura Política* (dirigida por Almir de Andrade) –, mas também os jornais varguistas *A Manhã* (dirigido por Cassiano Ricardo) e *A Noite* (dirigido por Menotti del Picchia) publicaram artigos de autores com posições político-ideológicas bem diversas: da extrema direita católica aos comunistas.

A produção cultural, a exemplo do que ocorria no fascismo e no nazismo, era controlada pelo DIP. Os diferentes campos artísticos foram organizados e concebidos nos mesmos moldes. Cabia às divisões do DIP organizar, estimular e divulgar a produção artística, popular e erudita; esperava-se que as artes se transformassem em elementos formadores das massas. Além da feição estética, essas iniciativas deveriam atingir os objetivos de educação cívica, colaborando para consolidar o sentimento de nacionalidade.

O limite da tolerância era a proibição do exercício da crítica. Apesar dessa restrição, a proximidade de intelectuais independentes com órgãos de cultura do Estado mostra que o espírito de conciliação predominou nas relações entre política e cultura durante o Estado Novo. A política de conciliação no campo da cultura permite afirmar que havia uma diferença importante do regime brasileiro em relação aos modelos alemão e italiano.

O cinema, o teatro, a música, as artes plásticas foram valorizados durante o Estado Novo, mas não da mesma forma ou com igual intensidade.

O cinema recebeu especial atenção porque nessa época a imagem passou a ser considerada instrumento importante para a conquista das massas. Os ideólogos do Estado Novo e o próprio Vargas demonstraram grande interesse nesse campo. O governante concebia o cinema como veículo de instrução e, nesse sentido, declarou: "o cine será o livro de imagens luminosas em que nossas populações praieiras e rurais aprenderão a amar o Brasil. Para a massa de analfabetos, será a disciplina pedagógica mais perfeita e fácil".[7]

Com o apoio do governo, a indústria cinematográfica, até então deficitária, pôde equilibrar-se. Alguns cineastas batalharam para fazer do Estado o grande mecenas do cinema brasileiro, reivindicando, portanto, que ele desempenhasse um papel ativo e protetor dessa atividade cultural para fazer frente ao cinema norte-americano, muito bem situado no mercado brasileiro. Atendendo aos apelos da classe, o governo decretou, em 1932, a lei de obrigatoriedade de exibição de filmes nacionais. Com o apoio de Vargas, a indústria cinematográfica, até então deficitária, conseguiu equilibrar-se. Getúlio Vargas foi considerado pela categoria beneficiada o "pai do cinema brasileiro". Um "cinematólogo" entusiasta enalteceu o governante protetor do cinema nacional, argumentando que "o coitadinho era um fedelho raquítico, enfezado, quase a morrer à míngua", mas Vargas deu existência real ao cinema brasileiro: "Tonificou-lhe o anemizado organismo, injetou-lhe força, energia, descobrindo, para isso, como se descobrisse um ovo de Colombo, a mais benéfica e providencial das vitaminas: o 'short' brasileiro de exibição obrigatória, estabelecida pelo Decreto n.º 21.240, de abril de 1932."[8]

Coube ao Instituto Nacional de Cinema Educativo a tarefa de organizar e editar filmes educativos brasileiros. A Divisão de Cinema e Teatro do DIP ficou encarregada de realizar a censura prévia dos filmes e a produção do *Cine Jornal Brasileiro*.

Os documentários cinematográficos, de exibição obrigatória, mostravam as comemorações e festividades públicas, as realizações do governo e os atos das autoridades. A intensidade da produção de documentários pelo DIP gerou protestos dos produtores, que a consideravam uma forma de concorrência desproporcional, já que os exibidores preferiam cumprir a lei de obrigatoriedade com os filmes produzidos pelo governo. Havia concursos, com prêmios em dinheiro, para os melhores documentários, o que levava os produtores a abordarem temas do agrado do regime (Garcia, 1981, pp. 104-105).

Filmes de ficção, como *Argila*, *Romance proibido*, *Aves sem ninho* e *Caminhos do céu*, também foram realizados no período com o mesmo objetivo. Mas eles não conseguiram competir com as produções norte-americanas. O mercado brasileiro, à época, já era bom receptor dos filmes hollywoodianos. Como mostra Claudio Aguiar Almeida, esse tipo de filme não cumpriu a tarefa de tornar-se "agitador das almas", como pretendiam os incentivadores do cinema nacional. As "almas brasileiras continuaram entregues ao culto dos heróis, divas e ideais veiculados por Hollywood" (Almeida, 1999, p. 203).

Os ideólogos nacionalistas preocuparam-se também com a música brasileira. Havia incentivo às músicas cujas letras fossem adequadas aos valores apregoados pelo regime, como era o caso da exaltação do trabalho e da nacionalidade. O melhor exemplo nesse sentido foi a "Aquarela do Brasil" de Ary Barroso. Alguns autores foram pressionados a modificar a letra de sambas: a que enaltecia a malandragem teve de ser alterada. É bem conhecido o caso de Wilson Batista, "malandro" consagrado que acabou compondo, com Ataulfo Alves, o samba "Bonde de São Januário", em 1941, cuja letra afirma: "quem trabalha é quem tem razão / eu digo e não tenho medo de errar / o bonde de São Januário / leva mais um operário / sou eu que vou trabalhar / antigamente eu não tinha juízo, mas resolvi garantir o meu futuro / sou feliz, vivo muito bem / a boêmia não dá camisa a ninguém / e digo bem" (Haussen, 1992, p. 81).

Heitor Villa-Lobos foi a grande personalidade musical associada ao Estado Novo. Seu trabalho visava a desenvolver a educação musical artística através do canto coral popular, ou seja, o canto orfeônico. Segundo o compositor: "nenhuma arte exerce sobre as massas uma influência tão grande quanto a música. Ela é capaz de tocar os espíritos menos desenvolvidos, até mesmo os animais. Ao mesmo tempo, nenhuma arte leva às massas mais substância". Acreditava, ainda, que a falta de unidade de ação e de coesão, necessárias à formação de uma grande nacionalidade, poderia ser corrigida pela educação e pelo canto: "o canto orfeônico, praticado pelas crianças e por elas propagado até os lares, nos dará gerações renovadas por uma bela disciplina da vida social, em benefício do país, cantando e trabalhando, e, ao cantar, devotando-se à pátria". O compositor saiu a campo para divulgar suas ideias; fez conferências e concertos pelo Brasil afora e formou um coral de dez mil vozes para o canto de hinos patrióticos e educação de sentimentos cívicos (Schwartzman, 1984, p. 90).

No que se refere às artes plásticas, a pintura também foi concebida como instrumento de formação nacional. Os murais do Ministério da Educação encomendados por Capanema a Cândido Portinari expressam a ideologia do regime. Cabe lembrar que o ministro, nessa ocasião, defendeu e protegeu Portinari contra as acusações de esquerdista e comunista. Os temas sugeridos para composição dos quadros são reveladores: eles mostram aspectos fundamentais da evolução econômica, da vida popular, os tipos nacionais, como o gaúcho, o sertanejo, o jangadeiro (Schwartzman, 1984, p. 95).

A arquitetura foi concebida, como na Alemanha e Itália, com o objetivo de demonstrar a grandiosidade e a pujança do poder. Nessa perspectiva foram realizadas algumas construções de edifícios públicos, como o Ministério da Educação e Saúde, Ministério do Trabalho, Ministério da Guerra, Central do Brasil. Vargas, ao inaugurar o Ministério do Trabalho, Indústria e Comércio, em 1938, associou a solidez arquitetônica da construção à obra de integração social iniciada com a Revolução de 1930 (Garcia, 1981, p. 109).

Entre os ministros de Vargas, Capanema notabilizou-se pela extrema capacidade de conciliação. Sua atuação conferiu peculiaridade ao regime brasileiro pelo fato de ter acolhido intelectuais e artistas de diferentes tendências ideológicas num regime de natureza autoritária. Getúlio Vargas, por sua vez, era benquisto entre os "trabalhadores" do rádio, teatro e cinema em virtude das leis que regulamentaram o exercício dessas profissões. O depoimento de Mário Lago, à época comunista e opositor do Estado Novo, revela bem a relação amistosa do chefe do governo com a classe artística:

> O Getúlio tinha a admiração dos artistas por uma razão muito simples. Foi o autor da lei que praticamente regulamentou a profissão e do direito autoral, que deu uma estrutura ao recebimento desse direito – a lei Getúlio Vargas. Razão por que havia uma aura de ternura, de agradecimento, de gratidão do artista à sua figura [...]. Todo 31 de dezembro havia uma serenata no jardim do Palácio da Guanabara e o pessoal ia voluntariamente (Lago, citado em Haussen, 1992, p. 85).

Evidentemente, nem todos tinham motivos para ser gratos ao regime e ao chefe do governo. Os que foram atingidos pela censura sentiram na pele as consequências do autoritarismo vigente. As pressões para produzir o que era interessante ao governo também deixavam clara a natureza política dos projetos culturais.

A forma autoritária do poder garantida pela Constituição de 1937 certamente impediu a divulgação de obras críticas.

Durante o Estado Novo, alguns produtores de cultura foram vítimas da censura e outras formas de repressão, mas houve aqueles que se sentiram beneficiados. Muitos intelectuais foram convocados a participar da organização do novo Estado e a teorizar sobre a "questão nacional" ou a criar obras de artes, adequadas aos propósitos do novo poder. Essa participação, em última instância, serviu para legitimar o Estado oriundo de um golpe e conferir ao regime uma "cara" mais benevolente.

Repressão e resistência ao Estado Novo

A organização da propaganda e da repressão constituiu os dois pilares de sustentação do regime.

A propaganda, fortemente inspirada no modelo instituído na Alemanha pelo ministro Joseph Goebbels, tinha como objetivo conquistar corações e mentes para a nova política, e a polícia exercia repressão aos opositores do regime, tendo como tarefa garantir a nova ordem.

Houve repressão forte – prisões, tortura, exílios, censura –, que atingiu tanto os considerados subversivos (comunistas, socialistas, anarquistas) como os opositores liberais.

Jornais foram controlados e *O Estado de S. Paulo* acabou sendo expropriado pelo governo.

As vítimas da repressão não foram poucas. Ela já mostrara suas garras a partir de 1935 e a Carta de 1937 conferiu-lhe legalidade. Nas masmorras do Estado Novo muitos permaneceram presos e muitos foram torturados. Os revolucionários de 1935 foram torturados e receberam penas altas. Muitos foram espancados, tiveram os corpos queimados. A mulher do líder comunista Luís Carlos Prestes, Olga Benário, foi entregue aos alemães e acabou morrendo num campo de concentração.

O Tribunal de Segurança Nacional fora criado em 1936 para julgar os participantes do levante comunista de 1935. A partir do Estado Novo, também passou a julgar seus adversários políticos. A polícia política do Distrito Federal foi chefiada por Filinto Müller, um militar de carreira. Filho da oligarquia mato-grossense, participou dos levantes tenentistas em 1922, 1924 e da Coluna Prestes. Foi exilado na Argentina e, ao voltar ao Brasil, integrou-se na Revolução de 1930. Foi chefe da Guarda Civil do Rio de Janeiro e do Departamento de Ordem Política e Social. Como chefe da polícia política do Estado Novo, teve papel fundamental na manutenção da ordem pública e, como tal, foi responsável pela repressão aos opositores do regime. Posteriormente não só admitiu que houve tortura no Estado Novo, mas também responsabilizou-se por ela.

Não só os subversivos comunistas, mas também os integralistas, foram alvo de repressão do Estado. Embora houvesse coincidência de pontos de vista entre a ideologia estado-novista e a integralista, os camisas-verdes representavam um partido que almejava ascender ao poder. Getúlio Vargas prometera o Ministério da Educação ao líder do movimento, Plínio Salgado, mas, além de não cumprir a promessa, excluiu-o do poder por se tratar de um movimento claramente identificado com os nazifascistas, com os quais o governo tinha afinidades mas procurava não se identificar explicitamente.[9]

Também foram reprimidos os que tentaram organizar o nacional-socialismo no Brasil.[10] O golpe de 1937 colocou os nazistas na ilegalidade, mas eles continuaram a agir clandestinamente. A repressão intensificou-se a partir da entrada do Brasil na guerra contra o Eixo. Nesse contexto, não só os nazistas, mas todos os alemães, passaram a ser considerados inimigos da pátria.

Apesar da intensa repressão e ausência de liberdade de expressão, a oposição ao regime e seu chefe, mesmo proibida, não deixou de ser manifestada. Como exemplo, cabe mencionar o caso de professores e alunos do ensino superior que procuraram organizar uma reação contra a ditadura.

Na Faculdade de Direito de São Paulo desenvolveu-se, logo no início do Estado Novo, o foco mais significativo de oposição ao regime. John Foster Dulles descreveu, em detalhes, esse movimento (Dulles, 1984, pp. 87-88).

Vários políticos partiram para o exílio no exterior, como foi o caso de Armando de Sales Oliveira, que chegou a ser preso, Flores da Cunha e Otávio Mangabeira. Em São Paulo, passaram pela prisão Tiradentes os políticos Paulo Nogueira Filho, Antônio Pereira Lima e Antônio Carlos de Abreu Sodré.

Também foram perseguidos jornalistas como Paulo Duarte e Júlio de Mesquita Filho. Este último era proprietário do jornal *O Estado de S. Paulo* e um dos principais articuladores da Revolução de 1932, bem como da campanha de Armando de Sales Oliveira para a Presidência da República.

Julio de Mesquita Filho colaborara com Paulo Duarte na publicação do jornal clandestino *Brasil*. Os dois jornalistas, bacharéis pela São Francisco, se juntaram à luta dos universitários: foram presos várias vezes e acabaram se exilando, antes do fechamento e expropriação do *Estado de S. Paulo*, em 1940, por ordem da ditadura.

A repressão provocou resistências. Sampaio Dória, advogado e professor de Direito, atacava a Carta Constitucional de 1937, recusando-se a considerá-la digna de estudo em sala de aula; por isso, acabou desistindo de ensinar Direito Constitucional.

Havia uma ligação entre políticos, jornalistas, professores e estudantes da São Francisco. Pedro Ferraz do Amaral, jornalista do *Estado de S. Paulo*, distribuiu panfletos contra o Estado Novo; era amigo dos estudantes de Direito e conspirava com eles. Os professores Waldemar Ferreira, Vicente Rao e Antônio Sampaio Dória, considerados mais adversos ao regime, foram demitidos por orientação de Getúlio Vargas e readmitidos em maio de 1941 (Dulles, 1984, pp. 110-111).

Em meados de julho de 1938 os estudantes tiveram conhecimento da visita de Vargas a São Paulo. Alguns membros do Centro Onze de Agosto viram aí uma oportunidade para fazer com que o Centro declarasse o presidente *persona non grata*. Os estudantes de Direito conseguiram realizar a publicação de seis números do jornal *Folha Dobrada*. Uma ilustração na primeira página mostrava uma espada e um capacete sobre um livro aberto, com uma de suas folhas parcialmente dobrada. Em editorial, exigiam representação popular, sufrágio universal, liberdade de expressão e uma "Constituição do povo" (Dulles, 1984, pp. 113-114).

Além da Faculdade de Direito de São Paulo, considerada principal foco de resistência a Vargas, outras organizaram movimentos contra a ditadura: nas faculdades de Direito do Distrito Federal e de Salvador a reação foi liderada por estudantes comunistas; nas Faculdades Politécnicas e de Medicina de São Paulo houve participação de comunistas e liberais.

Em agosto de 1937 foi fundada a União Nacional dos Estudantes (UNE), mantida durante o Estado Novo. O Segundo Congresso Nacional dos Estudantes foi realizado em dezembro de 1938, em plena vigência da ditadura. A entidade manteve-se neutra até o momento que antecedeu o posicionamento do governo brasileiro no conflito mundial. Após o afundamento dos navios brasileiros, os estudantes, tendo a UNE à frente, fizeram manifestações em favor dos Aliados; o ápice foi a marcha de 4 de julho de 1942, ato inédito e de grande repercussão no Estado Novo.

1942: um divisor de águas no Estado Novo

As manifestações em favor da declaração de guerra ao Eixo se intensificaram nesse ano. Nas grandes cidades brasileiras, multidões foram às ruas para pressionar o governo.

A Segunda Guerra Mundial teve início em 1º de setembro de 1939 com a invasão da Polônia pelos exércitos de Hitler.[11] A partir dessa primeira vitória muitas outras se sucederam. Mas os nazistas sofreram grande derrota na Rússia, o que serviu para mostrar que a invencibilidade apregoada pelo líder alemão era um mito.

O governo Vargas mantinha-se como observador do conflito, sem declarar preferências por qualquer dos lados beligerantes. Mas, a partir da derrota da Alemanha e das pressões do governo americano, bem como da população brasileira, começou a preparar-se para a entrada no conflito.

Antes da Guerra, o governo alemão procurara ampliar a área de influência na América Latina, região que já se caracterizava pela forte presença norte-americana no plano econômico e político. O mercado brasileiro foi um dos alvos privilegiados da concorrência da Alemanha com os Estados Unidos na região. Além da importância do mercado brasileiro, a presença da colônia alemã no país explica o interesse desse país pelo Brasil.

Os resultados foram significativos: nessa época o comércio brasileiro com a Alemanha aumentou muito, chegando a ocupar o segundo lugar, enquanto os Estados Unidos ocupavam o primeiro.

No início do conflito, como foi dito, o governo brasileiro procurou manter a neutralidade, apesar das afinidades que o regime vinha demonstrando com os modelos fascistas (italiano e alemão). Getúlio Vargas fez um jogo duplo entre seus dois maiores parceiros comerciais, procurando tirar proveito dessa situação. A neutralidade era vantajosa do ponto de vista comercial, e além disso, o governo brasileiro mostrava-se cauteloso, procurando observar o desenrolar dos acontecimentos.

Entre os ideólogos e funcionários do governo havia divergências de posições. A ala germanófila no governo era forte. O ministro da Justiça, Francisco Campos, elogiava abertamente Hitler; o chefe da polícia política, Filinto Müller, e o diretor do DIP, Lourival Fontes, também eram dessa tendência. O ministro da Guerra, general Eurico Gaspar Dutra, e o general Góes Monteiro eram favoráveis à Alemanha, pois o comércio de armas com aquele país era importante nessa época. Mas havia os defensores dos Estados Unidos, como era o caso do ministro das Relações Exteriores, Oswaldo Aranha. Quando o Brasil declarou guerra à Alemanha e à Itália, os favoráveis ao Eixo foram substituídos no poder, caso de Müller e Fontes.

O governo não admitia semelhança com os regimes nazifascistas, procurando enfatizar a originalidade do Estado Novo. Mas compartilhava muitas das ideias postas em prática nesses regimes: legislação social, propaganda política, representação corporativista, e até mesmo o antissemitismo se fez presente em certas esferas, sobretudo na política de imigração.

Quando os Estados Unidos entraram na guerra, depois do ataque japonês a Pearl Harbor (Havaí), a pressão dos norte-americanos sobre os países latino-americanos para acompanhá-los foi intensa. No início de 1942 houve uma conferência interamericana de chanceleres no Rio de Janeiro, na qual o Brasil, representado por Oswaldo Aranha, propôs ruptura diplomática e comercial com o Eixo (em troca os Estados Unidos forneceriam armamentos ao país para a defesa do território). Chile e Argentina recusaram a proposta.

Depois dessa conferência, a Alemanha reagiu e ordenou que navios brasileiros fossem bombardeados. As manifestações de repúdio ao Eixo se espalharam por todo o país. Alemães e japoneses passaram a ser hostilizados pela população: estabelecimentos comerciais, empresas, residências, escolas, clubes foram atacados pela população em fúria contra esses "estrangeiros".

Em 1942, a partir de fevereiro, foram bombardeados 21 navios brasileiros. Com o afundamento dos navios pelos alemães, o clima de hostilidade contra o nazismo se acentuou no país e a sociedade se manifestou. Em junho desse ano começaram as passeatas em favor da entrada do Brasil na guerra contra o Eixo. Em 31 de agosto o Brasil declarou guerra à Alemanha e à Itália e posicionou-se em favor dos Aliados. A partir desses episódios, o apoio a Getúlio Vargas intensificou-se e até mesmo o Partido Comunista definiu-se pela "união nacional" em torno do chefe do governo.

Em meados de 1944 a Força Expedicionária Brasileira (FEB) foi para a Itália juntar-se às tropas norte-americanas. Tanto a ida quanto a volta dos pracinhas foram cercadas de manifestações populares. O desfile da vitória no Rio de Janeiro foi uma festa popular e os pracinhas foram recebidos como heróis, e assim permaneceram na memória dos brasileiros da época. Mas a guerra não é uma festa e os jovens pagaram um preço alto: permaneceram cerca de oito meses na Itália, uma terra desconhecida, e enfrentaram um frio rigoroso. Houve muitas mortes e muitos voltaram mutilados.

As contradições da ditadura e sua queda

Com a vitória dos Aliados foram postas em xeque as ditaduras e isso favoreceu os opositores de Vargas. As contradições do Estado Novo, um regime internamente autoritário e externamente favorável à democracia, tornaram-se explícitas e isso enfraqueceu o prestígio do "ditador", que passou a ser alvo de oposição mais sistemática.

O dilema enfrentado pela ditadura era o seguinte: como lutar pela democracia externamente e manter o Estado autoritário internamente. A pressão popular, que exigiu a entrada do Brasil na guerra com os Aliados, já dera mostras dessa tensão, que se foi agravando até o fim do conflito.

Havia sinais visíveis de que o regime se debilitava. O governo conseguiu impedir que a imprensa divulgasse as primeiras manifestações contrárias a ele, mas em 1945 já não podia abafá-las. Os liberais, pouco a pouco, recuperaram a voz e os cooptados não tardaram a retirar seu apoio ao regime. A fala apologética foi substituída pelo discurso de oposição, engavetado desde 1937.

Além da contradição político-ideológica, a entrada do Brasil na guerra tornou mais difícil a vida dos brasileiros. A falta de víveres, o aumento do custo dos produtos essenciais, a necessidade de a classe média apelar para o câmbio negro produziram descontentamentos, a impopularidade do governo cresceu, favorecendo a organização das oposições (Carone, 1976, pp. 285-298).

A partir de 1943 o governo, enfraquecido, enfrentou uma resistência sistemática, que partiu de vários setores da sociedade. No entanto, nos primeiros anos da ditadura, essa resistência era muito limitada, tendo como principal expressão os estudantes e professores do Largo de São Francisco.

O advento do Estado Novo, fruto de um golpe apoiado por militares e pelas forças conservadoras da sociedade, não se originou de um movimento de massas nem se caracterizou pelo aspecto mobilizador, como ocorreu em outros países nesse período. Considerando o povo brasileiro inepto para a participação política (a grande massa de analfabetos servia de reforço para esse argumento), os ideólogos do poder, que organizaram o Estado pelo alto, tinham a preocupação de conquistar as elites, consideradas peças importantes na construção de um novo país. A proposta de consenso era mais dirigida a elas. No entanto, pouco a pouco, através de medidas que atendiam às reivindicações populares, os apelos para que dessem apoio ao governo foram frutificando: entre os trabalhadores, Getúlio Vargas acabou ganhando muitos adeptos. A novidade da política de massas consistia no fato de que esses atores foram chamados a estar presentes, ainda que sob controle, na cena política.

O discurso estado-novista valorizava os setores populares, invertendo uma fala que sempre imputou ao povo a responsabilidade dos males do país; a partir dos anos 1930, as elites de outrora foram criticadas pelo seu distanciamento da "alma da nacionalidade", deixando-se fascinar pelos exemplos alienígenas. Esse tipo de argumento justificava a intervenção do Estado na organização social, política e cultural: ele era apontado como a única entidade capaz de comandar a construção da identidade nacional. Elaborou-se, então, um projeto político-pedagógico para educar as massas (Velloso, 2003, pp. 46-48).

Os getulistas acusaram os críticos do regime pela pretensão de fazer recuar o progresso, por quererem recuperar aspectos de um passado morto, por darem marcha a ré no tempo e sustarem o surto glorioso de uma evolução. Para contestar os oposicionistas, ainda salientaram: "O Brasil, mercê do governo Vargas, cresceu tanto em prestígio que se enquadra entre as seis grandes nações do mundo."[12]

Mas o enaltecimento dos feitos do Estado Novo não impediu a queda do regime. Ao perceberem que o processo de redemocratização era irreversível, os getulistas mudaram de tática e passaram a atribuir ao governo o mérito desse movimento. A imprensa governista afirmou que "o magnânimo chefe, por um ato de generosidade, benevolência e clarividência, concedeu a democracia aos brasileiros".[13] Os opositores reconheciam que o chefe do governo promovera o progresso material dentro da ordem mas não soubera conciliar a ordem com a liberdade.

As manifestações em favor da liberdade foram acontecendo a partir de 1943: o "Manifesto dos Mineiros", assinado por intelectuais, políticos e empresários, alegava o seguinte: "Se lutamos contra o fascismo, ao lado das Nações Unidas, para que a liberdade e a democracia sejam restituídas a todos os povos, certamente não pedimos demais reclamando para nós mesmos os direitos e as garantias que as caracterizam." Esse argumento explicitava bem a contradição do governo. O jornal *Resistência*, fundado em 1944, circulava clandestinamente exigindo redemocratização do país. Os oficiais da FEB pediram ao general Eurico Gaspar Dutra, então ministro da Guerra, que foi visitá-los na Itália, a volta da democracia.

O ministro Oswaldo Aranha demitiu-se do posto de ministro em protesto contra a repressão promovida contra os que exigiam a volta da liberdade.

Estudantes e políticos foram presos por esse motivo. Em 1945, o I Congresso Brasileiro de Escritores, ocorrido em São Paulo, exigiu a volta da legalidade e do sistema eleitoral mediante sufrágio universal. O general Góes Monteiro manifestou-se em favor das eleições; em fevereiro, o governo assinou um Ato Adicional, fixando eleições num prazo de 90 dias.

O período que se seguiu foi de intensa agitação. Em meio às greves contra a alta do custo de vida e os baixos salários, às manifestações pró-anistia, os partidos foram se constituindo e definindo candidatos à Presidência da República. A União Democrática Nacional, fundada em fevereiro, indicou o nome do brigadeiro Eduardo Gomes; o Partido Social Democrático (PSD), criado em Minas Gerais, apoiou o nome do general Dutra.

O Partido Trabalhista Brasileiro estabeleceu-se logo a seguir, por iniciativa dos correligionários de Vargas, a ele cabendo a presidência do partido. Em julho, a direção do PSD também convidou Getúlio Vargas para assumir a presidência dessa agremiação. A presidência dos dois partidos evidencia a força política do líder do Estado Novo, e seu prestígio tornou-se ainda mais visível a partir dos seguintes episódios: nesse mesmo mês houve uma manifestação dos comunistas, realizada no estádio do Pacaembu, em São Paulo, na qual o líder Luís Carlos Prestes lançou a campanha da "Constituinte com Getúlio", e em agosto surgiu o movimento "queremista", lançado por líderes sindicais e funcionários do Ministério do Trabalho, que, em passeata pública, gritavam "Queremos Getúlio! Queremos Getúlio!".

O movimento prosseguiu provocando a reação dos adversários. Em 29 de outubro, um golpe militar depôs Getúlio Vargas, que renunciou ao governo, retirando-se para sua terra natal em São Borja.

Balanço Final

O regime caiu sem resistência. Mas a história mostraria que o derrotado foi o Estado Novo, e não seu presidente, que voltaria ao poder em 1951, escolhido pelo voto e com a preferência de amplos setores sociais, populares principalmente. Antes disso, Vargas mostrava força política nas eleições de 1946, quando elegeu para a Presidência da República seu candidato Eurico Gaspar Dutra, vencendo o candidato da oposição udenista Eduardo Gomes.

O Estado Novo se encerrou em 1945, mas a presença de Vargas na política foi bem mais longe. A Era Vargas é sempre mencionada por admiradores e opositores como um momento especial da história brasileira, e Getúlio Vargas se impôs como um dos principais expoentes da política brasileira. Para criticar ou elogiar, o varguismo continua sendo uma referência essencial para a compreensão da história política brasileira. Não é por acaso que os historiadores têm revisitado, com tanto interesse, essa época, mas sobretudo o Estado Novo, que, apesar de exorcizado pelo seu aspecto claramente autoritário, foi o período em que ocorreram mudanças importantes como a Consolidação das Leis do Trabalho, considerada a maior herança do varguismo. Mas cabe esclarecer que, se por um lado, a legislação social representou o atendimento a uma antiga reivindicação dos trabalhadores, o preço dessa conquista foi a perda de liberdade do movimento operário, que passou a ser controlado pelo Estado.

Para finalizar, seria importante tentar responder à questão enunciada no título deste texto, ou seja, o que trouxe de novo o Estado Novo?

Esse regime implicou perdas e ganhos para as classes populares. A questão social deixou de ser um "caso de polícia" como no período anterior, mas passou a ser um caso de Estado e muitas lutas tiveram de ser travadas para que esse passado fosse superado.

No plano político, o autoritarismo, que sempre marcou presença na sociedade brasileira, foi reforçado nesse período. Foi introduzida no país uma nova cultura política, que transformou a cidadania numa peça do jogo do poder. As liberdades relativas que existiam no período anterior foram extintas nesse momento em nome do progresso dentro da ordem.

O progresso material, sinônimo de desenvolvimento econômico, de fato ocorreu, demonstrando que a meta primeira do governo estado-novista foi atingida em parte. O Brasil, nessa época, deu um salto em termos de superação do "atraso", mas os resultados não chegaram a beneficiar as classes populares como um todo, pois o desemprego era apontado como um dos problemas mais sérios do momento. Além disso, a alta do custo de vida e os baixos salários foram responsáveis pela insatisfação daqueles que o governo elegera como os principais beneficiários de sua política.

Levando em conta os aspectos positivos e negativos do regime de 1937, é possível concluir que as mudanças ocorridas nesse período foram de enorme importância para o futuro do país. Esta é a razão que explica o grande interesse dos historiadores atuais pelo tema.

Notas

1. Ver, Ferreira, Jorge (2013).
2. Retomando a questão do conceito de "populismo", que não se pretende abordar neste texto, é necessário apenas indicar um aspecto importante da crítica que certos autores fazem às análises que o utilizam como referencial para interpretação. Trata-se de um conceito muito abrangente, que não leva em conta mudanças conjunturais importantes. No caso do Brasil, alguns autores tomam como periodização para a definição do populismo o período de 1930 a 1964, que ultrapassa a Era Vargas; outros se referem ao populismo relacionado apenas ao varguismo, levando em conta as décadas de 1930 e 1940 e o governo presidencial de 1951 a 1954. Outros ainda consideram apenas esse período como "populista".
3. *O Estado de S. Paulo*. São Paulo, 27 nov. 1935.
4. O estado de guerra foi prorrogado ininterruptamente, desde o levante comunista até junho de 1937, quando líderes das bancadas e o ministro da Justiça, Macedo Soares, decidiram sustá-lo. No entanto, em outubro do mesmo ano, sob pretexto da iminência de um novo golpe comunista, em virtude de um plano recentemente descoberto, o Executivo solicitou mais uma vez a declaração do estado de guerra. Tratava-se do Plano Cohen, forjado pelos integralistas e manipulado habilmente pelo governo como se fosse verdadeiro, com o intuito de prolongar a excepcionalidade. Em 30 de setembro de 1937, os jornais noticiaram que o Estado-Maior do Exército descobrira um plano de insurreição comunista planejado pelo Comintern e assinado por um nome judaico, "Cohen". As instruções teriam sido apreendidas pela polícia do Partido Integralista e encaminhadas a um oficial integralista que servia ao Estado-Maior do Exército. Pelas discussões realizadas na Câmara, havia fortes desconfianças a respeito da veracidade do plano e alguns parlamentares expressaram isso. No entanto, posta a questão em votação, a concessão do estado de guerra foi aprovada por 138 votos contra 52. O documento serviu de pretexto para o golpe do Estado Novo.

5. Em 1931 foi criado o Departamento Oficial de Propaganda, que se transformou em Departamento Nacional de Propaganda e Difusão Cultural. Em 1939 foi criado, por decreto do governo, o Departamento de Imprensa e Propaganda (DIP), diretamente subordinado à Presidência da República, tendo como funções centralizar, coordenar, orientar e superintender a propaganda nacional interna ou externa. Cabia a esse órgão realizar a censura do teatro, do cinema, do rádio, da literatura, da imprensa, das atividades recreativas e esportivas. Deveria, também, promover e patrocinar manifestações cívicas, exposições para demonstrar as realizações do governo, produzir cartilhas para crianças, documentários, jornais nacionais, de exibição obrigatória em todos os cinemas. O DIP passou a ser dirigido pelo jornalista Lourival Fontes, afinado com os ideais do Estado Novo. Em cada estado havia um Departamento Estadual de Imprensa e Propaganda. Todos os jornalistas tinham de ter registro nesse órgão. Ele foi responsável pela criação de duas revistas: *Cultura Política* e *Ciência Política*. A primeira publicava artigos elaborados por intelectuais orgânicos que produziam discursos de orientação ideológica sobre o Estado Novo, destinados a um público seleto. A segunda era produzida por intelectuais de menor peso e se dirigia ao grande público; caracterizou-se como "escola de patriotismo", fazia proselitismo político, difundindo os ensinamentos do Estado Novo. Na imprensa e no rádio, o controle foi mais intenso, pois, além da censura, o DIP ficou encarregado de incorporar jornais oposicionistas e criar órgãos novos. A Rádio Nacional foi encampada em 1940, os jornais *A Manhã*, do Rio de Janeiro, dirigido por Cassiano Ricardo, em 1941 e *A Noite*, de São Paulo, em 1942, expressavam a voz do governo. Em março de 1940 o jornal *O Estado de S. Paulo* sofreu intervenção e passou a seguir a orientação do governo.
6. Getúlio Vargas, discurso proferido em 5 jan. 1940. Vargas, s/d., p. 346.
7. Citado em Barreto Filho, Mello. *Anchieta e Getúlio Vargas*. Rio de Janeiro: DIP, 1941, pp. 135-136.
8. Citado em *idem*, p. 119.
9. Um grupo de integralistas, em março de 1938, tentou dar um golpe, que foi reprimido pelas forças do governo. Houve várias prisões que logo foram relaxadas. Em 10 de maio ocorreu nova tentativa na Guanabara, mas os rebeldes logo se renderam ou fugiram. Alguns foram fuzilados perto do palácio do governo e cerca de 1.500 foram presos no Rio de Janeiro. No ano seguinte Plínio Salgado foi deportado para Portugal.

10. O primeiro núcleo do Partido Nacional-Socialista surgiu em 1931 em Porto Alegre e chegou a fundar um jornal dirigido à colônia alemã na região. Começaram a expandir-se em 1933 no Sul do Brasil, onde praticavam atos de violência. Nesse ano a sede do partido foi instalada no Rio de Janeiro. Em 1934, conseguiram organizar uma manifestação no 1º de maio com 6.000 pessoas em Porto Alegre. Foi criado, em 1935, o Círculo Teuto-Brasileiro com o mesmo objetivo.
11. Na guerra, as forças estavam divididas por países: compuseram o Eixo a Alemanha, a Itália e o Japão. O bloco dos Aliados foi liderado pela Inglaterra e França, apoiado pela Rússia e Estados Unidos, que entraram na guerra posteriormente. Em 1940 as tropas alemãs invadiram a Dinamarca e a Noruega, os Países Baixos, a Bélgica e a França. O êxito das investidas alemãs era surpreendente. Em 1941 alemães, húngaros e búlgaros tomaram a Iugoslávia. A seguir, com o auxílio de tropas romenas, húngaras e finlandesas, o Exército alemão atacou a União Soviética, mas foi então que sofreu a primeira derrota significativa.
12. *A Noite*. São Paulo, 28 fev. 1945.
13. *Idem.*

Bibliografia

Almeida, Claudio Aguiar. 1999. *O cinema como "agitador das almas":* Argila, uma cena do Estado Novo. São Paulo: Fapesp/AnnaBlume.

Cancelli, Elizabeth. 1993. *O mundo da violência:* a política da era Vargas. Brasília: UnB.

Capelato, Maria Helena. 1998. *Multidões em cena:* propaganda política no varguismo e peronismo. Campinas: Papirus/São Paulo: Fapesp.

Carneiro, Maria Luiza Tucci. 1988. *O antissemitismo na era Vargas.* São Paulo: Brasiliense.

Carone, Edgar. 1976. *Estado Novo.* Rio de Janeiro: Difel.

Contier, Arnaldo. 1988. *Brasil novo:* música, nação e modernidade. Os anos 20-30. Tese de livre-docência (mimeo.), USP, São Paulo.

Dulles, John Fuster. 1984. *A Faculdade de Direito de São Paulo e a resistência anti-Vargas (1938-1945).* São Paulo: Edusp/Nova Fronteira.

Dutra, Eliana Regina Freitas. 1997. *O ardil totalitário:* imaginário político no Brasil dos anos 30. Rio de Janeiro/Belo Horizonte: UFRJ/UFMG.

Ferreira, Jorge. 2011. *Trabalhadores do Brasil:* o imaginário popular. Rio de Janeiro: 7 Letras/Faperj.

______. (org.). 2013. *O populismo e sua história:* debate e crítica, 3ª ed. Rio de Janeiro: Civilização Brasileira.

Garcia, Nelson Jahar. 1981. *Estado Novo:* ideologia e propaganda política. São Paulo: Loyola.

Gomes, Angela de Castro. 1988. *A invenção do trabalhismo*. Rio de Janeiro: Vértice/Iuperj.

______. 2010. "Estado Novo: ambiguidades e heranças do autoritarismo no Brasil". In Rollemberg, D.; Quadrat, S. (orgs.). *A construção social dos regimes autoritários:* Brasil e América Latina, v. 2. Rio de Janeiro: Civilização Brasileira.

Goulart, Silvana. 1990. *Sobre a verdade oficial*. São Paulo: CNPq/Marco Zero.

Haussen, Doris Fagundes. 1992. *Rádio e política:* tempos de Vargas e Perón. Tese de doutorado (mimeo.), USP, São Paulo.

Lenharo, Alcir. 1986. *A sacralização da política*. Campinas: Papirus.

Silva, José Rogério da. 1992. *Condições de vida da classe trabalhadora na cidade de São Paulo durante o Estado Novo*. São Paulo: PUC, dissertação de mestrado.

Velloso, Mônica Pimenta. 2003. "Os intelectuais e a política cultural do Estado Novo". In Ferreira, Jorge; Delgado, Lucilia de Almeida Neves (orgs.). *O tempo do nacional-estatismo*. Coleção O Brasil Republicano, v. 2. Rio de Janeiro: Civilização Brasileira.

5. Os intelectuais e a política cultural do Estado Novo*

*Monica Pimenta Velloso***

A construção da nacionalidade: os intelectuais e o poder

A relação dos intelectuais com o sistema de poder tem sido extremamente imbricada e complexa, uma vez que, ao longo da história, eles frequentemente se atribuíram a função de agentes da consciência e do discurso (Foucault; Deleuze, 1979, p. 71). No Brasil, nossa estrutura patriarcal e autoritária e a própria condição de país periférico – de grande contingente de analfabetos – acabaram por reforçar ao extremo esse tipo de prática. Assim, o ideal da representação, o falar em nome dos destituídos de capacidade de discernimento e expressão, foi facilmente absorvido pela intelectualidade brasileira. Sentindo-se consciência privilegiada do "nacional", o grupo constantemente reivindicou para si o papel de guia, condutor e arauto. Basta conferir nossa literatura social, cujos exemplos são pródigos nesse sentido.

Nos momentos de crise e mudanças históricas profundas – instauração do Império, Proclamação da República, Revolução de 1930 e Estado Novo –, as elites intelectuais marcaram presença no cenário político, defendendo

* Originalmente publicado em *Revista de Sociologia*. Curitiba, n. 9, 1997. No processo de revisão do capítulo, optei por manter a argumentação original do texto. Entretanto, foram atualizadas minhas reflexões sobre o tema relativo à relação entre intelectuais e Estado Novo e a instauração do moderno brasileiro. Tive o objetivo de demonstrar que o percurso deste processo foi uma forma que encontrei para poder compartilhar com o leitor a importância seminal deste capítulo.

** Pesquisadora da Fundação Casa de Rui Barbosa.

o direito de interferirem no processo de organização nacional. Logo após a Independência, quando estava em curso o processo de construção da jovem nação, os intelectuais portaram-se como verdadeiros guias, sentindo-se particularmente inspirados pela ideia nacional. Assim, os escritores românticos acreditavam ter uma missão sagrada: a de criar um temário nacionalista, destinado à autovalorização do país frente ao cenário internacional das ideias (Candido, 1965, p. 7).

Na passagem do regime imperial para a República, os intelectuais voltam a atribuir-se o papel de guia na condução do processo de modernização da sociedade brasileira. Eles aparecem como verdadeiros "mosqueteiros intelectuais", que, munidos do instrumental cientificista, propõem remodelar o Estado, lutando contra a incapacidade técnica e administrativa dos políticos (Sevcenko, 1983).

Na década de 1920, quando se fazem sentir os efeitos críticos do pós-guerra, com a derrocada do mito cientificista, o ideal cosmopolita de desenvolvimento cede lugar ao credo nacionalista. A busca de nossas raízes, o ideal de brasilidade passam, então, a construir o foco das preocupações intelectuais. Agrupados no movimento modernista, os intelectuais se apresentam como indivíduos destinados a conhecer o Brasil e os brasileiros. E é através da arte que se pretende atingir a realidade brasileira, apresentando alternativas para o desenvolvimento da nação (Velloso, 1983).[1]

Fica clara, portanto, a constituição da identidade desse grupo, que, historicamente, sempre buscou distinguir-se do conjunto da sociedade. Seja através dos ideais da ciência ou da racionalidade (geração de 1870), da arte ou intuição (geração de 1920), imbuídos de vocação messiânica, senso de missão ou dever social, os intelectuais se autoelegeram sucessivamente consciência iluminada do nacional.

É a partir da década de 1930 que eles passam sistematicamente a direcionar sua atuação para o âmbito do Estado, tendendo a identificá-lo como a representação superior da ideia de nação. Percebendo a sociedade civil como corpo conflituoso, indefeso e fragmentado, os intelectuais corporificam no Estado a ideia de ordem, organização, unidade. Assim, ele é o cérebro capaz de coordenar e fazer funcionar harmonicamente todo o organismo social.[2] Apesar das diferentes propostas de organização apresentadas pelos intelectuais ao longo das décadas de 1920 e 1930 – jurídica (Francisco Campos), econômica (Azeredo Amaral) e espiritual (Jacson de Figueiredo) –, todas convergem para um mesmo ponto: a solução autoritária e a desmobilização social (Sadek, 1978, p. 90).

No Estado Novo (1937-1945), essa matriz autoritária de pensamento, que confere ao Estado o poder máximo da organização social, vai adquirir contornos mais definidos. As elites intelectuais, das mais diversas correntes de pensamento, passam a identificar o Estado como cerne da nacionalidade brasileira.

Se, historicamente, a construção do nacionalismo vinha se constituindo em uma das preocupações fundamentais dos intelectuais, agora eles passariam a situar sua tarefa nos domínios do Estado. Verifica-se, então, a união das elites intelectuais e políticas que se pretendem as verdadeiras expressões de uma política superior.

O período do Estado Novo é particularmente rico para a análise da relação entre os intelectuais e o Estado, já que nesse mesmo período se revela a profunda inserção desse grupo social na organização político-ideológica do regime. Nesse sentido, ao longo do texto, temos a preocupação de enfocar os intelectuais na qualidade de participantes de um projeto político-pedagógico, destinado a popularizar e difundir a ideologia do regime.

Destacar o vínculo dos intelectuais com esse projeto significa evidenciar a relação entre propaganda política e educação no Estado Novo. Apresentando-se como o grupo mais esclarecido da sociedade, os intelectuais buscam "educar" a coletividade de acordo com os ideais doutrinários do regime.

Dentro do projeto educativo há que se distinguir dois níveis de atuação e estratégia: o do Ministério da Educação (dirigido por Gustavo Capanema) e o do Departamento de Imprensa e Propaganda (DIP) (encabeçado por Lourival Fontes). Entre essas entidades ocorreria uma espécie de divisão do trabalho, visando a atingir distintas clientelas: o Ministério Capanema volta-se para a formação de uma cultura erudita, preocupando-se com a educação formal; enquanto o DIP buscava, através do controle das comunicações, orientar as mais distintas manifestações das culturas populares. Essa diversidade de orientação na política cultural transparece na própria composição dos intelectuais nos referidos organismos. O Ministério Capanema reunia um grupo ligado à vanguarda do movimento modernista: Carlos Drummond de Andrade (chefe de gabinete), Lúcio Costa, Oscar Niemeyer, Cândido Portinari, Mário de Andrade.[3]

Bem diferente era a composição em torno de Lourival Fontes, que incluía nomes como o de Cassiano Ricardo, Menotti Del Picchia e Cândido Motta Filho. Intelectuais esses conhecidos pelo pensamento centralista e autoritário, que viria a imprimir um rígido controle nos meios de comunicação. É esse grupo que vai imprimir as linhas mestras da política cultural direcionada às camadas populares. Neste artigo, porém, interessa, sobretudo, destacar a ação do DIP (Departamento de Imprensa e Propaganda) na montagem dessa política, demonstrar sua atuação no seio da sociedade sem privilegiar o pensamento de intelectuais específicos. Assim, não nos importa que muitos deles tenham pouca projeção ou sejam anônimos. Importa-nos, antes, assinalar sua doutrina, trazendo-a para o cotidiano popular.

O texto se articula em torno de três ideias. A primeira procura mostrar como se constrói a argumentação dos intelectuais em relação ao papel de vanguarda social que eles mesmos se propõem a exercer. Em nome de que ideias e princípios eles se autoconfiguram os paladinos da nacionalidade brasileira? Num segundo momento, a ideia é evidenciar a atuação prática desse grupo: sua inserção na vida política através da elaboração de um projeto cultural. A análise desse projeto merece atenção especial, principalmente quando deixa transparecer os efeitos concretos da absorção da ideologia política pelas camadas populares. Finalizando, é meu propósito apresentar as ideias que vão fundamentar o projeto cultural do Estado Novo, analisando a vinculação dos intelectuais modernistas com o regime. Essa vinculação é de extrema importância, uma vez que dá a conhecer um dos núcleos organizatórios mais sólidos do regime: a cultura. Esse núcleo permite explicar a integração dos vários grupos de intelectuais ao regime, assim também como a própria organização social gerada a partir dele.

Da "torre de marfim" à arena política

> "A Academia Brasileira de Letras tem que ser o que são as instituições análogas: uma torre de marfim."
>
> Machado de Assis, 1897 (*apud* Campos, 1935, p. 5).

> "A primeira fase de vossa ilustre instituição [ABL] decorreu à margem das atividades gerais [...]. Só no terceiro declínio deste século operou-se a simbiose entre homens de pensamento e de ação."
>
> Getúlio Vargas, 1943 (*apud* Vargas, 1944, pp. 221-237).

Por intermédio dos textos anteriormente tratados é possível começar a estabelecer um confronto entre o papel dos intelectuais no fim do século XIX e no regime do Estado Novo. Embora as perspectivas dos autores sejam opostas, a problemática que abordam é comum. Ambos falam da relação entre a literatura e a política e do papel da Academia na construção da nacionalidade. Machado de Assis se refere à Academia como uma "torre de marfim", onde os intelectuais se refugiariam no mundo das ideias, tendo como único objetivo a preocupação literária. Do alto de sua torre, eles contemplariam o mundo, refletiriam sobre ele, sem, no entanto, terem um envolvimento direto com as lutas sociais. O papel do intelectual está claramente fixado: eles "podem escrever páginas de história mas a história faz-se lá fora" (Campos, 1935, p. 5). A ideia é a de que é preciso se retirar, se distanciar, para melhor refletir sobre a realidade: ver "claro e quieto".

No início do século XIX, conforme lembra Nicolau Sevcenko (1983), a intelectualidade sofria uma situação de marginalidade por parte do Estado, principalmente o grupo que se colocava numa perspectiva mais crítica em relação à sociedade, como é o caso de Euclides da Cunha e Lima Barreto. Para estes intelectuais, que se recusavam a ver a literatura simplesmente como o "sorriso da sociedade", percebendo-a antes como uma missão, como instrumento de transformação social, os caminhos não seriam fáceis.[4]

Os obstáculos de uma sociedade tradicional vetariam prontamente seus projetos de atuação pública, restringindo e demarcando o lugar do intelectual para fora da arena política. Ao intelectual caberia, portanto, a reflexão, a quietude e o saber puramente erudito. Distante das misérias do mundo, ele deveria ser o "criador das ilusões" capaz de revelar o encanto, a fruição e o descomprometimento, limitando-se ao aspecto *voyeur* da vida. Dentro desse quadro, política e literatura apareciam como coisas totalmente distintas: a primeira dizia respeito aos aspectos materiais da vida, enquanto a segunda falava do espírito, enfim, dos valores tidos como superiores.

Proferido na ocasião da fundação da Academia Brasileira de Letras, o discurso de Machado de Assis oferece um interessante confronto com a ideologia do Estado Novo, no que se refere ao papel do intelectual na sociedade. Nesse sentido, é interessante perceber como a doutrina do regime vai incorporar e repensar essas ideias, na perspectiva de pôr em xeque a atitude isolacionista dos intelectuais. A metáfora da "torre de marfim" é incessantemente reproduzida como símbolo da alienação política em que viviam nossas elites culturais. O ideal esteticista da literatura, o intelectual erudito e o academicismo são objetos de crítica violenta por parte do regime, que passa a defender a função social do intelectual, chamando-o a participar dos destinos da nacionalidade.

É curioso como um dos ideólogos do Estado Novo – Cassiano Ricardo – efetua o confronto entre Machado de Assis e Euclides da Cunha. A obra de Machado é criticada pelo seu "cosmopolitismo dissolvente". Isto porque tomaria como inspiração apenas o litoral, visto como o lado falso do Brasil, onde predominaria a influência de valores alienígenas. Sua arte, para Cassiano Ricardo, seria, portanto, baseada no mimetismo. Já Euclides da Cunha aparece como aquele que "pensa brasileiramente" e sua obra representa a "força original da terra", porque falaria a "linguagem brasileira" dos sertões. Na arte euclidiana, segundo Cassiano Ricardo, estariam retratadas toda a violência e força de um mundo novo (Ricardo, 1940, p. 546).[5] No Estado Novo, a obra de Euclides é recuperada pela sua dimensão regionalista, que traduziria a preocupação do autor com os destinos da nacionalidade.

A doutrina do regime constrói todo um sistema de valores em função do qual resgata ou nega o valor do intelectual na sociedade. Assim, na obra de Euclides, a questão da brasilidade é a instância máxima de sua consagração. A ideia do intelectual como membro do grupo em comunhão com o nacional está, então, firmada.

Antes de aprofundar a análise sobre a concepção de intelectual construída pelo regime, considero importante reter algumas ideias anteriores. Retomando o discurso de Machado de Assis e o de Getúlio Vargas, vemos que ambos tratam de uma questão comum: o lugar de destaque conferido ao intelectual. Seja isolado na sua torre de marfim, criando as "ilusões" necessárias ao bom andamento da ordem social (tempo de Machado de Assis), seja envolvido nas lutas nacionais (período do Estado Novo), o intelectual é caracterizado pelo estigma da diferença. Fabricante de ilusões ou consciência da nacionalidade, ele foge ao padrão do homem comum. Assim, o intelectual é sempre designado para o exercício de alguma função e/ou missão especial que varia de acordo com a conjuntura histórica.

No Estado Novo, o intelectual responde à chamada do regime, que o incumbe de uma missão: a de ser o representante da consciência nacional. Reedita-se, portanto, uma ideia já enraizada historicamente no campo intelectual. O que varia é a delimitação do espaço de atuação desse grupo – da torre de marfim para a arena política –, permanecendo o papel de vanguarda social. O trabalho do intelectual – agora engajado nos domínios do Estado – deve traduzir as mudanças ocorridas no plano político.

O melhor exemplo que temos para ilustrar essa nova concepção de intelectual é a entrada de Getúlio Vargas para a Academia Brasileira de Letras, em dezembro de 1943. No discurso de posse, Vargas criticaria o antigo papel da Academia, condenando a "torre de marfim" que isolava o intelectual do conjunto da sociedade. Argumentava que, por ocasião de sua fundação, a Academia se constituiria num remanso, alheio às transformações sociais. Assim, políticos e administradores caminhavam de um lado, e intelectuais de outro, "ocupando margens opostas na torrente da vida social". Segundo Vargas, o poeta seria o "lunático, pessoa ausente, habitando um mundo de fantasias e imagens", enquanto o literato era o "teórico, pés fora do solo, cabeça nas nuvens, alheio às realidades cotidianas". Predominava, portanto, o "desdém do espírito da matéria, gerando a dispersão das energias sociais". Vargas argumentava que somente a partir da década de 1930 é que teria sido operada a "simbiose necessária entre homens de pensamento e de ação". A partir daí, a Academia assumiria um novo papel: o de coordenar ideias e valores, imprimindo direção construtiva à vida intelectual (Vargas, 1944, pp. 221-237).

A entrada de Getúlio Vargas para a Academia vem, portanto, reforçar um dos postulados doutrinários mais enfatizados pelos representantes do regime: o da união entre o homem de pensamento e o homem de ação, entre a política e a literatura, enfim, entre os intelectuais e o Estado. Vargas personifica magistralmente essa simbiose, reunindo em si os atributos do verbo e da ação, de idealismo e pragmatismo. Ele é o político competente, capaz de comandar o jogo político, mas também é o intelectual capaz de refletir sobre os destinos da nacionalidade, na qualidade de autor da *Nova política do Brasil*. Seguindo esse enfoque, o discurso estado-novista constrói uma nova concepção de intelectual. Concepção esta que busca diluir as fronteiras entre o "homem de letras" e o "homem político" (Velloso, 1982, pp. 72-108). Realiza-se então a referida simbiose entre os intelectuais e a política. O conflito cederia lugar à harmonia.

Getúlio Vargas: o "pai dos intelectuais"

> "Hoje podemos afirmar que existe uma política brasileira que é uma autêntica expressão do verdadeiro espírito social. Nesse espírito social ajustaram-se as necessidades do nosso presente às conquistas do nosso passado, para formarem permissão tríplice da política que nos concede agir, pensar e criar."
>
> *Cultura Política*, Rio de Janeiro, 1° de março de 1941.

A doutrina do regime procura realizar um corte histórico no tempo, mostrando que o presente veio expurgar os erros do passado. As expressões "Estado Novo", "Brasil Novo", "nova ordem" etc. denotaram essa tentativa de marcar o regime como uma fase de redenção, de "encontro do Brasil consigo mesmo" (Velloso, 1982, p. 83). Essa redenção só pode adquirir sentido quando contraposta a um período de caos, desordem, desajuste. O liberalismo aparece, então, como a corporificação desse mal, como um verdadeiro desastre para a nacionalidade brasileira, porque seria uma ideologia importada. É, portanto, a partir da prática liberal que os doutrinadores do regime explicam todos os males que se abateram sobre o país.

É precisamente essa retórica antiliberal que iria fundamentar o novo papel atribuído ao intelectual. Assim, no liberalismo era aceitável que o intelectual fosse inimigo do Estado, porque este não representava o verdadeiro Brasil. A política era, então, a "madrasta da inteligência",[6] à medida que a excluía dos processos decisórios. No Estado Novo tal fato não ocorreria mais: o Estado se transformava no tutor, no pai da intelectualidade, ao se identificar com as forças sociais. A argumentação se desenvolvia no seguinte sentido: a partir do momento em que o Estado marca presença em todos os domínios da vida social, não há por que o intelectual manter a antiga posição de oposicionista ou insistir na marginalidade. De inimigo do Estado, o intelectual deve se converter em seu fiel colaborador, ou seja, ele passa a ter um dever para com a pátria.[7] O nome de Olavo Bilac é constantemente mencionado como um exemplo a ser seguido pela intelectualidade, uma vez que teria colocado a arte e a cultura a serviço da nação. Preocupado com a "educação cívica e sentimental das massas",[8] este intelectual é alvo dos maiores elogios por parte dos ideólogos do regime. Defendendo o Exército como força educativa disciplinadora e elegendo o senso de dever e obediência como valor supremo da nacionalidade, a figura do poeta e cronista é recuperada como modelo do intelectual brasileiro.

Fica claro, portanto, o tipo de comportamento social que se espera ou, melhor dizendo, se exige dos intelectuais: sua saída da torre de marfim e a conquista da atuação pública deve se dar em estrita consonância com o Estado. Se o Estado é que traça as diretrizes da política nacional, o intelectual deverá necessariamente circunscrever sua esfera de ação aos domínios oficiais.

O intelectual é eleito o intérprete da vida social porque é capaz de transmitir as múltiplas manifestações sociais, trazendo-as para o seio do Estado, que irá discipliná-las e coordená-las.[9] Eles são vistos como os intermediários que unem o governo e o povo, porque "eles é que pensam, eles é que criam", enfim, porque estão encarregados de indicar os rumos estabelecidos pela nova política do Brasil (Velloso, 1982, p. 93). E essa nova política é personificada na figura de Vargas: homem de pensamento e de ação. Assim, ele é o paradigma por excelência a ser seguido por toda a intelectualidade brasileira.

Azevedo Amaral distingue os intelectuais do conjunto da sociedade, mostrando que são estes os mais especialmente indicados para colaborar com o governo graças ao seu senso de ordem e organização. Isto porque, argumenta o autor, os intelectuais trabalhariam com as ideias, retirando argumentos da história e da filosofia. Já os voltados para as outras atividades recorreriam às emoções, transmitindo-as por meio de uma "linguagem panfletária" (Amaral, 1938, pp. 268-269). Nas propostas de organização apresentadas pelos intelectuais o autor percebe um estímulo à reflexão, à ordem e à inteligência; ao passo que nas dos demais a incitação à violência desperta nas massas "paixões sociais perigosas" à boa condução do processo político. Assim raciocinando, Amaral defende a liberdade de expressão de acordo com a capacidade mental e cultural de cada um (Amaral, 1938, pp. 268-269).

É clara a hierarquização dos direitos civis que se evidencia em função das diferenças de capacidade. Desse modo, a liberdade de expressão fica restrita aos que seriam supostamente os mais bem-dotados: as elites políticas e os intelectuais.

Vejamos como o autor configura o intelectual na perspectiva de elegê-lo o colaborador do governo:

> Emergidos da coletividade como expressões mais lúcidas do que ainda não se tornou perfeitamente consciente no espírito do povo, os intelectuais são investidos da função de retransmitir às massas sob forma clara e compreensiva o que nelas é apenas uma ideia indecisa e uma aspiração mal definida. Assim, a elite cultural do país tornou-se no Estado Novo um órgão necessariamente associado ao poder público como centro de elaboração ideológica e núcleo de irradiação do pensamento nacional que ela sublima e coordena (Amaral, 1938, pp. 272-273).

Aqui encontramos um dos postulados centrais do pensamento político autoritário, que é o de entender a sociedade como ser imaturo, indeciso e, portanto, carente de um guia capaz de lhe apontar normas de ação e de conduta. Mais do que isso: capaz de lhe adivinhar os anseios, de precisá-los, enfim, de lhe indicar as soluções. Os intelectuais aparecem como porta-vozes dos anseios populares porque seriam capazes de captar o "subconsciente coletivo" da nacionalidade. Nesse subconsciente estariam contidas as verdadeiras reservas da brasilidade que o Estado Novo viria recuperar, assegurando a continuidade da consciência nacional. O que nas massas ainda é uma ideia indecisa ou aspiração mal definida deixa de sê-lo por intermédio dos intelectuais que se transformam em seus intérpretes. Apontados como expressões mais lúcidas da sociedade, os intelectuais são vistos como os prenunciadores das grandes mudanças históricas e arautos da renovação nacional, conforme veremos mais adiante. O que nos importa reter agora é a ideia do intelectual na condição de representante ou de intermediário capaz de captar e exprimir a vontade popular, que será realizada pelo Estado. Na base desta argumentação transparece a vinculação entre as elites intelectuais e políticas: as primeiras pensam; as segundas realizam.[10] Este pensar vinculado à ação política implica construir os mecanismos de persuasão ideológica, necessários à consolidação do regime. Entramos, então, no terreno da propaganda política, no qual os intelectuais têm papel de importância fundamental.

DIP: a entidade onipresente

> "Nesses jornais, nessas vozes que dominam os espaços radiofônicos, nessas criações cinematográficas [...] é que estão localizados os elementos que proporcionam o contato direto do governo com o povo."
>
> *Anuário da Imprensa Brasileira*, Rio de Janeiro, DIP.

É nesse período que se elabora efetivamente a montagem de uma propaganda sistemática do governo, destinada a difundir e popularizar a ideologia do regime junto às diferentes camadas sociais. Para dar conta de tal empreendimento é criado um eficiente aparato cultural: o Departamento de Imprensa e Propaganda (DIP) diretamente subordinado ao Executivo.

Na realidade, as origens dessa instituição remontam a um período anterior ao Estado Novo. Em 1934, Vargas já defendia a necessidade de o governo associar rádio, cinema e esportes em um sistema articulado de "educação mental, moral e higiênica". Essa ideia começou a se concretizar no ano seguinte, quando o primeiro escalão do governo se reuniria para fazer uma avaliação da repressão à Intentona Comunista. Nessa reunião seriam lançadas duas sementes de rápida frutificação: o Departamento de Imprensa e Propaganda e o Tribunal de Segurança Nacional (Tota, 2 jan. 1980, pp. 46-47, e *Anuário da Imprensa Brasileira*, s.d., p. 122). Criado pelo decreto presidencial de dezembro de 1939, o DIP, sob a direção de Lourival Fontes, viria materializar toda a prática propagandista do governo. A entidade abarcava os seguintes setores: divulgação, radiodifusão, teatro, cinema, turismo e imprensa. Estava incumbida de coordenar, orientar e centralizar a propaganda interna e externa; fazer censura a teatro, cinema, funções esportivas e recreativas; organizar manifestações cívicas, festas patrióticas, exposições, concertos e conferências; e dirigir e organizar o programa de radiodifusão oficial do governo ("O conceito brasileiro da imprensa e a propaganda no Estado Novo". *Anuário da Imprensa Brasileira*, s.d., pp. 29-32).

Em vários estados, o DIP possuía órgãos filiados (os DEIPs), que estavam subordinados ao Rio de Janeiro. Essa estrutura altamente centralizada iria permitir ao governo exercer eficiente controle da informação, assegurando-lhe considerável domínio em relação à vida cultural do país. A centralização administrativa era apresentada como fator de modernidade, apelando-se para os princípios de sua eficácia e racionalidade.

Por um dos dispositivos da Constituição de 1937, a imprensa passa a ser subordinada ao poder público. Francisco Campos, um dos ideólogos da maior projeção no regime e autor da Constituição, defende a função pública da imprensa, argumentando que o controle do Estado é que irá garantir a comunicação direta entre o governo e o conjunto da sociedade. Alega que esta é a única maneira de eliminar os "intermediários nocivos ao progresso". Um aspecto que chama particularmente a atenção no interior da doutrina é a "vocação legislativa" atribuída à imprensa, uma vez que esta consultaria cotidianamente os interesses do povo. A centralização da informação é apresentada como uma forma de agilizar o processo de consulta popular, descartando-se o Parlamento como uma instituição anacrônica e deficiente. O jornal *A Manhã*, porta-voz oficial do regime, efetua uma série de inquéritos populares sobre a política do governo, que são publicados sob o sugestivo título "A rua com a palavra".

Nesses inquéritos busca-se sondar a opinião pública a propósito das realizações governamentais. O programa radiofônico *A hora do Brasil*, a legislação trabalhista e a figura de Vargas são alguns dos assuntos abordados por essas enquetes.

A doutrina do regime busca mostrar que o Estado só é capaz de assegurar a democracia quando consulta diretamente o povo nas suas mais legítimas aspirações.[11] Assim, entre o governo e o conjunto da sociedade não há necessidade de intermediários quando o chefe sintetiza a "alma nacional".

De modo geral, os canais de expressão da sociedade civil são transformados em espaço de veiculação da ideologia do Estado. Muitas das organizações culturais do período vão ser incorporadas pelo governo, como é o caso da Rádio Nacional (1940) e dos jornais *A Manhã* (Rio de Janeiro) e *A Noite* (São Paulo).

Em 19 de abril de 1942, dia em que se comemorava o aniversário de Vargas, são inaugurados os novos estúdios da Rádio Nacional. Na cerimônia, em que Gilberto de Andrade é empossado como diretor da rádio, participam e discursam Lourival Fontes e o ministro Gustavo Capanema. Gilberto de Andrade anuncia que um dos seus objetivos é transformar a rádio em veículo de difusão cultural-artística e de brasilidade.[12]

Por intermédio dessa emissora o regime buscava monopolizar a audiência popular, contratando uma equipe exclusiva da rádio, onde figuravam nomes como os de Lamartine Babo, Almirante, Ary Barroso, Emilinha Borba, Sílvio Caldas, Vicente Celestino. Para dar maior atrativo aos programas, o governo instituiu concursos musicais, por meio dos quais a opinião pública elegia os compositores favoritos. Desses concursos participavam os grandes astros da época: Francisco Alves, Carmem Miranda, Heitor dos Prazeres e Donga. O curioso é que as apurações dos concursos eram realizadas na sede do DIP, e os resultados, transmitidos durante o noticiário da *Hora do Brasil* (Tota, 2 jan. 1980, p. 46). Uma maneira eficiente, portanto, de garantir a audiência popular, obrigando o público a manter o rádio ligado.

Para ampliar a audiência do programa e tornar mais agradável sua recepção junto ao público, os representantes do regime lançam mão de uma série de inovações. Assim, em 1942, é criada uma sessão de música folclórica; outra de crônicas; "Talvez nem todas sabiam que...", destinada a dar informações sobre a vida econômica, política e militar, e a "Nota Histórica", na qual eram rememoradas as grandes datas e heróis expressivos da nacionalidade. Defendendo o ponto de vista de que *A hora do Brasil* não seria apenas a palavra do governo, mas a "voz sincera do povo", o regime realiza uma série de entrevistas radiofônicas sobre a política do governo. O objetivo dessas entrevistas, conforme esclareceria o DIP, era substituir os longos e monótonos discursos pelo depoimento vivo dos populares.[13] Para evitar o desgaste da doutrina, busca-se mudar o "locutor-governo" para o "locutor-povo". O governo deixa de emitir sozinho seu discurso quando passa a interrogar o povo sobre suas ações, esforçando-se para envolvê-lo na política oficial. Estratégia eficiente, sem dúvida, se lembrarmos que o programa *A hora do Brasil* era ironicamente chamado de "o fala-sozinho".

Destacando o rádio pelo notável poder de persuasão e como o "maior potencial socializador do mundo civilizado", o regime defende a necessidade de exercer vigilante assistência e severa fiscalização no setor (Salgado, 1941, pp. 79-93). A radiodifusão livre é vista como temerária, uma vez que desvirtuaria a obra educativa visada pelo governo.

Ocorre que a opinião pública precisava ser conquistada quando ainda não estava totalmente isolada da influência de outras fontes de informação. "Coagir a sociedade por dentro", esvaziar a legitimidade dos outros canais culturais foram estratégias amplamente utilizadas pelos que buscavam levar avante o projeto educativo do "novo" Estado.[14] Este é apresentado como única entidade capaz de transmitir uma adequada educação política ao conjunto da sociedade, por estar desvinculado dos interesses privados. Nessa perspectiva, a ideologia oficial deve prevalecer porque é capaz de unificar e dar coesão às diferentes visões do mundo social, que são por natureza fragmentárias. O Estado aparece, então, como o único interlocutor legítimo para falar com e pela sociedade. Essa concepção transparece no próprio projeto radiofônico então instituído, que destaca a homogeneidade cultural e a uniformização da língua e da dicção como dois dos seus objetivos fundamentais.

A homogeneidade no campo cultural é vista como forma de assegurar a organização no regime, que busca invalidar as demais manifestações de cultura como prejudiciais ao interesse nacional. Assim, o rádio deveria aperfeiçoar as relações entre as camadas cultas e populares, sendo o portador do "bom exemplo, do certo e do direito". Quando utilizado contra esses princípios, passava a afetar a própria segurança nacional. Para evitar essa situação, Júlio Barata, diretor da divisão radiofônica do DIP, defendeu a necessidade de se empreender ampla obra de saneamento social no setor (cf. Rocha, 1940, pp. 84-88).

A doutrina do regime procura diferenciar o que considera o mau rádio, voltado para a diversão, esporte e humor, do rádio enquanto veículo de cultura. No entanto, esse dualismo de rádio-diversão *versus* rádio-cultura não prevaleceu, pois ocasionaria fatalmente a impopularidade da mensagem governamental. A estratégia utilizada foi bem mais hábil: a de agradar o gosto popular, depurando-o dos seus "costumes dissolventes e imorais". Assim, no "alambique da civilização e progresso" se efetuaria a destilação necessária, assegurando a homogeneidade cultural almejada pelo regime (Salgado, 1941, pp. 79-93).

É a educação popular que irá garantir essa homogeneidade de cultura e valores. Nesse período se desenvolve intensa polêmica em torno da participação do intelectual nos programas radiofônicos. Até que ponto o rádio seria capaz de garantir o alto nível da produção intelectual? Enquanto fosse veículo de comunicação destinado às massas, não teria ele propensões a vulgarizar essa produção? Essas perguntas, levantadas pelos ideólogos do regime, se inscrevem no próprio debate em torno da função da obra de arte na modernidade: objeto de fascínio destinado a uns poucos ou elemento a ser divulgado para um público cada vez mais amplo? Para os ideólogos do regime, conforme já foi visto, a arte deveria estar voltada para fins pragmáticos e utilitários, e não ornamentais. Ampliar o acesso à arte significa, nessa concepção, ampliar a própria esfera de abrangência da doutrina autoritária estado-novista.

A figura de Paul Valéry é um dos grandes alvos dessa discussão por defender o ponto de vista de que o rádio desfiguraria a produção intelectual. Para os ideólogos essa ideia era inteiramente falsa: enquanto os intelectuais não ocupassem esse espaço, os programas literários continuariam sendo feitos por escritores improvisados e "beletristas de terceira ordem". A colaboração dos intelectuais no setor só poderia elevar o nível dos programas e garantir seu respeito junto ao público ouvinte. Na perspectiva de refutar a tese de Valéry são realizadas várias entrevistas no meio da intelectualidade. Os nomes de Roquette-Pinto, Bastos Tigre, Menotti Del Picchia, Brito Broca e outros são citados como exemplos de intelectuais engajados no setor radiofônico. Predomina o ponto de vista de que o rádio não implica a desqualificação do pensamento, mas a democratização social. Argumenta-se que a palavra falada vai ao encontro até do ouvinte indiferente, identificando-se, por isso, com a "divina arte", capaz de atingir a todos. O rádio aparece, então, como veículo de democracia porque é capaz de "fazer a produção intelectual retornar ao povo através da linguagem oral" (Castelo, 1942a, pp. 203-205). Esse retorno se dá à medida que os intelectuais decodifiquem e socializem sua linguagem, revivendo o "encanto místico" das comunidades primitivas (Castelo, 1942b, p. 14).

A integração política através do mito foi um dos recursos mais utilizados pelo regime. Francisco Campos defende a técnica intelectualista de utilização do inconsciente coletivo para o controle político da nação (Campos, 1941, p. 12). Nessa perspectiva, caberia ao intelectual falar a linguagem desse inconsciente, composto de forças telúricas e emoções primitivas. A ideia é de que o irracional tem muito mais força persuasiva do que a razão porque é capaz de tocar o universo íntimo das camadas populares. Nele, o mito da nação e do herói encontrariam plena receptividade. Daí o fato de o regime incansavelmente recorrer aos dramas épicos, narrativas heroicas, lendas e crônicas. O civismo e a exaltação aos valores pátrios compõem inevitavelmente o pano de fundo sobre o qual se desenrolam essas narrativas.

Dentro dessa visão doutrinária é que se procura dar uma nova orientação ao radioteatro, no sentido de explorar os fatos históricos para melhor atingir o gosto popular. Recomenda-se evitar o estilo dogmático dos historiadores e o tom doutrinário dos sociólogos em prol da narrativa romanceada. Assim, o drama amoroso de Marília e Dirceu torna-se mais convincente para transmitir o senso de amor cívico do que o puro relato dos fatos.[15] A história exemplar da Inconfidência Mineira penetra no universo cotidiano do ouvinte porque é contada de forma a criar identidade de valores. Vários teatrólogos e historiadores são convidados para atuar no radioteatro. É o caso de Joraci Camargo, que escreve uma série de dramas históricos (*Retirada da Laguna, Abolição da Escravatura, Proclamação da República*) para serem transmitidos pela *Hora do Brasil* (Castelo, 1941, p. 304). O programa *radioteatro policial* segue essa mesma linha doutrinária, só que em termos de conduta moral. Nele, o locutor narra as aventuras de um detetive que, apesar de suas trapalhadas, tem um grande mérito: o de colaborar sempre com as autoridades. O objetivo do programa é transmitir ao público uma concepção da vida justa e uma "confiança salutar na organização policial" do regime (Castelo, 1941, p. 304).

Personificar padrões éticos de comportamento, apelar para a empatia e as emoções foram recursos amplamente utilizados pelo governo. Este tinha muito claro que um artigo político de doutrina, por si só, era incapaz de sensibilizar um público mais amplo. Para atrair os "olhos femininos e infantis" (nesta categoria estão também os operários), nada melhor do que os contos, as crônicas e as estampas (*Anuário de Imprensa e Propaganda*, s.d., p. 90). Nessa literatura o pensamento é resumido em fórmulas ou apenas sugerido de maneira a não provocar nenhum esforço intelectual por parte do receptor. Por outro lado, busca-se impor símbolos e mitos de fácil universalidade que reduzem a individualidade e o caráter concreto das experiências.[16] Nos contos e crônicas predomina sempre o aspecto do exemplar. Os vultos históricos estabelecem a trajetória do já vivido, experimentado e consagrado. Basta segui-los.

De modo geral, os programas radiofônicos, se não endossam plenamente a orientação do governo, seguem-na muito de perto. Censuras e recompensas fazem parte de um mesmo sistema, através do qual o regime controla os meios de comunicação. Em fevereiro de 1942 a Secretaria da Educação e Cultura institui o Prêmio Henrique Dodsworth para a rádio que melhor seguisse a orientação do DIP.[17]A Rádio Difusora da Prefeitura é apontada como modelo, no qual deveriam inspirar-se as demais emissoras. Toda sua programação é marcada por forte tom doutrinário: saúde e música, cujo objetivo era popularizar princípios de educação sanitária; curso de estudos sobre a Amazônia, ministrado pelo coronel Pio Borges; e antologia do pensamento brasileiro, destinada a divulgar lições de civismo. Dentre as iniciativas culturais da emissora são destacadas: a organização de uma discoteca infantil e uma coletânea da música popular brasileira. Na discoteca busca-se educar a sensibilidade infantil para as músicas de caráter cívico, canto orfeônico e folclórico. Já o objetivo da coletânea é divulgar junto aos turistas o chamado "samba de verdade".[18]

No interior do projeto cultural estado-novista a música ocupa lugar de grande importância. Apontada como meio mais eficiente de educação, ela seria capaz de atrair para as esferas da civilização os "indivíduos analfabetos, broncos e rudes" (Salgado, 1941, pp. 79-93). Não é à toa, portanto, a preocupação do regime em interferir na produção da música popular. Esta é vista como o retrato fiel do povo na sua poesia e lirismo espontâneos. Essas expressões de cultura, porém, devem ser policiadas na sua espontaneidade, impedindo-se que as músicas abordem "temas imorais" ou de "cafajestagem".[19]

A linguagem dos sambistas e as gírias populares são vistas com desconfiança graças ao seu instinto satírico, capaz de depreciar os fatos e criticar os acontecimentos. Para os doutrinadores do regime, a língua se constitui em patrimônio nacional, no sentido de que preserva a segurança e unidade do país. As suas "práticas abusivas" devem ser, portanto, cuidadosamente localizadas para serem combatidas. Procede-se, então, a um levantamento minucioso dos espaços onde se manifesta essa linguagem não permitida: nos noticiários policiais, nos teatros de revista, no cinema, que divulga o linguajar de artistas estrangeiros, e notadamente no rádio, através dos locutores esportivos e sambistas.[20] As composições carnavalescas são particularmente visadas, por recorrerem à paródia e à caricatura. É nesse terreno que o DIP entrava em ação, censurando as letras que iam contra a ética do regime.

Ritmos como o samba, frevo e maxixe eram considerados selvagens: suas origens os tornavam pouco recomendáveis. A Frente Negra Brasileira (1931), como entidade independente, não conseguira sobreviver no Estado Novo, sendo fechada por ordem de Vargas. Paralelamente a essa repressão e desqualificação contra o negro estimulava-se a pesquisa sobre sua contribuição na formação de nossa cultura.[21] Essa atitude ambígua por parte do regime refletia a própria diversidade de orientação cultural entre o Ministério da Educação e o DIP. Os intelectuais eram incentivados a pesquisar sobre o assunto, podendo até mesmo enaltecer os aspectos positivos da cultura afro-brasileira. O que não poderia ocorrer era o samba continuar difundindo valores que fugiam ao controle do Estado. O público que lia pesquisas era bem diferente daquele que escutava no rádio as composições dos sambistas. Para cada público uma estratégia, essa era a lógica.

Se era de certa forma inevitável conviver com o ritmo bárbaro do samba, pelo menos suas letras poderiam ser "civilizadas". Passa-se, então, a defender o samba enquanto instrumento pedagógico: ele deve ser educado para educar. Essa ideia é claramente expressa por um dos locutores da rádio do governo:

> O samba, que traz na sua etimologia a marca do sensualismo, é feio, indecente, desarmônico e arrítmico, mas paciência: não repudiemos esse nosso irmão pelos defeitos que contém. Sejamos benévolos; lancemos mão da inteligência e da civilização. Tentemos devagarinho torná-lo mais educado e social. Pouco importa de quem ele seja filho (Salgado, 1941, pp. 79-93).

A ideia é de que esse filho de pais espúrios, se educado corretamente, poderia redimir-se e produzir frutos sociais. Assim, o samba passa a ser defendido como elemento de socialização, quando forma bons hábitos, cultiva sentimentos de cordialidade, cooperação e simpatia, permitindo a troca de experiência.[22] Temas como boêmia e malandragem, que já se constituíam numa tradição do samba, não poderiam mais conviver com a ideologia do trabalhismo. A figura do malandro é vista como herança de um passado ingrato, que marginalizara os ex-escravos do mercado de trabalho. No Estado Novo, com o surgimento das leis trabalhistas que protegiam o trabalhador, essa figura "folclórica" perderia a razão de ser. Logo a ideologia da malandragem deve ser eliminada do imaginário popular porque pertencera a uma outra época. O regime busca, então, construir uma nova imagem do sambista: ele é o trabalhador dedicado, que só faz samba depois que sai da fábrica. Nos sábados, de "palheta e terno branco muito bem engomado", vai até a sociedade recreativa, onde se exercita no convívio social (Castelo, 1942c, pp. 174-176). O universo cotidiano do compositor se desloca da Lapa, centro da boêmia carioca, para a fábrica e o trabalho. Essa mudança de temática é vista como uma evolução na história do samba, à medida que os compositores deixam de se preocupar com o amor à vida fácil, conciliados no conformismo das Amélias.[23]

Sugeria-se trocar o tema das tragédias domésticas pelo das vantagens do trabalho (Castelo, 1942d, p. 292). Dentro dessa linha estão as composições: "Eu trabalhei" (Jorge Faray), "Zé Marmita" (Luís Antônio e Brasinha) e "Bonde de São Januário" (Ataulfo Alves e Wilson Batista). Todas elas naturalmente enaltecendo o trabalho em detrimento da boêmia, que "não dá camisa a ninguém". Temos, então, o "samba da legitimidade" (Tota, 1981), através do qual o regime busca exercer uma prática disciplinadora sobre as manifestações populares.

Para retratar a história desse período vale pesquisar o repertório da nossa música popular. Nele, vemos registradas as marcas da política governamental que buscava inculcar a perspectiva da apologia e glória ao regime. Na "Marcha para o Oeste" (João de Barro e Alberto Ribeiro, 1938), temos o apoio ao projeto de colonização do interior; em "Glórias do Brasil" (Zé Pretinho e Antônio Gilberto dos Santos, 1938), o endosso à repressão aos levantes de 1935 e 1938; em "É negócio casar" (Ataulfo

Alves e Felisberto Martins, 1941), propagandeia-se a lei que incentiva o crescimento da população. A figura de Vargas naturalmente também seria motivo de inspiração em "O sorriso do presidente" (Alberto Ribeiro e Alcir Pires Vermelho, 1935) e "Salve 19 de abril" (Benedito Lacerda e Darci de Oliveira, 1943) (Severiano, 1983).

Ficam claros, portanto, os esforços do governo no sentido de recorrer às expressões das culturas populares como canal de difusão da ideologia oficial. Exemplo notório é a oficialização do Carnaval. Se antes a folia era de iniciativa particular, sendo financiada pelos comerciantes mais abastados da cidade, no Estado Novo o quadro fica bem diferente, quando, através do setor de turismo do DIP, a Prefeitura passaria a organizar o carnaval de rua. A partir daí a política tornava-se figurante obrigatória na folia.

Os sambas e as marchas carnavalescas sofrem modificação radical, a ponto de serem apontados como dignos de compor uma antologia cívica.[24] Por um dos decretos constitucionais de 1937 ficava imposto caráter didático às escolas de samba e aos ranchos, que deveriam abordar temas nacionais e patrióticos. Em 1939, a escola de samba carioca Vizinha Faladeira foi desclassificada por ter escolhido como tema de enredo a Branca de Neve. A censura alegou que a temática havia sido vetada por ser internacionalista.[25] Na conjuntura de guerra, o governo promove o "Carnaval da vitória", cujo slogan é "Colaboro mesmo quando me divirto". O programa constava de um desfile de carros alegóricos, que representavam temas de cunho patriota como "Apoio à política de guerra do governo", "União nacional", "Crítica às doutrinas totalitárias", encerrando-se com o carro da "Apoteose à vitória".[26] A guerra é apresentada como resultado do choque de duas mentalidades que se digladiam maniqueisticamente: as forças do bem são representadas pela democracia e pelo cristianismo; enquanto as forças do mal são corporificadas pelo totalitarismo e pelo ateísmo. Nesse contexto ganha força a ideia de americanismo, de mundo novo em contraposição à decadência da civilização europeia.

Em agosto de 1942 é lançado o filme norte-americano *Alô amigos*. O filme, cuja sessão inaugural é patrocinada por Darci Vargas, é visto como verdadeira apoteose do nosso país e do nosso povo. Nele o eloquente Zé Carioca mostra as belezas da brasilidade ao Pato Donald. A figura do Zé Carioca, criada especialmente por Walt Disney para o Brasil, é a que talvez represente melhor a tentativa de popularização da ideologia do americanismo.[27] Segundo o jornal *A Manhã*, porta-voz do regime, o personagem exprimia com perfeição o jeito carioca: malandro, chapéu embicado, guarda-chuva, charuto e humor com tendência a resolver tudo na piada.[28] Esse protótipo do brasileiro sugere a própria figura de Vargas: amistoso, sorridente e até malandro quando se trata de resolver as difíceis jogadas políticas. Nenhuma imagem poderia surtir mais efeitos populares do que essa, garantindo a profunda identificação do presidente com o *ethos* e as coisas nacionais.

No cinema torna-se obrigatória a projeção do *Cinejornal brasileiro*, onde os documentários exibem desfiles cívicos, viagens presidenciais, comemorações como as dos aniversários de Vargas e do regime, Dia do Trabalho, Dia da Bandeira, Semana da Pátria etc.[29] Nessa crônica de palanques está o registro de uma época personificada na figura de Vargas: ele visita, recebe, inaugura, preside, assiste, discursa, excursiona, veraneia, embarca, retorna, parte, passeia, inicia, encerra, exorta, soluciona, joga muito golfe (seu esporte predileto) e naturalmente aniversaria a 19 de abril.[30] O calendário oficial marca as grandes datas, transmitindo a imagem de uma festa cívica constante. Através dos rituais patrióticos se fortalecem os sentimentos de unidade e de exaltação popular, indispensáveis a um regime que buscava apresentar-se como o salvador da nacionalidade. Essa imagem de grandeza e glória faz-se sentir também na arquitetura da época, cujas construções sugerem a força e pujança do regime. Data desse período a criação dos prédios do Ministério da Educação e Saúde, Ministério do Trabalho, Ministério da Guerra, Central do Brasil etc. O Estado Novo aparece como o tempo das grandes realizações que viria pôr fim ao marasmo em que se encontrava o país.

Esse marasmo no meio cultural é explicado em função do descuido das elites intelectuais quanto à educação popular. O teatro, notadamente o de revista, voltava-se apenas para a diversão, divulgando valores prejudiciais à ordem social. Assim como a imprensa, o rádio e o cinema, também o teatro no Estado Novo deveria tornar-se instrumento educativo por excelência. O problema da educação operária é destacado como uma das principais metas do Estado, merecendo por isso estratégias e atenção especiais. Dentro desse propósito é que se criava em São Paulo o "teatro proletário", cujo objetivo seria fazer propaganda pró-sindicalização através do lazer dos operários e de suas famílias. Esse teatro didático-cívico apresentaria exemplos de comportamento, modelos de cumprimento do dever, construindo assim a figura do operário-padrão. Para dinamizar esse empreendimento cultural, o Ministério do Trabalho patrocina um concurso literário destinado à produção de romances e peças teatrais dirigidos ao público operário. Era uma estratégia defensiva contra o que o regime julgava ser uma literatura destinada à subversão moral e à agitação popular. Os intelectuais são conclamados a participar nessa "reforma espiritual" das massas, trazendo a sua mensagem de otimismo, esperança e ordem. No edital do concurso, Marcondes Filho esclareceria que as obras preliminares seriam publicadas em edições populares a serem distribuídas aos trabalhadores através dos sindicatos; e a peça vencedora seria encenada nos sindicatos à véspera do Natal.[31] O DIP e o Ministério do Trabalho agiriam em íntima conexão, pois ambos tinham como ponto comum a elaboração de uma política cultural destinada às camadas populares.

O regime teria uma posição ambígua quanto ao teatro de revista: se o criticava pelas esporádicas demonstrações de civismo e o agudo senso de sátira social, procurava, ao mesmo tempo, penetrar nesse espaço. Reverter, na medida do possível, a linguagem satírica e humorística aos objetivos do regime foi então a tática mais acertada. Nas peças de crítica política era comum Vargas encenar a figura do "bom malandro", capaz de qualquer jogada para defender suas ideias. O DIP ficava satisfeito com essa imagem, e o povo, também, porque "tinha um malandro que tomava conta deles" (Mário Lago *apud* Garcia, 1982). Assim, o próprio Vargas iria estimular piadas a seu respeito, argumentando que eram "uma espécie de termômetro do sentimento popular" (Alzira Vargas do Amaral Peixoto *apud* Garcia, 1982, p. 101). Apropriando-se de expressões, ideias e valores populares, o regime buscava sintonizar-se ideologicamente com o conjunto da sociedade. Para obter essa sintonia, de um lado a censura, de outro certa flexibilidade ou tolerância com os valores que se mostrassem capazes de serem integrados à ideologia oficial.

Pelo exposto até agora, fica clara a eficiência do DIP na montagem e difusão da doutrina estado-novista. Funcionando como organismo onipresente, que penetrava todos os poros da sociedade, essa entidade construiu uma ideologia que abarcava desde as cartilhas infantis aos jornais nacionais, passando pelo teatro, música, cinema e marcando presença inclusive no Carnaval. Pode-se mesmo afirmar que nenhum governo anterior teve tanto empenho em se legitimar nem recorreu a aparatos de propaganda tão sofisticados conforme fez o Estado Novo. É evidente que na construção dessa imensa e compacta rede ideológica os intelectuais foram personagens de importância essencial. Através das publicações oficiais do regime, como a revista *Cultura Política* (sob a direção de Almir de Andrade) e o jornal *A Manhã* (sob a direção de Cassiano Ricardo), é possível ter-se uma dimensão da eficiência do Estado na montagem do seu projeto cultural. As publicações surpreendem pela capacidade organizativa em termos editoriais e intelectuais. Reunindo as correntes mais heterogêneas da intelectualidade brasileira, como Carlos Drummond de Andrade, Oliveira Viana, Cecília Meireles, Gilberto Freyre, Vinicius de Moraes, Gustavo Barroso, José Lins do Rego, Manuel Bandeira e outros, o jornal procurava atrair para o seio do Estado parte expressiva da elite intelectual do período, integrando-a ao regime. O mesmo ocorre com a revista *Cultura Política*, que contava entre seus colaboradores intelectuais com Nelson Werneck Sodré, Gilberto Freyre e até o próprio Graciliano Ramos.

A questão do nacionalismo, acirrada na conjuntura de guerra, funciona como poderoso elemento aglutinador, capaz de integrar quase toda a intelectualidade do período. A revista é enfática nesse sentido quando afirma aceitar a colaboração de todos, independentemente do cunho ideológico. Declara não ter partidos políticos, pois sua preocupação fundamental é "espelhar tudo o que é genuinamente brasileiro".[32]

Cabe ao intelectual descobrir esse veio de autenticidade, pressupondo-se ser ele a personalidade mais próxima do nacional. Dotado de senso de mistério, o intelectual é identificado como o arauto capaz de prenunciar as grandes mudanças históricas. Nessa perspectiva ele deve exercer o papel político para o qual é predestinado. Política e profecia encontram-se, então, intimamente vinculadas: "O político consciente do seu papel e de sua vocação é sempre um profeta da realidade. E, na verdade, o real não é somente o que conhecemos, mas o que existe mesmo sem ser conhecido."[33]

Essa ideia do intelectual-profeta é amplamente difundida no interior da doutrina estado-novista. É através dela que o regime procura estabelecer seus vínculos com o movimento modernista da década de 1920, mostrando que ambos os movimentos se enquadram no ideal de renovação nacional.

As raízes da brasilidade: os intelectuais modernistas e o Estado Novo

> "As forças [coletivas] que provocaram o movimento revolucionário do modernismo na literatura brasileira [...] foram as mesmas que precipitaram, no campo social e político, a revolução vitoriosa de 1930 [...] passados os primeiros instantes e obtidas as primeiras conquistas um e outro [fator que congregara para forjar o movimento] se fundiram num movimento mais amplo, mais geral, mais complexo, simultaneamente reformador e conservador."
>
> Discurso pronunciado por Vargas na Universidade do Brasil em 28 jul. 1951.

Uma das preocupações marcantes dos ideólogos do Estado é mostrar que o regime não é mero produto político, mas possui sólida base cultural. A argumentação se desenvolve no sentido de mostrar que a instauração do regime excede o âmbito político, uma vez que viria concretizar os anseios de renovação nacional. De acordo com essa perspectiva, Getúlio Vargas não seria um caudilho que se apossaria arbitrariamente do poder, mas viria atender aos anseios do povo brasileiro, encarnando os ideais da renovação nacional.[34] Ainda nessa linha de raciocínio, o autoritarismo deixava de ser visto como um recurso estratégico do poder para vir a concretizar um anseio latente na própria sociedade. Este anseio estaria presente há algum tempo na coletividade, manifestando-se em todos os domínios da vida social. Se ele não eclodia é porque havia uma dissociação entre cultura e política, intelectuais e governo, enfim, entre o Estado e a sociedade.

Conforme já vimos anteriormente pelo discurso de Vargas na Academia Brasileira de Letras, essa dissociação das energias sociais começaria a ser superada na década de 1930, como uma consequência da revolução literária dos anos 1920. A ideia é de que a revolução literária, pondo em xeque os modelos estéticos importados, estaria completa com a revolução política do Estado Novo, cujo objetivo seria combater os modelos políticos tidos como alienígenas, como o liberalismo e comunismo. O ideal da brasilidade e da renovação nacional é, então, apresentado como o elo das duas revoluções: a artística e a política.

Naturalmente que essa ligação entre modernismo e Estado Novo foi uma invenção do regime, que se apropriou do movimento modernista como um todo uniforme, não distinguindo as várias correntes de pensamento que a integraram. Na realidade, a herança modernista no interior da ideologia estado-novista é bastante delimitada, à medida que recupera apenas a doutrina de um grupo: a dos verde-amarelos, composto por Cassiano Ricardo, Menotti Del Picchia e Plínio Salgado. A presença de Cassiano Ricardo em postos-chave no aparelho de Estado – diretor do Departamento Estadual de Imprensa e Propaganda (em São Paulo), diretor do Departamento Cultural da Rádio Nacional e do jornal *A Manhã* – esclarece a especificidade de vínculos entre a ideologia modernista e a do Estado Novo.

No Estado Novo a questão da cultura popular e a busca das raízes da brasilidade ganharam uma outra dimensão. O Estado mostrava-se claramente mais preocupado em converter a cultura em instrumento de doutrinação do que propriamente de pesquisa e de reflexão. Assim, a busca da brasilidade vai desembocar na consagração da tradição, dos símbolos e heróis nacionais. Temos, então, a história dos grandes vultos, das grandes efemérides, do Brasil "impávido colosso". As personalidades de Caxias e Tiradentes são apropriadas como exemplos luminosos, nos quais o país deve buscar inspiração e força para superar a crise da modernidade.[35] Assim sendo, a visão crítica da cultura, apontada por algumas correntes modernistas, vai ser substituída pelo ufanismo. Dentro desse quadro grandioso não há mais lugar para o anti-herói e sua preguiça. Naturalmente que a dessacralização do herói mostrar-se-ia incompatível para um regime que se preocupava em fixar as bases míticas de um Estado forte. Assim, a versao macunaímica do ser nacional vai ceder lugar à versão mítica e apoteótica da "raça de gigantes" criada pelo grupo verde-amarelo.

Essa vinculação entre modernismo e Estado Novo é extremamente importante, uma vez que demonstra o esforço do regime para ser identificado como defensor de ideias arrojadas e inovadoras no campo da cultura. Os fatos demonstram que esse esforço não foi em vão. Poucos intelectuais conseguiram resistir aos apelos de integração por parte do Estado.

Se a vertente modernista conservadora foi vitoriosa no interior da doutrina estado-novista, o regime não exclui a colaboração de outros intelectuais que defendiam projetos culturais mais inovadores, como é o caso de Carlos Drummond de Andrade e Mário de Andrade. É necessário, portanto, analisar as diferentes inserções desses intelectuais no aparelho de Estado. Se o Estado absorve grande parte dos intelectuais modernistas, é claro que a absorção se dá de forma diferenciada. Daí a complexidade e mesmo ambiguidade da política cultural do regime, que agrega intelectuais das mais diferentes correntes de pensamento, como os modernistas, positivistas, integralistas, católicos e até socialistas.

Observações finais

Um dos aspectos que chamam particularmente a atenção no interior do projeto cultural estado-novista é o esforço ideológico no sentido de reconceituar o popular. Este passa a ser definido como a expressão mais autêntica da alma nacional. Ocorre, porém, que esse povo – depositário da brasilidade – é configurado simultaneamente como inconsciente, analfabeto e deseducado. Essa ambiguidade em relação ao popular – misto de positividade e negatividade – vai ser equacionada através de um projeto político-pedagógico implementado pelas nossas elites.

É, portanto, por intermédio da "educação popular" que se busca assegurar a positividade dessa categoria social, impedindo que se descambe para o caos, a desordem, a negação.

Nessa reconceituação do popular há um elemento novo: a positividade. De modo geral, nosso pensamento político vinha localizando no povo as raízes da problemática nacional e do nosso descompasso. Assim, as origens raciais, o caráter inato serviram de ideias recorrentes, através das quais as elites procuravam justificar a defasagem do Brasil em relação aos centros hegemônicos europeus. Essa visão ideológica começaria a ser reformulada no fim da década de 1910, mais precisamente em 1918. A tese da saúde pública, apontando a doença e o analfabetismo como fatores responsáveis pelo atraso, viria então isentar a figura do jeca-tatu dos males do Brasil. Na célebre frase de Monteiro Lobato, "Ele [o Jeca] não é assim mas está assim", fica explícita essa mudança de mentalidade. O povo deixa de ser equiparado à categoria da negação e, se ele apresenta aspectos negativos, isso independe dele. Depende antes de uma boa administração governamental, capaz de sanar os erros e corrigir as deficiências.

Verifica-se, portanto, um deslocamento de perspectivas no debate político. Começava-se a não mais associar o povo à crise – lugar-comum até então – para passar a relacionar elites à crise. Essa mudança de enfoque vai abrir novos espaços na cultura política para se entenderem as ambivalências do "popular" no conjunto da nacionalidade.

Foi no discurso modernista que essa concepção começou de fato a ser revista, frequentemente usando-se a estratégia da ironia e da paródia.[36] Foi no período do Estado Novo que se manifestou, de forma sistemática, uma construção ideológica que buscava instaurar a positividade do popular articulando-a uma estratégia política de bases autoritárias. Nela o povo era isento de responsabilidade pelo que vinha acontecendo com o país. Num passe de mágica, tudo se transferia para as elites. Estas, sim, é que seriam as verdadeiras responsáveis pela crise nacional. Revertia-se totalmente o quadro. O povo é a "alma da nacionalidade", as elites é que dela se distanciaram ao se deixarem fascinar pelos exemplos alienígenas. Dando as costas para o "país real" elas se ausentaram, se eximiram de sua responsabilidade diante da nação. Por isso, caberia somente a elas redescobrir a nacionalidade que sempre esteve presente intuitivamente no povo.

Esse tipo de raciocínio vem, portanto, fundamentar a intervenção do Estado na organização social. E isso tem lógica, posto que ele era visto como a única entidade capaz de salvar a identidade nacional. Para levar a efeito tal missão seria necessário, então, elaborar um projeto político-pedagógico destinado a "educar" as camadas populares. Predomina a ideia de um povo carente, que necessita de condução firme e de vozes que possam falar por ele, exprimindo seus impulsos e anseios. *Grosso modo*, o raciocínio constrói-se da seguinte forma: o povo é potencialmente rico em virtudes – pureza, espontaneidade, autenticidade; mas, para manifestar esse aspecto positivo, precisa da intermediação das instâncias superiores. Estas têm o dom da expressão (os intelectuais) e o da organização e o da ordem (os políticos). A imagem mítico-assistencialista do Estado "pai grande" e a do intelectual salvacionista se entrecruzam, então, em direção ao popular.

Cabe ao intelectual auscultar as fontes vivas da nacionalidade, de onde emana a autêntica cultura. Nessa perspectiva, a reflexão sobre a nacionalidade deve necessariamente ser inspirada no rico manancial popular. Entretanto essa ida ao popular implica um retorno, uma vez que este é configurado como motivo de inspiração ou como matéria bruta a ser trabalhada por um saber superior. Não se trata, portanto, de consagrar o popular "errado do morro", mas sim de procurar recuperar o espírito de grandeza subjacente às suas manifestações.[37]

É essa concepção do popular que permeia todo o projeto cultural do Estado Novo, conforme tivemos a ocasião de mostrar. Apresentando-se como a consequência e expressão mais lúcida da sociedade, o intelectual assume o papel de "educar" as manifestações populares. Assim, o ideal civilizatório das elites deve se sobrepor a essas manifestações a fim de educá-las ou, melhor dizendo, de homogeneizá-las. Esse enfoque homogeneizador naturalmente irá se mostrar impermeável às diferenças socioculturais, só as reconhecendo enquanto elementos capazes de serem integrados no Estado nacional.

Essa visão de um todo homogêneo (Estado) capaz de impor a ordem social, seja ela baseada nos princípios da razão ou intuição, vem até os dias atuais. Frequentemente ela comparece como fundamento às políticas culturais que tomam como base de ação as controvertidas categorias de povo e nação.

Assim, a cultura popular é vista como expressão do genuinamente nacional, cabendo ao Estado a função de resguardá-la das invasões "alienígenas", sejam elas externas ou internas. Dos auxílios discretos (subvenções, doações, apoios) à intervenção organizada e centralizadora, o Estado sempre impôs sua presença nos domínios da cultura. A política cultural da década de 1970 – particularmente no governo Geisel – lembra em muitos aspectos a do Estado Novo, pelo forte tom centralista e pelo montante de recursos investidos no setor. A partir de 1975, sob o patrocínio do Estado, ocorreu uma verdadeira proliferação de entidades culturais: Funarte (Fundação Nacional de Arte), Concine (Conselho Nacional de Cinema), CNDA (Conselho Nacional de Direitos Autorais). Também foi nessa época que se reorganizou a Embrafilme e incentivaram-se outros projetos como o Projeto Pixinguinha, o Projeto Universidade, o Projeto Barroco Mineiro etc.

Apesar das diferenças de contextos históricos que deram origem às políticas culturais do Estado Novo e do pós-64, ainda prevalece a visão da cultura enquanto área estratégica do Estado. O que parece ocorrer é uma espécie de reciclagem histórica de conceitos – nação, povo e cultura

– para adequá-los aos regimes e contextos. "Área de segurança nacional" ou "núcleo da identidade brasileira", a nossa produção cultural brasileira sempre esteve na mira do Estado.

Notas

1. Uma discussão sobre a autopercepção da intelectualidade modernista brasileira sobretudo concernente ao trabalho de Mário de Andrade sobre as culturas populares foi desenvolvida posteriormente por Velloso, M. P. Os curumins e o professor de música, a etnopoesia de Mário de Andrade. In: Ramos, A; Matos, M. Izilda; Patriota, R. (2010).
2. Esta concepção da organização política, vigente entre os intelectuais da década de 1930, é denominada de "ideologia de Estado", segundo Bolívar Lamounier. Consultar, a propósito do assunto, Lamounier (1978, pp. 343-373).
3. Para uma análise da política cultural empreendida pelo Ministério da Educação no Estado Novo, consultar Schwartzman, Costa e Bomeny (1984).
4. A visão crítica de Lima Barreto sobre a escrita da história relacionando-a com a literatura, a cidade e o contexto conflituoso das ideias no solo da brasilidade está em Velloso, M. P. "O historiador-artista, indagações sobre o modelo clássico". In Ribeiro, Marida do E. S.; Botelho, Clélia (2015).
5. Posteriormente a análise sobre o perfil de Machado de Assis e Euclides da Cunha foi aprofundada por mim em Velloso (1988).
6. Correia, Nereu. "A inteligência no regime atual". *A Manhã*. Rio de Janeiro, 13 fev. 1943, p. 1.
7. Através do "decálogo do escritor", esse senso de dever é minuciosamente estipulado. Vale a transcrição: "Amar o Brasil unido sobre todas as coisas; prezar o americanismo, a expansão fraternal de sua brasilidade, contribuir para formação educativa do povo brasileiro estilizada em harmonia com tendências e costumes nacionais; rever na família a síntese moral da pátria, na bandeira o símbolo de uma glória; honrar a tradição cristã e cívica do Brasil eterno para nosso culto; servir com o mesmo devotamento às armas e às letras; cumprir fielmente os deveres da vida política; lidar pela causa do ensino primário; defesa inicial da língua e da raça; seguir as grandes lições dos antepassados; santificar pela fé nacionalista os dias heroicos da pátria e os dias úteis do trabalho." "O dever do escritor". *A Manhã*. Rio de Janeiro, 4 abr. 1943.

8. Cf. "Advertência aos maus políticos". *A Manhã*. Rio de Janeiro, 5 jul. 1942.
9. Andrade, Almir de. "Intelectuais e políticos". *A Manhã*. Rio de Janeiro, 23 jan. 1944, p. 4.
10. Esta ideia é defendida por Cassiano Ricardo. Ver Velloso (1983).
11. Sobre o papel da imprensa no regime, ver Velloso (1983, pp. 6-10).
12. Reis, Nélio. "O dia do presidente e os novos estúdios da Rádio Nacional". *A Manhã*. Rio de Janeiro, 19 abr. 1942, p. 5.
13. Cf. "A imprensa e a propaganda no quinquênio 1937-42; o DNP e o DIP". *Cultura Política*. Rio de Janeiro, 21 nov. 1942, pp. 168-187, e *A hora do Brasil*. "O Brasil de hoje, ontem e de amanhã", fev. 1940, pp. 44-45.
14. A análise da propaganda totalitária é desenvolvida por Arendt (1979).
15. Reis, Nélio. "Rádio". *A Manhã*. Rio de Janeiro, 22 abr. 1942, p. 5.
16. Esses aspectos são apontados pelos críticos da cultura de massa e arrolados em Eco (1979, pp. 39-43). Considerando que no Estado Novo os meios de comunicação estão sob o mais rígido controle, esses aspectos se manifestam quase de forma ostensiva.
17. *Vamos Ler*, 19 fev. 1942, p. 47.
18. A propósito da programação e atividades da Rádio Difusora, consultar as crônicas de Martins Castelo publicadas na revista *Vamos Ler*, jul. 1942.
19. Cf. "Poesia, música e rádio para crianças". *A Manhã*. Rio de Janeiro, 27 jun. 1942, p. 14.
20. Cf. "A boa linguagem nas ruas". Departamento de Imprensa e Propaganda (1940, pp. 81-100).
21. Ver Andrade (1937, pp. 37-116), citado em Skidmore (1976, p. 315). Ver também a seção da revista *Cultura Política* denominada "O povo brasileiro através do folclore".
22. Meirelles, Cecília. "Samba e educação". *A Manhã*. Rio de Janeiro, 18 jan. 1942, p. 9.
23. A história de Mário Lago, compositor de "Ai que saudade de América" (1942) traduz os embates dos intelectuais que tentavam resistir ao regime. Velloso, M. P. (2011).
24. Meirelles, Cecília. "Samba e educação". *A Manhã*. Rio de Janeiro, 18 jan. 1942, p. 9.
25. *Nosso Século*, n. 25, p. 197.
26. *A Manhã*, Rio de Janeiro, 28 fev. 1943, p. 5.
27. A propósito da divulgação da ideologia da americanização, ver Moura (1984).

28. Moraes, Vinicius. Cinema. *A Manhã*. Rio de Janeiro, 27 ago. 1942, p. 5.
29. A propósito da programação das festas cívicas, consultar o jornal *A Manhã* nos dias 18 a 22 abr. 1943 e 6, 11 e 19 nov. 1942. Sobre o jornal cinematográfico, ver *A Manhã*. Rio de Janeiro, 12 fev. 1943.
30. Tavares, Zulmira Ribeiro. "Getúlio Vargas no cinejornal – júbilos nacionais". *Folha de S.Paulo*, Suplemento Folhetim, 17 abr. 1983, p. 3.
31. Sobre a questão do proletário, consultar *A Manhã*. Rio de Janeiro, 16 jan. 1944. p. 5; *Cena Muda*, 27 jul. 1943, p. 6; "O Brasil de hoje, de ontem e de amanhã", jan. 1940, pp. 14-16; e Departamento de Imprensa e Propaganda (1943, p. 59).
32. A propósito da revista *Cultura Política*, consultar o artigo de minha autoria: Velloso (1982, pp. 72-108).
33. Cf. "O pensamento político do presidente". Separata de artigos e editoriais dos primeiros 25 números da revista *Cultura Política*, abr. 1943, pp. 112-117.
34. Moniz, Heitor. "As origens culturais da revolução brasileira". *A Manhã*. Rio de Janeiro, 5 fev. 1944.
35. Ver "Glória a Tiradentes". *A Manhã*. Rio de Janeiro, 21 abr. 1942, e "A significação do culto de Caxias". *A Manhã*. Rio de Janeiro, 16 ago. 1942.
36. Essa abordagem aparece sobretudo no trabalho dos caricaturistas que através dos jornais e das revistas contribuíram para popularizar no interior da cultura política uma visão crítica do processo de modernização brasileira acentuando-se a inadequação de valores e a exclusão social. Velloso, M. P. (2015).
37. Este conceito popular é expresso por um dos apologistas do trabalho musical de Villa-Lobos no Estado Novo. Ver Squeff e Wisnik (1982).

Bibliografia

Amaral, Azevedo. 1938. *O Estado autoritário e a realidade nacional*. Rio de Janeiro: José Olympio.

Anuário de Imprensa Brasileira. s.d. Rio de Janeiro: DIP.

Andrade, Mario de. nov. 1937. "O samba rural paulista". Rio de Janeiro, *Revista do Arquivo Municipal*, 41.

Arendt, Hannah. 1979. *As origens do totalitarismo:* totalitarismo, o paroxismo do poder. Rio de Janeiro. Documentário.

Campos, Francisco. 1941. *O Estado nacional;* sua estrutura, seu conteúdo ideológico. Rio de Janeiro: José Olympio.

Campos, Humberto de. 1935. *Antologia da Academia Brasileira de Letras, trinta anos de discursos acadêmicos (1897-1927)*. Rio de Janeiro: José Olympio.

Candido, Antonio. 1965. *Literatura e sociedade*. São Paulo: Nacional.

Castelo, Martins. 1941. "Rádio", *Cultura Política*. Rio de Janeiro: 3 maio.

______. 1942a. "O rádio e a produção intelectual", *Cultura Política*. Rio de Janeiro, 19 set.

______. 1942c. "O samba e o conceito de trabalho". *Cultura Política*. Rio de Janeiro, 22 dez.

______. 1942d. "Rádio". *Cultura Política*. Rio de Janeiro, 13 mar.

Departamento de Imprensa e Propaganda. 1940. *Estudos e Conferências*. Rio de Janeiro, 1° abr.

______. 1943. *Estudos e Conferências*. Rio de Janeiro, 19 abr.

Eco, Umberto. 1979. *Apocalípticos e integrados*. São Paulo: Perspectiva.

Foucault, M.; Deleuze, Gilles. 1979. "Os intelectuais e o poder". In *Microfísica do poder*. Rio de Janeiro: Graal.

Garcia, Nélson Jahr. 1982. *Ideologia e propaganda política*. São Paulo: Loyola.

Lamounier, Bolívar. 1978. "Formação de um pensamento político autoritário na Primeira República: uma interpretação". In Fausto, B. (dir.). O *Brasil Republicano*: *Sociedade e instituições (1889-1930)*, v. 2 Coleção História Geral da Civilização Brasileira, t. III. São Paulo: Difel.

Moura, Gerson. 1984. *Tio Sam chega ao Brasil:* a penetração cultural americana. Rio de Janeiro: Brasiliense.

Ramos, A. Matos, M. Izilda; Patriota, R. 2010. *Olhares sobre a História;* culturas, sociabilidades e sensibilidades. São Paulo: Hucitec.

Ribeiro, Marida do E. S.; Botelho, Clélia. 2015. *Fronteiras móveis:* literatura e história. Belo Horizonte: Fino traço.

Ricardo, Cassiano. 1940. *Marcha para Oeste:* a influência da "bandeira" na formação social e política do Brasil. Rio de Janeiro: José Olympio.

Rocha, Aluísio. 1940. "Nova orientação para a radiodifusão nacional, uma entrevista com Júlio Barata". *Revista Brasileira de Música*, Fasc. I, VII.

Sadek, Maria Teresa. 1978. *Machiavel, machiavéis:* a tragédia otaviana. São Paulo: Símbolo.

Salgado, Álvaro. ago. 1941. "Radiodifusão social". *Cultura Política*. Rio de Janeiro, 6.

Schwartzman, Simon; Costa, Wanda Maria Ribeiro; Bomeny, Helena Bousquet. 1984. *Tempos de Capanema*. São Paulo/Rio de Janeiro: Edusp/Paz e Terra.

Sevcenko, Nicolau. 1983. *Literatura como missão;* tensões sociais e criação cultural na Primeira República. São Paulo: Brasiliense.

Severiano, Jairo. 1983. *Getúlio Vargas e a música popular brasileira.* Rio de Janeiro: FGV/ CPDOC-FGV.

Skidmore, Thomas. 1976. *Preto no branco:* raça e nacionalidade no pensamento brasileiro. Rio de Janeiro: Paz e Terra.

Squeff, Enio; Wisnik, José Miguel. 1982. "Música". In *O nacional e o popular na cultura brasileira.* São Paulo: Brasiliense.

Tota, Antonio Pedro. 2 jan. 1980. "A glória artística nos tempos de Getúlio; os 40 anos do DIP, a mais bem montada máquina da ditadura". *IstoÉ.*

______. 1981. *O samba da legitimidade.* São Paulo: USP, dissertação de mestrado.

Vargas, Getúlio. 1944. "Discurso pronunciado na Academia Brasileira de Letras, 29/12/43". In *A nova política do Brasil.* Rio de Janeiro: José Olympio.

Velloso, Monica Pimenta. 1982. "Cultura e poder político no Estado Novo: uma configuração do campo intelectual". In *Estado Novo:* ideologia e poder. Rio de Janeiro: Zahar.

______. 1983. *O mito da originalidade brasileira:* a trajetória intelectual de Cassiano Ricardo (dos anos 20 ao Estado Novo). Rio de Janeiro: PUC, dissertação de mestrado.

______. 1988. "A literatura como espelho da nação; a crítica literária no Estado Novo". *Estudos Históricos.* Rio de Janeiro: 1 (2).

______. 2011. *Mário Lago:* boemia e política, 3ª ed. Rio de Janeiro, FGV.

______. 2015. *O modernismo no Rio de Janeiro;* turunas e quixotes, 2ª ed. Rio de Janeiro: KBR.

6. Estado Novo: debatendo nacionalismo, autoritarismo e populismo

*Angela de Castro Gomes**

As últimas décadas do século XX assistiram a uma retomada, em novas bases teórico-metodológicas, dos estudos sobre regimes autoritários no Brasil, na América Latina e no mundo. Certamente isso se deveu à multiplicação e à variedade de experiências de autoritarismo ocorridas em todos os continentes, nesse mesmo período, bem como aos desafios de suas *transições* para regimes democráticos ou nem tão democráticos assim. De qualquer forma, a questão do autoritarismo (e da democracia) se impôs aos historiadores e cientistas sociais em termos muito mais complexos, que extrapolavam as explicações em boa parte simplistas sobre a ascensão e queda desses regimes. Explicações, ou melhor, interpretações que se fundavam em modelos dualistas de análise muito compartilhados desde o pós-Segunda Guerra Mundial, orientados pela chamada "teoria da modernização". Assim, em geral, trabalhavam com a dicotomia Estado e sociedade civil, identificando na força repressiva e no poder de manipulação do primeiro as "causas" da submissão (por passividade, ignorância etc.) da segunda. É esse tipo de análise que será criticado e progressivamente abandonado.

Essa revisão historiográfica alterou de forma substancial certa matriz de pensar as relações de dominação, propondo uma nova perspectiva, que

* Professora Titular do programa de pós-graduação em História Social da Universidade Federal Fluminense e Professora Emérita da Fundação Getulio Vargas.

sofisticava a dinâmica política existente nas relações entre dominantes e dominados e, igualmente, entre Estado e sociedade civil. De forma muito esquemática, porém não equivocada, por essa nova dinâmica sociopolítica, não existiam atores, individuais ou coletivos, passivos e/ou sem consciência. Nesse sentido, era necessário considerar as relações de poder de forma ampliada, com uma imensa variedade de possibilidades de interação entre atores que, mesmo dispondo de recursos de poder muito diferenciados, são sempre considerados participantes da política e sujeitos de suas ações. A força e o impacto dessa revisão chegaram com proveito à historiografia brasileira, renovando temas clássicos, entre os quais, os estudos sobre escravidão e, no que interessa a este capítulo, sobre as experiências autoritárias do Brasil. Embora seja compreensível e até desejável que, nas pesquisas elaboradas nas últimas décadas, o período do regime civil-militar, implantado em 1964, tenha recebido grande atenção, os anos do Estado Novo nunca abandonaram o horizonte dos historiadores, até porque essas duas experiências autoritárias mantêm conexões de diversos tipos.

Os oito anos do Estado Novo (1937-1945) constituem um dos períodos mais densos de nossa história republicana – sob aspecto político, econômico ou cultural –, tanto pelas transformações que então ocorreram, como pelas continuidades e ambiguidades também vivenciadas. É possível dizer, por exemplo, que se o autoritarismo é um elemento constitutivo da cultura política da sociedade brasileira do pós-1930, isso se deve em muito, embora não exclusivamente, à experiência estado-novista. O Estado Novo foi, sem dúvida, um momento privilegiado no enfrentamento de algumas das questões que vinham sendo diagnosticadas por políticos e intelectuais (e as duas coisas ao mesmo tempo), durante a Primeira República e o pós-1930. Em seus oito anos de duração, o país experimentou um conjunto diversificado de novas políticas públicas, tributárias do avanço do intervencionismo estatal, algumas vezes contraditórias entre si, mas que conviveram e disputaram espaço no aparato estatal. Além do mais, vale lembrar que tudo isso aconteceu em um contexto internacional extremamente tenso, porque assinalado pela eclosão da Segunda Guerra Mundial.

O que se pretende neste capítulo é apontar alguns dos temas e problemas que, ao longo do tempo, marcaram os estudos acadêmicos sobre o Estado Novo, especialmente quando envolveram debates que contribuíram para o enriquecimento da historiografia sobre o período.[1] Portanto, as escolhas realizadas se orientaram por duas dimensões principais – a historiográfica e a política –, tendo como um dos objetivos principais realizar uma reflexão sobre as categorias usadas com frequência e sem muita crítica para identificar e analisar as características desse período. Entre elas, destacam-se a de autoritarismo e populismo, que ganharam grande trânsito na sociedade e na academia a partir dos anos 1950, embora tenham sido, desde os anos 1980, alvo de muitas discussões, relacionadas, aliás, às transformações historiográficas anteriormente referidas. Contudo, antes de examiná-las, outro conjunto de palavras, nada ingênuo, deve ser observado com cuidado. Trata-se de um vocabulário que envolve designações construídas durante o próprio Estado Novo, tendo em vista afirmar seu poder de transformação/modernização da sociedade brasileira em face do passado republicano anterior, que se queria desqualificar como um equívoco e um fracasso total.

Construindo o tempo: o Estado Novo, seu passado e seu futuro

Embora a bibliografia sobre o Estado Novo tenha crescido e se refinado, ainda é comum o compartilhamento de uma visão que atribui a esses oito anos uma grande unidade e estabilidade política. Ou seja, persiste na História do Brasil (embora cada vez com menos ênfase) um tipo de periodização que toma como um bloco coeso o espaço de tempo que vai de 1930 a 1945, nele situando o Estado Novo como a "consagração dos ideais da Revolução de 1930". Nessa perspectiva, sugestivamente construída durante os anos 1930, o Estado Novo é um "resultado natural" ou o "desdobramento mais bem acabado" da chamada Revolução de 1930, esta, sim, um acontecimento que, rompendo com a experiência da República implantada pela Constituição de 1891, inaugurara um novo tempo na História do Brasil.[2]

Em outros termos, trata-se de uma interpretação do Estado Novo que mantém vínculos profundos com as propostas dos mais importantes ideólogos do próprio período, que desejavam demarcar "a" Revolução de 1930 como o início do projeto estado-novista. Ou seja, nessa perspectiva, os anos decorridos entre 1930 e 1937 significam uma espécie de desvio ou lapso de tempo na consecução de um projeto, que deveria ser implementado.

Autores como Oliveira Vianna, Azevedo Amaral e outros consideraram e propalaram que os anos de 1930-1940 constituíam um momento histórico absolutamente estratégico para o país. A Revolução de 1930 não só assinalava a "origem" do que iria acontecer sete anos depois, como demarcava um novo ponto de partida para toda a História do Brasil. Ela (a revolução) e ele (o Estado Novo) rompiam, definitivamente, tanto com os "erros" da Primeira República, liberal, oligárquica, fraca, inepta; como estabeleciam um redescobrimento do Brasil, recriando, sob os auspícios de um Estado forte e moderno, a nação e o povo brasileiros. Enfim, por meio dessa interpretação nasciam um Estado "Novo", uma República "Velha" e uma "outra" história para o Brasil que, a partir dos anos 1930, finalmente se direcionava para seu grande futuro. Numa versão claramente teleológica e otimista da história, o Brasil tinha encontrado o caminho da modernidade. O país ia crescer e vencer seus "males" seculares, não só pela riqueza de seu território, como principalmente pelo valor de seu povo e pela "visão" de suas elites políticas, em especial, a de Getúlio Vargas.

Como se vê, nesse discurso, tudo é grande, novo e aponta para o sucesso da nacionalidade. Criticar esse tipo de periodização/interpretação pressupõe compreender melhor, de um lado, suas condições de construção e propagação, desde os anos 1930/1940, especialmente durante o Estado Novo; e de outro, demonstrar a existência de linhas de continuidade e descontinuidade com o passado da República "Velha", do qual se queria distância no discurso, mas nem tanto na prática da política. Essa questão é crucial, já que permite chamar a atenção para a violência das lutas e dos conflitos políticos existentes nos anos 1930, bem como para a necessidade e possibilidade de arranjos e articulações que são então realizadas. Com tal entendimento, é bom ficar claro que uma das características do período que decorre de 1930 a 1945 é a existência de uma complexa e violenta disputa política, sobretudo intraelites, o que se manifesta ora de formas mais explícitas e radicais, ora mais sutis e negociadas. Em ambos os casos, contudo, havia doses de incerteza nada desprezíveis, particularmente quando o analista privilegia a perspectiva cognitiva dos diversos atores envolvidos nos acontecimentos.[3]

Por conseguinte, nem os anos conhecidos como os do governo provisório de Vargas, nem os do Estado Novo, são de estabilidade política, muito menos ainda devem ser considerados blocos coesos. Essa interpretação, ao esquecer as marchas e contramarchas do período, apaga do contexto político a marca da incerteza que o dominou, minimizando conflitos acirrados e fatos cruciais como: a) uma guerra civil, que ficou conhecida como a Revolução Constitucionalista de 1932 ou como a Guerra Paulista, dependendo dos contendores; b) a experiência de uma Assembleia Nacional Constituinte, que em 1934 promulgou uma constituição inovadora em muitos aspectos, como o do aumento da governabilidade do Estado em assuntos econômicos e sociais; c) a organização de movimentos políticos de massa, como a Aliança Nacional Libertadora (ANL) e a Ação Integralista Brasileira (AIB). Tais eventos, aliás, na leitura feita durante o Estado Novo, costumam ser incorporados como uma justificativa *a posteriori* da necessidade do golpe de 1937, na medida em que evidenciam os descaminhos do país, o que exigia uma nova ação "revolucionária", que garantisse a retomada do percurso interrompido.

No que se refere mais especificamente ao Estado Novo, também é preciso atentar com mais cuidado para sua dinâmica interna, questionando-se a percepção de unidade e harmonia, muito ao gosto de seus ideólogos. Para tanto, o que temos proposto é uma periodização em dois tempos, procurando considerar não apenas as disputas intraelites, mas igualmente suas articulações com camadas da população brasileira.[4] Dessa forma, considerando-se que o Estado Novo foi um regime autoritário, com chefe civil carismático e apoio das Forças Armadas, pode ser caracterizado, até 1942, por uma estratégia política basicamente desmobilizadora e fundada na coerção, via censura e repressão. Mas, a partir daí, examinando-se um conjunto de políticas públicas – com destaque para a combinatória entre políticas sociais e de propaganda –, pode-se dizer que o Estado Novo experimenta um segundo tempo. Nele, a atenção das elites se volta para a busca de legitimidade, com a construção de bases mais amplas de apoio político, que demandam a articulação de esforços de natureza ideológica e organizacional. É dessa forma que se constrói um pacto político entre Estado e sociedade, encarnado, de um lado, na figura do presidente Vargas e, de outro, no povo brasileiro. Exatamente para ressaltar a lógica desse pacto, bem como seus desdobramentos para a história política do país, se insiste na postulação desses dois tempos, entendidos sob os signos, primeiro, de uma repressão mais aberta e, em seguida, de uma articulação entre investimentos em maior mobilização, ao lado do controle social.

Um segundo tema a destacar nesse percurso, justamente para fortalecer as ideias de imprevisibilidade e também de continuidade e descontinuidade da chamada Era Vargas, é o da intensidade e riqueza do debate intelectual ocorrido entre as décadas de 1920 e 1940. Ou seja, durante esses anos, um verdadeiro leque de projetos tomou conta do campo político e intelectual, podendo-se identificar diagnósticos e soluções fundados em diferentes alternativas políticas, tendo em vista a montagem de variados modelos de arranjos institucionais. Apesar disso e convivendo com todas essas possibilidades, o que se pode observar é o fortalecimento de matrizes políticas antiliberais que, desde o fim da Primeira Guerra Mundial, ganhavam força internacionalmente. Ou seja, o paradigma liberal até então dominante sofria severas críticas, advindas de novas orientações políticas e escolas científicas. Elas se traduziam, por exemplo, pelos postulados de uma teoria elitista de fundo autoritário, que apontava as "ficções" do modelo político liberal. Também chegavam por via de projetos de organização do Estado e da sociedade de tipo corporativo, que tinham formuladores e adeptos em diversos países europeus. Ao lado dessas propostas francamente antiliberais, havia a disseminação dos enunciados keynesianos que, embora no terreno político liberal, defendiam um intervencionismo econômico e social do Estado, até então inusitado. De forma geral, o que todas essas formulações acentuavam era a necessidade de criação de novas instituições e práticas políticas estatais (novos órgãos, instâncias decisórias e políticas públicas), como mecanismos de *start* para o estabelecimento de um "outro tipo de modernidade". Ou seja, se havia, internacionalmente, uma enorme crítica aos procedimentos e valores políticos do liberalismo, era porque também havia um enorme esforço para a montagem de uma nova arquitetura institucional de Estado, que seria mais forte e intervencionista.

Apenas para que se tenha uma ideia do grau de compartilhamento que tais diretrizes alcançavam, vale assinalar que, segundo Hobsbawm, entre o fim da Primeira e da Segunda Guerra Mundial, o número de governos constitucionais sofreu um drástico recuo em todo o mundo: nos anos 1920, eram 35; em 1938, passaram a ser 17; e, em 1944, restringiam-se a 12. Na Europa, pode-se dizer que apenas a Inglaterra não conviveu com um avanço significativo de forças políticas antiliberais e, na América, houve poucos exemplos de resistência: os Estados Unidos, o Canadá e o Uruguai estão

CPDOC/FGV

Cartaz de propaganda do movimento político MMDC convocando a população de São Paulo a derrubar o governo de Getúlio Vargas. MMDC é acrônimo de Martins, Miragaia, Dráusio e Camargo, jovens paulistas mortos em confronto com tropas federais. A guerra civil eclodiu em 9 de julho de 1932 e ficou conhecida como Revolução Constitucionalista.

Museu da República

Em 1º de novembro de 1932, a cidade de Campinas (SP) foi ocupada por forças do governo federal, após a vitória na Revolução Constitucionalista. Na imagem, populares recepcionam integrantes do Estado-Maior do Exército, ainda dentro dos automóveis.

Arquivo Público do Estado do Rio de Janeiro

A ascensão de Adolf Hitler a chanceler alemão em janeiro de 1933 provocou nas esquerdas o receio da eclosão de uma nova guerra. No Teatro João Caetano, no Rio de Janeiro, provavelmente entre 1933 e 1935, o Comitê Antiguerreiro, organizado pelo Partido Comunista, realizou ato público.

Arquivo Público do Estado do Rio de Janeiro

O Partido Nacional-Socialista dos Trabalhadores Alemães (NSDAP) formou uma rede mundial que reunia 83 países, incluindo o Brasil. Cada grupo nacional seguia as orientações da Organização do Partido Nazista para o Exterior, um departamento do III Reich. Em várias regiões do Brasil, alemães e teuto-brasileiros adeptos do nazismo atuavam livremente, realizando eventos políticos e culturais em associações semelhantes ao NSDAP. Na fotografia, solenidade promovida pela Juventude Nazista de Petrópolis (RJ).

Arquivo Público do Estado do Rio de Janeiro

Congresso da União Feminina do Brasil, realizado no Rio de Janeiro, em 1934. A organização lutava pelos direitos sociais, políticos e econômicos das mulheres brasileiras. Sob influência do Partido Comunista, integrou a Aliança Nacional Libertadora (ANL). Suas fundadoras eram militantes ou simpatizantes comunistas, como Maria Werneck de Castro e Catarina Laudsberg. Armanda Álvaro Alberto foi a primeira presidenta.

Arquivo Nacional

O ato público promovido pela ANL comemorou os levantes tenentistas de 1922 e 1924. Na noite de 5 de julho de 1935, Carlos Lacerda leu o manifesto de Luís Carlos Prestes que incitava a derrubada do governo Vargas, contrariando os dirigentes daquela organização, os quais não concordavam com a tese do líder comunista.

Arquivo Público do Estado do Rio de Janeiro

O manifesto lido enfaticamente por Lacerda (na foto, em pé), em 5 de julho de 1935, defendia: “Todo o poder à ANL.” A tese defendida por Prestes foi a justificativa do governo Vargas para declarar a ilegalidade da organização, proibindo suas atividades.

Arquivo Público do Estado do Rio de Janeiro

Cartaz de propaganda da Ação Integralista Brasileira (AIB) enfatiza que somente o integralismo adotava o autêntico nacionalismo. Na primeira metade dos anos 1930, o nacionalismo fora projeto disputado por vários grupos políticos, com diferentes interpretações: tanto pelas esquerdas, com a ANL, como pelas direitas, com a AIB, e pelo próprio governo Vargas.

Arquivo Nacional

Plínio Salgado (na foto, ao centro, em destaque) fundou a Ação Integralista Brasileira, da qual se tornou chefe nacional. A foto é de 11 de março de 1935.

Arquivo Público do Estado do Rio de Janeiro

Militantes integralistas reúnem-se para homenagear Plínio Salgado, o líder máximo da organização, em 22 de janeiro, seu aniversário.

Arquivo Público do Estado do Rio de Janeiro

Preso por liderar a insurreição comunista de 1935, Luís Carlos Prestes (de pé, entre dois policiais) é levado ao Tribunal de Segurança Nacional para prestar depoimento.

Arquivo Público do Estado do Rio de Janeiro

Sorridentes e confiantes, militantes comunistas que participaram da insurreição de 1935 são levados para prestar depoimento aos juízes do Tribunal de Segurança Nacional.

Arquivo Público do Estado do Rio de Janeiro

Cartaz de propaganda política de Plínio Salgado para as eleições presidenciais de 1938. Com ele, concorreram Armando de Sales Oliveira e José Américo de Almeida. Com o golpe do Estado Novo, em novembro de 1937, as eleições não se realizaram.

Arquivo Nacional

Mesmo à frente de um regime ditatorial, Vargas recebia manifestações de apoio popular. Em visita a Porto Alegre, foi saudado efusivamente pelo povo e por sindicalistas. O Sindicato dos Trabalhadores em Carvão e Mineral de Porto Alegre, em destaque na foto, foi fundado durante a ditadura do Estado Novo.

Museu da República

No Rio de Janeiro, em 10 de novembro de 1937, com o golpe que impôs o Estado Novo, tropas federais cercaram o Palácio Monroe – sede do Senado Federal desde 1922 –, que ficou fechado durante todo o período ditatorial. A partir de 1960, com a mudança da capital para Brasília, serviu como escritório de representação do Senado e sede do Estado-Maior das Forças Armadas, até 1974. Dois anos depois foi demolido por ordem do general Ernesto Geisel, não tanto pela construção dos túneis do metrô, mas por intensa campanha desmerecedora de sua arquitetura. Em tempos de autoritarismo, as ordens de demolição desconheceram o próprio decreto federal de tombamento do Palácio.

Arquivo Nacional

Em 5 de setembro de 1941, ocorreu a Parada da Juventude, um dos eventos comemorativos da Semana da Pátria. Na foto tomada em frente ao Palácio Duque de Caxias, no Rio de Janeiro, guardas-marinha argentinos, convidados para a solenidade, assistem ao desfile com seus filhos.

Arquivo Nacional

Estudantes desfilam na Parada da Juventude durante as comemorações da Semana da Pátria, em 5 de setembro de 1941. O desfile começou na avenida Floriano Peixoto e passou em frente ao Palácio Duque de Caxias. A imagem da bandeira nacional empunhada pelas estudantes enfatiza o ideal de nacionalidade promovido pelo governo.

Arquivo Nacional

O coro orfeônico composto de trinta mil crianças regidas pelo maestro Heitor Villa--Lobos entoa hinos patrióticos em homenagem ao Dia da Independência, no Estádio das Laranjeiras, em 7 de setembro de 1941.

Arquivo Nacional

Funcionários do Departamento de Imprensa e Propaganda (DIP) preparam equipamentos para exibir filme para os moradores do morro do Salgueiro, no Rio de Janeiro, em 8 de maio de 1941.

Arquivo Nacional

O programa radiofônico produzido pelo setor de propaganda governamental foi instituído em 1935 e apenas em 1938 recebeu o nome *A Hora do Brasil*; o DIP assumiu sua produção no ano seguinte. Todas as noites, às 19h, os locutores informavam sobre os atos de Vargas e, por vezes, ele próprio anunciava a promulgação de leis sociais. A parte cultural do programa era preenchida com música brasileira. Em fotografia posada para o DIP, família ouve discurso do presidente em 31 de dezembro de 1942.

Arquivo Nacional

Em 15 de setembro de 1941, um decreto-lei de Getúlio Vargas e Gustavo Capanema instituiu a Confederação dos Desportos Universitários e, entre outras iniciativas, os Jogos Universitários Brasileiros. O decreto-lei considerou que o primeiro deles aconteceu em São Paulo, em 1935; o segundo, em Minas Gerais, em 1938; o terceiro, em São Paulo, em 1940. O quarto ocorreria em 1942, no Rio de Janeiro. O cartaz alusivo ao evento homenageava Vargas. Em tempos de afirmação de nacionalidade, vale ressaltar a correlação entre o atleta lançando dardo, em primeiro plano, e o indígena com a lança, ao fundo.

Arquivo Nacional

No carnaval de 1939, bloco carnavalesco toma a avenida Rio Branco, no Rio de Janeiro, durante a ditadura do Estado Novo.

Arquivo Nacional

Em visita a cidades da Baixada Fluminense (RJ), Vargas conversa com trabalhadores da região.

Museu da República

Em viagem à região Amazônica, em outubro de 1940, Vargas e sua comitiva conversam com morador em sua casa de palha.

Arquivo Nacional

Em 22 de agosto de 1942, o governo brasileiro declarou guerra à Alemanha e à Itália. Para financiar as despesas com o conflito, o governo instituiu o Bônus de Guerra. Os trabalhadores tiveram 3% do salário descontados, enquanto profissionais liberais e empresários adquiriam os bônus na quantia equivalente ao que pagavam de imposto de renda. No cartaz, as lagartas de um tanque com bandeiras dos países Aliados avançam sobre Hitler, Mussolini e Hirohito.

Arquivo Nacional

Em fevereiro de 1943, em encontro realizado em Natal (RN), Getúlio Vargas propôs a Franklin Roosevelt, então presidente dos Estados Unidos, o envio de tropas brasileiras para lutar na Europa. Vargas visava ao rearmamento e à modernização do Exército, bem como ao aumento do prestígio brasileiro no contexto internacional quando a guerra acabasse. Em 9 de agosto de 1943, foi constituída a Força Expedicionária Brasileira, a FEB. Entre julho de 1944 e fevereiro de 1945, cinco escalões partiram do porto do Rio de Janeiro para a Itália. No total, foram pouco mais de 25 mil embarcados, entre soldados, oficiais, médicos e enfermeiras.

Arquivo Nacional

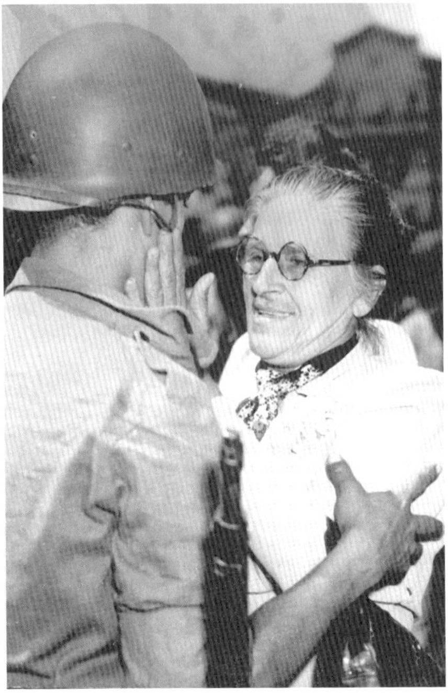

Jovem soldado da Força Expedicionária Brasileira recebe o carinho de pessoa querida antes de embarcar para a Itália.

Arquivo Nacional

Em 7 de setembro de 1942, desfile cívico avança pela rua do Catete em direção ao Palácio Presidencial. A declaração de guerra do Brasil aos países do Eixo, na Segunda Guerra Mundial, mobilizou diversos setores da sociedade brasileira.

entre eles. Além desse indicador quantitativo, convém igualmente destacar, numa dimensão qualitativa, que as correntes antiliberais que então ganhavam força vinham da direita do espectro político e tinham características muito distintas daquelas da direita "conservadora" até então conhecida. Como a literatura que trata do tema das organizações políticas e das ideologias tem demonstrado, essa nova direita que emerge nos anos 1920-1930 advoga o uso de recursos organizacionais e a mobilização de valores e crenças de forma muito inovadora, aproximando-se mais do instrumental revolucionário utilizado pelo que então era identificado como esquerda (a despeito de sua diversidade), do que pelo que vinha sendo tradicionalmente entendido como direita.

O Brasil, por conseguinte, é apenas um dos países que alimentarão esse montante internacional de antiliberalismo, inserindo-se em um grande conjunto de experiências que marcaram o período entreguerras. A defesa do poder de intervenção do Estado e o avanço de sua governabilidade sobre a sociedade não devem, contudo, ser identificados como mero sinônimo de defesa de Estado autoritário (forte e concentrado no Executivo), como frequentemente ocorre. Esforços empreendidos no terreno do ideário liberal, existentes na década de 1930 (como os debates na Assembleia Nacional Constituinte de 1933-1934 ilustram), evidenciam as possibilidades de disjunção entre nacionalismo e intervencionismo do Estado, de um lado, e centralização e autoritarismo do regime político, de outro.[5]

Estado Novo, um Estado autoritário

Considerando-se as experiências internacionais de organização do Estado nos anos 1930-1940, não é surpreendente que os próprios contemporâneos do Estado Novo tenham-se dedicado a discutir qual seria a melhor designação para caracterizar o que experimentavam. Uma das contribuições mais relevantes, nesse sentido, é a do intelectual Azevedo Amaral. Em seu livro *O Estado autoritário e a realidade nacional*, publicado pela José Olympio Editora, em 1938,[6] ele queria saudar o novo regime e sua nova Constituição (outorgada em 1937), buscando explicitamente formular diretrizes para seu funcionamento. Contudo, pode-se afirmar que seu grande objetivo era defender a positividade do que chama de Estado autoritário, que não podia, nem devia ser confundido com as experiências totalitárias (essa palavra é utilizada), vigentes no período.

Não é surpreendente que a utilização de tal categoria tenha chamado a atenção tanto dos que defendiam como dos que se opunham ao Estado Novo, na década de 1940 e, mais ainda, nas seguintes. Dessa forma, a partir dos anos 1950, com o retorno do país ao Estado de direito, tal nomeação foi vista por diversos historiadores e cientistas sociais como um expediente político do autor para afastar o Estado Novo de aproximações com outros regimes contemporâneos, como o italiano, por exemplo. Porém esse entendimento foi mudando progressivamente nas últimas décadas do século XX. Assim, a designação de Estado autoritário, usada pelo autor em 1938 – portanto, uma categoria nativa –, deixou de ser considerada um artifício ardiloso, passando a ser compreendida como um esforço de precisão e proposição conceitual de um novo modelo de Estado, no contexto dos anos 1930-1940. Tal esforço de forma alguma se restringia a Azevedo Amaral ou ao Brasil, mantendo conexões sólidas com projetos de organização de tipo corporativista, do Estado e da sociedade, que então se faziam internacionalmente.[7] Nesse contexto, o uso da categoria autoritarismo é discutido em paralelo aos próprios conteúdos e sentidos que deviam ser atribuídos ao que se designava como fascismo e totalitarismo. Esse debate tinha em vista uma melhor definição teórica desses termos, mas desejava que ela se fundasse em pesquisas históricas sobre os regimes políticos experimentados na Europa e na América Latina, no entreguerras. Mas tais pesquisas, vale lembrar, vão se desenvolver no momento em que uma onda de golpes de Estado destituía governos legitimamente constituídos, instaurando regimes de força de novo tipo. Dessa forma, voltar-se para a análise dos fascismos e dos autoritarismos dos anos 1930-1940 era uma possibilidade de pensar, em perspectiva histórica, o que se estava enfrentando no presente dos anos 1970-1980.

No caso do Brasil, cresceu o interesse pelo estudo do período do Estado Novo e as pesquisas realizadas apontaram, de maneira razoavelmente convergente, para o abandono de sua designação como uma experiência fascista/totalitária, assumindo a conceituação de Estado autoritário. Tal deslocamento se relacionou a um investimento no que se tornou conhecido como pensamento social brasileiro, seus autores e textos, e mais especificamente, no que seriam as bases de um pensamento autoritário no Brasil. Alguns trabalhos vindos das ciências sociais, como os de Bolívar Lamounier[8] e Wanderley Guilherme dos Santos[9] contribuíram muito para precisar a trajetória e o sentido da categoria de Estado autoritário, na medida em que apontaram a existência de uma tradição intelectual no país, que excedia as influências da montante antiliberal do entreguerras. No mesmo sentido, investigações nacionais e internacionais que trabalhavam com o conceito de totalitarismo, visando a refiná-lo, indicavam a dificuldade em aplicá-lo às experiências latino-americanas e até mesmo a algumas experiências europeias, como o caso dos regimes de Portugal e Espanha. Enfim, a categoria totalitarismo e seus usos foram muito discutidos, buscando-se as especificidades do exemplo alemão, italiano e outros, entre os quais o destaque era a antiga União Soviética.

Com referência ao Estado Novo, várias pesquisas analisaram mais detidamente suas formulações doutrinárias e suas políticas públicas, retomando a questão da participação de atores coletivos e individuais, com destaque para a burocracia, os intelectuais, os políticos estaduais, os industriais, os banqueiros, os sindicalistas etc. Tais trabalhos, no geral, concluíram que não ocorrera, no caso brasileiro, um monopólio absoluto do Estado no plano jurídico-político, continuando a existir muitas tensões e oposições, inclusive no interior do núcleo dirigente, mesmo que fossem limitadas de múltiplas formas. Dessa maneira, se era possível identificar alguns traços que aproximavam o Estado Novo do que se entendia por totalitarismo, não era adequado designá-lo como um Estado fascista/totalitário. As constatações de que o Estado Novo não buscara e não conseguira um controle total, por exemplo, dos meios de comunicação de massa, e que recorrera, durante boa parte de sua existência, a uma estratégia política de desmobilização da sociedade, pesaram muito para o fortalecimento da opção pela categoria de Estado autoritário. Para o mesmo sentido, convergiram as pesquisas que analisaram a ampla produção intelectual do período – que utilizava a categoria de Estado autoritário –, buscando delimitar os significados que a preenchiam. Evidentemente, não se queria dizer com isso que, sob esse regime, a repressão física e simbólica foi pouco violenta ou que o controle e a intervenção do Estado sobre a sociedade foram pequenos. O que se buscava ressaltar é que não se adotara, no Brasil, um modelo de organização institucional e uma mobilização de tipo totalitário, o que, aliás, foi estendido às realidades históricas de outras experiências que lhe foram contemporâneas, também designadas como autoritárias.

Aliado a esse debate está também o questionamento do uso de outra categoria que teria suas "origens" no Estado Novo: a de Estado populista. Devido à extensão dessa questão e da ampla utilização da designação de populista para Vargas e para a própria República de 1945 a 1964 – nascida da derrubada da experiência autoritária estado-novista –, torna-se interessante enfrentar teórica e historicamente uma discussão sobre tal categoria. A despeito de já existirem diversos trabalhos que abandonaram seu uso, ela continua muito utilizada e compartilhada, além de muito presente no vocabulário da imprensa e nos discursos de políticos, em especial quando querem atacar e desqualificar seus competidores. Por isso, pode ser interessante retomar os sentidos complexos dessa categoria, até para entender melhor as críticas que lhe são feitas.

O debate sobre o populismo: o povo e seu líder

Trabalhar com a categoria populismo bem como com todos os seus derivados é um permanente desafio para a reflexão de historiadores e cientistas sociais, nacional e internacionalmente. Ela é sistematicamente encontrada em verbetes de dicionários, em livros e em artigos dedicados ao estudo de experiências históricas bem distintas entre si. Ela também é reconhecida, em todos esses textos, como uma categoria que possui grande fluidez, amplitude e ambiguidade, o que lhe permite nomear inúmeros e diferenciados exemplos políticos, através do tempo e do espaço.

Essa possibilidade lhe daria grande força e poder de atração, mas igualmente, no outro lado da moeda, responderia por sua fraqueza conceitual e imprecisão histórica. Ou seja, tais características seriam dimensões constitutivas de sua trajetória como categoria, balizando seus usos e despertando, ao mesmo tempo, adesões e críticas. Por tal razão, seu compartilhamento no vocabulário político é muito grande, ultrapassando os meios acadêmicos e se integrando numa narrativa da política, aos poucos construída para demarcar personagens, eventos e períodos. É com esse tipo de constatação que se tem considerado e defendido que o populismo não chegaria a se constituir em uma doutrina ou pensamento político, já que não contaria com elaboração teórica sistemática e consistente, podendo ser recriado e mobilizado, com facilidade, em circunstâncias históricas não apenas distintas, mas até muito contrastantes entre si.

Dessa forma, para alguns estudiosos, o populismo não seria uma doutrina, nem mesmo poderia ser tratado como elemento fundamental do pensamento político de um autor ou grupo de autores. De fato, seria difícil designar o populismo até mesmo como uma ideologia, na medida em que abrigaria uma grande variedade de ideias e projetos políticos. Isso daria ao "discurso populista" um profundo ecletismo e uma acentuada ambiguidade, tornando-o capaz de realizar apelos amplos e difusos e, não paradoxalmente, valiosos por sua abrangência sociopolítica. Assim, por diversas vias, registra-se uma espécie de concordância: as virtudes e os vícios da categoria estariam no mesmo lugar, o que iluminaria sua contínua apropriação e circulação, a despeito das críticas que recebe. Essa marca constitutiva explicaria, ao menos em parte, a potencialidade, a permanência e o trânsito da palavra/categoria entre acadêmicos, formadores de opinião e mesmo entre as chamadas pessoas comuns, que a manuseiam com desembaraço, apesar das dificuldades teóricas de remetê-la a uma dada experiência histórica precisa. Mesmo considerando que um conceito, como nos ensina Koselleck, é uma palavra que concentra uma multiplicidade de significados, sendo sempre polissêmico e abrindo horizontes de análise – ao que o populismo atende muito bem; um conceito, segundo o mesmo autor, precisaria atuar como um "limitador" das experiências históricas possíveis, remetendo a determinados conteúdos e, em termos teóricos, permitindo algumas interpretações e não quaisquer interpretações, o que já não ocorreria com o populismo.

Caberia então refletir um pouco mais sobre a operacionalidade dessa palavra. Ou, em outros termos, o que ela guardaria como constante capaz de identificá-la, permitindo tantas ressignificações, com tanta frequência e eficácia. A resposta mais óbvia, evidentemente, é sua referência a uma noção – a de povo –, por sinal, não menos fluida e complexa. Mas nesse aspecto é cabível dizer, embora com algum risco, que nessa noção há significados muito marcantes e persistentes, que, inclusive, respondem por certos deslizamentos para aquela de populismo. O povo se constitui como entidade política, a partir de algumas referências fortes e não necessariamente excludentes. Ele é entendido como uma espécie de sujeito social um tanto abstrato, portador de valores essencialmente positivos, numa espécie de eco da concepção rousseauniana de povo soberano. Assim, o povo se torna a fonte de poder e legitimidade da autoridade política. Mas o povo é também desenhado, em versão mais descritiva, como uma coletividade de pessoas/indivíduos, diferenciada socialmente, mas com razoável homogeneidade política, que atua em conjunto, principalmente porque exige liderança e orientação. Em função desses vários sentidos atribuídos à noção de povo, ela pode se aproximar de outras noções, como a de massa, o que lhe imprime novos significados. Isso porque, além de numerosa e poderosa, a massa pode ser primitiva e ameaçadora, tornando-se um ator relevante, mas preocupante em termos políticos. É essa noção de povo/massa que passa a transitar no vocabulário político do Ocidente, sobretudo a partir da Primeira Guerra Mundial. Nessa acepção, o povo pode ser pensado em chave simbólica, sendo representado/encarnado por uma pessoa especial da coletividade, a quem se atribui e reconhece a capacidade de traduzir os valores positivos mais profundos do grupo maior.

Em qualquer das alternativas (como se disse, não excludentes) são construídas pontes entre essa pessoa especial/extraordinária e o povo, que ela encarna/representa na qualidade de líder "populista". O poder desse líder – que é o poder do discurso populista e da noção de povo/massa – está na efetivação do vínculo básico e metonímico entre a parte e o todo, entre o visível e o invisível, remetendo a permanências e transformações em um mundo social, em parte conhecido e em parte desconhecido, mas muito desejado. Do ponto de vista de sua figuração histórica, o líder populista pode representar, preferencialmente, homens do campo (como o camponês russo do século XIX ou o pequeno fazendeiro norte-americano do início do século XX); trabalhadores urbanos, geralmente recém-chegados do campo e, por isso, portadores de valores e comportamentos tradicionais/rurais (como em exemplos latino-americanos no século XX); e até soldados e ex-combatentes (como no fascismo italiano).

Em todos esses casos, o povo, encarnado e representado pelo líder, é uma espécie de tipo ideal ou arquétipo. Isso porque pertencer ou não à entidade povo – ao mesmo tempo interpelada e constituída pelo discurso populista – não é uma questão de origem social, inserção profissional etc. O povo, por suas qualidades profundas e originais, é construído como uma totalidade que tem homogeneidade, não comportando – o que também é uma constante do discurso populista – conflitos internos radicais, sejam de classe ou de quaisquer outros tipos de interesses e/ou crenças políticas, religiosas, étnicas etc. Dessa forma, quando se pensa em movimentos e/ou manifestações populistas, eles não comportam, pela própria lógica que preenche o vínculo entre povo/líder, a ideia de uma forma de expressão classista ou interclassista.

Como o povo é esse conjunto que pode ser pensado sob forma de valores sociais homogêneos, sua virtude e seu poder soberanos exigem um contato direto com seu líder/representante. Por isso, a fonte da autoridade desse líder/representante é, embora não de forma exclusiva, o carisma. Dessa maneira, se uma constante para se entender a força da noção de populismo é seu vínculo com uma concepção de povo, outra constante, advinda do laço entre o povo e seu representante, é a construção de uma elite de intérpretes diretos e carismáticos da vontade, do espírito, da alma ou das raízes desse mesmo povo. Essas lideranças, que efetivamente têm assumido faces muito variadas através do tempo e do espaço, possuem em comum o fato de serem portadoras de qualidades excepcionais, identificadas com e reconhecidas por "seu" povo.

Nacionalismo, autoritarismo e seus vínculos com o populismo

Pode-se dizer que, a partir dos anos 1990, dentro e fora do Brasil, as interpretações e classificações de lideranças, regimes e mesmo períodos da história de um país como populistas vêm sofrendo muitas críticas. Uma tendência que remete à observação que inicia este capítulo. Ou seja, às transformações teórico-metodológicas ocorridas nas formas de se compreenderem as relações entre dominantes e dominados e, em sentido amplo, às próprias relações sociais. Nessa abordagem, não há sujeitos históricos passivos; não há dominação que possa impedir que discursos e projetos sejam apropriados e ressignificados, ainda que os participantes de uma relação política possuam poder muito diferenciado. Sujeitos históricos, em suas relações de trabalho, em seus contatos culturais, em sua vida política, estão sempre reelaborando e encontrando "brechas" para agir, segundo suas experiências.

Levando em conta esse entendimento, uma das possibilidades para se trabalhar com o fenômeno político chamado populismo é pensá-lo como uma mitologia política.[10] Isto é, como um complexo e duradouro sistema de crenças, que é, por definição, um misto de ficção e realidade e que não está sujeito a uma lógica racional e/ou instrumental. Esta seria uma construção que remeteria a grandes investimentos simbólicos em figuras consideradas excepcionais, guardando conexões com a moderna propaganda política do século XX, mas também com discursos de cunho religioso ou filosófico, sobretudo quando acentuam uma espécie de dimensão teológica, missionária e sagrada do líder. Daí o vínculo direto e até carnal que tal líder pode manter com "seu" povo e com a nação, o que se torna fator de legitimidade e mobilização. Por isso, o populismo se constitui, de maneira muito ampla, fluida e não datada, em um poderoso discurso político, que se presta a contextos históricos diversos, mas, geralmente, fundados em forte tom nacionalista e autoritário, até porque sempre caberia ao povo seguir o líder que o representa.

Por conseguinte, discursos, regimes e lideranças chamados de populistas podem defender projetos extremamente diversificados. Dessa forma, encontramos exemplos de projetos altamente militarizados ou não; entrelaçados a grupos e instituições religiosas ou não; contendo propostas com alto grau de modernização, defendendo projetos tradicionalistas ou combinando elementos dos dois polos, apenas aparentemente opostos. Ou seja, é bastante comum, na literatura que trata dos chamados regimes populistas, a identificação de exemplos que conciliam, com ênfases variadas, progresso e restauração; revolução e tradição etc. Enfim, que elaboram uma lógica complexa e até contraditória, mas perfeitamente crível.[11] Do mesmo modo, tais regimes conseguem explicitar concepções de sociedade altamente hierarquizadas, mas em nada marcadas pelo elogio à desigualdade social. Muito ao contrário, já que promovem políticas de inclusão social, situadas como pioneiras e chamadas de democráticas, justamente por criticar e rejeitar os valores "superados e equivocados" da liberal-democracia, com destaque o fictício valor da igualdade política.[12]

Porém, esse mesmo tipo de liderança, geralmente atuando em governos fortes e centralizados no Executivo, também pode conviver com regimes e práticas liberal-democráticas, utilizando seus procedimentos numa alternância para reforçá-los ou enfraquecê-los, às vezes em movimentos simultâneos e opostos. Tal matriz de teor teológico-político se expressa em uma concepção de povo/massa e de líder providencial, unidos direta e simbioticamente, e acaba por dar ensejo à construção de tipologias de populismo as mais diversas e surpreendentes. Dessa maneira, é possível encontrar, sob a mesma rubrica, movimentos, líderes e regimes de tipo: fascista; militarista (o nasserismo egípcio); com forte presença religiosa (o franquismo); bem como os chamados populismos revolucionários (como o castrismo cubano); e os populismos pluralistas (como o ghandismo indiano). Isso, para além dos sempre lembrados populismos russo e norte-americano, chegando aos populismos da América Latina do século XX, que abarcariam tanto uma forma clássica, isto é, autoritária, nacionalista e antiliberal (o getulismo e o peronismo são os exemplos mais lembrados),[13] como uma fórmula neoliberal que, já na virada do século XX para o XXI, comportaria uma reedição da tradição, com exemplos em vários países, como a Venezuela, a Bolívia, o Equador e o Brasil.

No caso da América Latina, a noção de populismo tem sido utilizada para designar movimentos, regimes e lideranças ao longo dos séculos XX e XXI, já que eles conseguem amplo apoio popular, especialmente tendo como base de sustentação, eleitoral ou não (também se fala em base de manobra), os trabalhadores urbanos. Esse é o destinatário preferencial a preencher a ideia de povo, não se excluindo, contudo, os homens do campo, até porque entre esse par ocorre, com frequência, um deslizamento entre passado e presente ou entre atraso/rural e moderno/urbano. Na América Latina, portanto, as lideranças populistas buscariam se aproximar do movimento operário e sindical, com apelos nacionalistas e modernizadores que incluiriam o acesso a direitos (sociais, em especial), e que poderiam conter influências ideológicas, quer de uma direita autoritária, com a presença de militares e clérigos em doses variadas; quer de uma esquerda ou de setores considerados progressistas e/ou socialistas, também com militares ou não.

Assim, fenômenos políticos muito diferentes – como a Revolução Mexicana de 1910; os governos de Yrigoyen e Perón na Argentina e os de Vargas e Jânio Quadros no Brasil – foram tratados como exemplos de populismo latino-americano. Nesses casos, de forma geral, se estaria vivendo uma experiência de transição de sociedades tradicionais para moderno-industriais, nas quais as "massas" operárias, ainda pouco numerosas e organizadas, além de pouco instruídas e sem acesso à informação, devido à sua origem rural, seriam terreno fértil para a interpelação/mobilização de lideranças populistas.[14]

Tais lideranças articulariam um discurso "de cima para baixo" e do exterior da "classe trabalhadora" que seria, ao menos em princípio, antagônico aos seus "verdadeiros interesses", muito embora seja feito em seu nome. O componente mobilizador do apelo populista, no caso da América Latina e do Brasil em especial, é demarcado por fórmulas fluidas e difusas, que se misturariam e se confundiriam com práticas seculares de teor familista e clientelista, cuja proximidade de sentidos junto ao povo produziria o efeito de obscurecer a "manobra/manipulação" política de que estaria sendo alvo. Dessa forma, vê-se que o chamado modelo populista de relações de dominação entende que o povo – no caso os trabalhadores urbanos, inclusive por suas origens rurais – é destituído de sua autonomia e consciência políticas, quando submetido às modernas estratégias de propaganda próprias aos líderes carismáticos dessas sociedades urbano-industriais de massa.

Ficam assim muito claros os vínculos entre uma teoria da modernização, muito em voga nos anos 1950-1960, que prescrevia etapas na transição de uma sociedade atrasada/rural para outra moderno/industrial, e a configuração do modelo populista de relações de dominação. Essa espécie de fenômeno político-cultural de dominação incluiria também uma específica seleção de variáveis histórico-sociológicas, bem como certo perfil de atores: um proletariado sem consciência de classe; uma classe dirigente geralmente em crise de hegemonia; e um líder carismático, cujo apelo transcende fronteiras de classe, entre outras. Por conseguinte, o modelo populista acaba por remeter à ideia de manipulação de massa, bem como a uma concepção instrumental de relações entre Estado/líder e classe trabalhadora/povo.

É muito comum que, nessa proposta de relações sociopolíticas, um dos termos seja concebido como forte e ativo, enquanto o outro é fraco e passivo, não possuindo capacidade de impulsão própria por não estar organizado, por não ser instruído, por ter origens rurais etc. As massas ou os setores populares não são postulados como atores/sujeitos de uma relação política, mas como meros destinatários das formulações populistas, razão pela qual ou são manipulados (caso dos trabalhadores) ou são cooptados (caso de suas lideranças).

A categoria manipulação torna-se, assim, central nesse modelo interpretativo, valendo notar que ela não é tratada de forma simplista e meramente unidirecional (de cima para baixo), o que efetivamente tornaria o apelo do discurso populista mais frágil, e a adesão das massas, mais "irracional".[15] Em diversas formulações e de maneira sofisticada, a manipulação populista ganha uma grande ambiguidade, sendo tanto uma forma de controle do Estado sobre as massas/povo, como uma forma de atendimento de suas demandas, embora isso sempre ocorra de maneira ilusória e enganosa. Ou seja, o que se enfatiza é uma dimensão de mascaramento do discurso populista, justamente porque seu interlocutor é postulado como fraco politicamente e, diferentemente do que acontecera na Europa, não dispunha de tradições de luta etc. Mesmo assim, o discurso populista é, em parte, entendido como uma forma de acesso à participação política, devendo ser avaliado dessa maneira, a despeito dos prejuízos que traz às formas de organização autônomas e aos "verdadeiros" interesses dos setores populares a que se destina.

Esse talvez seja o ponto que melhor traduz a dificuldade, teórica e empírica, da utilização do modelo populista de dominação. Isso porque ele enfatiza, mesmo na versão que considera que há atendimento/inclusão social do povo/dos trabalhadores, uma ideia de manipulação política (como engano, equívoco e desvio). Por essa razão, tudo o que vem qualificado com o adjetivo populista acabaria por remeter a uma forte dimensão de controle do Estado sobre as massas/povo, negando-se ou minimizando-se um papel ativo para esse povo (trabalhadores, eleitores). Vale dizer, nessa interpretação não se valora a existência de um diálogo entre atores que, mesmo com recursos de poder muito diferenciados, seriam capazes de se apropriar e, assim, de reler as propostas políticas populistas, segundo seus interesses.

Considerar a existência desse diálogo abriria a possibilidade de se questionar uma dicotomia muito vigente nas formulações sobre o populismo:

a de autonomia *versus* heteronomia da classe trabalhadora ou de outro ator coletivo qualquer. Por meio dela, é explicada a ausência de lideranças "verdadeiras" entre os trabalhadores e sua "falta de consciência" ou a "consciência possível" a que têm acesso. Isto é, uma concepção de sujeito social que, por estar subordinado/dominado, perde sua capacidade de ação/reflexão. Esse aspecto torna-se particularmente importante quando vinculado à explicação do sucesso das lideranças populistas, em geral não oriundas da classe/grupo social a que se dirigem e, por isso mesmo, tendo o poder de colocar sob suspeita todos os que com elas se relacionam. Essa é a razão pela qual indivíduos ou grupos integrantes de setores operários que dialogam com tais lideranças costumam ser considerados ingênuos, inexperientes ou traidores da classe. Ser cooptado, nessa perspectiva, exclui uma relação de troca, esvaziando-se o sujeito alvo da ação de cooptação de qualquer poder (inclusive o de ter suscitado a cooptação), o que o transforma em objeto, por definição incapaz de ter voz e estratégias de negociação.[16]

O populismo no debate acadêmico

Como se vê, com essa plasticidade, amplitude e ambiguidade constitutivas, a categoria populismo se enraíza em um imaginário político internacional. O caso do Brasil e de outros países latino-americanos está longe de ser uma exceção. Provavelmente, também pela mesma razão, o debate sobre o populismo[17] tenha se enriquecido tanto com posições e argumentos que sustentam a utilidade de seu uso como com os que questionam seu poder explicativo. Esse é um debate complexo, que tem contribuído para o maior esclarecimento sobre as escolhas teóricas de autores e também sobre as alternativas de modelos de interpretação, envolvendo as relações entre Estado e sociedade civil; entre representantes e representados; e entre formas de representação e participação políticas, por exemplo. De maneira geral, nem os que buscam afirmar o valor da categoria por meio da realização de ajustes capazes de manter suas possibilidades analíticas, nem os que buscam se afastar de seu uso por considerá-la excessivamente ambígua e comprometida com valores acusatórios costumam trabalhar com esquemas simplistas.

No caso dos argumentos que sustentam o poder explicativo da categoria, destaca-se exatamente sua capacidade de abraçar experiências diversas no tempo e no espaço, em particular na América Latina, apontando para alianças entre líderes carismáticos e trabalhadores (urbanos e/ou rurais), sem necessariamente entender que tais trabalhadores são sujeitos passivos e subordinados/manipulados politicamente. Assim, a proposta de um "sistema político populista", envolvendo práticas e discursos políticos, além de uma legislação (social e trabalhista, com destaque), é defendida como de grande valia para se compreenderem fenômenos distintos, o que não deveria anular uma diferenciação entre experiências históricas através do tempo e do espaço latino-americano. Nessa vertente, o que se está destacando é a capacidade, própria da categoria, de reunir e abarcar, nomeando um amplo campo político-social, embora se reconheça que ela é marcada por grande ambiguidade.[18]

A argumentação que prefere se afastar do uso desse conceito questiona exatamente seu excessivo poder de abarcar a diversidade histórica por meio de um mesmo tipo de explicação. Tal característica, por reunir exemplos singulares sob a mesma categorização, ajudaria muito pouco a compreensão de experiências datadas e localizadas, o que deveria ser o objetivo precípuo do historiador. Ou seja, trata-se de uma abordagem teórica que está abrindo mão de noções que, por sua grande abrangência e ambiguidade, são percebidas como destituídas de poder para se compreender uma realidade social específica. Portanto, nesses casos, não se propõe substituir a noção de populismo por qualquer outra que tenha o mesmo perfil. Isto é, não se deseja cunhar outra categoria com a mesma amplitude e o mesmo apelo político-ideológico, uma vez que é exatamente esse o ponto incômodo, considerado pouco operativo para a análise histórica, que se debruça sobre um fenômeno político específico no tempo e no espaço. Peronismo, castrismo, nasserismo, getulismo, trabalhismo etc. não são e não devem ser entendidos como substitutivos – nem como substitutivos funcionais – de populismo. Tais categorias estariam sendo propostas justamente para se compreender uma realidade histórica específica e de duração limitada. Obviamente, esse entendimento e essa escolha teóricos nada têm a ver com o reconhecimento de que, como palavra, o populismo é e continuará sendo muito utilizado, circulando e até se reforçando no vocabulário da mídia e da política, no Brasil e no mundo.[19]

No caso do Brasil, existe um conjunto de autores e textos que podem ser usados para sistematizar essa última posição, na medida em que se afastam da noção de populismo para compreender as relações políticas construídas entre Vargas e os trabalhadores no Brasil dos anos 1930-1940, tendo como momento estratégico o Estado Novo.[20] Dessa forma, houve investimentos em formular uma proposta, em boa parte traduzida pela noção de pacto trabalhista, que permitiria compreender de maneira mais fina as relações tecidas entre Estado e classe trabalhadora, naquele período de tempo. Um período diagnosticado por boa parte da literatura como o das "origens" do populismo no Brasil, mas no qual ainda não era possível identificar o trânsito dessa palavra no vocabulário político. Isso só começaria a acontecer nos anos 1950, ganhando força na década de 1960 – portanto, não casualmente, durante o regime civil-militar, quando essa palavra designava e acusava a experiência liberal-democrática iniciada em 1946, assim como muitos de seus políticos, em especial, o presidente da República, João Goulart, e seu partido, o Partido Trabalhista Brasileiro (PTB).

A ideia de um pacto político expresso pelo discurso trabalhista, formulado e enunciado durante o Estado Novo – autoritário e intervencionista em assuntos econômicos e sociais –, traz diversas vantagens. Entre elas a de recusar a concepção de uma classe trabalhadora essencialmente boa, mas passiva e sem uma "verdadeira consciência", sendo por isso facilmente manipulada com promessas de falsos benefícios, por políticos populistas. O sentido básico que molda a noção de populismo – o vínculo entre um sujeito social identificado como povo e um indivíduo excepcional, que se comunica direta e unilateralmente com ele – é assim afastado. A noção de pacto trabalhista também envolve a implementação de políticas públicas diferenciadas, que são enunciadas por um discurso do Estado, por meio de sua burocracia, mas que são igualmente apropriadas pelos trabalhadores, de forma ativa.

Enfim, o que se quer destacar com tal abordagem teórica é a existência de uma relação dinâmica entre Estado e povo/classe trabalhadora, com conflitos e negociações, havendo entre eles uma circulação de ideias e de práticas políticas, permanentemente reinventadas através do tempo. Por isso mesmo, a construção desse pacto político não foi uma operação banal, mas plena de significados. Ao mesmo tempo, se reconheceu esse ator coletivo – os trabalhadores do Brasil –, desenvolvendo mecanismos que tanto buscavam uma interlocução política, como estimulavam sua mobilização, particularmente por meio da legislação trabalhista e previdenciária, apresentada como uma "dádiva", como uma "ação antecipatória". O Estado, encarnado na figura de seu chefe, era capaz de prever as necessidades e desejos do "povo brasileiro", obscurecendo, dessa forma, um passado de décadas de organização, lutas e demandas, em associações, nas ruas e também no Parlamento. O discurso trabalhista, materializado na proposta de cidadania como exercício dos direitos do trabalho, pode assim ser interpretado como um projeto de conceituação da política brasileira "fora" dos marcos da teoria liberal, desacreditada internacionalmente nos anos do entreguerras. Nessa proposta de pacto político entre representantes (o Executivo/o presidente da República) e representados (o povo/os trabalhadores), o que se valora é a ideia de cidadania centrada nos direitos sociais e não nos direitos políticos e civis.

Por isso, tais direitos sociais eram garantidos pelo Estado como uma forma de doação, que tinha uma dupla face: ao mesmo tempo obrigatória e generosa. Explorando o poder existente no ato de doar, entendido como retórica política e não mero indicador de manipulação, essa interpretação qualifica o pacto trabalhista como uma forma de "comunicação política" fundada na apresentação do "direito social como dádiva" capaz de produzir adesão e legitimidade. Ou seja, uma ideia aparentemente paradoxal – a de direito como favor –, que envolve um circuito de "dar, receber e retribuir" e que se faz por meio de uma lógica político-cultural abrangente, incompreensível dentro de cálculos políticos instrumentais. Por isso, assumindo-se a ótica dos trabalhadores, só analiticamente é possível separar a dimensão material dessas políticas (como a dos benefícios advindos da legislação social) de uma dimensão simbólica (os ganhos subjetivos de reconhecimento pelo patronato e pelo Estado).

Essa abordagem, centrada na "comunicação política" entre Estado e trabalhadores, seria incompatível com a noção de populismo, centrada na ideia da existência de lideranças orientadas basicamente pelo desejo de manipular o povo, que se deixa facilmente enganar. Dessa maneira, o pacto político expresso pelo discurso trabalhista, pela organização sindical corporativista e pela formação do PTB passa a ter uma história, que se transforma através do tempo. Se o trabalhismo foi inventado em determinado momento, tendo atores privilegiados e revelando investimento político cuidadoso e sistemático, ele se desdobrou para além do Estado Novo, afirmando-se e transformando-se no período da República de 1946 a 1964. Nesse sentido, distingue-se e afasta-se da noção de populismo, renunciando à sua abrangência e imprecisão o que, como se viu, é também responsável por seu grande poder de explicação e duração.

O Estado Novo e a transição do autoritarismo

Com o fortalecimento dessa abordagem teórica, tornou-se imprescindível investir em interpretações mais detalhadas sobre a dinâmica interna da política estado-novista, retomando-se a questão do tipo de orientação do regime, que combinava desmobilização e mobilização política da população. Uma possibilidade, como já mencionado, foi pensar o Estado Novo por meio de uma divisão em dois tempos. Num primeiro tempo, que iria de 1938 até 1942, teria prevalecido um autoritarismo desmobilizador, fundado basicamente no uso da coerção, via censura e repressão. Mas, a partir daí, poder-se-ia dizer que o Estado Novo experimentou um segundo tempo. Nele, sobretudo em função das transformações políticas ocorridas com o decurso da Segunda Guerra Mundial, as preocupações das elites dirigentes tiveram que se voltar para a construção de diretrizes mais mobilizadoras, tendo em vista o possível término do Estado Novo.

Para tanto, era fundamental a articulação de cuidadosos esforços ideológicos e organizacionais, visando à construção de um pacto político entre Estado e sociedade, fundado nas "grandes realizações" do regime e nas "qualidades excepcionais" de sua maior liderança: Getúlio Vargas. Foi para ressaltar a lógica e a importância desse pacto, bem como seus desdobramentos para além do término do Estado Novo, que se insistiu na compreensão desses dois tempos, entendidos sob os signos, primeiro, de uma repressão mais aberta e, em seguida, de estratégias combinadas de mobilização e controle social. Assim, durante os anos que vão de 1937 a 1941 o Estado Novo se configura com um perfil e, a partir de 1942, pode-se dizer que começa um "novo" Estado Novo. Entender a dinâmica dessa transformação ou transição do autoritarismo é capital, pois suas ambiguidades e heranças marcam não só o próprio Estado Novo do pós-1942, como toda a vida política brasileira do pós-1945.

O contexto dessa verdadeira estratégia política é o panorama internacional, ou seja, o desenrolar da Segunda Guerra Mundial. Desde fins de 1941, as pressões norte-americanas junto ao governo brasileiro tinham crescido muito, tornando impossível a manutenção de uma política equidistante em relação aos principais envolvidos no conflito. As demandas pelo alinhamento com os Estados Unidos partiam tanto de estudantes como de importantes lideranças políticas no interior do próprio governo, a exemplo do ministro das Relações Exteriores, Oswaldo Aranha. O clima geral do país e do Distrito Federal indicava um retorno às práticas de militância política e uma grande sensibilidade da população em relação ao esforço de guerra. Os militares não lhe eram hostis, já que o objetivo mais imediato da mobilização era o envolvimento do Brasil no conflito, com as decorrentes preocupações em relação à modernização das Forças Armadas e o papel de grande potência que o Brasil poderia almejar no pós-guerra. Por outro lado, a canalização das atividades econômicas para o esforço de guerra era de inteiro agrado do empresariado, interessado no aumento da produtividade econômica e da paz social, necessárias a um empreendimento que se traduzia na convocação de um exército de "soldados da produção".

Diante das alterações do quadro político, estavam definitivamente seladas as perspectivas de manutenção de um projeto autoritário como o implantado pelo golpe de 1937, o que estava longe de significar um automático afastamento dessa mesma elite das posições de liderança até então ocupadas no aparato estatal. O que entrava em pauta era a preparação para um processo de transição à liberal-democracia, que não devia suscitar impactos violentos. É nesse contexto que se passa a articular procedimentos de mobilização e controle social, a um só tempo, o que se traduziu, de forma mais bem-acabada, na invenção de um discurso trabalhista direcionado à construção de um pacto político entre Estado e povo/classe trabalhadora no Brasil, que marcaria a cultura política brasileira do pós-1945.

Esse pacto tinha, basicamente, duas dimensões: uma simbólica e outra organizacional. A dimensão simbólica dava significado ao próprio pacto e se materializava na construção de um discurso, que se propagava a partir do Ministério do Trabalho, Indústria e Comércio e se voltava para a classe trabalhadora, entendida como uma síntese de todo o povo brasileiro. O núcleo desse discurso, que *pari passu* desenhava a figura do "grande presidente Vargas" como interlocutor do povo brasileiro, é a divulgação da legislação que regulamentava o mercado de trabalho no Brasil e que vinha sendo elaborada e implementada desde os primeiros anos da década de 1930. Tal legislação – trabalhista, previdenciária e de organização sindical – era situada, ao lado de outras iniciativas governamentais, em especial na área econômica (como a criação de diversos Institutos – do Café, do Açúcar e do Álcool, do Mate –, da Companhia Siderúrgica Nacional, Fábrica Nacional de Motores etc.) e cultural (reformas educacionais, criação de instituições culturais, entre outros), como provas de uma nova orientação política, baseada no nacionalismo econômico e na justiça social.

Já a dimensão organizacional se traduzia pela criação de todo um instrumental institucional em que uma das faces era o modelo de sindicalismo corporativo, e a outra, seu acoplamento a um sistema político-partidário. No que diz respeito à adoção do corporativismo como modelo de organização de interesses, é bom recordar que, nesse contexto histórico, ele não só era entendido, internacionalmente, como uma alternativa à liberal-democracia e ao totalitarismo (fascista ou comunista), quanto como um verdadeiro oposto de ambos. A base desse modelo era a ampliação da participação do povo, organizado em associações profissionais de interesses que respondiam ao problema da incorporação de novos atores políticos à esfera pública. Por essa razão, tais associações precisavam ser estimuladas e reconhecidas legalmente pelo Estado, para então exercerem funções efetivas de canalização e vocalização dos interesses de um determinado grupo social.

Embora a construção desse pacto político, que demarca um novo momento do Estado Novo, comporte uma lógica de interesses materiais, é preciso não esgotá-la em explicações instrumentais, ancoradas na relação entre um Estado maquiavélico e todo-poderoso e uma classe trabalhadora desprovida de consciência e impulsão próprias, conforme discutido neste capítulo. Tal explicação ignora e subestima a dimensão simbólica da negociação política presente no pacto, por meio da qual se expressa o reconhecimento pelo Estado da identidade social e política dos trabalhadores/povo brasileiro. E é por meio desse reconhecimento que se abre o espaço da política à participação do trabalhador no espaço público, ainda durante o Estado Novo, mas, sobretudo, no pós-1945, quando a dinâmica de um regime liberal-democrático permitirá outras apropriações do trabalhismo e também do corporativismo sindical, quer por lideranças político-partidárias, quer por lideranças entre os trabalhadores.

Por tudo isso, a herança que o Estado Novo deixou é muito complexa por suas ambiguidades. Sem dúvida, esse foi um período de modernização da economia e da administração do Estado, com a implantação de novos órgãos e leis, além de procedimentos impessoais de acesso ao serviço público. Ele também deixou saldos favoráveis em termos de crescimento econômico, especialmente no setor industrial, que se fortaleceu ao lado do setor de serviços, desenvolvendo-se ainda mais nas décadas seguintes. Porém, tudo isso foi realizado com imensas restrições à cidadania civil e com a eliminação da cidadania política, devido à suspensão das práticas eleitorais e das garantias jurídicas fundamentais à segurança individual. Portanto, do ponto de vista democrático, a classe trabalhadora e o povo brasileiro perderam muito durante o Estado Novo, embora o país tenha se industrializado, modernizado e fortalecido internacionalmente. Dessa perspectiva, o período deixou-nos como legado um discurso antiliberal e antidemocrático, tão tentador como perigoso. O de que, no Brasil, só um Estado autoritário pode ser eficaz na promoção do desenvolvimento socioeconômico, sendo os procedimentos democráticos tão onerosos como inúteis, particularmente pela inépcia e corrupção dos "políticos profissionais". Esses seriam uma espécie de entidade distinta da tecnoburocracia, uma nova burocracia isenta desses males em função de seus conhecimentos especializados. Talvez este possa ser um bom ponto de finalização, pois na experiência vivida pelo país durante o regime civil-militar que se instaurou em 1964, o aprendizado foi claramente diverso. Estados autoritários podem ser extremamente ineficazes na promoção do desenvolvimento de um país, uma vez que costumam promover a concentração de renda e o aumento das desigualdades de todos os tipos. O autoritarismo, diminuindo a transparência de governos e impedindo a manifestação política da população, aumenta a inépcia e a corrupção política e burocrática, que cresce e se enraíza no aparato do Estado, sem controles e sem limites. Além de tudo isso e pelo mesmo motivo, regimes autoritários são incomensuravelmente mais violentos, privando os cidadãos de direitos que vão do *habeas corpus* à prisão e morte sob tutela do Estado. Assim, é sempre bom não esquecer as experiências autoritárias vividas pelo país, razão pela qual o Estado Novo será sempre um período muito estudado, com interpretações sistematicamente vistas e revistas.

Notas

1. Este capítulo foi escrito tendo como referências uma série de artigos, capítulos e livros por mim produzidos desde os anos 1970-1980-1990. Entre eles, destaco o livro *A invenção do trabalhismo*, minha tese de doutorado, publicada em primeira edição em 1989, e o capítulo "Estado Novo: ambiguidades e heranças do autoritarismo", em Rollemberg e Quadrat (2010), elaborado em 2007, quando o Estado Novo fazia 70 anos. Porém, a base deste capítulo é meu artigo, aqui revisto e ampliado, "Estado Novo: o debate sobre o populismo no Brasil". *Sinais Sociais*, v. 25, SESC, maio-agosto 214, pp. 9-38.
2. A primeira grande contribuição historiográfica que tomou a revolução de 1930 como objeto, influindo decisivamente em sua compreensão, foi o livro de Fausto, Boris. *A Revolução de 1930:* história e historiografia, São Paulo: Brasiliense, 1970. Uma análise sobre esse livro foi feita por Gomes, Angela de Castro. "História e historiografia de *A Revolução de 1930*", em Gomes, Angela de Castro (org.). *Leituras críticas sobre Boris Fausto*, Belo Horizonte: Ed. UFMG/ São Paulo, Ed. Perseu Abramo, 2008, pp. 13-48. Nos anos 1980 e 1990 outros autores retomam e enriquecem a análise de Fausto, não cabendo aqui discutir tal literatura. Assinalo, apenas como exemplo, um livro que organizei: *Regionalismo e centralização política:* partidos e Constituinte nos anos 30, Rio de Janeiro: Ed. Brasiliense, 1980.
3. Desejo deixar claro que tais observações foram esposadas por mim desde o fim dos anos 1970, mas não são exclusividades minhas. Um conjunto importante de autores aprofundou esse mesmo tipo de análise.
4. Essa é uma das teses centrais do livro *A invenção do trabalhismo*, cuja primeira edição é de 1988.
5. Sobre a Constituinte de 1933-1934, ver Gomes, Angela de Castro: "Confronto e compromisso no processo de constitucionalização (1930-1935)", em Fausto, Boris (org.). *O Brasil Republicano*, Sociedade e Política (1930-1964), v. 3, Coleção HGCB, São Paulo: Ed. Difel, 1981, pp. 9-75.

6. O livro tem uma segunda edição da Universidade de Brasília, em 1981, publicada na Coleção Pensamento Político Republicano. É esse o texto geralmente usado pelos estudiosos, enriquecido pelo prefácio de Bolívar Lamounier.
7. Gomes (2012).
8. Lamounier (1977).
9. Santos (1979).
10. Gomes (2002). A referência é Girardet (1987).
11. Praticamente toda a variada literatura que trabalha com a chamada Era Vargas faz esse tipo de combinatória, especialmente ao tratar das ambiguidades do Estado Novo. Ver, para tanto, a análise de Maria Helena Capelato em capítulo neste volume e os numerosos capítulos do livro de Pandolfi (1999).
12. Ver "O redescobrimento do Brasil" capítulo do livro de Gomes, Angela de Castro. *A invenção do trabalhismo*, 3ª ed. Rio de Janeiro: 2005 (primeira edição de 1989).
13. Capelato (1998) não abraça a terminologia populismo e populista, sendo um excelente exemplo da dinâmica do varguismo e do peronismo em suas faces de comunicação política com amplas camadas populares.
14. Weffort, Francisco. *O populismo na política brasileira*, Rio de Janeiro: Paz e Terra, 1978. Vale lembrar que esse tipo de explicação é muito presente em trabalhos que analisaram o movimento sindical produzidos nos anos 1950-1960-1970.
15. *Idem*.
16. Um livro que trabalha de forma sofisticada com a categoria de cooptação e com a de negociação é de autoria de Almeida (1996).
17. Ver Ferreira (2001).
18. O conceito é retomado e discutido, por exemplo, nas conclusões de Fortes (2004).
19. No momento em que concluo este capítulo, leio em *O Globo* de 16 de março de 2017, na página 26, a seguinte manchete sobre as eleições na Holanda: "Freio no populismo: extrema direita tem menos votos que o esperado, e premier mantém a liderança". Nesse mesmo dia, em entrevista ao canal Globo News, Mark Rutte, vitorioso no pleito, qualifica a derrota do Partido para a Liberdade (PVV) como uma derrota de um populismo equivocado/errado.
20. Ver na bibliografia os livros de Angela de Castro Gomes, Jorge Ferreira e Maria Helena Capelato, entre outros.

Bibliografia

Almeida, Maria Hermínia Tavares. 1996. *Crise econômica e interesses organizados:* o sindicalismo brasileiro dos anos 80. São Paulo: Edusp.

Bobbio, Norberto; Matteucci, Nicola; Pasquino, Gian Franco. 1995. *Dicionário de política*, 2 v. Brasília: UnB.

Camargo, Aspásia *et al.* 1989. *O golpe silencioso*. Rio de Janeiro: Rio Fundo.

Capelato, Maria Helena. 1998. *Multidões em cena:* propaganda política no varguismo e no peronismo. São Paulo: Papirus.

Di Tella, Torcuato *et alii*. 1990. *Diccionario de ciências sociales y políticas*, Buenos Aires: PuntoSur.

Fausto, Boris. 1970. *A revolução de 1930:* história e historiografia. São Paulo: Brasiliense.

______. 2001. *O pensamento nacionalista autoritário*. Rio de Janeiro: Zahar.

Ferreira, Jorge (org.). 2001. *O populismo e sua história:* debate e crítica. Rio de Janeiro: Civilização Brasileira.

______. 2011. *Trabalhadores do Brasil:* o imaginário popular, 2ª ed. Rio de Janeiro: 7 Letras/Faperj (primeira edição de 1997).

Fortes, Alexandre. 2004. *Nós do quarto distrito:* a classe trabalhadora porto-alegrense na Era Vargas. Rio de Janeiro: Garamond.

______ *et alii*. 1999. *Na luta por direitos:* estudos recentes em história social do trabalho. Campinas: Ed. Unicamp.

French, John. 2001. *Afogados em leis:* a CLT e a cultura dos trabalhadores. São Paulo, Fundação Perseu Abramo.

Gertz, René. 1991. *O feixe e o prisma:* uma revisão do Estado Novo, v. 1. Rio de Janeiro: Zahar.

Girardet, R. 1987. *Mitos e mitologias políticas*. São Paulo: Companhia das Letras.

Gomes, Angela de Castro. 1980. *Regionalismo e centralização política:* partidos e Constituinte nos anos 30. Rio de Janeiro: Brasiliense.

______. 2001. "O populismo e as ciências sociais no Brasil: notas sobre a trajetória de um conceito". In Ferreira, Jorge (org.). *O populismo e sua história:* debate e crítica. Rio de Janeiro: Civilização Brasileira.

______. 2002. "Reflexões em torno de populismo e trabalhismo", *Várias Histórias*. Belo Horizonte, n. 28.

______. 2005. *A invenção do trabalhismo*, 3ª ed. Rio de Janeiro: FGV (primeira edição de 1989).

______. 2005. "História, historiografia e cultura política no Brasil; algumas reflexões". In Soihet, R.; Bicalho, F.; Gouvêa, F. (orgs.). *Culturas políticas:* ensaios de história cultural, história política e ensino de história. Rio de Janeiro: Mauad.

______. 2008. "História e historiografia de *A revolução de 1930*". In Gomes, Angela de Castro (org.). *Leituras críticas sobre Boris Fausto.* Belo Horizonte: Ed. UFMG/São Paulo, Ed. Perseu Abramo.

______. 2010. "Estado Novo: ambiguidades e heranças do autoritarismo". In Rollemberg, Denise; Quadrat, Samantha (orgs.). *A construção social dos regimes autoritários:* legitimidade, consenso e consentimento, Brasil e América Latina. Rio de Janeiro: Civilização Brasileira.

______. 2012. "A apropriação de *O século do corporativismo,* de Michael Manoilesco, no Brasil de Vargas (1930/40)", *Sociologia & Antropologia.* Rio de Janeiro, v. 2, n. 4.

______. (org.). 2013. *Olhando para dentro:* 1930-1964 (Coleção Brasil Nação, v. IV). Rio de Janeiro: Objetiva.

______. 2014. "Estado Novo: o debate sobre o populismo no Brasil", *Sinais Sociais,* v. 25, SESC, maio-agosto.

Koselleck, R. 2006. *Futuro passado:* contribuições à semântica dos tempos históricos. Rio de Janeiro: Contraponto/PUC-Rio.

Lamounier, Bolívar. 1977. "Formação de um pensamento autoritário na Primeira República: uma interpretação". In Fausto, Boris (org.). *História geral da civilização brasileira,* t. III, v. 2.

Oliveira, Lúcia L.; Velloso, Mônica P.; Gomes, Angela de Castro. 1982. *Estado Novo:* ideologia e poder. Rio de Janeiro: Zahar.

Pandolfi, Dulce (org.). 1999. *Repensando o Estado Novo.* Rio de Janeiro: FGV.

Santos, Wanderley Guilherme. 1978. *Ordem burguesa e liberalismo político.* São Paulo: Duas Cidades.

______. 1979. *Cidadania e justiça.* Rio de Janeiro: Campus.

7. Estado, classe trabalhadora e políticas sociais

*Maria Celina D'Araujo**

As relações do Estado brasileiro com o movimento operário e sindical, bem como as políticas públicas voltadas para as questões sociais durante o primeiro governo da Era Vargas (1930-1945), são temas amplamente estudados pela academia brasileira em seus vários aspectos. São também os temas mais lembrados pela sociedade quando se pensa no legado varguista. Foi nesse período que se veiculou ostensivamente a existência de políticas sociais voltadas apenas para a população trabalhadora urbano-industrial, embora não tivesse brotado ali a iniciativa estatal na regulação do mercado de trabalho ou na previdência social. Mas certamente nascia, nesse período, uma nova forma de regulação das relações capital-trabalho cuja legitimidade foi garantida para além do tempo histórico conhecido como Era Vargas.

Graças à historiografia estado-novista, à propaganda política, mas também ao seu carisma pessoal, Vargas passou para a história com uma imagem positiva no que toca à temática aqui abordada: "patrono" da legislação social, "pai dos pobres", benfeitor, estadista que *outorgou* os direitos ao trabalhador brasileiro. Os estudos têm mostrado as limitações dessas imagens, mas também têm apontado para uma mudança na cultura brasileira a partir de então. O que pretendemos aqui é examinar essas mudanças e seus impactos sobre a organização do trabalho na sociedade brasileira. Não se trata de analisar a genialidade ou o oportunismo político de um presidente,

* Professora do departamento de Ciências Sociais da Pontifícia Universidade Católica do Rio de Janeiro.

mas entender um processo maior de transformação que estava em voga: a transição de uma economia tipicamente rural para uma urbano-industrial, dentro de uma perspectiva de desenvolvimento econômico orientada por um Estado de recorte corporativista.

Vargas liderou, como presidente da República, essa transição e associou, de maneira indelével, seu nome à modernização social. De outra parte, sua gestão também ficou associada a autoritarismo político. Mais do que isso, produziu-se, de forma hábil e convincente, uma ideologia de que a democracia política era incompatível com a resolução dos conflitos sociais e de que só o Estado estaria apto a dar as soluções cabíveis nesses casos. Construiu-se, portanto, uma doutrina que associou autoritarismo a direitos ou que, pelo menos, subestimou a democracia política como recurso eficaz para garantir os direitos dos trabalhadores ou até mesmo o crescimento econômico.

Ao longo da história foi se firmando também a impressão de que tudo o que pudesse ser alterado na legislação produzida nesse período estaria, por definição, associado a uma mutilação de direitos. A partir da década de 1990, quando ganha fôlego no Brasil a discussão em torno da possível modernização das relações de trabalho, a Consolidação das Leis do Trabalho (CLT), de 1943, foi recorrentemente lembrada como patrimônio do trabalhador. Foi por ser assim considerada que parte de seus dispositivos já havia, antes, sido incorporada à Carta de 1988.

Falaremos de sindicatos, de política sindical e de legislação social, aspectos aqui separados para efeito de análise, embora muitas vezes, como mostra Santos (1987), essa separação seja apenas metodológica. Na prática, direitos sociais, no Brasil, foram inicialmente, e por muitas décadas, associados a direitos do trabalhador inserido no mercado formal. Por isso mesmo iremos lidar com um dos temas mais sensíveis da sociedade brasileira ainda nos dias de hoje: construção de direitos e de garantias para o trabalhador. Paralelamente, examinaremos como o Estado brasileiro se equipou institucionalmente para formular e implementar as políticas sociais que introduziriam e viabilizariam esses direitos.

Os sindicatos de trabalhadores foram objeto de variados e detalhados estudos. Essas pesquisas apontam para diferentes visões e procuram demonstrar vários pontos de vista: dependência do sindicato em relação ao Estado; autonomia ou heteronomia da classe trabalhadora; controle e repressão sobre os trabalhadores ou sua iniciativa política; ascendência do Partido Comunista ou dos comunistas sobre o trabalho organizado; efeitos deletérios ou positivos do populismo; mazelas (ou benefícios) do peleguismo; influências do corporativismo etc. De comum a todos esses estudos fica a impressão de que, para o bem ou para o mal, os anos 1930 marcam o início de uma novidade política e institucional no mundo do trabalho: a regulação e o controle estatal nas relações entre capital e trabalho. E que essa novidade ficou intimamente ligada a tudo o que o país produziu desde então em termos de políticas sociais.

Sindicatos e estrutura corporativa

Quanto aos sindicatos, é importante lembrar, em primeiro lugar, que se destinaram apenas a regular os interesses do trabalho no setor urbano, o que representava cerca de 3% da população trabalhadora de então (Rose, 2001). Em segundo lugar, que a regulação produzida nessa fase da Era Vargas atingia patrões e empregados. Ou seja, a estrutura sindical montada destinava-se a enquadrar e a regular a representação das atividades vinculadas a capital e a trabalho, ou seja, das relações entre o mundo das empresas e dos empresários e o dos trabalhadores.

O modelo doutrinário que inspirou o sindicalismo brasileiro foi o corporativismo. No início do século XX, a doutrina corporativista ganhava vigor em vários países e era apresentada como alternativa tanto para o capitalismo quanto para o socialismo.[1] O capitalismo era apontado pelos teóricos do corporativismo como um modelo econômico e social gerador de desigualdades, mas principalmente fomentador de conflitos e de lutas entre as classes, o que por sua vez criava instabilidade, crises financeiras, miséria e guerras. O Estado capitalista era entendido como um agente fraco, débil, sem iniciativa e, portanto, incapaz de fazer correções na sociedade, no mercado e na produção. O socialismo, por seu turno, era condenado, entre outras coisas, por impor pela força o que seria uma falsa igualdade social, por pregar o materialismo e, ainda, por negar valores tradicionais das culturas e das religiões ocidentais. A ditadura do proletariado, que assustava o mundo liberal, era percebida pelo corporativismo como uma solução equivocada, pois geraria novas formas de opressão e de conflito.

Diante desse diagnóstico, a proposta corporativa era apresentada como uma saída intermediária entre esses dois sistemas. Com ela, buscava-se manter as hierarquias mas diminuir as desigualdades sociais; evitar o conflito e banir a luta de classes; gerar harmonia social, progresso, desenvolvimento e paz. Para tanto, o Estado precisaria ser investido de mais poder. Os partidos e as organizações políticas típicas da política liberal, concebidos como responsáveis pelos conflitos, deveriam ser substituídos por novas organizações que produzissem o consenso. Na proposta corporativista caberia ao Estado, através de sua elite dirigente, definir novas formas de organização e de participação. Dentro dessa preocupação julgava-se que as sociedades deveriam ser organizadas a partir dos grandes ramos da produção econômica, o que por sua vez definiria, no plano macro, os interesses mais amplos da sociedade. Isso fica bem expresso nas palavras de Getúlio:

> Examinando detidamente o fator econômico de maior predominância na evolução social, penso não errar afirmando que a causa principal de falharem todos os sistemas econômicos, experimentados para estabelecer o equilíbrio das forças produtoras, se encontra na livre atividade permitida à atuação das energias naturais, isto é, falta de organização do capital e do trabalho, elementos dinâmicos preponderantes no fenômeno da produção, cuja atividade cumpre, antes de tudo, regular e disciplinar (Vargas, 1938, v. 3, p. 116).

O corporativismo, de maneira geral, procurava resgatar a ideia das corporações existentes na Idade Média, período entendido por essa doutrina como exemplar em termos de conciliar hierarquia social, religião e ordem estabelecida. Dessa referência às corporações medievais vieram os nomes corporativo, corporativismo. Apesar desse apelo comum, há que se lembrar que a ideia geral sobre o que seria um novo Estado sofreu adaptações nos vários países onde o corporativismo teve adeptos. Dessa maneira, o Estado Novo de Antônio de Oliveira Salazar (1928-1974), em Portugal, não foi igual ao Estado Novo de Vargas (1937-1945) ou às outras experiências conservadoras ou nazifascistas na Europa. Todos tiveram uma fonte inspiradora comum, mas ajustes foram realizados no sentido de adaptar a doutrina à realidade ou aos desejos de cada caso.[2]

Para a doutrina corporativa a população deveria colaborar com o governo, e a melhor forma de se expressar essa colaboração seria através de atividades cívicas e econômicas, e não de ações político-partidárias. As divergências ideológicas deviam ser banidas, o governo formularia as diretrizes para a nação e caberia a todos colaborar nesse esforço. Ainda segundo Getúlio,

> O individualismo excessivo, que caracterizou o século passado, precisava encontrar limite e corretivo na preocupação predominante do interesse social. Não há nessa atitude nenhum indício de hostilidade ao capital, que, ao contrário, precisa ser atraído, amparado e garantido pelo poder público. Mas o melhor meio de garanti-lo está, justamente, em transformar o proletariado numa força orgânica de cooperação com o Estado (Vargas, 1938, v. 2, pp. 97-98).

Para Vargas,

> a complexidade dos problemas morais e materiais inerentes à vida moderna alargou o poder de ação do Estado, obrigando-o a intervir mais diretamente, como órgão de coordenação e direção, nos diversos setores da atividade econômica e social (Vargas, 1938, v. 3, pp. 135-136).

Julgava-se que, se a sociedade fosse ordenada em grandes áreas de atividade, seria mais factível conciliar interesses do capital e do trabalho. Dentro dessa concepção os sindicatos seriam, para o corporativismo, as modernas corporações que cumpririam esse papel organizador. No caso do Brasil, para cada profissão haveria um e apenas um sindicato de trabalhadores. A lógica do modelo, a partir de 1939, não permitia a pluralidade sindical. Do lado dos empresários também haveria uma vasta rede de sindicatos reunindo empresas que tivessem atividades afins. Dessa maneira buscava-se que todos os interesses e preocupações de uma área tivessem um único canal de expressão.

A CLT, dentro dessa vocação doutrinária, estabeleceu oito grandes ramos de atividade aos quais corresponderiam uma confederação de trabalhadores e uma de empregadores. Eram eles comércio; indústria; transporte marítimo, fluvial e aéreo; transporte terrestre; comunicação e publicidade; crédito; educação e cultura; profissões liberais. Esse formato ficará mais claro no decorrer do artigo. Os sindicatos dessa rede eram considerados órgãos privados, com funções públicas, e ficavam diretamente subordinados ao governo por meio do Ministério do Trabalho. Seriam organizados, pelo menos, no plano municipal, haveria federações no plano estadual e confederações no nível federal. Na ponta, ainda no caso do Brasil, o Ministério do Trabalho seria o agente regulador de toda essa rede organizativa, padrão que vigorou até a Constituição de 1988.

O corporativismo, por essa razão, é caracterizado por sua forma vertical de organização. Esta se faz de cima para baixo e, lá na base, cada indivíduo é concebido como parte do Estado, posto que pertence a uma única organização que é parte da máquina estatal. Esse corporativismo estatal prega não haver lugar para interesses particulares, disputas políticas, e onde se impôs, o fez de forma autoritária. Também entre nós a principal meta era acabar com o conflito político, silenciar as diferenças ideológicas. Por essas e outras razões, o corporativismo estatal representou uma das mais sofisticadas e autoritárias formas de governo que já se conheceu.

Nosso modelo sindical foi, assim, construído visando ao controle social que pudesse levar à construção de um país harmonioso e pacífico. Visava a impor uma filosofia social em contraposição à filosofia individualista do liberalismo ou à filosofia classista do socialismo. Tinha também como meta criar atrativos para os trabalhadores saírem do campo e se dirigirem ao trabalho industrial nas cidades. Nos anos 1930, o Brasil era um país rural e a maior parte da população (75%) ainda estava no campo. A legislação sindical, ao criar alguns direitos apenas para os trabalhadores urbanos, introduzia uma maneira de tornar o trabalho industrial mais atrativo. Além disso, e talvez o mais importante, por meio dos sindicatos, o governo tinha instrumentos poderosos para controlar as atividades desses trabalhadores, evitar greves ou até mesmo silenciar o movimento operário. Ou seja, com uma das mãos o governo reconhecia os sindicatos como instrumentos de organização, uma velha demanda dos trabalhadores em todo o mundo, e, com a outra, criava restrições para que esses sindicatos pudessem ser usados pelos trabalhadores como instrumentos de reivindicação e de mobilização.

A visão oficial do governo acerca dos sindicatos e seu papel está bem expressa no discurso do ministro Lindolfo Collor, que, mesmo sem ser um doutrinário corporativista, partilhava da ideia de o Estado ser o agente de regulação dos conflitos entre capital e trabalho. Segundo suas palavras,

> nem os operários nem os patrões têm o direito, por mais justos que sejam seus interesses e reivindicações, de perder de vista a própria sorte do país, que é o que está em jogo e deve preocupar a atenção de todos nós [...]. É tempo de substituirmos o velho e negativo conceito de *lutas de classes*, pelo novo, construtor e orgânico, de colaboração de classes [...]. Tanto o capital como o trabalho merecem e terão o amparo e proteção do Governo. As forças reacionárias do capital e as tendências subversivas do operariado são igualmente nocivas à Pátria e não podem contar com o beneplácito dos poderes públicos.[3]

As leis sindicais de 1930 a 1945

Os sindicatos surgiram no mundo no decorrer do século XIX, quando a Revolução Industrial se consolidava. A sociedade industrial alterara profundamente a maneira como as pessoas viviam, trabalhavam e moravam. Foi para fazer frente às adversidades que advinham desse modelo, especialmente no que toca aos baixos salários e às precárias condições de saúde e assistência social, que os trabalhadores começaram a organizar seus sindicatos, por meio dos quais iriam reivindicar uma agenda de direitos que incluía melhores salários, redução da jornada de trabalho, direito de greve, seguro para acidentes de trabalho, seguro de saúde, férias, aposentadoria, adicionais de insalubridade, regulações específicas para o trabalho de menores etc.

No Brasil não foi diferente. Desde o fim do século XIX, a atividade sindical começara entre nós com várias tendências políticas, entre elas a socialista e a anarquista, e várias greves importantes ocorreram no país, desde o início do século XX até meados da década de 1930. Datam ainda da virada do século XIX para o XX as primeiras leis sociais e sindicais que, em geral, beneficiam os funcionários públicos, aos poucos vão se estendendo aos funcionários das empresas privadas, e vão ganhando uma ação mais focal, voltada, por exemplo, para o trabalho da mulher e do menor. O Poder Legislativo foi sensível às pressões do tempo e, em 1917, foi criada a Comissão de Legislação Social na Câmara dos Deputados com a finalidade de examinar o que deveria ser feito em termos de uma legislação trabalhista para o país. Passo decisivo nessa direção foi dado, em 1923, com a Lei Eloy Chaves, que criava a Caixa de Aposentadorias e Pensões dos Ferroviários. As "caixas" se expandiram para outras categorias profissionais, e em 1926 já existiam 33 dessas instituições. Em 1930 eram 47, atendendo 8.000 aposentados e 7.000 pensionistas, e em 1932 pularam para 140, cobrindo 190.000 segurados ativos, 10.000 aposentados e 9.000 pensionistas (Santos, 1987). Outro passo decisivo nesse campo foi a criação do Conselho Nacional do Trabalho, em 1923, com diferentes funções e vinculado ao Ministério da Agricultura, Indústria e Comércio. O conselho tinha também um braço jurídico, pois funcionava como instância recursal nos inquéritos administrativos quando se tratava de apuração de falta grave cometida por funcionário que tivesse mais de dez anos de serviço nas empresas ferroviárias. Ou seja, gradativamente, os poderes públicos – Executivo e Legislativo – iam se tornando sensíveis à questão social e buscando maneiras de contornar os desafios. Ainda antes de 1930, algumas categorias profissionais começam a ser beneficiadas com leis de proteção contra acidentes de trabalho, e a lei de férias foi se expandindo para várias categorias.[4] Em 1927 surgiu ainda outro Código de Menores, só regulamentado em 1933.

Nessa rápida retrospectiva na política social anterior a 1930 convém lembrar alguns dados importantes. Em primeiro lugar, a legislação nessa área mostra que já havia preocupação do governo com o tema e que não é apropriado, portanto, dizer que a questão social apenas começou a ser tratada pelo governo depois de Getúlio. A esse respeito tornou-se célebre uma ideia gerada na Era Vargas, de que, antes de 1930, a questão social era um "caso de polícia" – e não objeto de políticas públicas. O segundo dado é que, apesar de extensas em benefícios, o governo não dispunha de recursos para garantir e fiscalizar a aplicação dessas leis nas fábricas. Esse não era, contudo, um fenômeno tipicamente brasileiro nem, no Brasil, foi exclusivo dessa época. No mundo todo, inclusive na Europa e nos Estados Unidos, decorreu algum tempo até que o patronato e o próprio governo viessem a considerar seriamente a questão social, o que de fato só ocorreu mais sistematicamente depois da Segunda Guerra. Mas é certo também que o governo Vargas foi mais eficaz nessa área do que os anteriores.

Finalmente, temos de lembrar que essas leis foram conseguidas graças, principalmente, aos esforços dos trabalhadores e da sociedade brasileira e não apenas ao pioneirismo do Estado. Nesse sentido, a ideia veiculada no Estado Novo de que a legislação trabalhista fora outorgada por um Estado protetor deixa de lado uma tradição organizativa e reivindicativa. E as razões para apagar essa memória eram políticas. O sindicalismo brasileiro, com forte influência do trabalhador estrangeiro, particularmente em São Paulo e no Rio de Janeiro, esteve ligado em suas origens a várias tendências políticas, entre elas a socialista, a anarquista e a comunista, matrizes ideológicas que governo e empresariado tentavam barrar. A contenção da influência do trabalhador nas fábricas e a valorização do trabalho nacional ficam explícitas pela Lei dos 2/3, de 12 de dezembro de 1930, regulamentada pelo Decreto n.º 20.291, de 12 de agosto de 1931. Essa lei impedia que cada empresa tivesse mais de um terço de trabalhadores estrangeiros. A regulação do mercado de trabalho era feita em várias frentes e a nacionalização do trabalho era uma forma de quebrar a influência estrangeira entre os trabalhadores. A Lei dos 2/3 procurava, ainda, evitar que empresas de propriedade de estrangeiros preterissem o trabalho nacional.

A Revolução de 1930 marcou o início da intervenção direta do Estado nas questões vinculadas ao mundo do trabalho. Marcou também o fim da autonomia do movimento sindical e o início da vinculação sistemática dos sindicatos ao governo via Ministério do Trabalho, aliás, criado, ainda em novembro de 1930, com essa preocupação. Com a criação desse ministério, o Poder Executivo tomava diretamente para si a formulação e a execução de uma política trabalhista. Saiu dali a primeira lei sindical, em 1931, o Decreto n.º 19.770, estipulando que os sindicatos fossem reconhecidos pelo Ministério do Trabalho, Indústria e Comércio. Já nessa ocasião estabelecia-se que um único sindicato teria o monopólio da representação para toda uma categoria de trabalhadores na mesma localidade geográfico-administrativa. Composto de 21 artigos, o decreto se notabilizava em quatro aspectos: organização sindical regulada pelo Estado; neutralidade política; autonomia limitada e unicidade sindical.[5]

Os sindicatos passavam a ser órgãos de colaboração com o Estado e qualquer manifestação política ou ideológica ficava proibida. A lei, por sua vez, também proibia que os patrões impedissem os trabalhadores de se sindicalizar ou que os punissem em função disso. Havia um esforço do governo em promover a sindicalização ao mesmo tempo que procurava expurgar qualquer traço de preferência política, especialmente as do campo da esquerda.

As antigas organizações de trabalhadores tinham de se adaptar a esse formato corporativo. Cabia-lhes defender junto ao governo os interesses econômicos, sociais e legais de uma categoria profissional, elaborar contratos, manter cooperativas e prestar serviços sociais. Um mínimo de três sindicatos poderia criar uma federação sindical no plano estadual e um mínimo de cinco federações poderia criar uma confederação em plano nacional. Pelo menos dois terços dos membros de um sindicato deveriam ser brasileiros natos, os estrangeiros só seriam aceitos como minoria nos cargos de direção e qualquer propaganda ou vinculação política era expressamente proibida.

Foi na área sindical, portanto, que o governo Vargas mais inovou, mas essas inovações não foram impostas sem resistência do trabalhador e de seus sindicatos. O governo correspondeu à contestação operária com repressão e violência policial, intensificada a partir do levante comunista de 1935. Um fator de estímulo à densidade sindical no início da década foi o Código Eleitoral de 1932, que estabeleceu a representação classista na Constituinte. Ao lado da bancada proporcional haveria uma, de trabalhadores e empregadores, representando os ramos da produção do país. A Constituinte foi composta por 214 representantes, entre eles 40 classistas distribuídos da seguinte forma: 18 empregados, 17 empregadores, três profissionais liberais, dois funcionários públicos (Gomes, 1979).

Essa lei sindical foi alterada em função do conteúdo da Constituição de 1934, que criara uma pluralidade sindical limitada. O Decreto n.º 24.694, de 1934, determinava uma pluralidade sindical desde que cada sindicato agrupasse pelo menos um terço de uma dada categoria profissional, limitava a intervenção do Estado nos sindicatos a um prazo máximo de seis meses mas mantinha a prerrogativa estatal do reconhecimento sindical. Mantinha-se o que passou a ser chamado pelos especialistas de "investidura sindical" (Rodrigues, 1968).

Vemos que num prazo de quatro anos duas estruturas sindicais foram debeladas (a de 1931 e a anterior a ela), o que significa, na prática, impor, de maneira unilateral, a descontinuidade na organização dos trabalhadores (Martins, 1979). O decreto de 1934 também terá vida curta. Em decorrência da ditadura do Estado Novo, instaurada em 1937, novos procedimentos são pensados em relação ao controle sindical. O Decreto-Lei n.º 1.402, de 1939, restaura a unicidade sindical de 1931, ou seja, o monopólio da representação por meio do sindicato único por categoria profissional. O sindicato continuava como uma figura de direito público, afeita a servir aos interesses públicos e coletivos, e não ao grupo particular que representava. Nascia e vivia à sombra do Estado, sua origem e extinção eram decisões estatais. O formato corporativo ganhava detalhes que o compatibilizavam com a Carta de 1937. Constrói-se uma pirâmide corporativa, com as atividades econômicas reunidas duas a duas, empregadores e trabalhadores de uma mesma área de atividade, de forma simétrica, desaguando dentro do ministério.[6]

Esse decreto, pela primeira vez, proibia explicitamente as greves e ainda dava ao governo o direito de controlar as contas, as eleições e as atividades administrativas sindicais (Moraes Filho, 1978). Com poucas mudanças, esse controle do Estado sobre o sindicato durou até a Constituição de 1988, que no entanto manteve o sindicato único.

Em 1940 foi criado o Imposto Sindical, uma contribuição compulsória de um dia de trabalho de cada trabalhador para o sindicato de sua categoria, mesmo para os não sindicalizados. Mantido até os dias de hoje, esse imposto foi uma fonte segura de financiamento estatal, via tributação sobre o trabalhador, a essa ampla estrutura sindical então montada (Gomes e D'Araujo, 1993).

O sindicato único, modalidade de organização sindical que se enraizou entre nós e foi mantida pela Carta de 1988, tem vários defensores, à esquerda e à direita. Na lógica da esquerda, tem sido visto como uma forma vantajosa de organização para a classe trabalhadora, pois evitaria as cisões de classe. Partilhando a noção de que a "união faz a força", juntos, os trabalhadores teriam mais expressividade nas reivindicações. Para os setores conservadores, temerosos da força que um movimento grevista pudesse tomar, o sindicato único, vinculado diretamente ao Estado, era garantia de controle público e de limitações legais às capacidades de iniciativa e reivindicatória dos trabalhadores – era garantia de paz social. Para os críticos da lei essa determinação reduziria a capacidade de iniciativa dos sindicatos, acomodaria os dirigentes e tiraria dos trabalhadores a possibilidade de criar organizações alternativas mais representativas para a defesa de seus direitos.

A Consolidação das Leis do Trabalho, aprovada em 1º de maio de 1943, mas que só entra em vigor em 10 de novembro do mesmo ano, sintetiza, como vimos, esse modelo corporativo de controle e lhe dá sistematicidade. Como impressões mais gerais dessa legislação é sempre bom lembrar alguns dos objetivos a que se propôs e seu sucesso a respeito. A CLT evita na prática, e de várias maneiras, a solidariedade de classe. Uma delas estabelecendo que um sindicato responderia apenas por uma categoria profissional, isto é, proibindo uma articulação horizontal dos trabalhadores. Proibia também que sindicatos pudessem se unir em alguma reivindicação. E, para facilitar essa política de isolar as profissões entre si, foram criadas datas-bases distintas para cada categoria. Com isso procurava-se evitar a articulação intersindical e limitar o diálogo do sindicato apenas ao patronato e ao governo. Era, nos dizeres da propaganda estado-novista, uma forma de evitar a luta de classes, dando voz ao trabalhador dentro do próprio Estado.

Pesando os prós e os contras, a sociedade brasileira acabou aderindo ao modelo varguista de sindicato único, burocratizado e estatalmente controlado, e nesse aspecto a Era Vargas teve uma sobrevida inesperada. O legado sindical getulista ainda é sentido pela maioria dos representantes de trabalhadores como o mais adequado às necessidades do trabalhador brasileiro.

Formas de controle sindical, de financiamento e "pelego"

Um dos temas mais lembrados pela bibliografia é o da dependência do sindicato em relação ao Estado. A partir de 1939 essa dependência, bem definida pela legislação, é operacionalizada de várias maneiras e fica explicitada, basicamente, em seis aspectos. Em primeiro lugar, apenas associações profissionais registradas no Ministério do Trabalho poderiam ser reconhecidas como sindicatos. O ministério expedia carta de reconhecimento sindical para uma categoria, estipulando sua base geográfica de ação, ou seja, a territorialidade de seu monopólio. Somente em casos excepcionais o sindicato seria reconhecido se agregasse menos de um terço dos profissionais de uma mesma categoria. As associações profissionais, por sua vez, também "nasciam dentro do Estado" e precisavam de reconhecimento oficial para poderem exercer funções de representação pública. Ficava também vedada ao sindicato e à associação profissional a propaganda ou qualquer veiculação de preferência política ou doutrinária. Também se proibia qualquer vínculo com organização sindical ou profissional internacional.

Em segundo lugar, os estatutos sindicais eram uniformizados pelo Departamento Nacional do Trabalho. Havia um texto único, com espaços em branco para serem preenchidos – nomes, endereços e outros dados de identificação. Os estatutos são peças legais que definem a forma como uma determinada instituição vai ser regida, suas finalidades, os direitos dos filiados, dos dirigentes etc. No caso em pauta havia um texto-padrão, em que tudo estava previsto e regulamentado para todos os sindicatos. Entre os deveres do sindicato constava a obrigatoriedade de participar nas festas cívicas organizadas oficialmente pelo governo, e que foram a marca do Estado Novo. Os estatutos, bem como qualquer alteração estatutária, deveriam ser aprovados pelo ministério.

Em terceiro lugar, temos os controles econômico e financeiro. Os estatutos-padrão definiam de que maneira os sindicatos poderiam investir seus bens e rendas. Transações imobiliárias, por exemplo, precisavam da autorização do ministro. Uma vez por ano os sindicatos, federações e confederações precisavam submeter seus orçamentos ao ministério. Um livro de anotações financeiras deveria acompanhar o orçamento e nele eram registrados todos os fatos da gestão financeira e patrimonial da entidade. O desequilíbrio nas contas apresentadas nesse livro dava motivo legal para a intervenção do governo no sindicato. Cabia ao ministro autorizar as parcelas do orçamento que seriam usadas em certas rubricas, como assistência social, contratos coletivos etc. Uma vez por ano, também, sindicatos, federações e confederações deveriam apresentar, para aprovação do ministro, o relatório dos gastos do ano anterior.

Em quarto lugar, o dissídio, ou fato que alterasse o funcionamento do sindicato, dava margem à intervenção do ministério e à nomeação de delegados oficiais. A infração a qualquer dispositivo da lei permitia a destituição da direção do sindicato e a intervenção ministerial. Outras penalidades previam multas, suspensão dos diretores por 30 dias, fechamento do sindicato por até seis meses e, ainda, a cassação do registro sindical. Esta última e mais drástica medida aplicava-se a situações em que o sindicato entrasse em desacordo com as orientações políticas do governo nos planos nacional e internacional.

Em quinto, as chapas que concorressem às eleições da diretoria do sindicato tinham de ser aprovadas pelo ministério. Não se admitia a candidatura de pessoas tidas como adeptas de ideologias contrárias aos interesses da nação. Para tanto os candidatos tinham de apresentar o "nada consta" ou "atestado de ideologia" expedido pela Delegacia Especial de Segurança Política e Social. A própria eleição tinha de ser aprovada pelo ministério, de forma que, no fim, só eram eleitos aqueles diretores que o governo quisesse.

Em sexto e último lugar, o sindicato deveria manter um livro de registros no qual seriam anotados todos os dados pessoais de cada associado: nome, endereço, número da carteira profissional, idade etc. Com esses controles eram preenchidos os procedimentos pelos quais a tutela sindical deveria ser exercida segundo a visão de alguns de seus principais mentores, tais como Oliveira Vianna e Segadas Viana.[7]

Em síntese, até 1930 o Estado brasileiro atuou de forma liberal na relação com o sindicato. Não o regulava e estava livre para reprimi-lo. A partir dessa data as coisas mudam substancialmente nesse campo. Na medida em que o sindicato passa a ser uma figura jurídica de colaboração com o Estado, a repressão não se faz mais via polícia. O que passa a ser feito é um intenso controle, devidamente regulado em uma série de leis. Redefinem-se as funções do sindicato, adequando-o ao novo formato do Estado corporativo emergente e ao processo de mudança econômica que o país atravessava.

Para dar sustentação material e financeiramente a essa vasta rede sindical que foi sendo gerada na Era Vargas, foi criado o Imposto Sindical, também chamado Contribuição Sindical. Uma vez por ano, cada brasileiro empregado, sindicalizado ou não, era obrigado a dar um dia de seu salário, descontado na folha de pagamento. Esse dinheiro era recolhido pelo Ministério do Trabalho, que o repassava para os sindicatos locais, as federações estaduais e as confederações nacionais, para que pagassem as despesas com aluguel, funcionários, assistência etc.

O imposto era assim distribuído: 5% para as confederações, 15% para as federações, 60% para os sindicatos e 20% para o Fundo Social do Ministério do Trabalho. Em caso de não haver uma federação os recursos a ela destinados iam para a confederação correspondente e vice-versa. Em caso de inexistência de ambas, esses 20% eram destinados à Conta Especial de Emprego e Salários do Ministério do Trabalho. O ministério usava parte desse imposto para atender a gastos especiais do governo, nem sempre bem especificados. Muitas vezes esse dinheiro foi classificado como uma "caixinha" para atender a certas demandas políticas, especialmente durante a democracia de 1945 a 1964.

Com as despesas básicas asseguradas por esse imposto, os dirigentes sindicais não precisavam fazer campanhas de mobilização junto aos trabalhadores, como ocorre em vários outros países, onde são apenas os trabalhadores sindicalizados que, com suas contribuições voluntárias, garantem a sobrevivência financeira dos sindicatos.

Graças a esse arranjo, muitos dirigentes sindicais se acomodaram, formaram um grupo de sustentação dentro do sindicato e se perpetuaram nos cargos de direção. Para permanecer nos cargos de direção eram necessárias, basicamente, duas coisas: atender à minoria sindicalizada e não desagradar o governo. Ou seja, no primeiro caso era preciso garantir benefícios para os sindicalizados, tais como serviços médicos, dentistas, clubes de recreação. Não havia, contudo, como fornecer esses serviços para todos os trabalhadores, caso todos resolvessem se sindicalizar. Por isso, o próprio sindicato limitava o número de sindicalizados e não permitia mais filiações depois de um certo número, que fosse considerado o ideal em termos de sua contabilidade. Esses filiados bem assistidos, graças ao dinheiro de todos os trabalhadores, garantiam a reeleição dos dirigentes. Formava-se então uma situação bastante típica e injusta: o pagamento do imposto era obrigatório para todos os trabalhadores mas apenas um pequeno número de privilegiados (os sindicalizados) usufruía dos benefícios que o sindicato oferecia – o Imposto Sindical era obrigatório mas a filiação sindical não o era.

Assim, eram apenas esses sindicalizados que reelegiam os diretores, reproduzindo desigualdades sociais e um sistema social gerador de privilégios e exclusões. O Sindicato dos Metalúrgicos de São Paulo foi, por muito tempo, um exemplo clássico dessa situação. Ao lado disso, para o sucesso do dirigente e para a longevidade de sua carreira, era necessário que agisse com habilidade no sentido de não entrar em choque direto com patrões e governo, mas também não decepcionar sua base, quando ela decidisse reivindicar melhores salários. O papel do dirigente era amenizar o conflito e negociar soluções conciliatórias. Por isso mesmo, um dos aspectos mais importantes derivados da estrutura sindical montada nos anos 1930 foi a figura do pelego e a prática do peleguismo.

Originalmente a palavra "pelego" designa uma peça de pele de ovelha com a lã, usada pelos vaqueiros dos pastoreios do Rio Grande do Sul. Era uma peça colocada nos arreios para amaciar o assento e diminuir o atrito do corpo humano com o corpo do cavalo. Foi com o sentido de amaciar o contato entre patrões e empregados que o termo foi incorporado ao sindicalismo brasileiro. Pelego passou para o vocabulário político brasileiro para identificar o líder ou representante sindical dos trabalhadores produzido dentro da estrutura burocrática e corporativa que acabamos de examinar. O pelego seria um agente de "duplo papel": ao mesmo tempo que representava os interesses dos trabalhadores, fazia-o de forma tal a conciliá-los com os dos patrões. Negociava com o patronato e com o governo aumentos e vantagens para os trabalhadores, mas de forma a não contrariar os interesses do capital e do governo. Em particular, liderava seus representados de forma hábil de modo a que não chegassem a greves ou a manifestações mais enérgicas de descontentamento.

Um "bom pelego", portanto, liderava a categoria com legitimidade, conseguia-lhe resultados favoráveis nas negociações trabalhistas, evitava protestos, tinha a confiança de patrões e governo e se perpetuava no cargo. Interessava mais ao governo ou ao empresariado atender a uma demanda de um pelego do que a de uma categoria liderada por alguém contestador. Na prática, o pelego nem sempre lesava materialmente o trabalhador, mas evitava que se expressasse de forma espontânea e direta.

Essa figura acabou prestigiada dentro da estrutura estatal e ganhou reconhecimento do governo e dos empresários. Esse apoio vindo de cima ajudava-a a manter os mandatos junto aos trabalhadores. E aos poucos foram se incrustando na estrutura do Estado, ocupando cargos na burocracia do Ministério do Trabalho, das federações e confederações e dentro da Justiça do Trabalho.

Peleguismo tornou-se um termo de cunho depreciativo, que designa uma ação conciliatória de representantes sindicais tendo em vista amenizar os atritos entre capital e trabalho. Na prática, foi usado também como nomenclatura não muito criteriosa para designar politicamente rivais e concorrentes dentro da estrutura sindical. De toda forma, sintomaticamente, foi essa vasta gama de pelegos – líderes sindicais afinados com a política trabalhista de Vargas e agentes da conciliação dos trabalhadores com os empresários – que acabou constituindo os quadros do Partido Trabalhista Brasileiro criado por Vargas em 1945, quando o Estado Novo se esgotava (D'Araujo, 1996).

Esse tipo de ator nomeado pelego não foi inventado por Vargas. Em todos os tempos, em qualquer parte, sempre houve dirigentes sindicais dispostos a colaborar com o governo, quer por princípios ideológicos, quer por oportunismo político. No Brasil também, desde o início do século XX, havia uma corrente sindical conhecida como os *amarelos*, que pontuava sua atuação pela cooperação com os poderes constituídos. Com Vargas não se inicia, portanto, essa modalidade de sindicalismo. O que houve foi uma adaptação dessa tradição a uma necessidade do modelo político e econômico da Era Vargas. O peleguismo foi transformado na corrente sindical legítima e reconhecida pelo Estado, única maneira possível de se desenvolverem as atividades sindicais. Quando veio a redemocratização de 1945, o sistema já estava consolidado o bastante para que pudesse ser alterado significativamente.

Outro dado importante é que o detalhamento da legislação sindical produzida pelos assessores de Vargas permitiu que ela se adequasse a momentos extremamente diferentes de nossa história. Foi com essa estrutura sindical corporativa que os trabalhadores lidaram durante a ditadura do Estado Novo e por ela foram regidos durante a democracia representativa de 1945 a 1964. Com o golpe militar de 1964, a legislação varguista mostrou-se perfeitamente flexível para dar legalidade aos atos de violência que se praticaram contra os trabalhadores e seus sindicatos. Ou seja, a lei sindical da Era Vargas, enquanto concedia benefícios e direitos aos sindicalizados, também estipulava que os sindicatos só poderiam servir aos trabalhadores desde que seus interesses fossem coincidentes com os do governo em vigor.

Justiça, previdência e segurança social para o trabalho

A Justiça do Trabalho foi outra iniciativa do governo Vargas e visava a criar um fórum especial para que patrões e empregados resolvessem suas disputas na presença mediadora do poder público. Com uma justiça especial, procurava-se atender aos interesses de trabalhadores e patrões de forma a evitar conflitos e greves. A Justiça do Trabalho foi formalmente criada pela Constituição de 1934 e só inaugurada em 1º de maio de 1941. Desde maio de 1932, contudo, estavam instaladas comissões mistas de conciliação, integradas por três representantes de empregados e três de empregadores, sob a coordenação de um bacharel em direito. Essas comissões tinham funções conciliatórias em dissídios coletivos de trabalho. Em novembro desse mesmo ano de 1932, foram constituídas juntas de conciliação e julgamento, integradas por um representante dos empregados e um dos empregadores, sob a presidência de um bacharel em direito, para tratar de dissídios individuais, mas também com poderes de conciliação e de julgamento. Essas juntas reportavam-se ao ministro do Trabalho – a Carta de 1946 incorporou a Justiça do Trabalho ao Judiciário.[8]

As cortes trabalhistas, por sua vez, funcionavam em três níveis e, com ligeiras alterações, esse foi o esquema mantido desde então: Juntas de Conciliação e Julgamento, Tribunais Regionais do Trabalho e Tribunal Superior do Trabalho. Além do poder de julgar, a Justiça do Trabalho tinha – e manteve até a Emenda Constitucional de 2004, que reformou o artigo 114 da Constituição de 1988 – o poder normativo, ou seja, a prerrogativa de criar normas e regras que regulassem as relações e a organização do trabalho. Não se tratava, portanto, de uma justiça que apenas aplicava e zelava pela lei.

A Justiça do Trabalho tem críticos e adeptos. Os críticos enfatizam o fato de que, historicamente, teria impedido a negociação direta entre trabalhadores e empresários, retirado dos trabalhadores a capacidade de iniciativa e incentivado os dirigentes a se acomodarem, posto que não precisariam se envolver diretamente em questões conflituosas. Ou seja, em vez de negociarem diretamente com os patrões, os sindicalistas eram obrigados a delegar tal tarefa para os juízes. O papel do tribunal como mediador ou conciliador nos conflitos teria impedido a formação de uma classe trabalhadora mais enérgica no enfrentamento das pressões e das imposições patronais.

Lembre-se ainda que entre os juízes dessa justiça existiam aqueles que não precisavam ser advogados. Trata-se dos juízes classistas, normalmente dirigentes sindicais que, depois de algum tempo de mandato, eram indicados por seus pares para exercer a função de juiz em nome dos trabalhadores. O juiz classista, também chamado juiz não togado, era, quando de sua criação, apontado como uma conquista dos trabalhadores, que poderiam contar, no tribunal, com um representante que não teria diploma mas levaria consigo a experiência prática.[9]

Para os defensores dessa justiça, os argumentos se centram no fato de que o trabalhador brasileiro tem sido historicamente desprotegido e que precisaria de um reforço especial na área da Justiça para manter seus direitos. Isso seria particularmente verdadeiro no caso das relações com o empresariado historicamente tido como insensível para com os direitos do trabalho. Outro argumento aponta para a agilidade. A Justiça comum, sempre engarrafada e lenta, não seria um fórum adequado para a urgência que as questões trabalhistas demandariam. Ao lado de tudo isso argumenta-se que a atuação da Justiça trabalhista, através do tempo, tem servido como canal de defesa dos direitos do trabalhador. De fato, entre os brasileiros, é o ramo da Justiça em que se deposita mais confiança (Carvalho, 1997; Falcão, 2015).

A carteira de trabalho também faz parte do repertório de medidas socialmente significativas adotadas nessa época. Datada de 1932, foi durante décadas considerado o documento mais importante para os brasileiros. Ali se registrava a vida profissional das pessoas, todos os seus empregos, cargos e salários, e serviria, a qualquer tempo, como prova documental para fins de aposentadoria, licenças etc. Até os anos 1980, a carteira trazia impressa nas primeiras páginas uma apresentação feita pelo ministro do Trabalho de Vargas, Marcondes Filho, seu criador, que dizia:

> A carteira, pelos lançamentos que recebe, configura a história de uma vida. Quem a examina logo verá se o portador é um temperamento aquietado ou versátil; se ama a profissão escolhida ou se ainda não encontrou a própria vocação; se andou de fábrica em fábrica como uma abelha, ou permaneceu no mesmo estabelecimento, subindo a escala profissional. Pode ser um padrão de honra. Pode ser uma advertência.

Por esta apresentação vê-se a importância que o governo procurava atribuir ao documento, bem como o papel a ser por ele cumprido: deveria ser um resumo da vida de cada trabalhador (e cada brasileiro deveria ser um trabalhador exemplar) e também servia como *advertência* para os patrões. O governo Vargas procurou, sem dúvida, dar reconhecimento ao trabalhador, mesmo porque nossa tradição escravocrata tinha no trabalho uma atividade pouco nobre. Ao fazer esse reconhecimento mediante uma legislação urbana, fortalecia um projeto político e introduzia a cultura dos direitos via Estado.

A partir de 1930, com a criação do Ministério do Trabalho, e até 1943, com a CLT, o país andou rápido na confecção de leis sociais e na vigilância para que fossem cumpridas. E, além da Justiça do Trabalho, podemos mencionar outras iniciativas que deram maior eficácia à política trabalhista de Vargas. Em 1932, quando foi criada a carteira de trabalho, foi também proibido o trabalho para menores de 14 anos, estabelecida uma carga horária de 8 horas para os trabalhadores da indústria e do comércio, e proibido o trabalho noturno. Foi ainda regulado o trabalho feminino, garantida a igualdade salarial e alguma proteção à gestante. Nesse mesmo ano houve ainda o reconhecimento das profissões, isto é, o governo passava a reconhecer quais profissões podiam existir. Em decorrência dessa legislação, apenas os trabalhadores que pertencessem a essas categorias reconhecidas e legalizadas pelo governo teriam direitos trabalhistas. Foram estabelecidas ainda regras para as convenções coletivas de trabalho.

O empresariado brasileiro reagiu como pôde a essas medidas e relutou em cumpri-las. Algumas foram mesmo adiadas, mas, ao fim, todos tiveram de se submeter ao que era decidido pelo governo. Ou seja, o governo Vargas foi mais competente do que os anteriores no sentido de fazer cumprir as leis sociais. Do ponto de vista da política previdenciária a novidade mais marcante dos anos 1930 foi a criação dos Institutos de Aposentadorias e Pensões (IAPs) – que, gradativamente, substituíram as antigas Caixas de Aposentadorias e Pensões (CAPs). O primeiro foi o dos Marítimos (IAPM) em 1933. No ano seguinte o dos Comerciários (IAPC) e o dos Bancários (IAPB). Em 1936 foi criado o dos Industriários (IAPI), e em 1938, o Instituto de Aposentadoria e Pensões dos Empregados em Transportes e Cargas (IAPETC) e o dos Empregados de Estiva (IAPEE). Os servidores públicos civis foram atendidos também em 1938, pelo IPASE, Instituto de

Previdência e Assistência aos Servidores do Estado, cujo funcionamento começou de fato em 1940.

Ainda do ponto de vista das garantias para o trabalhador, uma das mais conhecidas leis da Era Vargas foi a criação do salário mínimo em 1º de maio de 1940 – Decreto-Lei n.º 2.162 –, uma reivindicação antiga e crucial no sentido de garantir uma remuneração mínima para os trabalhadores. Era contudo mal recebida pelo empresariado, que, dentro da lógica de mercado, julgava que o salário não deveria ser assunto definido pelo Estado.

A criação do salário mínimo foi anunciada no dia 1º de maio de 1940, durante a festividade cívica, que se realizava no estádio de futebol do Vasco da Gama, para comemorar o Dia do Trabalho. Aliás, durante o Estado Novo era uma prática efetuar grandes festas cívicas, celebrando datas que enaltecessem a pátria e seu chefe de Estado. Foi organizada ainda, com a criação do Serviço de Alimentação da Previdência Social (SAPS), uma ampla rede de refeitórios populares que servia refeições baratas.

A rede de seguridade cresceu rapidamente nos anos 1930 e, ao fim do Estado Novo, institutos e caixas cobriam 3 milhões de trabalhadores ativos, 159 mil aposentados e 171 mil pensionistas. É importante lembrar, contudo, que nesse processo de elaboração de direitos a maioria da população estava excluída. Os direitos ficaram reservados apenas aos trabalhadores urbanos que pertencessem a profissões reconhecidas e regulamentadas pelo Estado, que tivessem carteira de trabalho e estivessem empregados. Mais do que isso, vários benefícios eram concedidos apenas para aqueles que fossem sindicalizados. Os direitos estavam garantidos para quem tivesse uma profissão, e que essas profissões e seus sindicatos, por sua vez, fossem reconhecidos pelo Estado. Por essa razão não se pode dizer que se estivesse criando no Brasil a cidadania para todos. Era o que Santos (1987) denominou de *cidadania regulada*.

A assistência à saúde também era diferenciada entre os trabalhadores na medida em que cada categoria tinha seu próprio instituto. Só em 1960 a Lei Orgânica da Previdência Social uniformizou os benefícios, mas deixou de fora os trabalhadores rurais e os empregados domésticos. Estes só seriam atendidos pela lei nos anos 1970, depois que o governo militar havia unificado todos os institutos, criando em 1966 o Instituto Nacional de Previdência Social (INPS).

Conclusão

Ao deixar o poder em 1945, Vargas se havia tornado o maior líder popular que o Brasil conhecera e era identificado pela propaganda oficial como o patrono das leis sociais. De fato, sob seu governo o país deu um salto qualitativo em termos da legislação trabalhista, mas isso foi feito simultaneamente à maior restrição das liberdades políticas que o país conhecera. Partidos e Congresso foram proscritos e greves proibidas.

Todo o esforço de Vargas em prol de uma legislação protetora para o trabalhador sempre foi anunciado pela propaganda oficial como produto da visão pioneira do "chefe" Getúlio Vargas. Uma rápida olhada pelo mundo nos mostra que, nessa mesma época, o tema era tratado em vários países e recebia a atenção dos poderes públicos. Se tomarmos a América Latina, temos, por exemplo: a jornada de 8 horas no Peru foi criada em 1919; os sindicatos foram reconhecidos na Colômbia, no Paraguai e na Bolívia nos anos 1930; o Chile consolidou seu Código do Trabalho em 1924; o México, em 1929; e a Venezuela fez o mesmo em 1936. A Argentina, durante os anos 1940, com Juan Domingo Perón e de forma também autoritária, dedicou grande atenção à questão social e chegou a fazer dos sindicatos a base de sustentação de seu governo (D'Araujo, 1997).

Nesse ponto Getúlio acompanhou o sinal dos tempos e contou ainda com a eficácia com que impôs esses direitos sobre os empresários que relutavam em cumpri-los. Para isso, usava dos instrumentos que tinha como chefe de Estado, e esses instrumentos não eram poucos. Certamente, mais do que outorgar, mais do que conceder paternalmente direitos, Vargas fez surgir, a seu modo, uma nova tradição de respeito mínimo aos direitos dos trabalhadores, criando inclusive uma Justiça especial para tanto. Foi responsável também pela formação de uma nova elite sindical, grande parte dela acomodada e palaciana. Dessa maneira, peleguismo e trabalhismo getulista sempre andaram próximos e foram responsáveis pelas orientações predominantes do sindicalismo brasileiro durante décadas. O lado perverso desse modelo é que criou várias categorias de brasileiros, gerou privilégios e exclusões, deixou intocada a questão da terra e dos direitos rurais. Deixou também uma ampla rede burocrática para gerenciar esses direitos trabalhistas, que acabou consumindo grande parte dos recursos que deveriam chegar às mãos dos trabalhadores. Segundo Cardoso (2010, p. 808), o "projeto varguista de inclusão pelo direito social revelou-se, por fim, poderoso instrumento de reprodução das desigualdades sociais no Brasil". O lado positivo desse legado é ter dado ao trabalhador brasileiro uma perspectiva nova de valorização: passou a acreditar em direitos e em uma justiça que o protegesse. Não por acaso, também a legislação social da Era Vargas foi, entre toda a legislação brasileira, a que mais resistiu a mudanças. Em um país como o Brasil, que tem vocação para experimentar novidades institucionais, as leis sociais aparecem como um recanto de estabilidade. Para defendê-las não têm faltado vozes.

Finalmente, nunca é demais lembrar que as democracias só existem como tal quando reconhecem que os trabalhadores organizados são agentes políticos, legítimos e imprescindíveis. E que essa organização vai além do sindicato, e se estende pelos partidos e pela representação no Congresso através de eleições livres. Vargas reconheceu os trabalhadores através dos sindicatos, mas não as liberdades políticas. E sem liberdade política, os direitos trabalhistas – bem como qualquer direito – nunca estarão completos.

Notas

1. A obra clássica sobre corporativismo e a que certamente mais influência teve no Brasil foi a de Mihail Manoïlesco (1938).
2. Sobre o pensamento corporativista no Brasil, ver Vieira (1981). Sobre outras experiencias corporativas, ver Pinto e Palomares (2016).
3. Discurso de Lindolfo Collor em 26 dez 1930, citado em Araújo (1981, pp. 89-90).
4. Um detalhamento da legislação social no Brasil antes de 1930 pode ser encontrado em *idem*.
5. Sobre o debate em torno dessa lei, ver *idem*.
6. Sobre o teor das leis sindicais do Brasil dos anos 1930, ver, por exemplo, Martins (1979, pp. 50-71).
7. A visão desses autores acerca do papel do sindicato e de suas relações com o Estado pode ser conferida em vários de seus trabalhos e também em Moraes Filho (1978) e Gomes (1979).

8. Sobre a Justiça do Trabalho, ver o verbete de Evaristo de Moraes Filho no *Dicionário Histórico-Biográfico Brasileiro (1930-1998)*. Rio de Janeiro, Forense/FGV/PDOC, 2001.
9. Essa estrutura foi também mantida pela Constituição de 1988, mas posteriormente os juízes classistas começaram a ser substituídos por diplomados e concursados.

Bibliografia

Abreu, Alzira Alves *et. alii*. *Dicionário Histórico-Biográfico Brasileiro (1930-1998)*. 2001. Rio de Janeiro: Forense/CPDOC/FGV.

Araújo, Rosa Maria Barbosa de. 1981. *O batismo do trabalho, a experiência de Lindolfo Collor*. Rio de Janeiro: Civilização Brasileira.

Boito Jr., Armando. 1991. *O Sindicalismo de Estado no Brasil*. São Paulo/Campinas: Hucitec/Unicamp.

Cardoso, Adalberto. 2010. "Uma utopia brasileira: Vargas e a construção do estado de bem-estar numa sociedade estruturalmente desigual". *Dados*, v. 53, n. 4, Rio de Janeiro, pp. 775-819.

Carvalho, José Murilo de. 1987. *Os bestializados: o Rio de Janeiro e a República que não foi*. São Paulo: Companhia das Letras.

______. *Lei, justiça e cidadania:* direitos, vitimização e cultura política na Região Metropolitana do Rio de Janeiro, CPDOC-FGV/ISER.

Cohn, Amélia. 1981. *Previdência social e processo político no Brasil*. São Paulo: Moderna.

Costa, Sérgio Amad. 1986. *Estado e controle sindical no Brasil*. São Paulo: T. A. Queiroz.

D'Araújo, Maria Celina. 1997. *A era Vargas*. São Paulo: Moderna.

______. 1999. *As instituições brasileiras da era Vargas*. (org.). Rio de Janeiro: UERJ/FGV.

______. 2000. *O Estado Novo*. Rio de Janeiro: Zahar.

______. 1996. *Sindicatos, carisma e poder:* o Partido Trabalhista Brasileiro de 1945 a 1965. Rio de Janeiro: Fundação Getulio Vargas.

De Decca, Edgard Salvadori. 1981. *O silêncio dos vencidos*. São Paulo: Brasiliense.

Delgado, Ignácio Godinho. 2001. *Previdência social e mercado no Brasil*. São Paulo: LTr.

Erickson, Paul Kenneth. 1979. *Sindicalismo no processo político brasileiro*. São Paulo: Brasiliense.

Falcão, Joaquim. 2015. O Judiciário segundo os brasileiros. *Advogadosnet*, 20 fev. 2015. Disponível em: <https://advogadosnet.wordpress.com/2015/02/20/o--judiciario-segundo-os-brasileiros/>. Acesso em 4 nov. 2016.

Fausto, Boris. Março de 1988. "Estados, Trabalhadores e Burguesia, 1920-1945". *Novos Estudos CEBRAP*.

______. 1977. *Trabalho urbano e conflito social, 1890-1920*. São Paulo: Difel.

Füchtner, Hans. 1980. *Os sindicatos brasileiros:* organização e função política. Rio de Janeiro: Graal.

Gomes, Angela Maria de Castro. 1979. *Burguesia e trabalho:* política e legislação social no Brasil de 1917-1930. São Paulo: Campus.

______. 1992. *Trabalho e previdência:* sessenta anos em debate. Rio de Janeiro: Fundação Getulio Vargas.

______. D'Araujo, Maria Celina. 1993. "Extinção do Imposto Sindical: demandas e contradições". *Dados*, (36) 2, pp. 167-354.

Manoïlesco, Mihail. 1938. *O século do corporativismo:* doutrina do corporativismo integral e puro. Rio de Janeiro: José Olympio.

Martins, Heloísa Helena Teixeira de Souza. 1979. *O Estado e a burocratização do sindicato no Brasil*. São Paulo: Hucitec.

Moraes Filho, Evaristo de. 1978. *O problema do sindicato único no Brasil*: seus fundamentos sociológicos. São Paulo: Alfa-Ômega.

Pereira, Luiz. *Classe operária*. 1978. São Paulo: Livraria Duas Cidades.

Pinheiro, Paulo Sérgio e Michael, Hall (eds.). 1981. A classe operária no Brasil, 1889-1934, v. 2. São Paulo: Brasiliense.

Pinto, António Costa; Martinho, Francisco Palomanes (orgs.). 2016. *A vaga corporativa:* corporativismo e ditaduras na Europa e na América Latina. Lisboa: Imprensa de Ciências Sociais.

Rodrigues, José Albertino. 1968. *Sindicato e desenvolvimento no Brasil*. São Paulo.

Rodrigues, Leôncio Martins. 1966. *Conflito industrial e sindicalismo no Brasil*. São Paulo.

______. 1986. "Sindicalismo e classe operária; 1930-1964". Fausto, Boris (org.). *O Brasil Republicano*, v. 3: *Sociedade e política (1930-1964)* (História Geral da Civilização Brasileira, t. III). São Paulo: Difel.

Rose, R. S. 2001. *Uma das coisas esquecidas:* Getúlio Vargas e controle social no Brasil, 1930-1954. São Paulo: Companhia das Letras.

Santos, Wanderley Guilherme dos. 1987. *Cidadania e justiça: a política social na ordem brasileira*. Rio de Janeiro: Campus.

Simão, Azis. 1981. *Sindicato e Estado*. São Paulo: Ática.

Teixeira, Sônia M. F.; Oliveira, Jaime A. de Araújo. 1986. *(Im)previdência social:* 60 anos de história de previdência no Brasil. Petrópolis: Vozes.

Telles, Jover. 1962. *O movimento sindical no Brasil*. Rio de Janeiro: Vitória.

Vargas, Getúlio. 1938. *A nova política no Brasil*, v. 1-3. Rio de Janeiro: José Olympio.

Vianna, Luiz Werneck. 1976. *Liberalismo e sindicato no Brasil*. Rio de Janeiro: Paz e Terra.

Vieira, Evaldo. 1981. *Autoritarismo e corporativismo no Brasil*. São Paulo: Cortez.

Weffort, Francisco. 1978. *O populismo na política brasileira*. Rio de Janeiro: Paz e Terra.

Weinstein, Barbara. 2000. *(Re)Formação da classe trabalhadora no Brasil (1920-1964)*. São Paulo: Cortez.

8. A economia política do primeiro governo Vargas (1930-1945): a política econômica em tempos de turbulência

*Maria Antonieta P. Leopoldi**

Durante o período 1929-1987 o Brasil foi um dos países que mais cresceram em todo o mundo.[1] Essa onda de crescimento econômico já vinha desde o início do século XX, mas toma impulso no primeiro governo Vargas, que realiza a difícil tarefa de responder às turbulências internas e externas e fazer desse desafio um aprendizado para crescer de forma continuada. As políticas de desenvolvimento da Era Vargas e as instituições então criadas para implementá-las têm seguimento nos anos 1950 e depois no regime militar, o que explica, por exemplo, a diferença entre as taxas de crescimento brasileiro e argentino. Neste último país, as diferentes estratégias adotadas pelos vários grupos políticos que se sucederam no poder explicam boa parte do baixo desempenho do PIB no período.

Pretende-se entender neste capítulo as principais políticas econômicas do primeiro governo Vargas (1930-1945), ligando-as aos grupos nacionais e estrangeiros por elas afetados. A análise segue o impacto das crises e choques externos do período sobre a economia e sobre as políticas macroeconômicas e acompanha também os esforços de Vargas e seus assessores para estabilizar um balanço de pagamentos instável e, ao mesmo tempo, incentivar o desenvolvimento industrial com medidas protecionistas. O

* Professora Adjunta do departamento de Ciência Política da Universidade Federal Fluminense.

argumento de nossa discussão é de que as crises, além de contribuírem de forma indireta para a industrialização por substituição de importações (como analisou Celso Furtado), ajudaram a formar instituições e uma capacidade de governança que se torna mais evidente na segunda metade do período (1937-1945). Nesse momento, Vargas, a diplomacia brasileira e os ministros das áreas econômicas mostram sua habilidade negociadora, seu pragmatismo no encaminhamento de decisões e no enfrentamento com os governos americano e britânico. A experiência de negociação adquirida nos primeiros anos do período vale muito para a sustentação do acordo comercial com a Alemanha, para os arranjos de pagamentos e moratórias da dívida externa e para a obtenção dos créditos do governo americano para a siderurgia brasileira durante a Segunda Guerra.

Acompanha-se também neste texto a mudança na posição do Estado com relação à indústria, com este assumindo um papel mais ativo no desenvolvimento industrial brasileiro. Desde os primeiros anos do governo fica claro que as relações entre Estado e industriais iriam mudar substancialmente, e que o presidente e seus ministros seriam interlocutores atentos, mas também agiriam como árbitros entre os interesses agrícolas *versus* industriais, assim como entre os interesses dos trabalhadores *versus* dos empresários. Estas características nos levam a definir esse período como uma era keynesiana, com a diferença de que a ênfase das políticas brasileiras não reside propriamente no esforço de vencer os ciclos recessivos e salvar empregos, mas se centra na busca de sair da recessão para crescer de forma continuada.

O café e outros produtos agrícolas

A política de defesa do café vinha sendo implementada pelos governos federal e de São Paulo desde 1906, quando os cafeicultores, ameaçados pela contínua depreciação do café no mercado internacional, haviam pressionado o governo para que protegesse a cultura cafeeira.

Os vários planos de valorização do café nas décadas seguintes restringiram a oferta do produto no mercado externo. Eles envolviam a compra de café e a estocagem dos grãos com recursos advindos de empréstimos externos e impostos. No que concerne à proteção ao preço do café no mercado externo, essa política alcançou bons resultados. Contudo ela não impediu a expansão do plantio do café, que resultou em grandes safras nos anos 1920, nem deteve o movimento dos países concorrentes em busca dos nichos de mercado que se abriam.

Quando veio a crise externa de 1929, o Brasil se defrontava com uma séria crise de superprodução cafeeira. Com as turbulências do período vieram a queda do preço internacional do café, a redução da receita cambial, que chegou a 62% entre 1929 e 1933 (Simonsen, 1995, p. 13), e a suspensão dos investimentos externos. A pronta e efetiva resposta governamental foi dada pelo novo governo, que acabara de assumir o poder em meio à crise econômica e política de 1930. À sua frente, Getúlio Vargas e seu ministro da Fazenda, o banqueiro paulista José Maria Whitaker, retomaram a política de defesa permanente do café do fim dos anos 1920. Essa política envolveu três frentes:

a) A compra de boa parte da safra paulista de 1929–1930 com um empréstimo de bancos ingleses, no valor de 20 milhões de libras esterlinas. Com isso buscou-se evitar a falência da cafeicultura de São Paulo;
b) O governo passou também a estabelecer uma cota de café de qualidade inferior para queimar, para desespero dos cafeicultores e da Sociedade Rural Brasileira, que os representava. Entre 1931 e 1944, quando terminou a "quota de sacrifício", como era chamada a destruição dos estoques do café, foram incineradas 78,2 milhões de sacas de café, que representavam o triplo do consumo mundial em apenas um ano (Delfim Netto, 1979, p. 107). Apesar das críticas dos cafeicultores, essa queima freou o declínio mais pronunciado do preço do produto no mercado internacional;
c) Paralelamente o governo lançou-se numa ofensiva comercial, estabelecendo acordos de venda de café com dezenas de novos países da Europa Central, e assinou com os Estados Unidos um acordo comercial em 1935, no qual os americanos mantiveram a isenção tarifária nas importações do café brasileiro (Abreu, 1998, pp. 210-224).

Em 1937 o ministro da Fazenda, Souza Costa, reorientou a política cafeeira para mecanismos mais liberais. A ditadura Vargas atendia agora a uma antiga demanda da cafeicultura, liberando a taxa de câmbio e reduzindo o imposto de exportação do produto; contudo, ainda manteve a cota de sacrifício do café.

As novas medidas do governo punham fim à era da defesa permanente do café, que vinha desde a primeira década do século XX. A resposta do mercado internacional foi imediata: subiram as exportações de café enquanto o preço do produto caía, tornando o café brasileiro mais competitivo em relação ao colombiano, seu principal concorrente no mercado norte-americano. Em 1937, 52% do total de café importado pelos Estados Unidos vinha do Brasil, e esta proporção subiu para 61% às vésperas da guerra (1939). Em 1940 o Acordo Interamericano do Café, firmado entre os Estados Unidos e 14 países produtores da América Latina, estabeleceu um regime de cotas de exportação para o mercado dos Estados Unidos e fixou um preço-teto (Delfim Netto, 1979). O controle do governo americano sobre o preço do café vendido aos Estados Unidos iria durar até 1945. Com o fim da guerra e a suspensão desse controle, o preço do café subiu, abandonando os baixos patamares da década anterior (1935-1945).

A constante desvalorização da taxa de câmbio nos anos 1930 garantiu que os recursos advindos da exportação permanecessem constantes, mantendo a renda monetária e real do setor cafeeiro. A cafeicultura teve perdas significativas com a crise, mas o café ainda continuou ocupando papel importante na economia brasileira (6% do PIB nos anos 1930). Seu peso no total das exportações manteve-se em torno dos 70% ao longo dos anos 1930 (Quadro 8.1), declinando com a guerra, quando deixam de ser plantados novos pés de café. Em 1940 a proporção do café no conjunto das exportações cai para 32%, segundo Abreu e Verner (1997, p. 27). A partir daí a agricultura paulista se diversifica com o crescimento do plantio do algodão, matéria-prima para a crescente indústria têxtil paulista e importante produto de exportação para a Alemanha nos anos 1930. Em 1948 o preço do café se recupera e o plantio se expande para novas áreas, como o oeste paulista e o Paraná.

Com o objetivo de centralizar as decisões da política do café no nível federal, o governo esvaziou a agência do governo paulista (Instituto do Café do Estado de São Paulo) e criou o Conselho Nacional do Café (1931), mais tarde chamado de Departamento Nacional do Café (1933), que operou a política do café em acordo com os ministérios da Fazenda e da Agricultura até 1946, quando o presidente Dutra substituiu a entidade pelo Departamento Econômico do Café. Ao fim, ainda que os cafeicultores, afetados pela crise de 1929, tivessem de ceder o comando da política do café para o governo federal, viram o café se manter, graças à política de defesa de Getúlio Vargas, como o carro-chefe do comércio exterior brasileiro.

Vargas procurava evitar o confronto com os plantadores de café paulistas: seu ministro da Fazenda no período 1930-1931, responsável pela gestão da política do café, era um banqueiro de São Paulo. Ainda assim Vargas enfrentou a oposição paulista na revolução constitucionalista de 1932.

Outros produtos de exportação relevantes nesse período eram o cacau e o algodão, que, embora representassem nas exportações um valor muito inferior ao café (Quadro 8.1), eram produtos com demanda no exterior nas décadas de 1930 e 1940.[2] O cacau ligava-se à economia regional da Bahia e não representou maiores impactos sobre a economia nacional, embora tivesse importância no mercado mundial. A produção do algodão aumentou especialmente entre 1934 e 1937, em função do comércio compensado entre Brasil e Alemanha. A cota de exportação desse produto cresceu excepcionalmente nesses anos, de 1,4% para 17,6%, enquanto a exportação do café declinava em função da retração do mercado internacional (Abreu, 1998, p. 157).

Quadro 8.1
PARTICIPAÇÃO DE PRODUTOS AGRÍCOLAS NO TOTAL EXPORTADO, 1924-1945 (%)

Períodos	Café	Cacau	Algodão	Couro e peles	Outros
1924-1929	72,5	3,3	1,9	4,5	17,8
1930-1933	69,1	3,5	1,4	4,3	21,7
1934-1939	47,8	4,3	17,6	4,4	28,9
1940-1945	32,5	3,2	9,1	3,6	51,6

Fonte: Villela, A.; Suzigan, W. (1973, p. 70).

Indústria e infraestrutura

Indústria, tarifa e câmbio – a era do protecionismo industrial

A década de 1930 foi um período de grande incerteza, em que os desafios internacionais e internos, de caráter econômico e político, tiveram de ser enfrentados por um governo que acabara de chegar ao poder. Mas para o setor industrial, passado o primeiro momento de crise e recessão (1929-1931), esses seriam os anos dourados de crescimento, a era do primeiro milagre econômico do século.[3] O rápido e intenso crescimento industrial, que pode ser observado no Quadro 8.2, em especial no período 1933-1936, resultou da combinação de três fatores:

a) do choque externo (crise de 1929 seguida da recessão internacional nos anos 1930), que reduziu as importações e ajudou o processo de substituição interna dos bens antes comprados no exterior;
b) das políticas governamentais – uma parte dessas políticas correspondeu às medidas necessárias para responder aos choques; outra parcela resultou do atendimento a demandas setoriais (dos industriais por proteção, dos militares para a criação de uma infraestrutura de apoio à indústria, da burocracia governamental ou da diplomacia norte-americana e/ou britânica);
c) do esforço do empresariado industrial e de sua liderança, que desde o início do século desenhava um projeto político de desenvolvimento tendo como motor a indústria.

Getúlio Vargas tratou, na primeira década de governo, de equilibrar a situação do café no mercado internacional, ao mesmo tempo que procurava diminuir o predomínio do modelo agroexportador, apoiando o crescimento industrial. Ao longo deste capítulo, poderemos ver que não se sustenta a ideia de que existiu um projeto varguista de desenvolvimento que serviu de base para as políticas desse período. Tal projeto foi sendo construído em cima dos acontecimentos, respondendo aos desafios conjunturais, que não foram poucos, e às várias demandas econômicas e políticas, e só pode ser compreendido se visto de uma perspectiva histórica.

As taxas de crescimento da produção industrial que aparecem no Quadro 8.2 permitem que observemos dois picos de desenvolvimento do produto industrial (1927-1928 e 1933-1936), no período que vai da Primeira Guerra ao fim da Segunda. As taxas referentes ao produto industrial e ao PIB evoluem em zigue-zague, mostrando o grau de instabilidade da economia. Em dois momentos da década de 1920 (1920-1922 e 1927-1928) o produto industrial atinge picos de 6,2% e 8,0%, respectivamente, o que contribui positivamente para a elevação dos índices do PIB nesses dois períodos (3,2% e 12,4%). O grande crescimento industrial de 1933 a 1936 (14,1%) – os anos do milagre – puxa o PIB do período para uma taxa de 9,4%, o que, ante o mau desempenho do PIB durante os anos de recessão (1929-1932), representa um salto excepcional. Nesse período os setores industriais mais dinâmicos são o têxtil, químico, o de papel, cimento, aço e pneus.

A alta taxa de dinamismo do setor industrial no período se deve a uma base industrial preexistente que pôde ser ampliada a partir da conjuntura internacional em crise, que ajuda a substituição de importações. Mas é inegável o forte impulso que vem das políticas de proteção à indústria, através das taxas tarifárias (por volta de meados dos anos 1930, quando é feita a tarifa de 1934) e das medidas cambiais que regulam taxa de câmbio e importações. As políticas cambiais do período, como se verá adiante, buscaram resolver problemas do balanço de pagamento e tiveram o efeito indireto de ajudar a indústria. Além disso, o Conselho Federal de Comércio Exterior (importante órgão decisório das políticas de comércio exterior e industrial do período 1934-1939) manteve a restrição de importação de equipamentos para a instalação de fábricas concorrentes com as já instaladas no país até 1938. Uma linha substancial de crédito à indústria, vinda do Banco do Brasil durante a guerra, foi um enorme subsídio para o setor, especialmente num período de declínio do PIB e do produto industrial.

Outras políticas de desenvolvimento industrial desse período repercutiram favoravelmente: a regulamentação do trabalho, através da introdução da legislação trabalhista, da regulamentação sindical e das leis previdenciárias, e a organização corporativista da indústria, que abriu espaços no interior do Congresso e do Executivo para os industriais, que passaram a participar de comissões e a colaborar no processo decisório. A consolidação de uma geração de industriais, tendo à frente Roberto Simonsen e Euvaldo Lodi, e sua aproximação com Vargas propiciou a formação de uma aliança profunda com o regime, que iria perdurar até 1945.[4]

A esse conjunto de elementos favoráveis, que impulsionaram o desenvolvimento de uma indústria pesada e consolidaram o parque de bens tradicionais já existente, veio se somar o importante papel do Estado no fomento da infraestrutura industrial, sob a forma da produção de petróleo, ferro, aço e energia hidrelétrica, que analisaremos mais à frente.

Quadro 8.2
TAXAS DE CRESCIMENTO: PRODUÇÃO INDUSTRIAL, PIB E IMPORTAÇÃO DE BENS DE CAPITAL PARA A INDÚSTRIA, 1911-1945 (%)

	Produção Industrial	PIB	Importação de Bens de Capital para a Indústria
1917-1919	3,6	–	-14,8
1920-1922	6,2	3,2	12,3
1923-1926	0	1,3	14,0
1927-1928	8,0	12,4	-7,2
1929-1932	0	0,3	-31,7
1933-1936	14,1	7,4	41,0
1937-1941	8,3	4,5	-5,5
1942-1945	4,3	1,8	-1,1

Fonte: Suzigan, W. "Industrialização e política econômica: uma interpretação em perspectiva histórica". In *Pesquisa e Planejamento Econômico*, v. 5, n. 2, 1975, p. 472.

No Quadro 8.2 percebe-se que durante dois momentos a taxa de crescimento do PIB declina significativamente: em 1929-1932 e 1942-1945. Esse declínio parece estar ligado à queda da produção industrial e à desorganização trazidas pela crise de 1929 e pela Segunda Guerra. Observando como a indústria se equipou para enfrentar essa fase de grande crescimento, importando bens de capital (coluna 3), notamos que a primeira metade da década de 1920 e o período 1933-1936 são os anos em que a compra de equipamentos importados tende a crescer substancialmente.

O Quadro 8.3 mostra que o impacto efetivo do surto de crescimento industrial de meados dos anos 1930 vai se fazer sentir no PIB apenas na década seguinte, quando a participação do setor industrial no PIB passa a 20,8%, enquanto a do setor agrícola cai para 25%. É, pois, visível o declínio da agricultura no PIB entre 1920 e 1940, período em que a indústria aumenta seu peso no PIB brasileiro.

Na década de 1940 prossegue o ciclo de transformação do parque industrial brasileiro. O aumento da produção siderúrgica, que será analisado a seguir, propicia o crescimento de novos setores industriais: além da metalurgia (que se expande), crescem as indústrias de bens de capital, equipamento e transporte, alimentos, produtos químicos e farmacêuticos (Baer, 1996, p. 83). Além disso a produção têxtil se expandiu durante a guerra para suprir os mercados latino-americanos.

Quadro 8.3
DISTRIBUIÇÃO SETORIAL DO PIB BRASILEIRO, 1910-1950 (%)

Ano	Agricultura	Indústria	Serviços*
1910	35,8	14,0	50,2
1920	32,0	17,1	50,9
1930	30,6	16,5	52,9
1940	25,0	20,8	51,2
1950	24,3	24,1	51,6

* Inclui governo.
Fonte: Haddad, C. *Crescimento do produto real. Brasil 1900-1947*. Rio de Janeiro: FGV, 1978, e IBGE *(1990) Estatísticas Históricas do Brasil, apud* Abreu, M.; Verner, D. (1997, p. 26).

Acentua-se ainda mais a centralização regional do setor industrial, com uma parte substancial dos estabelecimentos industriais se concentrando no eixo Rio-São Paulo. Em 1949 esta região detinha quase 65% do valor de transformação industrial do país, como se vê no Quadro 8.4. O desenvolvimento subsequente da industrialização só irá acentuar essa tendência. No fim dos anos 1950, três quartos do valor de transformação industrial vinham da área Rio-São Paulo.

Quadro 8.4
INDÚSTRIA DE TRANSFORMAÇÃO: PARTICIPAÇÃO DO DISTRITO FEDERAL E DOS ESTADOS DE SÃO PAULO E DO RIO DE JANEIRO NO VALOR DE TRANSFORMAÇÃO INDUSTRIAL, PARA ANOS SELECIONADOS, 1919-1959 (%)

	1919	1939	1949	1959
Distrito Federal	20,1	19,9	14,2	1,4
Rio de Janeiro	7,5	5,6	6,4	7,2
São Paulo	32,2	40,7	48,8	55,5
Total regional	59,8	66,2	64,4	73,1
Demais estados	40,2	33,8	35,6	26,9

Fonte: IBGE. Censos 1920, 1940, 1950 e 1960. *Apud* Cano, Wilson. *Desequilíbrios regionais e concentração industrial no Brasil (1930-1970)*. Campinas: Editora da Unicamp e Global Editora, 1985, p. 104. Tabela 6.

As bases do crescimento industrial: petróleo, siderurgia e energia elétrica

No período 1930-1945 o governo de Vargas tratou de três importantes questões – petróleo, siderurgia e energia elétrica – porque as entendia como cruciais para o salto de desenvolvimento industrial que viria após a crise internacional e o término das reformas institucionais necessárias ao novo Estado e à sua relação com o mercado. Trabalhar com essas três questões representava envolver-se com a diplomacia econômica internacional e com a ofensiva das empresas estrangeiras, desejosas de usufruir de um mercado emergente e em expansão. No contexto interno essas eram questões muito controvertidas na elite política e econômica brasileira. Era preciso construir um consenso na sociedade brasileira e na base política do Estado para que essas questões pudessem se transformar em políticas públicas efetivas. A trajetória dessas três políticas evidencia as virtudes e os constrangimentos do novo governo no enfrentamento das dificuldades para instalar no país um complexo petrolífero, siderúrgico e um parque elétrico, que seria a base sustentadora da era de desenvolvimento que se estendeu até a década de 1980.

Petróleo

Em meados dos anos 1930, quando o Brasil dependia largamente da lenha e do bagaço da cana para ativar as máquinas de suas indústrias (Quadro 8.5), já se pensava no combustível derivado do petróleo como fonte energética para a indústria. Algumas refinarias foram criadas, usando matéria-prima importada, estimuladas pelos incentivos governamentais para o processamento do óleo cru e do óleo combustível. Entre 1935 e 1937 foram criadas 25 destilarias de óleo diesel, das quais se destacavam a Refinaria Matarazzo e a Ipiranga (São Paulo, 1936) e a Uruguaiana (Rio Grande do Sul, 1932) (Martins, 1976, p. 285; Smith, 1976, p. 33).

Por essa época, o empresário carioca Guilherme Guinle financiou a prospecção de petróleo na Bahia, chegando a se aliar, em 1938, ao grupo financeiro paulista Murray & Simonsen, para aprofundar as pesquisas na área. O empreendimento não foi à frente graças às medidas de estatização da exploração do petróleo lançadas pelo governo naquele ano. O petróleo veio a ser descoberto na Bahia no ano seguinte (Martins, 1976, p. 278; Smith, 1976, pp. 36 37).

Preocupado com o preço da gasolina importada, o Conselho Federal do Comércio Exterior (CFCE) examinou a questão do petróleo em 1935, alertando para a dependência da economia brasileira das companhias de petróleo estrangeiras, seja no fornecimento do produto ou na determinação do seu preço. Entre as cinco companhias fornecedoras, destacavam-se a Standard Oil of New Jersey e a Anglo Mexican (Shell). O industrial mineiro Euvaldo Lodi, representante dos industriais no CFCE, sugeriu que o governo estimulasse a instalação de refinarias por grupos privados nacionais. Segundo ele, ao Estado caberia a importação e o controle da oferta interna do petróleo, enquanto os empresários processariam o mineral nas refinarias privadas. Já estava claro para Lodi nesse momento que o avanço da questão do petróleo no Brasil iria requerer uma aliança dos industriais com os militares, para quem o petróleo era uma questão de segurança nacional (Wirth, 1973, p. 118; Martins, 1976, p. 294 e 353). A proposta de Euvaldo Lodi foi aprovada no CFCE, mas não apareceram projetos de instalação de refinarias. Eram grandes as dificuldades para obter recursos para a montagem do empreendimento, levando-se em conta seu alto custo e o fato de os equipamentos terem de ser comprados no exterior. Além disso, era necessário haver suprimento estável de petróleo por uma companhia, e os grandes grupos estrangeiros ligados ao petróleo não queriam concorrência no país.

Inspirados pelo exemplo da Argentina, que criara em 1922 uma empresa estatal de petróleo, e pelo México, que em 1938 expropriara as refinarias estrangeiras instaladas no país, os militares brasileiros começaram a tornar pública sua posição de que a dependência da importação do petróleo precisava ser revertida, pois era uma questão de segurança nacional. Em 1938, com a criação do Conselho Nacional do Petróleo (CNP), o país dava os primeiros passos para administrar a política do petróleo. À frente do CNP, entre 1938 e 1943, estava um general, Horta Barbosa.

No início dos anos 1940 as controvérsias em torno da política do petróleo começaram a se tornar mais claras. De um lado, o general Horta Barbosa, à frente do CNP, defendia um projeto totalmente estatal para exploração e refino do petróleo, que não contemplava as refinarias privadas. Do outro lado, os empresários brasileiros, donos de refinarias, queriam um modelo nacional privado para o petróleo. Com a aproximação entre o Brasil e os Estados Unidos durante a guerra, a linha estatizante de Horta Barbosa foi perdendo força, e ele acabou sendo afastado do CNP em 1943. No I Congresso Brasileiro de Economia, realizado nesse mesmo ano, Roberto Simonsen, importante industrial paulista ligado à Federação das Indústrias do Estado de São Paulo (Fiesp), defendeu a participação de capitais privados nas atividades petrolíferas, sugerindo uma cota de 60% para o capital local e os restantes 40% para o capital estrangeiro. Para ele a política do petróleo era parte importante de uma política industrial para o pós-guerra, que deveria ser montada sobre inovações tecnológicas e reconversão dos equipamentos para o combustível derivado do petróleo. Nesse momento

Simonsen presidia a Fiesp e era membro do Conselho de Política Industrial e Comercial, organismo governamental que pensava o modelo econômico para o pós-guerra (Simonsen e Gudin, 1977).

Com o fim do conflito, a demanda brasileira pelo petróleo se expandiu e provocou o racionamento de combustível, que por sua vez gerou um mercado negro do petróleo. A indústria e a aviação também demandavam óleo diesel. A escassez do petróleo foi então ganhando foros de questão política. Em breve vários setores urbanos estariam engajados, ao lado de políticos e militares, na campanha "O petróleo é nosso". Tal como ocorria em outros países da América Latina, a sociedade civil optara por um modelo energético que excluía as companhias estrangeiras de petróleo da exploração e refino do mineral. Esse era o único ponto de convergência na questão do petróleo nos anos 1940. Quando se tratava de discutir quem assumiria a liderança de exploração e refino do petróleo, a controvérsia se instalava: de um lado estava a postura estatista, que entendia que o petróleo era uma questão de segurança nacional, ficando a extração e o refino nas mãos do Estado. Uma segunda posição defendia que essas atividades deveriam ficar com o capital privado, prioritariamente o nacional (Lodi e Simonsen). A força do nacionalismo em torno dessa questão fez com que a corrente favorável às companhias estrangeiras de petróleo ficasse cada vez mais enfraquecida no país.

O debate em torno do petróleo tomou um tom apaixonado e ainda iria persistir por alguns anos, atravessando o governo Dutra (1946-1950) e chegando ao segundo governo Vargas, quando o desenho institucional da política do petróleo foi finalmente montado, a partir da criação do imposto único sobre derivados do petróleo, coordenado pelo Conselho Nacional do Petróleo. Esse imposto iria fornecer recursos para a criação da Petrobras, aprovada pelo Congresso em setembro de 1953. A política do petróleo tinha agora um complexo de empresas estatais para a exploração e o refino do mineral, um fundo de financiamento para operar e contava com a garantia do monopólio estatal. A grande ofensiva lobista das companhias estrangeiras de petróleo no pós-guerra terminava em 1953 com a definição do desenho institucional da política do petróleo. A elas coube, nesse desenho, o mercado distribuidor de combustível.

Siderurgia

Até as primeiras décadas do século XX a produção do ferro no Brasil se fez em pequenas oficinas e fundições, que produziam peças para ferrovias, máquinas agrícolas rudimentares e material de uso militar. Na década de 1910 a produção de ferro-gusa era pequena e a importação de laminados de aço era de 272 mil toneladas (Baer, 1970). A consciência da necessidade de aproveitar a riqueza mineral através de uma grande usina siderúrgica integrada já está presente na geração de engenheiros formados pela Escola de Minas de Ouro Preto. Ela coincide com a visão de militares do Exército, também especializados em engenharia de minérios, como Edmundo de Macedo Soares. Durante muitos anos o projeto de uma grande siderúrgica brasileira foi um sonho, acalentado por políticos, engenheiros, empresários e militares. O americano Percival Farquhar, que já realizara muitos empreendimentos de porte na América Latina, e tinha uma mina de ferro em Itabira (MG) passou décadas buscando financiamento para pôr em prática um complexo siderúrgico que envolvia planta, ferrovia e porto em Vitória (ES) para a exportação de minério de ferro a partir de Itabira.

Nos anos 1920 começam a surgir empresas siderúrgicas de pequeno porte, como o Grupo Dedini em São Paulo (fundição do aço para maquinário agrícola, 1920), Aços Paulista (1919) e Companhia Siderúrgica Belgo-Mineira (Sabará/MG, 1921). Em 1935 a Belgo-Mineira expande-se para Monlevade (MG), onde constrói uma usina de grande porte, que em 1940 já era a primeira siderúrgica da América Latina. Em sequência vieram a Siderúrgica de Barra Mansa (RJ) e a Siderúrgica Barbará, ambas de 1937. A Aços Villares (SP) passa a produzir insumos para a fábrica de elevadores Atlas em 1939. Em 1942 o governo desapropriou a empresa de Farquhar; com os recursos da desapropriação, Farquhar e alguns sócios fundaram a Aços Especiais Itabira (Acesita). Este empreendimento privado acabou tendo um custo de construção muito superior ao previsto e, para se viabilizar, precisou de créditos do Banco do Brasil. Os recursos do banco foram tão vultosos que, ao terminar a construção, a Acesita passou para o controle do Banco do Brasil. Farquhar morreu pobre, antes de ver seus sonhos com o ferro realizados (Baer, 1970). Segundo Lucas Lopes (1991, p. 60), o contrato de Itabira sonhado por Farquhar só não se viabilizou porque o golpe de 1937 fechou o Congresso no momento em que o projeto estava sendo ali discutido.

Com a guerra, voltou à tona a necessidade de produzir minério de ferro de boa qualidade, sobretudo de manganês. A ideia de construir um grande complexo para explorar e exportar minérios foi retomada e resultou na criação da Companhia Vale do Rio Doce em 1942.

A produção de ferro-gusa em 1930 era de 100 mil toneladas por ano; dez anos depois já se produziam 185 mil toneladas por ano (Baer, 1970). Ainda que o ferro-gusa fosse de baixa qualidade, a produção de lingotes de aço e de laminados começava a se destacar.

Se de um lado o setor privado já constituía um incipiente mercado de empresas siderúrgicas, de outro os militares continuavam a sonhar com uma grande usina siderúrgica estatal, capaz de sustentar um processo acelerado de industrialização em curso. A construção civil, naval, as ferrovias, as indústrias metalúrgicas demandavam aço em proporções ainda não produzidas no país. Pressionado cada vez mais pelos militares para avançar na política siderúrgica, Vargas buscou recursos no mercado externo para a construção de uma grande usina siderúrgica. Empresas alemãs e americanas foram convidadas a vir ao país explorar e industrializar o minério do ferro e um acordo com a siderúrgica US Steel quase foi fechado, mas a empresa americana desistiu na última hora, para decepção de Vargas e dos envolvidos com a política de siderurgia. Enquanto retomava contato com o governo dos Estados Unidos, Vargas criou em 1940 a Comissão Executiva do Plano Siderúrgico, encarregada de fazer os estudos e de criar uma companhia nacional de siderurgia. Ela contava com a participação de Edmundo Macedo Soares, militar especializado em engenharia de minérios, e do empresário Guilherme Guinle (Martins, 1976, pp. 225-230).

Das negociações dessa comissão com o governo dos Estados Unidos adveio um acordo no fim de 1940, no qual o governo norte-americano, por intermédio do Eximbank (Banco de Exportação e Importação), se propôs a apoiar a construção de uma grande usina siderúrgica no Brasil com uma linha de financiamento de 20 milhões de dólares. O Brasil, em contrapartida, investiria na empresa 25 milhões de dólares, provenientes de várias fontes (os depósitos de poupança das caixas econômicas do Rio de Janeiro e de São Paulo, as reservas dos institutos de aposentadoria (totalizando

250 mil contos de réis) e ações subscritas pelo Tesouro e por empresários) (Martins, 1976, p. 230). O ataque japonês à base americana de Pearl Harbor e a entrada dos Estados Unidos na guerra aceleraram os entendimentos dos Estados Unidos com o governo brasileiro em torno da siderurgia. Em março de 1942 o Brasil firmou um acordo de cooperação militar no qual cedia bases militares no Nordeste para uso dos Estados Unidos e se comprometia com o fornecimento de minerais estratégicos para aquele país. Em troca vieram os créditos do Eximbank para a Companhia Siderúrgica Nacional (CSN) e, além dela, para a reestruturação da Estrada de Ferro Vitória-Minas, necessária à construção da Companhia Vale do Rio Doce. Ao fim da negociação, o crédito do Eximbank para a siderurgia brasileira se elevara de 20 para 45 milhões de dólares! (Martins, 1976, p. 233).

Fundada em abril de 1941, a Companhia Siderúrgica Nacional, localizada em Volta Redonda (RJ), nas proximidades do eixo rodoviário que liga São Paulo ao Rio de Janeiro (Via Dutra), a 100km do porto do Rio de Janeiro, teve sua construção iniciada no ano seguinte. Guilherme Guinle foi indicado presidente da CSN e Macedo Soares tornou-se o diretor técnico. Erguida durante a guerra, enfrentando problemas de compra de equipamentos nos Estados Unidos e de seu transporte para o Brasil, em navios constantemente ameaçados de bombardeio pelos alemães, já em 1946 a usina iniciou a produção de coque. Somente em 1948 ela passaria a operar plenamente, sendo sua produção inicial de 270 mil toneladas de lingotes.

A CSN foi o último empreendimento significativo do primeiro período de Vargas no governo e o símbolo de um projeto nacional desenvolvimentista que envolveu uma aliança entre Estado, industriais e militares. A CSN pôs em relevo também a capacidade de negociação da diplomacia brasileira, que reconheceu o momento ideal para barganhar com os interesses estratégicos dos americanos (nas bases militares no Nordeste brasileiro e nos minérios estratégicos do país) quando a guerra passava a incluir os Estados Unidos nos cenários de batalha.

A partir da CSN a siderurgia no Brasil cresce em ritmo acelerado nos anos 1950, quando se afirma o modelo de empresas privadas pequenas, ao lado de grandes usinas como a Belgo-Mineira, a Companhia Siderúrgica Mannesmann (criada em 1952, com capital alemão), a Usiminas (criada em 1956 e expandida após associação com japoneses em 1963) e a Companhia

Siderúrgica Paulista (Cosipa), criada em 1953, mas em operação entre 1963 e 1965. Em 1966, já sob o governo militar, o Brasil produzia 3,7 milhões de toneladas de lingotes e era o maior fabricante de aço da América Latina. Dois terços dessa produção vinham de empresas com controle governamental. Os investimentos públicos na siderurgia continuaram nas décadas de 1960 e 1970, e o Banco Nacional de Desenvolvimento Econômico (BNDE) chegou a ser chamado então de Banco do Aço, por seu papel na expansão siderúrgica brasileira.

Energia elétrica

No início do governo Vargas a capacidade geradora de energia elétrica estava bem aquém da demanda de uma sociedade que se urbanizara e industrializara rapidamente. Boa parte do país ainda recorria aos lampiões de querosene, à lenha e aos geradores particulares para iluminar as residências e movimentar as indústrias. Ainda assim, foi nas duas primeiras décadas do século XX que ocorreu um salto energético no país, com a expansão da produção de energia elétrica especialmente no eixo Rio-São Paulo (Quadro 8.5). A partir de 1930, enquanto a economia crescia, recuperando-se da crise e apresentando um crescimento industrial surpreendente, a oferta de energia elétrica estagnava, gerando racionamentos prejudiciais ao parque industrial.

Quadro 8.5
BRASIL: DISPÊNDIO DE ENERGIA POR FONTES (em kW)

Tipo de Fonte	1939	1955
Combustível sólido (lenha, bagaço de cana)	70,5%	36%
Combustível líquido	17,1%	44,4%
Energia hidrelétrica	12,4%	19,6%
	100%	100%

Fonte: United Nations, Cepal/BNDE. *The Economic development of Brazil. Analyses and projections of economic development*, v. II, Nova York, 1956, p. 139.

No início do século XX as concessões para a exploração de serviços de eletricidade eram feitas pelos estados ou municípios. Os contratos de concessão tinham cláusulas de privilégio exclusivo, a chamada *cláusula ouro*, que estabelecia que o serviço da concessionária seria pago em papel-moeda (mil-réis) e em ouro. Com isso as empresas garantiam a rentabilidade para os investimentos.

A oferta de energia elétrica até 1930 envolvia, de um lado, um grupo de pequenas centrais térmicas e hidrelétricas, que supriam municípios, indústrias e fazendas pelo interior do país. Em 1900 elas representavam 96% da capacidade instalada de energia elétrica no país. Em 1930 seu peso caíra para 59%, mas ainda era significativo (Lima, 1984, p. 18). Ainda assim boa parte da indústria no Brasil operava com outras fontes energéticas (lenha, bagaço de cana) nas primeiras décadas do século. Operando no eixo Rio-São Paulo, numa faixa que envolvia o Vale do Paraíba e chegava até a região de Campinas, estava o grupo Light, uma reunião de empresas canadenses de bondes elétricos, companhias de luz e de geração e distribuição de energia elétrica, que em 1913 tomou a forma de uma *holding*, a Brazilian Traction Light and Power. Os maiores centros urbanos do país, São Paulo e Rio de Janeiro, estavam no âmbito de atuação da companhia. A Light chegou a São Paulo em 1899 e se instalou no Rio de Janeiro em 1905. Na década de 1920 essa empresa consolidou sua presença na região realizando investimentos e adquirindo empresas, o que explica o crescimento do potencial instalado que pode ser visto no Quadro 8.6. Pouco antes da chegada de Vargas ao poder, se instalou no Brasil um grupo concessionário – a American & Foreign Power Company (Amforp) – que, a partir de 1927, começou a adquirir empresas de eletricidade do interior paulista, daí se estendendo para outras cidades do Nordeste, Sudeste e Sul do país. A *holding* americana, concorrente da Light, ganhou no Brasil o nome de Empresas Elétricas Brasileiras (Amforp).

Quadro 8.6
ENERGIA ELÉTRICA – POTÊNCIA INSTALADA
EM MW 1910-1945

Ano	Térmica	Hidráulica	Total
1910	32,729	124,672	157,401
1920	66,072	300,946	367,018
1930	148,752	630,050	778,802
1940	234,531	1.099,346	1.243,877
1945	261,806	1.079,827	1.341,633

Fonte: Conselho Nacional de Águas e Energia Elétrica (CNAEE), *apud* Villela, A. E.; Suzigan, W. (1973, p. 378-379).

A história da relação entre o Estado brasileiro e as duas companhias estrangeiras é a de um permanente confronto, que impede uma efetiva ação reguladora do poder público sobre as concessionárias. Não se conseguiu regulamentar o direito de propriedade dos mananciais de água durante a Primeira República, pois o Código de Águas de 1907 não foi aprovado no Congresso. A crise de 1929 trouxe uma grande desvalorização do mil-réis que se agravou na medida em que a crise no balanço de pagamentos gerava escassez de divisas. O governo Vargas viu-se assim constrangido a interferir no pagamento dos serviços das concessionárias estrangeiras, por intermédio da proibição do reajuste das tarifas com base na cláusula ouro. Esta cláusula foi eliminada pelo Decreto n.º 23.501, de novembro de 1933, do ministro da Fazenda Osvaldo Aranha. Esse "nacionalismo monetário", assim definido por Mario Henrique Simonsen (1995, p. 15), buscava responder à vulnerabilidade trazida ao país pela Grande Depressão, impedindo que as concessionárias de serviços de utilidade pública aumentassem as tarifas para manter os lucros e dividendos em moeda forte, estrangeira, contribuindo para inflacionar a economia doméstica.

Outras medidas viriam atingir diretamente as empresas fornecedoras de energia elétrica, além do decreto que aboliu a cláusula ouro. O Código de Águas de 1934 e a Constituição do mesmo ano redefiniram o direito de propriedade do uso da água e as relações entre governo e concessionárias.

Por trás dessas medidas estava um grupo de tenentes, empresários e políticos nacionalistas, interessados em pôr fim à concentração do setor de energia elétrica nas mãos dos dois grupos estrangeiros. O ministro da Agricultura do governo provisório, Juarez Távora, responsável pela questão da água e da eletricidade, era um membro do grupo dos tenentes. Em 1933, criou o Departamento Nacional de Produção Mineral no seu ministério, com uma Diretoria das Águas incumbida de fiscalizar as concessionárias.

Mas ainda que as propostas de mudança do Código de Águas e da Constituição de 1934 fossem enérgicas e incisivas quanto ao setor de energia hidrelétrica, pouco se caminhou na implementação das medidas ao longo de todo o período. O *lobby* das duas concessionárias, especialmente por intermédio da Justiça, e a falta de instituições fortes para regular a questão energética (no Ministério da Agricultura em especial) fizeram com que o papel das concessionárias não fosse muito alterado nas décadas de 1930 e 1940.

Embora as mudanças estruturais esperadas pelo governo não se viabilizassem, podiam-se perceber algumas importantes transformações em andamento: além do fim da cláusula ouro, o poder de concessão passou dos municípios e estados federativos ao governo federal, que trouxe para si também o controle das tarifas dos serviços de utilidade pública. Além disso houve alteração na forma de estimar as tarifas, com a substituição do cálculo por meio do *custo histórico* pelo *custo do serviço* (Lima, 1984, p. 35). Para que as tarifas fossem alteradas as concessionárias teriam de abrir para o governo o custo do serviço, o que envolvia revelar dados sobre os ativos, que eram confidenciais. Como as empresas estrangeiras resistissem a revelar sua contabilidade financeira ao governo, as tarifas ficaram sem alteração. Tarifas congeladas e proibição de expansão das empresas terminaram por restringir os lucros das concessionárias. Mas o grande perdedor foi mesmo o consumidor. A estagnação do setor de energia elétrica nos anos 1940 se explica assim pela resistência das concessionárias em se adequar às demandas do governo e, em consequência, pela paralisação dos investimentos na expansão da geração de eletricidade.

A partir de 1942 a região operada pela Light sofre vários racionamentos, obrigando os estados e a União a se envolverem diretamente com a produção de energia elétrica. Nesse momento a tecnologia das hidrelétricas mudava, com a construção, nos Estados Unidos e na Rússia, de usinas geradoras de grande porte, que requeriam grandes investimentos. O modelo hidrelétrico do New Deal americano, com grandes represas construídas pelo governo, começou a interessar ao governo Vargas.

Em 1939, sob o Estado Novo, foi criado o Conselho Nacional de Águas e Energia Elétrica (CNAEE), diretamente ligado à Presidência, incumbido de cuidar da política de energia elétrica do governo Vargas, fiscalizar as concessionárias e realizar o planejamento do setor elétrico no médio prazo. Na verdade o CNAEE ficou absorvido com as questões da política energética, e o planejamento foi levado para a área do Conselho Federal de Comércio Exterior, órgão consultivo do governo, responsável por estudos, planejamento e recomendações de políticas. Tal como acontecera com a siderurgia, forma-se em 1943 uma comissão técnica especial do Plano Nacional da Eletrificação, com técnicos do DNPM e do CNAEE. Ela trabalhou ouvindo os representantes dos grandes grupos estrangeiros e de empresas elétricas nacionais. A despeito da queda do Estado Novo, os trabalhos dessa comissão continuaram, levando ao Plano de Eletrificação de 1946, que parece não ter tido nenhuma repercussão efetiva na política energética, dada sua orientação liberal, reservando ao Estado um papel complementar na questão energética e silenciando quanto à ideia corrente de construção de grandes barragens (Lima, 1984, p. 49).

Os sinais de um novo modelo energético em germinação, que substituiria o sistema de concessões pela ação direta do Estado na geração e distribuição da energia hidrelétrica, vieram dos governos estaduais, durante a Segunda Guerra (Rio Grande do Sul, Minas Gerais, Rio de Janeiro), e da criação, em 1945, da Companhia Hidrelétrica do São Francisco, a primeira empresa de eletricidade do governo federal, incumbida de construir e gerenciar a Usina Hidrelétrica de Paulo Afonso, a primeira usina de grande porte do país, inspirada nas barragens americanas do vale do Tennessee.

Esse modelo iria se firmar a partir do retorno de Vargas ao poder, como presidente eleito, em 1951. A partir de então, o Estado começa a se envolver de uma forma tão intensa no processo de geração de energia elétrica que, nos anos 1960, já se podia notar a inversão do perfil da geração energética, com as companhias privadas estrangeiras abandonando o setor de geração e se tornando apenas distribuidoras e o Estado assumindo integralmente a tarefa da produção da eletricidade.

A formação do sistema financeiro nacional

A partir da década de 1920, vemos tomar corpo o moderno setor bancário no Brasil. Três pilares desse setor já estão presentes então:

a) o banco estatal, representado pelo Banco do Brasil e alguns bancos estaduais, que ganham solidez nesse período, entre eles o Banco do Estado de São Paulo/Banespa, Banco do Estado do Paraná e do Rio Grande do Sul, todos estruturados em 1928 e seguidos de outros estabelecimentos estaduais na década de 1930;
b) os bancos privados nacionais, ainda com caráter regional, mas já apresentando características de solidez financeira. Entre eles destaca-se o Comércio e Indústria de São Paulo e o Província do Rio Grande do Sul;
c) os bancos estrangeiros, representados pelos britânicos (London and Brazilian Bank e o London and River Plate, que se fundiram em 1923 formando o London and South American Bank), o British Bank of South America, o Citybank e outros bancos europeus (português, francês, italiano e alemão) (Triner, 2000, p. 211). Os bancos estrangeiros respondiam em 1912 por cerca de 45% do ativo total e operavam com a exportação do café.

Os fazendeiros de café obtinham financiamento nas casas comissárias, que por sua vez buscavam crédito nos bancos, pois essas instituições, bastante temerosas dos riscos de inadimplência, evitavam vínculos diretos com a produção do café. As praças financeiras principais eram o Rio de Janeiro, Santos e São Paulo. Em 1906 quase todos os bancos se localizavam nesse eixo.

Quadro 8.7
TRANSFORMAÇÕES NO SISTEMA BANCÁRIO NA REPÚBLICA VELHA, 1905-1930. VALORES PERCENTUAIS DOS DEPÓSITOS (%)

Bancos	1906	1914	1920	1925	1930
Privados nacionais	45,2	39,6	54,1	43,9	29,5
Privados estrangeiros	46,9	34,5	31,5	29,6	19,3
Banco do Brasil	5,6	23,4	12,9	24,8	28,8
Bancos estaduais	2,3	2,5	1,5	1,7	22,4
	100	100	100	100	100

Fonte: Triner, Gail (2000, p. 211).

Em 1930 já se podia sentir maior dispersão regional dos estabelecimentos bancários: 55% do total dos depósitos concentravam-se em bancos do eixo Rio-São Paulo, 12% estavam em bancos do Rio Grande do Sul, e 5%, em bancos mineiros (Triner, 2000, p. 210). Em 1927 o estado de São Paulo tinha 88 agências de bancos brasileiros privados e 16 agências do Banco do Brasil. Enquanto isso o Rio de Janeiro chegou a ter 2.000 firmas comissárias operando com o financiamento das safras de café (Lacerda *et al.*, 2000, pp. 36-38). O crescimento dos depósitos bancários e a diferenciação setorial do sistema bancário na Primeira República aparecem no Quadro 8.7. Os dados foram baseados no valor dos depósitos por tipos de banco e mostram a grande transformação que tem lugar no sistema financeiro nos anos 1920, com o fortalecimento do Banco do Brasil, a emergência dos bancos estaduais e o declínio dos bancos estrangeiros. Triner (2000, p. 182) aponta para a mudança que acontece nos bancos estrangeiros entre 1920 e 1940. Os bancos britânicos, que operavam no financiamento da exportação do café e nas transações cambiais, ao mesmo tempo que se enfraquecem no mercado internacional, enfrentam, no Brasil, a entrada do Estado no setor financeiro e as mudanças na economia urbano-industrial. Como resultado, mudam a ênfase de suas operações, reduzindo seu papel no comércio exterior, e passam a operar com os estrangeiros residentes e as empresas multinacionais. Novos bancos estrangeiros surgidos nos anos 1920 operam com depósitos e negócios de imigrantes. Com a criação da

Carteira de Redesconto em 1921 e a Caixa de Mobilização Bancária em 1932, ambas do Banco do Brasil, o governo federal reafirma seu papel central no sistema bancário, colocando-se como instituição de apoio e garantia do setor. Com essa carteira, o Banco do Brasil, além de operar como banco comercial, atua como agência financeira do governo, regulando o mercado bancário e financiando direta ou indiretamente (por intermédio do redesconto aos bancos regionais) a produção rural e posteriormente industrial. Em 1937, com a criação da Carteira de Crédito Agrícola e Industrial do Banco do Brasil, essa função de fomento do Estado fica ainda mais evidente. Ressalve-se que também os bancos estaduais, surgidos a partir de meados dos anos 1920, operavam como bancos de fomento rural.

Portanto a Era Vargas reafirma uma tendência vinda do fim da Primeira República, na qual o Estado entra de forma atuante no sistema financeiro, através do Banco do Brasil, que se torna o núcleo central do sistema financeiro nacional. É o único banco com uma rede de agências pelo interior do país e é o maior agente de fomento à agricultura e à indústria. Além disso, por meio da política de realimentação financeira dos bancos privados via redesconto do Banco do Brasil, o Estado já coloca em funcionamento um germe de banco central. A história mostra que a maior força de oposição à criação de um banco central no Brasil veio do Banco do Brasil, que temia perder a importante função que vinha exercendo desde os anos 1920. Este só foi efetivamente criado em 1965 (Bulhões, 1990).

Parece ter havido no setor de seguros uma atuação mais pronunciada do governo pós-1930, no sentido de se impor às seguradoras estrangeiras (especialmente alemãs e inglesas), que até os anos 1920 remetiam divisas para as matrizes, advindas dos prêmios dos seguros e resseguros feitos no país.[5] Durante a República Velha o Estado tentara por inúmeras vezes fiscalizar essas empresas e levá-las a aplicar suas reservas no país. Com a extrema escassez de divisas no pós-1930, a atuação do governo ante as seguradoras se tornou mais firme, e elas foram levadas a registrar as operações e a manter os ativos no país sob pena de perderem o direito de aqui operar. As companhias de seguro, como os bancos, passam a sofrer regulamentação governamental, e as firmas estrangeiras já operando no país são autorizadas a continuar, sendo vedada a vinda de novas seguradoras do exterior. Com a criação, em 1939, do Instituto de Resseguros do Brasil (IRB), uma empresa mista, toda a atividade de resseguros brasileiros no exterior, antes a cargo das companhias estrangeiras, foi centralizada no IRB. A partir de então o mercado nacional de seguros ganha impulso e proteção tutelar. No fim da década, o número de empresas estrangeiras no setor e os ativos com que operavam se mantêm estáveis, enquanto os ativos das empresas brasileiras tendem a crescer (Quadro 8.8). Tal como acontecera com o setor bancário, o governo Vargas ajuda a consolidar o setor de seguros nacional.

Quadro 8.8
NÚMERO DE EMPRESAS DE SEGURO E ATIVOS DAS SEGURADORAS, 1939-1947 (milhões de cruzeiros)

Ano	Seguradoras Nacionais	Seguradoras Estrangeiras	Total de Seguradoras	Ativos das Seg. Nacionais	Ativos das Seg. Estrangeiras	Total dos Ativos
1939	70	33	103	333,5	183,8	517,4
1940	78	33	111	392,8	211,3	604,2
1945	107	26	133	1.019,4	282,7	1.302,5
1947	124	25	149	1.458,0	268	1.727,7

Fonte: Sarmento, C.E. "Nacionalização e expansão: o mercado segurador brasileiro entre 1939 e 1963". In Alberti, V. (1998, p. 170 e 184).

O conjunto das empresas financeiras, bancárias ou não bancárias, tomou forma nesse período sob uma ideologia nacionalista. Quando da elaboração da Constituição de 1934 e da divulgação da Carta outorgada de 1937, debateu-se a possibilidade de nacionalizar o setor financeiro (bancos e seguros) no Brasil. As empresas estrangeiras sentiram-se muito ameaçadas no período. Mas Vargas adotou uma posição mais pragmática diante da xenofobia de alguns setores: impôs um controle restrito do governo sobre todos os bancos e empresas de seguro (estrangeiros ou não) e permitiu que as empresas estrangeiras já existentes continuassem operando no país. A restrição de operação dirigiu-se assim às empresas estrangeiras que quisessem entrar no país e à expansão das aqui instaladas. Com essa pragmática proteção governamental, a partir de 1940 consolidam-se os bancos comerciais e as empresas seguradoras nacionais no país, e os empreendimentos estrangeiros aqui permanecem sem poder se expandir (Quadro 8.8).

Nas décadas de 1930 e 1940 o Banco do Brasil mantém o primeiro lugar em volume de depósitos, seguido pelos bancos privados paulistas, mineiros e estrangeiros. Os bancos cariocas e gaúchos aparecem no ranking dos 25 maiores bancos em volume de depósitos em 1947.[6] Ao fim do Estado Novo (1945) havia no país 488 empresas bancárias – 241 bancos e 247 casas bancárias. Os depósitos bancários representavam cerca de 30% do PIB, tendo o Banco do Brasil 35% do total dos depósitos, e os 29 grandes bancos que se seguiam a ele detinham 42%. Podia-se falar então num certo grau de concentração bancária, uma vez que mais de 90% dos bancos e casas bancárias ficavam com 23% dos depósitos, enquanto 6% detinham 77% dos depósitos (Saes, 1997).

Quando terminou o primeiro período Vargas, com a derrubada do Estado Novo, ficava claro o fato de que a ação do Estado havia ajudado a consolidação de um setor financeiro nacional, revertendo o peso que as empresas estrangeiras tinham no mercado. Mas além da ação protecionista e nacionalista da política financeira dos ministros da Fazenda de Getúlio Vargas, dois deles banqueiros,[7] o Estado firmava posição como banqueiro comercial por intermédio do Banco do Brasil, o banco mais importante do país e o mais presente em todos os estados da federação.

As agências reguladoras do setor financeiro vão se estruturar nesse período: as atividades do setor de seguros se subordinam inicialmente ao inoperante Departamento Nacional de Seguro Privado e Capitalização, afeto ao Ministério do Trabalho, Indústria e Comércio. Criado em 1934, no bojo da política regulamentadora de Vargas, o departamento foi se tornando incapaz de formular regras e fiscalizar o setor, sendo a função assumida pelo IRB a partir de 1939. O IRB cuidava simultaneamente do resseguro, da formulação de normas e da fiscalização das seguradoras. Na área bancária a regulamentação era feita pelo Banco do Brasil, através da Carteira de Redesconto (1921), da Caixa de Mobilização Bancária (1932) e do controle cambial, através da Carteira de Câmbio (1926). O Banco do Brasil tinha funções de banco central de um lado e de outro o de banco de fomento, provedor de crédito agrícola e industrial. Desde 1931, passa a controlar o câmbio, esvaziando a ação dos bancos estrangeiros que operavam com moedas estrangeiras e comércio exterior. A Carteira de Exportação e Importação do banco (Cexim), criada em 1941, acrescentou à atividade cambial a de regulação do comércio exterior.

Até 1945, quando foi criada a Superintendência da Moeda e do Crédito (Sumoc), o Banco do Brasil foi o principal regulador do sistema bancário. A nova agência passa a estabelecer as normas da política monetária, de crédito e de investimentos estrangeiros, dividindo esse papel com o Banco do Brasil, que resiste em ceder seu poder de controle da moeda àquela superintendência (Bulhões, 1990).

Esse período de grandes mudanças no setor financeiro nacional assinala também a emergência de novos atores sociais: ao lado do empresário financeiro, seja ele banqueiro, segurador, corretor de seguros, surge o gerente concursado das agências do Banco do Brasil e dos bancos estaduais. A atuação no mercado financeiro passa a requerer conhecimentos técnicos e da economia brasileira. Para melhor fundamentar a política de crédito os bancos se tornam agências de pesquisa e diagnóstico das economias regionais, sendo, segundo Triner (2000, p. 138), uma das melhores fontes de dados sobre a economia brasileira das décadas de 1920 e 1930.

A política macroeconômica entre a crise de 1929 e a Segunda Guerra

Entre a libra e o dólar – As políticas de comércio exterior num mundo em transformação

Se olharmos o Brasil do ponto de vista do desempenho de suas indústrias, esse foi o período do primeiro milagre econômico do século XX. Passado o efeito recessivo da crise de 1929, em especial a recessão de 1931, a indústria brasileira iniciava, já em 1933, uma fase de crescimento sustentado, posteriormente favorecido pela guerra. O panorama já não é o mesmo se observarmos o perfil das relações comerciais do Brasil com o exterior no período, que sinalizam para o grau de abertura ou fechamento do Brasil para com a economia mundial.

O comércio exterior foi na verdade o setor mais atingido pela crise de 1929, graças à dependência da economia brasileira para com as exportações e as divisas delas provenientes. Os desafios que os desequilíbrios do balanço de pagamentos e os choques externos trouxeram para o governo exigiram respostas incisivas e capacidade de negociação internacional que permitiram a recuperação dessa área vulnerável, antes que a guerra acabasse. A gestão macroeconômica da crise do balanço de pagamentos e do comércio exterior, feita no calor dos acontecimentos e dos números do balanço de pagamentos, revelou como as elites econômicas e políticas, sob a liderança de Getúlio Vargas, souberam manter, nessas décadas turbulentas, o país no caminho do desenvolvimento.

Uma análise das dificuldades enfrentadas então pelo Brasil nos leva a entender melhor o esforço da Era Vargas de voltar-se "para dentro". Ter saldos positivos na balança comercial, como os que aparecem no Quadro 8.9, não significou nesse momento um bom desempenho comercial. A enorme escassez de divisas levou a um esforço para sustentar o volume das exportações, enquanto se fazia igual trabalho para cortar importações, liberando apenas as mais essenciais à economia e ao processo de substituição de importações. Os resultados da balança comercial precisam ser vistos em confronto com os déficits do balanço de pagamentos, mostrados no Quadro.

Quadro 8.9
EXPORTAÇÕES E IMPORTAÇÕES BRASILEIRAS, 1933-1945
(em milhões de libras esterlinas)

Ano	Exportações/ PIB (%) Comercial	Exportação/ FOB	Importação/ CIF	Balança
1933		52,8	41,5	11,3
1934		58,0	41,9	16,1
1935		55,0	45,9	9,1
1936		64,5	46,7	17,8
1937		70,2	66,9	3,3
1938		60,3	60,2	0,1
1939	11,8	68,8	58,0	10,0
1940	10,0	65,2	62,1	3,1
1941	11,6	89,7	68,9	15,0
1942	11,4	100,0	58,1	35,1

Ano	Exportações/ PIB (%) Comercial	Exportação/ FOB	Importação/ CIF	Balança
1943	10,5	116,0	75,9	31,3
1944	9,9	143,0	108,4	32,5
1945	9,5	162,6	116,6	43,5

Fonte: Abreu, Marcelo P. (1998, pp. 149 e 370).

Observando-se os dados do Quadro 8.9, que mostram o comércio exterior brasileiro dos anos 1930 até o fim da guerra, pode-se verificar que, apesar da ofensiva comercial da diplomacia brasileira para vender café em novos mercados e sustentar o volume exportado aos mercados tradicionais, a receita das exportações em moeda estrangeira não mostrou aumento substancial, ainda mais se considerarmos a desvalorização da libra em 1944 e a queda do preço internacional do café depois de 1937. As importações foram mantidas num patamar reduzido ao longo de uma década (1933-1943), elevando-se a partir de então com a entrada de um grande volume de equipamentos comprados nos Estados Unidos para a Companhia Siderúrgica Nacional, que estava sendo construída nesse momento.[8]

Com a queda do volume das importações reduziu-se a arrecadação do imposto cobrado sobre essa atividade, que antes representara o principal tributo para a receita governamental. Em 1929 esse imposto correspondia a 38,7% do total da receita tributária do governo federal, enquanto em 1945 essa proporção caiu para 11,6% (Abreu, 1990, pp. 397 e 402).

Outras medidas foram tomadas pelo governo para se ajustar à grave crise cambial de 1930-1931, causada pela queda das exportações, pela súbita interrupção da entrada dos capitais externos e pelos compromissos da dívida externa. Em 1931, no auge da crise de divisas, o governo estabeleceu o monopólio das operações de câmbio pelo Banco do Brasil, que foi mantido até 1934. Por outro lado, Vargas tratou de renegociar a dívida externa com os credores (nesse momento equivalente a 1,293 bilhão de dólares), obtendo o adiamento dos pagamentos. Segundo Abreu (1990, p. 76), essa negociação trouxe um alívio imediato à crise cambial mas foi insuficiente, pois gerou acumulação de pagamentos nos anos seguintes e novos desequilíbrios no balanço de pagamentos.

No período posterior a 1934 o Brasil fez dois acordos comerciais. O primeiro deles foi com a Alemanha e vigorou entre 1934 e 1938. Nele se fez uso dos marcos de compensação como forma de troca. O Brasil exportou para a Alemanha lã, couro, arroz, carne, fumo, banha e sobretudo algodão. Em troca recebeu carvão, folha de flandres, equipamento elétrico, máquinas de costura e de escrever, tubos de ferro, aço e trilhos. Em 1935 o acordo comercial do Brasil com os Estados Unidos envolveu a isenção de tarifas para a entrada do café no mercado americano em troca da importação pelo Brasil, com redução tarifária, de produtos manufaturados, como leite em pó, frutas em conserva, tintas e vernizes, rádios, automóveis, enfim, uma lista enorme de produtos que ameaçavam a indústria brasileira, que já produzia esses bens. A reação dos industriais através de suas lideranças (Roberto Simonsen e Euvaldo Lodi e suas entidades de classe) foi grande, dentro e fora do Congresso,[9] mas Vargas considerou mais estratégico atender aos interesses americanos e pressionou os opositores a aprovarem o acordo no Congresso (Abreu, 1999, pp. 210-224).

Quadro 8.10

BRASIL: SITUAÇÃO DO BALANÇO DE PAGAMENTOS E DÍVIDA EXTERNA CONSOLIDADA, 1930-1945 (em US$ milhões)

	1930	1931	1932	1933	1934	1935	1936	1937
Superávit/ Déficit do Bal. Pagam.	-116,1	15,8	35,7	-11,5	-12,0	22,9	-51,2	0,0
Dívida Ext. Consolidada	1.293,5	1.233,6	940,6	1.123,8	1.330,9	1.268,8	1.255,9	1.199,9

	1938	1939	1940	1941	1942	1943	1944	1945
Superávit/ Déficit do Bal. Pagam.	75,1	-0,8	4,4	60,3	149,6	252,8	157,4	61,7
Dívida Ext. Consolidada	1.186,8	1.082,5	972,4	965,3	934,4	911,7	752,9	698,1

Fonte: Abreu, Marcelo P. (1990, pp. 399-400).

A flexibilização da política cambial, que vinha sendo implementada desde 1934, teve de ser suspensa quando, em 1937, sobreveio nova crise cambial. Em função de um aumento nas importações, o saldo da balança comercial teve uma queda drástica. Sem divisas do comércio exterior, e tendo de pagar 7,5 milhões de libras como serviço da dívida externa, o governo optou por empreender nova intervenção no regime cambial. Quando houve o golpe do Estado Novo, em novembro de 1937, Getúlio Vargas anunciou pelo rádio a mudança de regime político e esclareceu também que, em resposta à grave crise cambial, o país declarava a moratória unilateral do serviço da dívida externa nos anos de 1938 e 1939 e outras medidas cambiais. Essas medidas trouxeram bons dividendos políticos a Vargas, pois, além de resolverem o grave problema do balanço de pagamentos, iam ao encontro das reivindicações dos militares, dos nacionalistas e até mesmo dos integralistas, contrários ao pagamento da dívida externa brasileira.

A nova política cambial introduzida no fim de 1937 trazia de volta os controles do câmbio, desvalorizava o mil-réis, estabelecia rígido controle das importações e suspendia unilateralmente o pagamento do serviço da dívida externa (Villela e Suzigan, 1973, pp. 207-208). Representava ainda uma ruptura para com a política anterior, mais preocupada com a cobertura cambial para atender aos compromissos financeiros do que com o uso do comércio exterior para desenvolver o país através do controle cambial e seleção das importações essenciais (Malan *et al.*, 1977, p. 124). A partir do Estado Novo e da nova política cambial invertiam-se as prioridades, passando ao primeiro lugar a obtenção de importações necessárias ao desenvolvimento.

Fora do país a moratória provocou protestos do governo e dos credores britânicos, mas os Estados Unidos não alardearam seu protesto. A diplomacia americana preparava-se para firmar com o Brasil relações mais estreitas, visando a uma estratégia de alianças em preparação para a guerra que se aproximava. Interessava aos Estados Unidos cortar os vínculos comerciais do Brasil com a Alemanha e ter acesso a matérias-primas estratégicas para uma situação de conflito. Em 1939 uma missão diplomática brasileira esteve nos Estados Unidos, tendo à frente o ministro das Relações Exteriores, Oswaldo Aranha,[10] para retomar negociações ligadas à dívida brasileira e discutir a concessão de créditos do Eximbank ao Brasil. Dessas negociações resultaram os recursos do Eximbank para a siderurgia brasileira, discutidos antes neste capítulo.

Uma nova flexibilização da política cambial tem lugar em 1939 a partir da retomada das negociações em torno do serviço da dívida, suspenso em 1937.

A partir de 1941 há uma melhora nas exportações brasileiras, com o consequente aumento das reservas em moedas conversíveis, o que explica a elevação do saldo comercial do ano[11] e o balanço de pagamentos superavitário. Com a guerra, alguns produtos manufaturados passaram a fazer parte da pauta de exportação (têxteis, quartzo, diamantes industriais). Em 1939 os produtos manufaturados representavam 24% do conjunto das exportações, valor que chega a 45% em 1944-1945 para cair findo o conflito (Malan *et al.*, 1977, p. 164).

A década de 1940 representou um período de menor turbulência para o comércio externo do Brasil. Nesse momento o destino predominante dos produtos brasileiros são os Estados Unidos (quase 60%), o que evidencia a dependência brasileira para com aquele país ao fim da guerra, como mercado para as exportações e como supridor das importações. A guerra tornava impossível abastecer os países europeus pelos riscos no mar (a ameaça dos navios alemães) e no continente (pelos bloqueios feitos pelos aliados, e pelos territórios ocupados, que desorganizaram as economias nacionais). Além de a guerra pôr fim ao comércio bilateral do Brasil com a Alemanha, ela acentuou a diminuição do papel do Reino Unido no comércio exterior brasileiro.

Igual mudança ocorre também com os investimentos estrangeiros. Enquanto os investimentos britânicos permanecem estáveis, o volume de capitais americanos cresce e se iguala ao dos britânicos em 1945.[12] Grande parte dos investimentos estrangeiros que chegam ao Brasil nesse período vem dos Estados Unidos, sob a forma de créditos do Eximbank (45 milhões de dólares) ou investimentos diretos.

O comércio brasileiro com o Reino Unido envolveu vários acordos bilaterais, com pagamento em moedas inconversíveis (retidas no Banco da Inglaterra até que voltasse a liquidez com o fim do conflito). As transações entre os dois países diminuíram nos anos 1930; por volta de 1942-1943, representavam apenas 15% das exportações brasileiras, centrando-se basicamente no algodão e na carne. Outros países afetados pela guerra (França, Bélgica) também operaram com moedas inconversíveis nas transações com o Brasil.[13]

O período de bonança nas relações entre Brasil e Estados Unidos começou a mudar em 1943. Os benefícios vindos dos americanos, seja no comércio exterior, no serviço da dívida e nos créditos para a siderurgia brasileira (45 milhões de dólares), agora faziam parte de uma página virada da política externa americana (Abreu, 1990, p. 96). A mudança na postura da diplomacia comercial americana aparece nos atritos em torno dos preços do café brasileiro, que envolveram até uma suspensão parcial das importações, e continua até o fim da guerra. Além disso, preocupados com o futuro de suas exportações no pós-guerra, os americanos vão desestimular medidas favoráveis ao processo substitutivo de importações no país, o que difere substancialmente da orientação anterior, de oferecer créditos para a siderurgia. E não tardarão a dar evidências de seu desconforto em ter como aliado um ditador brasileiro, apontando para sua preferência de um retorno à democracia no Brasil (Abreu, 1990, p. 103).

Finda a guerra e deposto Getúlio Vargas em outubro de 1945, chegou ao poder, através das eleições presidenciais dois meses depois, o general Eurico Gaspar Dutra. Com ele vieram assessores de orientação neoliberal, afinados com as diretrizes americanas para o comércio internacional. Dutra estabeleceu a liberdade cambial, suspendendo os controles de importações. Era o que desejavam os exportadores dos Estados Unidos, ansiosos em busca de novos mercados. A liberdade cambial era também a expectativa de setores médios e altos das grandes cidades brasileiras, cuja demanda contida almejava pelos bens de consumo, tais como automóveis, geladeiras, eletrodomésticos, entre outros. As importações brasileiras a partir de 1946 cresceram tanto a ponto de causar uma grave crise cambial no início de 1947. O déficit da balança comercial, que em 1946 atingira 45 milhões de dólares, avançou para 300 milhões em 1947. Cerca de 60% dos bens importados vinham dos Estados Unidos. Com as moedas inconversíveis presas na Europa e as moedas conversíveis indo embora pelo excesso de importações, não havia outra opção para a política cambial senão a volta ao controle rígido das importações, o que aconteceu a partir de junho de 1947. O experimento liberal durara pouco e deixara resultados lamentáveis (Malan *et al.*, 1977, p. 149).

Virtudes e hesitações das elites políticas brasileiras nas negociações da dívida externa

Os dados do Quadro 8.10 mostram um significativo declínio da dívida pública externa do Brasil ao longo dos anos 1930 e 1940 (US$ 1.293,5 bilhão em 1930 e US$ 698,1 milhões em 1945). Este declínio mostra a pouca disponibilidade de recursos acessíveis ao Brasil nesse período. Em 1946, do total da dívida brasileira, 60% ficavam na área da libra esterlina e 26% na do dólar.

Esses dados nos levam a inferir que a partir de 1930 chega ao fim um ciclo de endividamento e de abertura da economia brasileira (via modelo agroexportador) para o exterior. Por quase quatro décadas, a partir de então, o país ficará fora do mercado financeiro mundial, recebendo créditos externos apenas de governos, do Eximbank, além de investimentos externos diretos. Depois da crise de 1929 inicia-se um período em que os investimentos externos escassos levam o país a voltar-se para o próprio mercado, buscando no capital nacional, na sociedade (via impostos) e no Estado as fontes de recursos para o crescimento econômico.

Com relação ao serviço da dívida externa, poder-se-ia dizer que na década de 1930 o Brasil realizou pagamentos além de suas possibilidades cambiais e que os negociadores brasileiros da dívida tiveram para com os credores uma postura generosa. Já a partir da moratória de 1937, e durante todo o Estado Novo, os pagamentos do serviço da dívida estiveram aquém das possibilidades de pagamento do Brasil. Abreu (1998) sugere que a capacidade de negociação brasileira com relação à dívida externa se tornou, no Estado Novo, mais amadurecida e menos generosa nas concessões. Contudo, negociar com vantagens, como realmente aconteceu nesse período, foi possível somente enquanto existiram condições favoráveis no contexto internacional, em especial da parte dos Estados Unidos, que adotaram, entre 1939 e 1942, uma posição mais tolerante ante as questões da dívida externa e do comércio exterior do Brasil, dentro de uma estratégia diplomática continental (Abreu, 1990, p. 100).

Moeda e inflação no período

Entre 1928 e 1933 a severa crise econômica leva os preços a um declínio de 25%, caracterizando uma situação de deflação. Quando a economia se recupera, a partir de 1933, puxada pelo crescimento industrial, observa-se uma inflação moderada. Contudo, a partir de 1939 e de forma continuada até 1945, os preços dispararam a uma taxa média anual de 15% (Malan *et al.*, 1977, p. 207).[14] Depois de 1941 o aumento de volume de papel-moeda emitido foi de 25%, chegando em 1943 a 33%.

Analistas desse período atribuem esse surto inflacionário às emissões de papel-moeda para a compra de ouro e para o resgate de promissórias e de obrigações do Tesouro. Estudos sobre os empréstimos feitos pela Carteira de Crédito Agrícola e Industrial (Creai) do Banco do Brasil, especialmente a partir de 1941, também explicam como a política de crédito do governo colaborou como geradora de inflação. Entre 1943 e 1946 mais de 50% do total de empréstimos do Banco do Brasil foram feitos através da Creai para a indústria e a agricultura (Malan *et al.*, 1977, p. 244).

A inflação corroeu de tal forma o papel-moeda em 1941-1942 que este foi insuficiente para suprir o meio circulante e levou o governo a mudar o *mil-réis* para o *cruzeiro* em 1942. Nas palavras de Octavio Gouveia de Bulhões, assessor de Souza Costa, ministro da Fazenda,

> A Caixa de Amortização [do Banco do Brasil] não percebeu que as notas estavam entrando muito em circulação e quando se deu conta verificou que o estoque estava bastante reduzido. Como não havia tempo de imprimir as notas no exterior, o governo adotou um período de suspensão de atividades de [...] uma semana [...]. E assim veio o cruzeiro. Não houve uma reforma monetária, não mudou nada, mudou-se apenas a nota e o nome da moeda, enquanto se procurava corrigir um cochilo (Bulhões, 1990, p. 45).

Certamente a inflação alta e o susto do governo com a escassez de papel-moeda explicam a criação da nova moeda – o cruzeiro – e da instituição responsável pela moeda estável – a Superintendência da Moeda e do Crédito (Sumoc) – criada em fevereiro de 1945 por Octavio Gouveia de Bulhões em parceria com Eugenio Gudin, tendo por objetivo "combinar uma orientação monetária com uma orientação fiscal" (Bulhões, 1990, p. 54). Certamente, se tivesse sido proposta pouco depois, finda a ditadura, a Sumoc não teria sido aprovada pelo Congresso, onde uma bancada de parlamentares defensores do Banco do Brasil exercia o poder de veto sobre qualquer proposta de banco central. Esta também foi a história do Banco Central, criado em 1965, sob outra ditadura.

Projetando a era do pós-guerra – o caminho keynesiano

Quando a guerra estava no fim o Brasil mostrou possuir quadros diplomáticos e de economistas capazes de colaborar no desenho institucional da nova era que viria com o término do conflito. Politicamente esse desenho assumia a forma da Organização das Nações Unidas (ONU), e quadros diplomáticos brasileiros trouxeram sua colaboração nos primeiros tempos da entidade, como foi relatado por um espectador "presente à criação" dessa instituição, o jovem diplomata em Nova York, Roberto Campos (1994, p. 91). Por sua ação efetiva, o Brasil teve uma vaga no Conselho de Segurança da ONU, ocupada inicialmente por Oswaldo Aranha. No fim da década de 1940 a ONU criou um departamento para a América Latina, a Comissão de Estudos para a América Latina (Cepal), que a diplomacia brasileira ajudou a estruturar, tendo o Brasil papel fundamental na entidade. Em 1948 a Cepal abriu um escritório no Rio de Janeiro e realizou, no Brasil, a V Rodada de Sessões em 1953.

No campo da economia, o desenho de uma nova era, em que o dólar seria a moeda hegemônica e o compromisso com o desenvolvimento e a estabilidade monetária seriam os pilares fundamentais, veio da Conferência de Bretton Woods, nos Estados Unidos, em julho de 1944. Dela participou uma delegação brasileira, tendo à frente o ministro da Fazenda Souza Costa, acompanhado por Eugênio Gudin, Octavio Gouveia de Bulhões e Roberto Campos. Representantes do Brasil também estavam presentes na criação do Fundo Monetário Internacional (FMI) e do Banco Mundial (originalmente chamado de Banco Internacional para a Reconstrução e o Desenvolvimento – BIRD) (Campos, 1994, p. 62). Essas duas entidades foram frutos da Conferência de Bretton Woods. O Banco Mundial ficava responsável pelos investimentos de longo prazo para a reconstrução dos países afetados pela guerra e para auxiliar o desenvolvimento dos que não haviam se envolvido diretamente com o conflito, mas tinham sido afetados pelo comércio internacional em tempos de guerra. O FMI era o órgão disciplinador das economias nacionais, servindo de suporte financeiro aos países com desequilíbrios cambiais e comerciais. As boas relações entre o Brasil e os Estados Unidos no início da década de 1940 explicam a participação brasileira no desenho dessa nova ordem.

Quando a guerra chegava ao fim veio à tona no Brasil um intenso debate sobre como deveria ser a política econômica do pós-guerra. De um lado estavam os neoliberais (Eugênio Gudin, Octavio Gouveia de Bulhões, Valentim Bouças), que tinham alguma conexão com companhias estrangeiras ou uma visão mais internacionalista da economia (era o caso de Bulhões, filho de diplomata e sobrinho-neto de Leopoldo Bulhões, um ministro conservador do início da República). Essa corrente era contrária ao envolvimento do Estado com a política industrial, na forma de tarifas protecionistas ou controle cambial. Para essa corrente, o protecionismo industrial levava à baixa produtividade industrial e a preços altos. O planejamento também era muito criticado, porque lembrava socialismo e dirigismo.

De outro lado, havia uma variedade de orientações desenvolvimentistas (empresariais, estatistas, comunistas) que apoiavam, com menor ou maior ênfase, o papel do Estado e do planejamento para promover o desenvolvimento industrial. Os desenvolvimentistas estavam em acordo quanto ao papel central da industrialização e da necessidade de proteção da indústria local pelo Estado.

Esperava-se no Brasil uma ofensiva comercial dos produtores americanos ao término do conflito. O país dispunha de reservas cambiais e se tornava um bom alvo para o comércio exportador dos Estados Unidos. Os industriais brasileiros, tendo à frente líderes como Roberto Simonsen e Euvaldo Lodi, com assento nos conselhos do governo, tornaram público seu projeto econômico para o Brasil do pós-guerra. Para escapar a essa perigosa ofensiva comercial dos Estados Unidos, propunham que o governo brasileiro destinasse as reservas cambiais do país para a importação de equipamentos e insumos necessários à indústria, selecionando as importações essenciais. Essa posição da liderança industrial deu origem ao conhecido debate travado no Conselho de Planejamento Econômico entre Roberto Simonsen e Eugênio Gudin em 1945 (Simonsen e Gudin, 1977). Essa controvérsia tornou-se o símbolo das duas propostas para as políticas do pós-guerra: Simonsen defendeu a via keynesiana, com o desenvolvimento econômico sendo estimulado pelo Estado investidor e empresário, que, por meio das tarifas e do câmbio, defenderia a produção nacional da concorrência externa. Gudin dava voz e vida à linha antikeynesiana, que, nesse momento, era representada internacionalmente por Friedrich Hayek, crítico ácido do projeto keynesiano do partido trabalhista inglês de meados dos anos 1940, que ele chamava de o "caminho para a servidão" do tipo socialista ou nazifascista.

A primeira fase do governo Dutra (1946-1947) parece ter dado força aos neoliberais, pois a orientação das políticas desse governo coincidia com muitas das medidas defendidas por Gudin. Mas após o malogro da orientação liberal no comércio exterior, com a grave crise cambial de 1947, o governo teve de adotar o controle das importações, o que foi um estímulo para o desenvolvimento industrial. Além disso, em 1949, Dutra indicava um industrial para o Ministério da Fazenda. Por linhas tortas, o desenvolvimentismo industrial ganhava força de novo no país. E a vitória da via keynesiana iria se firmar por toda a metade do século XX até 1990, fazendo o país crescer de forma continuada até que choques externos mais fortes e mais longos que o de 1929 mudassem o curso do desenvolvimento brasileiro, trazendo com eles novas elites, de orientação neoliberal, que se propuseram a pôr fim à herança da Era Vargas.

Notas

1. Abreu e Verner (1997, p. 25) apresentam os índices de crescimento dos países que mais se desenvolveram no século XX, com base no trabalho de Angus Maddison *et al. The Political Economy of Poverty, Equity and Growth: Brazil and Mexico*, Nova York, Oxford University Press, 1992. Comparando os índices de crescimento médio anual do PIB de dez países, o Brasil só perde no período 1929-1987 para Taiwan.

Quadro 8.11

Índia	2,7	Brasil	5,4
Japão	4,9	Chile	2,9
Coreia	5,1	Colômbia	4,3
Taiwan/Formosa	6,2	México	4,8
Argentina	2,6	Peru	3,4

2. Entre 1934 e 1938, o café brasileiro exportado representava 52,8% do mercado mundial. O cacau exportado equivalia a 16,5% do mercado mundial. FAO, *Trade yearbook*, *apud* Baer, W. (1975, p. 33).
3. O segundo milagre seria o dos anos JK (1956-1960), e o terceiro, o do regime militar (1968-1973).
4. Cf. Leopoldi, M. *Política e interesses na industrialização brasileira*. Associações industriais, política econômica e o Estado. São Paulo: Paz e Terra, 2000. Especialmente o capítulo 2 e Conclusão.
5. Os prêmios arrecadados pelas dez maiores companhias de seguros em 1919 somavam 2 milhões de libras esterlinas. As duas primeiras desse *ranking* de seguradoras eram a Aliança da Bahia e a Sul América. Havia apenas duas empresas estrangeiras nessa lista (Sagres/Portugal e New York Life/EUA). Em 1931 o total de prêmios arrecadados pelas dez maiores seguradoras caíra para 1 milhão de libras esterlinas e a Aliança da Bahia e a Sul América continuavam a liderar o setor. Nesse ano, entre as dez maiores empresas de seguro no Brasil estavam três inglesas e uma italiana. Costa, R. C. "A atividade de seguros nas primeiras décadas da República". In: Alberti, V. (1998).
6. Em 1947 os dez maiores bancos por volume de depósitos em cruzeiros eram: 1) Banco do Brasil (17,2 bilhões); 2) Banco do Estado de São Paulo (3,0 bilhões); 3) Crédito Real de Minas Gerais (1,5 bilhão); 4) Citybank (1,4 bilhão); 5) Lavoura de Minas Gerais (1,1 bilhão); 6) Comércio e Indústria de Minas Gerais (1,1 bilhão); 7) Hipotecário Lar Brasileiro, RJ (967 milhões); 8) Hipotecário e Agrícola de Minas Gerais (952 milhões); 9) London and South America (902 milhões); 10) Boavista, RJ (888 milhões). *Revista Bancária Brasileira*, 20 de março de 1948, *apud* Saes, F. (1997, p. 113).
7. José Maria Whitaker, ministro da Fazenda de 1930 a 1931, era proprietário do Banco Comercial do Estado de São Paulo. Artur de Souza Costa, ministro

da Fazenda de 1934 a 1945, fez carreira no Banco da Província do Rio Grande do Sul e presidiu o Banco do Brasil de 1932 a 1934, quando deixou o banco para ocupar a pasta da Fazenda.

8. Os indicadores do *quantum* importado (ICI) pelo país, calculados por Villela e Suzigan (1973, p. 441), revelam melhor o declínio no período:

Quadro 8.12

Ano	ICI	Ano	ICI	Ano	ICI
1928	100,0	1934	61,4	1940	58,1
1929	101,3	1935	61,3	1941	60,9
1930	62,9	1936	63,8	1942	35,7
1931	45,8	1937	76,0	1943	45,7
1932	41,6	1938	68,7	1944	56,7
1933	56,9	1939	65,8	1945	60,2

9. Esses industriais eram deputados classistas no Congresso de 1934 a 1937 e haviam sido indicados por suas associações de classe, FIESP e CNI, e não foram eleitos por voto popular nas eleições de 1933.

10. Osvaldo Aranha, nesse momento, era o ministro das Relações Exteriores do Brasil. Muito ligado a Vargas, Oswaldo Aranha esteve em cargos de primeiro escalão em todo o período: foi ministro da Justiça (1930-1931), ministro da Fazenda (1931-1934), embaixador do Brasil nos Estados Unidos (1934-1937), ministro das Relações Exteriores (1938-1944). Findo o Estado Novo, foi ser embaixador do Brasil na ONU e, no segundo governo Vargas, foi ministro da Fazenda entre 1953 e 1954.

11. Acordos bilaterais com o Reino Unido estipulavam que o pagamento das exportações brasileiras para a região deveria ficar bloqueado no Banco da Inglaterra, até o fim da guerra. A essa moeda chamou-se de inconversível.

12. Os dados do quadro a seguir, com os investimentos diretos em milhões de libras, confirmam essa afirmação:

Quadro 8.13

Origem dos investimento	1930	1940	1945
Reino Unido	119	98	85
Estados Unidos	44	60	81
Total	243	172	–

Fonte: Abreu, Marcelo P. (1999, p. 261).

13. "As reservas em moedas conversíveis (US$ 92 milhões) em dezembro de 1946 representavam apenas 12,6% do total de reservas (US$ 730 milhões). As reservas em ouro [...] representavam 50% do total. O restante era constituído por moedas inconversíveis e libras bloqueadas, totalizando o equivalente a US$ 273 milhões." Banco do Brasil, Relatório, 1946, *apud* Malan *et al.* (1977, p. 149).
14. Outra maneira de observar o crescimento da inflação consiste em analisar os dados sobre o aumento do custo de vida em São Paulo e no Rio de Janeiro (então Distrito Federal) entre 1939 e 1945, conforme a tabela apresentada por Malan *et al.* (1977, p. 481).

Quadro 8.14

	1939	1940	1941	1942	1943	1944	1945
SP	100	104	116	133	154	210	259
RJ	100	107	120	140	146	167	181

Bibliografia

Abreu, Marcelo P. 1990. "Crise, crescimento e modernização autoritária, 1930-1945". In *idem*, *A ordem do progresso:* cem anos de política econômica republicana, 1889-1989. Rio de Janeiro: Campus.

———. Verner, D. 1997. *Long-term Brazilian economic growth 1930-1994*. Paris: OCDE.

———. 1998. O *Brasil e a economia mundial 1930-1945*. Rio de Janeiro: Civilização Brasileira.

Baer, W. 1970. *Siderurgia e desenvolvimento brasileiro*. Rio de Janeiro: Zahar.

______. 1975. *A industrialização e o desenvolvimento econômico do Brasil*. Rio de Janeiro: Fundação Getulio Vargas.

______. 1996. *A economia brasileira*. São Paulo: Nobel.

Bulhões, Octavio Gouveia de. 1990. *Depoimento*. Brasília/Rio de Janeiro: Centro de Memória do Banco Central. CPDOC-FGV.

Campos, Roberto. 1994. *Lanterna na popa: memórias*. Rio de Janeiro: Topbooks.

Costa, R. C. 1998. "A atividade de seguros nas primeiras décadas da República". In Alberti, V. (org.). *Entre a solidariedade e o risco:* história do seguro privado no Brasil. Rio de Janeiro: Fundação Getulio Vargas/Funenseg.

Delfim Netto, Antônio. 1979. *O problema do café no Brasil*. Rio de Janeiro: Fundação Getulio Vargas.

Lacerda, A. C. *et al*. 2000. *Economia brasileira*. São Paulo: Saraiva.

Lima, J. L. 1984. *Estado e energia no Brasil:* o setor elétrico no Brasil das origens à criação da Eletrobrás. São Paulo: Instituto de Pesquisas Econômicas, USP.

Malan, P.; Bonelli, R.; Abreu, M.; Pereira, J. 1977. *Política econômica externa e industrialização no Brasil (1939/1952)*. Rio de Janeiro: IPEA/INPES.

Martins, L. 1976. *Pouvoir et developpement economique*. Paris: Anthropos.

Saes, Flavio A. M. 1997. "A consolidação dos grandes bancos de âmbito regional no Brasil 1930-1964". In *Anais do II Congresso Brasileiro de História Econômica*, Niterói, 1996. Associação Brasileira de Pesquisadores em História Econômica. v. III.

Simonsen, Mário Henrique. 1973. *Evolução industrial do Brasil e outros estudos*. São Paulo: Companhia Editora Nacional/Edusp.

Simonsen, Roberto; Gudin, E. 1977. *A controvérsia do planejamento na economia brasileira*. Rio de Janeiro: IPEA/INPES.

______. 1995. *30 anos de indexação*. Rio de Janeiro: Fundação Getulio Vargas.

Smith, P. 1976. *Oil and politics in modern Brazil*. Toronto: Macmillan.

Triner, Gail. 2000. *Banking and economic development:* Brazil 1889-1930. Nova York: Palgrave United Nations/ECLA/BNDE (1956). *The economic development of Brazil. Analyses and projections of economic development*, v. II. Nova York.

Villela, A. V.; Suzigan, W. 1973. *Política do governo e crescimento da economia brasileira 1889-1945*. Rio de Janeiro: IPEA/INPES.

Villela, A. 2000. *Escritos selecionados de Aníbal Villela* (organizado por André Villela e Hamilton Marques). Brasília: IPEA.

Wirth, J. D. 1973. *A política do desenvolvimento na era Vargas*. Rio de Janeiro: Fundação Getulio Vargas.

Apêndice

População urbana – 31%
População abaixo de 10 anos 1940 – 29,6%
Analfabetos 1940 – 67,4%
Expectativa de vida 1940 – 42,7 anos
Moeda:
Até 1942 mil-réis = 1$000
A partir de 1942 cruzeiro = Cr$ 1,00

Quadro 8.15 PIB brasileiro 1930-1950

1930	1931	1932	1933	1934	1935	1936	1937	1938	1939
-4,2	-3,8	3,7	11,1	9,1	3,8	12,5	4,5	3,6	3,0

1940	1941	1942	1943	1944	1945	1946	1947	1948	1949	1950
-2,0	5,5	-3,7	10,1	8.0	2,9	11,6	3,9	9,6	7,9	6,6

Fonte: Haddad, C. *Crescimento do produto real. Brasil 1900-1947*. Rio de Janeiro: FGV, 1978 e IBGE *Estatística histórica do Brasil (1990)*, *apud* Abreu, M.; Verner, D. (1997, p. 25).

Quadro 8.16 Ferrovias brasileiras – públicas e privadas (%)

	1929	1932	1945	1953
Públicas	49	68	72	94
Privadas	51	32	28	6

Fonte: Villela, A.; Suzigan, W. (1973, p. 398).

Quadro 8.17 Distribuição regional da população brasileira, renda nacional e produção industrial – Ano 1947 (%)

Regiões	População	Renda Nacional	Produção industrial*
Norte	4	2	24
Nordeste	25	11	13
Leste	36	37	17
Sul	32	48	22
Centro-Oeste	3	2	10
TOTAL	100	100	-

Fonte [População]: IBGE. *Anuário estatístico do Brasil*, 1961, *apud* Baer, W. (1975, p. 148).
Fonte [Renda Nacional]: dados da Fundação Getulio Vargas citados por Baer, W. (1975, p. 149).
Fonte [Produção Industrial]: FGV, *Revista Brasileira de Economia*, março de 1962, citado por Baer, W. (1975, p. 151).
* Papel percentual da produção industrial no conjunto da renda regional. Inclui indústria de transformação, serviços de utilidade pública e construção civil.

Quadro 8.18 Crescimento da capacidade geradora de energia elétrica (em MW) (RJ, SP e Brasil)

Região	1920	1930	1940	1945
RJ e DF	100,4	193,6	279,3	317,6
SP	150,7	331,2	564,7	576,8
Total parcial	251,1 (68%)	524,8 (67,3)	844,0 (67,8%)	894,4 (66,6%)
Brasil	367,2	778,8	1.243,8	1.341,6

Fonte: Conselho Nacional de Águas e Energia Elétrica (CNAEE), *apud* Villela, A.; Suzigan, W. (1973, p. 380).

Quadro 8.19 Brasil: telefones, estradas de rodagem e ferrovias, 1930-1950

	Telefones instalados	Estradas rodagem km	Ferrovias km
1930		113.250	32.478
1935	171.000*		
1940		258.390***	34.252
1945		276.700****	
1950	598.600**	302.147*****	36.681

* ano de 1937.
** ano de 1951.
*** ano de 1939.
**** ano de 1943.
***** ano de 1952.
Fonte: Abreu, M.; Verner, D. (1997, pp. 88-89), com base em IBGE, *Anuário estatístico do Brasil* (vários anos).

9. O governo Vargas e a política externa brasileira (1930-1945)

*Fábio Koifman**

A crise econômica de 1929 produziu na década seguinte significativa e crescente deterioração das relações internacionais. As grandes potências se mantiveram divididas e foram incapazes de se unir em torno de um objetivo comum que pudesse minorar os efeitos da crise. De modo geral, os Estados tentaram enfrentar a situação por meio da proteção dos respectivos mercados internos, tendo como principal estratégia erguer e elevar barreiras alfandegárias.

Tal estratégia atendia as potências que possuíam áreas de influência relativamente protegidas, como os Estados Unidos em relação à América Latina, assim como as nações herdeiras de impérios coloniais, como a França e a Inglaterra. Outras potências que não dispunham de blocos ou áreas de influência asseguradas, como era o caso da Alemanha, da Itália e do Japão, passaram a demandar uma revisão do sistema internacional.

Aquele momento de recente aparecimento de novos modelos de regimes, como o soviético e o fascista, balizava as tendências tanto na apropriação de exemplos e experiências como no estabelecimento de temores.

Marcadamente influenciada pelo contexto internacional, a política externa do governo de Getúlio Vargas (1930-1945) foi especialmente movimentada no que tange às relações exteriores brasileiras. Com o país economicamente afetado em sua capacidade de exportar e saldar compromissos, o governo

* Professor Adjunto do departamento de História e Relações Internacionais da Universidade Federal Rural do Rio de Janeiro.

procurou adaptar-se à situação e, especificamente na política externa, buscou orientar-se mais pelo pragmatismo do que pela representação, revigorando a prática da diplomacia econômica (Barros, 2007, p. 73).

Em condição de país periférico e militarmente fraco, o Brasil tratou de tirar proveito do quadro de tensão internacional e disputa, dando continuidade à estratégia de conduzir sua política externa como engajada em um neutralismo pragmático. Ao longo dos anos 1930, o governo brasileiro procurou se beneficiar da intensa rivalidade estabelecida entre os dois grupos de grandes potências, obtendo concessões de um, mediante a insinuação da possibilidade de aliar-se a outro, no que ficou conhecido como política pendular ou "duplo jogo" (Gambini, 1977), fazendo a estratégia "da equidistância ou equilíbrio pragmático em face das grandes potências" (Moura, 2012, p. 255).

Vargas possuía como projeto central o desenvolvimento do país e, para isso, percebia a industrialização nacional como primordial. O Brasil permanecia economicamente dependente da exportação de produtos primários e, em especial, do café. O novo governo considerava premente o estabelecimento de um parque industrial nacional para que a economia brasileira ficasse menos dependente de importação. No projeto desenvolvimentista, a implantação de uma usina siderúrgica de grande porte passou a ser considerada fundamental para a implementação da indústria de base, que poderia tornar o país também produtor de máquinas e equipamentos (Bandeira, 1978, p. 255).

Contemplando os anseios pelo desenvolvimento industrial, a produção de maquinaria pesada também poderia atender à antiga e persistente demanda da cúpula militar relacionada ao reequipamento bélico. A produção nacional do aço significava potencialmente um avanço no rearmamento e na modernização das Forças Armadas, tida pelos generais como mal equipadas e defasadas, situação que percebiam como comprometedora para a segurança do país. Não temiam exatamente uma ameaça do hemisfério norte; sentiam-se especialmente ameaçados pela vizinha Argentina (Alves, 2002, pp. 56 e 96; Hilton, 1977b, pp. 62-67; 1977, pp. 195-196 e pp. 279-287).

Em um ambiente econômico internacional protecionista, o governo orientou o Itamaraty no sentido de aproximar aliados externos que pudessem colaborar com recursos em equipamentos, tecnologia e capital. Até que o projeto industrializante fosse finalmente viabilizado, o tema da construção da siderúrgica nacional foi o pano de fundo que influenciou e dirigiu em boa medida as posições e os rumos que a política externa brasileira tomou, pautada pela maior ou menor influência do assunto.

Membro da cúpula de governo, depois de ter servido em Washington como embaixador do Brasil nos Estados Unidos entre 1934 e 1937, Oswaldo Aranha, titular da pasta das Relações Exteriores entre 1938 e 1944, é apontado como líder do grupo que defendia a completa e total aproximação com os norte-americanos. No outro extremo, estariam os generais e ministros de Estado Eurico Gaspar Dutra e Pedro Aurélio de Góes Monteiro, que advogariam uma aproximação com a Alemanha, com o ministro da Justiça Francisco Campos apontado como admirador dos fascismos. Essa disputa de cunho ideológico na cúpula do poder, repercutindo em diferentes escalões do governo especialmente durante o Estado Novo (1937-1945), aparece na historiografia como uma questão entre os americanófilos (ou pró-Aliados) e os germanófilos (ou pró-Eixo). No embate, Vargas teria atuado como fiel da balança, ora se inclinando por uma ou outra tendência, barganhando acordos e vantagens com as potências mundiais.

O neutralismo pragmático teria encontrado seu limite com a decisão do governo brasileiro pelo completo alinhamento com os Estados Unidos, após o ataque a Pearl Harbor em dezembro de 1941. Posição essa externada pela atitude brasileira na Reunião de Ministros das Relações Exteriores do continente no Rio de Janeiro, em janeiro de 1942. O Brasil teria rompido relações diplomáticas e comerciais com o Eixo em troca da garantia dos norte-americanos de que reequipariam as Forças Armadas brasileiras e apoiariam em definitivo, tanto tecnológica quanto financeiramente, a construção de uma grande siderúrgica.

O que foi até aqui comentado, com eventuais diferenças pontuais de interpretação, com maior ou menor ênfase em aspectos conjunturais, estruturais, econômicos e político-diplomáticos, com ou sem ênfase e destaque em relação ao papel decisivo ou não dos personagens e lideranças envolvidos, entre outras abordagens, é a forma pela qual, de modo geral, a historiografia tem apresentado e explicado a política externa brasileira no período (Carone, 1977;

Cervo e Bueno, 2010; Barros, 2007; Gambini, 1977; Hilton, 1977b e 1994; Mccann, 1995; Moura, 1980, 1991 e 2012; Oliveira, 2005; e Seitenfus, 1985, entre outros), a despeito de ocasionais críticas discordantes pontuais por parte de economistas (Abreu, 1999, pp. 178-179).

Uma das questões que se mantêm sem unanimidade diz respeito à interpretação em relação a até que ponto Vargas e seu governo de fato estavam mesmo dispostos a se alinhar com o Eixo e teriam aderido efetivamente ao bloco fascista ou se, ao longo do período, essa aproximação teria sido tão somente uma estratégia com o objetivo final específico de ver atendidas suas demandas – siderúrgica nacional e rearmamento das Forças Armadas – por parte dos Estados Unidos.

Com o fim de comprovar ou descartar a adesão significativa de Vargas ao bloco do Eixo, diversas evidências são apresentadas. Argumentos de natureza econômica, aspectos da política e da prática do Estado Novo, relatórios e acordos firmados, referências aos contatos secretos e a aproximação da cúpula do governo com os alemães, entre muitos outros.

O tema da adesão ou não do Brasil ou o "flerte" daquele governo com os fascismos e suas consequências tem despertado um número significativo de estudos. Não apenas no ambiente acadêmico, como também na mídia, na literatura e no cinema, o assunto é recorrente por despertar o interesse e a atenção do público em tentar compreender a posição do governo brasileiro frente ao nazismo nos anos que antecederam ao rompimento de relações diplomáticas com a Alemanha e a posterior declaração de guerra. Especialmente durante o Estado Novo, quando o Brasil se tornou uma ditadura inspirada em muitos aspectos nos regimes autoritários europeus, Vargas passou a ser visto eventualmente como partidário, simpatizante ou colaborador dos fascismos e essa associação aparece como forma de explicar práticas e posições que o governo brasileiro adotou no período, em especial, no que tange à política imigratória estabelecida.

Em boa medida, orbitam no assunto dessa influência ou adesão outros temas conexos que fazem com que o período de quinze anos relativos à permanência de Vargas na presidência da República, no plano das relações internacionais, seja especialmente marcado pelo debate que opõe a ideia de "flerte" ou quase adesão do presidente ao bloco nazista (ou, como é comumente mencionado, "nazifascista") em oposição à imagem do presidente como negociador astuto, hábil e estratégico, especialmente considerando o sucesso alçado depois dos anos de negociação: a obtenção junto aos Estados Unidos de financiamento e tecnologia para a implantação da usina siderúrgica de Volta Redonda, assim como o necessário apoio no rearmamento das Forças Armadas brasileiras.

Os primeiros anos de Vargas na presidência

Como tentativa de reverter os impactos da crise de 1929 que tinham na depressão econômica subsequente o aspecto mais grave, a maior parte dos países optou pela estratégia de ampliar o papel da atuação dos respectivos Estados nas suas economias. A partir do fim da Primeira Guerra Mundial, os Estados Unidos se tornaram o centro da economia mundial. A quebra da Bolsa de Nova York, em outubro de 1929, produziu em todos os países que estavam economicamente ligados uma série sem precedentes de falências, recessão e desemprego. Como maneira de reverter o quadro de crise, os governos puseram em prática diferentes estratégias.

Uma delas seguiu o modelo do New Deal adotado nos Estados Unidos após a eleição, em 1932, do presidente Franklin Delano Roosevelt. O Estado passou a intervir diretamente na economia e na prevenção de potenciais conflitos sociais: regulando as finanças por meio da regulamentação monetária da inflação, promovendo o investimento expressivo em obras públicas para gerar novos empregos, controlando os preços e a produção agrícola, diminuindo a jornada de trabalho e implantando o seguro-desemprego e a aposentadoria. Outra estratégia teve como modelo os países escandinavos e a chamada social-democracia na qual o Estado passou a ser responsável e a atuar de forma direta no oferecimento para a população de serviços públicos básicos de saúde e educação, entre outros. A terceira estratégia teve como modelo o regime fascista italiano. Estados autoritários que planificavam a economia mantendo o caráter privado das grandes empresas e estabeleceram uma organização centralizada que buscava controlar os conflitos sociais por meio do corporativismo, atuando de forma extremamente repressiva no plano interno e belicosa no plano externo. Em todas essas estratégias o papel do Estado centralizador e controlador da economia, em contraste com os princípios liberais mais puros, apresentou-se como necessário e o mais indicado para lidar com aquele momento de crise econômica que potencialmente poderia acirrar tensões sociais.

Após a Revolução de 1930, o novo governo brasileiro anunciou que cumpriria todos os compromissos internacionais assumidos pelo país e com isso não encontrou maiores dificuldades de obter reconhecimento internacional.

A despeito da aproximação econômica com a Alemanha e a instauração, em 1937, de um regime autoritário em boa medida inspirado nos regimes fascistas, ao longo dos anos 1930 a política externa brasileira seguiu alinhada com a dos norte-americanos. Até certo ponto, deu continuidade ao princípio expresso por Lauro Müller, antigo ministro das Relações Exteriores dos presidentes Hermes da Fonseca e Venceslau Brás na década de 1910: "Com os Estados Unidos, mas não a reboque" (Cunha, 1994, p. 19).

A saída do Brasil da Liga das Nações em 1926 estimulou ainda mais a valorização do pan-americanismo por parte da diplomacia brasileira, posição essa que desde o início da República já vinha sendo implementada. Com Vargas, o governo passou a se fazer representar ativamente em todas as conferências pan-americanas, reiterando posição de opção pela neutralidade, defendendo a resolução pacífica de problemas internacionais e buscando desempenhar papel de protagonista e agente de mediação em conflitos na região, além de aparecer buscando melhorar as relações diplomáticas com a vizinha Argentina. Conforme reiteraria Vargas anos depois, em discurso em junho de 1940, a respeito da ideia de cooperação, como os governantes já estariam "habituados a cultivar a paz como diretriz de convivência internacional, continuaremos fieis ao ideal de fortalecer, cada vez mais, a união dos povos americanos". O presidente se manteve esforçado em demonstrar o zelo por essa imagem de pacifismo e solidariedade continental (Koifman, 2013, pp. 148-154; Vargas, 1940, pp. 349-350).

No início do século XX, os norte-americanos já haviam sido protagonistas da chamada diplomacia do *Big Stick*, conforme definição atribuída ao presidente Theodore Roosevelt. Os esforços para contornar os impactos da crise de 1929 implementados por outro Roosevelt, Franklin Delano, durante seu tempo na presidência dos Estados Unidos, tinham estratégias distintas. Batizada de "política de boa vizinhança" quando da sua proposição na Conferência Pan-Americana de Montevidéu, em dezembro de 1933, estabelecia como princípio entre os Estados americanos a não intervenção, a negociação diplomática e a colaboração econômica, utilizando-se especialmente o argumento da solidariedade continental como chave para o estabelecimento de relacionamentos de cooperação, entendimento e, mais tarde, tentativas de afirmação de compromissos de defesa solidária e coletiva, conciliação e renúncia a guerra.

A persistência de tensões e o desencadeamento de conflitos armados nas fronteiras entre o Peru e a Colômbia (disputa pelo território de Letícia, 1932-1933) e entre o Paraguai e a Bolívia (na sangrenta Guerra do Chaco, 1932-1935) foram então as oportunidades para que a política externa brasileira se apresentasse desempenhando o papel de competente mediadora, ao mesmo tempo que também cuidava dos seus próprios interesses fronteiriços (Barros, 1943, pp. 39-138 e pp. 175-176; Cervo e Bueno, 2010, pp. 235-245).

No sentido de sinalizar para as melhores intenções antibelicistas, em 1933 o Brasil assinou a proposição argentina de não agressão e conciliação conhecida como Pacto Saavedra Lamas, que também foi subscrita por diversas outras nações do continente. Por sugestão norte-americana, no mesmo espírito, finalmente ocorreu em fins de 1933 o anúncio da adesão brasileira ao Pacto Briand-Kellog de 1928, materializado pela publicação do Decreto n.º 24.557, de 3 de abril de 1934. Também chamado de Tratado de Paris, tinha como propósito anunciado pôr fim às guerras por meio do comprometimento dos Estados signatários em reconhecer os meios pacíficos como única solução de todas as controvérsias ou conflitos internacionais de qualquer natureza ou origem. Vargas buscava colaborar com a diplomacia norte-americana no sentido de evitar conflitos no continente americano em um momento mundial especialmente marcado por tensões e recrudescimento de rivalidades nacionais (Barros, 2007, p. 77).

No plano interno, o presidente lançou mão tanto de mecanismos de legislação social em relação aos trabalhadores, como de planejamento econômico e mesmo da busca do controle político dos conflitos sociais.

Promoveu também reformas que tinham como objetivo a centralização política e administrativa do Estado com o fim de reforçar e ampliar a capacidade de intervenção do governo na direção e no controle das diferentes atividades da sociedade.

Nos primeiros anos na presidência, Vargas encontrou o país sob impacto da crise financeira mundial. A estratégia foi desenvolver uma política de defesa da economia exportadora de café, dando continuidade à intervenção estatal nessa área e ampliando a participação do Estado nos esforços em valorizar o então principal produto de exportação brasileiro. Em 1931 o governo criou o Conselho Nacional do Café, que, diante da expressiva queda nas exportações e do preço do artigo, entre outras ações, promoveu a queima de milhões de sacas de café, ação que seria repetida nos anos seguintes, sem que tais esforços produzissem melhora significativa na cotação internacional do produto. O governo também introduziu o controle do câmbio e outras medidas centralizadoras diretas da mesma natureza, combinadas com a desvalorização da moeda, o que fez reduzir as importações em cerca de dois terços.

Outra estratégia que o governo tentou implementar foi por meio do Itamaraty. Com o fim de recuperar a economia do país, a pasta das Relações Exteriores foi orientada a estabelecer acordos comerciais com base na concessão mútua, incondicional e ilimitada de nação mais favorecida. Entre 1931 e 1933 foram assinados com países de diferentes continentes 31 acordos desse gênero. Percebendo que essa política de liberalização comercial não estava em sintonia com o contexto mundial, no qual o protecionismo era a política adotada por quase todos os Estados, em especial, os europeus, e que a cláusula de nação mais favorecida na prática não se efetivava, em 1935 o governo brasileiro denunciou todos esses acordos comerciais, sob o argumento de que não ocorria reciprocidade entre as partes. Os acordos trouxeram poucas vantagens e não alteraram significativamente o perfil da dívida externa e do câmbio (Abreu, 1999, pp. 113-117; Barros, 2007, p. 74).

Nos anos seguintes, em paralelo às fases nas quais permaneceu na presidência e no poder sob diferentes nomenclaturas – Governo Provisório (1930-1934); Governo Constitucional (1934-1937) e Estado Novo (1937-1945) –,

Vargas aplicou no plano interno uma política executada de maneira centralizada, em um projeto de moldagem de um Estado nacional, a começar pela criação de organismos de atuação econômica. Criou departamentos como o de Produção Mineral, de Águas e Energia Elétrica, de Administração do Serviço Público, de Estadas de Rodagem, entre outros. Essa estrutura, aliada também à reorganização dos ministérios, constituiria a estrutura do Estado, e funcionaria de maneira essencial para que decisões pudessem ser tomadas no sentido de bem controlar e dirigir a economia. Essas reformas seguiam a lógica da montagem e do aprimoramento do Estado centralizador presente em todas as atividades por meio de uma complexa máquina administrativa, que almejava tomar decisões sempre pautadas por critérios exclusivamente técnicos, por meio de uma administração que se pretendia profissionalizada.

Nesse mesmo espírito, foram criados diversos conselhos técnicos. Entre outros do mesmo período, Vargas criou em 1934 por decreto (nº 24.429 de 20 de junho de 1934) o Conselho Federal de Comércio Exterior (CFCE) e esse foi um dos marcos na modificação da política comercial brasileira, que deixava de lado as intenções liberais em prol do sentido do pragmatismo, sob supervisão presidencial direta. O órgão seguiria o mesmo modelo de outros conselhos que foram criados por Vargas: vinculados diretamente à Presidência da República, funcionavam com representantes de diferentes ministérios e órgãos. No caso da CFCE, com representantes das Relações Exteriores, Fazenda, Agricultura, Trabalho, Viação e Obras Públicas, do Banco do Brasil e da Associação Comercial e mais "três pessoas de idoneidade e competência reconhecidas nestes assuntos" designados pela Presidência da República (Hilton, 1977b, pp. 61-62).

Nesse contexto e, especialmente, a partir do ano de 1934, Brasil e Alemanha começaram a implementar de maneira significativa o comércio entre as duas nações. Em um intervalo relativamente curto de tempo, os dois países construíram relações comerciais intensas, o que reforçou também a aproximação diplomática. Decorre dessa aproximação o estabelecimento também de relações e intercâmbios de outras naturezas (Hilton, 1977b, p. 87; Seitenfus, 1985, pp. 67-68).

Com a economia brasileira sofrendo os efeitos do impacto da crise mundial de 1929, em especial a expressiva queda das exportações, a orientação do governo foi a de valorizar a "diplomacia econômica". A curto prazo, por meio da procura por novos mercados, e a médio prazo, pela obtenção de ajuda tecnológica e apoio financeiro para o projeto desenvolvimentista, em especial, de construção da siderúrgica. Para alcançar resultado em ambos os projetos, Vargas acreditava na condução de um Estado centralizado e na promoção de reformas estruturais administrativas no quadro de servidores do Estado, almejando maior eficiência, profissionalização, comprometimento e capacidade técnica. Não por acaso, da mesma forma que as demais esferas administrativas de governo, o ministério das Relações Exteriores, ao longo dos anos 1930, sofreu reestruturações administrativas e reorientação quanto às prioridades a serem observadas no trato das relações internacionais. No caso do Itamaraty, o pragmatismo nas relações internacionais conferiria prioridade ao tema dos interesses econômicos (Barros, 2007, pp. 73-75; Seitenfus, 1985, pp. 62-63).

As duas economias, brasileira e alemã, possuíam naquele momento interesses econômicos complementares: o governo brasileiro estava interessado em industrializar-se e, até ali, era especialmente produtor de matérias-primas; pelo lado alemão, o país com conhecimento técnico e necessitado exatamente do que o Brasil tinha a oferecer. As exportações que, até 1934, se limitavam praticamente à venda de café, a partir de 1935 foram diversificadas e nos anos seguintes, até a eclosão da Segunda Guerra Mundial, os alemães tornaram-se grandes parceiros comerciais do Brasil, superando os Estados Unidos como principal fornecedor de produtos para o mercado brasileiro (Cervo e Bueno, 2010, p. 253; Seitenfus, 1985, p. 84 e pp. 131-132).[1]

O Estado nazista estabelecia total controle sobre o comércio exterior e os importadores e exportadores alemães se submetiam necessariamente a um sistema compensatório que utilizava como moeda de troca o “marco compensado”. A ideia daquele governo era forçadamente equilibrar as importações alemãs com as exportações. Desse modo, o que era importado pela Alemanha era pago com “marco compensado”, e essa moeda era um crédito pelo qual o país que exportou só poderia necessariamente gastar o valor adquirido importando produtos na própria Alemanha, forçando a criação de um vínculo de comércio. Tal sistema, atípico no comércio mundial, só funcionava de maneira plena quando ambos os países possuíam interesses complementares, e esse era exatamente o caso do Brasil e da Alemanha naquele momento. Tal sistema explica o incremento das vendas (aumenta especialmente a venda de algodão, mas também de café, couro, tabaco, carnes, entre outros) e das compras brasileiras na Alemanha a partir de 1935 (Rodrigues e Seitenfus, 1995, pp. 352-355).

A primeira das Missões Souza Costa nos Estados Unidos, lideradas pelo ministro da Fazenda Artur de Souza Costa, seguiu para Washington no início de 1935. O propósito foi o de renegociar os atrasos de pagamentos dos importadores brasileiros, tentar tranquilizar os portadores locais de títulos da dívida externa brasileira e explicar a posição do Brasil em relação ao comércio de compensação entre o Brasil e a Alemanha. Depois de difícil negociação, da qual também participou o embaixador do Brasil em Washington, Oswaldo Aranha, foi assinado em 2 de fevereiro de 1935 um acordo concedendo aos Estados Unidos a condição de "nação mais favorecida" no comércio com o Brasil, no âmbito do Programa Hull. O acerto ocorreu no contexto do The Reciprocal Trade Agreements Act – os acordos comerciais recíprocos – de 1934, aprovados pelo Congresso norte-americano com o fim de conceder poderes ao presidente Roosevelt para negociar acordos comerciais bilaterais e recíprocos com outros países, especialmente os latino-americanos, no que foi considerado uma espécie de marco inaugural da política comercial liberal norte-americana (Abreu, 1999, pp. 210-224; Bandeira, 1978, pp. 240-249; Hilton, 1977b, pp. 156-179; Seitenfus, 1985, pp. 79-80 e pp. 131-132).

Brasil, Alemanha e a luta contra o comunismo

O movimento de novembro de 1935, também conhecido pela forma pejorativa de "Intentona Comunista", ocorreu em quartéis nas cidades de Natal, Recife e Rio de Janeiro (então Distrito Federal). As ações forneceram ao governo brasileiro a justificativa e os argumentos para que se estabelecessem, por meio da aprovação por parte do Congresso Nacional, três emendas constitucionais que permitiram ao presidente da República estabelecer o estado de guerra, decretado logo em seguida. Próximo ao prazo de a lei marcial expirar, em dezembro de 1935, novamente a maioria do Legislativo apoiou a solicitação do governo em instaurar o estado de sítio por noventa dias, que acabou sendo renovado ao término do prazo e nos dois anos seguintes por mais cinco vezes. A manutenção desse regime de exceção produzia, entre outras possibilidades, a privação das garantias constitucionais e das liberdades individuais, estabelecia o controle da imprensa, a proibição de reuniões públicas, autorizava buscas no interior das casas sem a necessidade de ordem judicial, entre outras ações repressivas. A Rebelião Vermelha desencadeou violenta repressão policial aos que eram apontados como comunistas e um clamor por um programa de punição e prevenção. Milhares de pessoas foram presas e muita gente foi torturada. Na mesma esteira de medidas repressivas, em 1936 foi criado o Tribunal de Segurança Nacional. O alegado perigo representado pelo comunismo subversivo fez justificar os esforços por parte do Estado em monitorar as atividades sociais e políticas no país. Assim Vargas pavimentou o caminho para a instauração da ditadura do Estado Novo (Dulles, 1974, pp. 160-165; Hilton, 1986, pp. 73-93 e pp. 105-120; Levine, 1980, pp. 195-210; Rodrigues e Seitenfus, 1995).

Naquele momento, os Estados fascistas possuíam como ponto ideológico comum e fundamental o discurso anticomunista. Em especial, a Alemanha nazista tinha esse aspecto essencial em sua retórica e, consequentemente, em sua propaganda. O movimento ocorrido no Brasil inspirado pelo comunismo e o envolvimento de alguns cidadãos estrangeiros alemães entre suas lideranças desencadearam nos meses e anos seguintes uma aproximação além da econômica, agora político-ideológica entre o governo brasileiro e o alemão.

No Brasil, o pessoal diplomático da Alemanha, por meio de intermediários de confiança – alemães simpatizantes do nazismo aqui residentes – ou diretamente, junto aos altos escalões, em especial ao chefe de polícia do então Distrito Federal Filinto Strübing Müller, tido como simpático ao nazismo, passou a estabelecer contatos abertos ou secretos mais frequentes, realizados fora da via usual e protocolar, ou seja, não necessariamente por intermédio do Itamaraty, a propósito da troca de informações policiais relacionadas a atividades de articulação conjunta de repressão ao comunismo (Rodrigues e Seitenfus, 1995, pp. 355-357).

Em 1936 ocorreu a Conferência Interamericana em Buenos Aires, com a presença do presidente Roosevelt. Ali foi estabelecido o princípio de que a ameaça a qualquer nação americana seria considerada uma ameaça ao conjunto das nações do continente. Na mesma oportunidade, foi aprovada a criação de um mecanismo de consulta entre as repúblicas com o fim de estabelecer maior rapidez e respostas conjuntas diante de eventuais ameaças.

Também em 1936, os governos alemão e brasileiro elevaram as respectivas legações diplomáticas em Berlim e no Rio de Janeiro ao nível de embaixadas. No mesmo ano, assinaram um acordo comercial formalizando as práticas nas relações comerciais no sistema de comércio compensatório. Os Estados Unidos questionaram o convencionado, argumentando que feria princípios do acordo assinado no ano anterior com o Brasil, o que fez com que uma segunda Missão Souza Costa, encabeçada novamente pelo ministro da Fazenda brasileiro, seguisse, em junho de 1937, para a América do Norte com o fim de convencer as autoridades norte-americanas do contrário, no que obteve sucesso em troca de algumas concessões e assinaturas de novos acordos menores (Barros, 2007, p. 75).

Pela via diplomática, passou a ser também ocupação regular do embaixador José Joaquim de Lima e Silva Moniz de Aragão, empossado na então recém-inaugurada embaixada brasileira em Berlim, estabelecer a aproximação e os vínculos entre a Gestapo e a polícia política brasileira. Já em fins de 1936 o Brasil foi um dos dezoito países representados na primeira "conferência internacional secreta anticomunista". Importante registrar que também enviaram representantes os Estados Unidos, a Suíça, a Argentina e outras catorze nações (Hilton, 1986, pp. 121-159).[2] No âmbito dos interesses dos ministros militares brasileiros que percebiam como urgente a modernização das Forças Armadas, em especial, em sua capacidade defensiva, no ano de 1936 os contatos para compra de armas começaram a ser entabulados junto ao fabricante alemão Krupp. Entretanto, só seriam concluídos em março de 1938 (Hilton, 1977b, pp. 200-207 e pp. 287-191).

A aproximação e a efetivação do negócio não se deram tão somente em decorrência das questões de natureza comercial. Os Estados Unidos, nesse momento, em razão de entraves em seu próprio legislativo, possuíam impedimentos para realizar venda, cessão ou empréstimo de material bélico para outras nações. Sem a anuência do Congresso norte-americano, a negociação não poderia ser realizada. Em 1937, Brasil e Estados Unidos acertaram a locação de seis contratorpedeiros para a Marinha de Guerra brasileira. Mesmo em se tratando de navios não considerados modernos, além dos protestos da vizinha Argentina, que dizia perceber no negócio o início de uma corrida armamentista que comprometeria o pan-americanismo, e da oposição da Grã-Bretanha, os congressistas americanos não aprovaram a transação, fazendo com que o acordo fosse desfeito em agosto de 1937, para frustração e contrariedade dos oficiais militares brasileiros. Embora por muito tempo a diplomacia de Washington tenha sinalizado que o fornecimento de material bélico poderia ocorrer, por diferentes razões não se efetivava. O fabricante alemão não possuía tais entraves para realizar o negócio (Mccann, 1995, pp. 93-98).

A colaboração entre as polícias do Brasil e da Alemanha, a sugerida cooptação de Filinto S. Müller por parte dos representantes do governo alemão e a atribuída simpatia dos generais ministros Dutra e Góes Monteiro em relação ao nazismo aparecem correntemente na mídia, em textos de jornalistas e eventualmente na historiografia como evidências de que o governo Vargas estaria mais do que praticando o "duplo jogo". Que, a despeito dos interesses econômicos e comerciais, o presidente e boa parte de seus ministros estariam de fato levando seriamente em consideração a possibilidade de estabelecer associação definitiva com o Eixo e o afastamento da esfera de influência dos Estados Unidos. Na época e em boa parte dos anos 1930 alguns dirigentes norte-americanos efetivamente podem ter tido sérias suspeitas quanto às intenções de Vargas, em especial depois da decretação do golpe do Estado Novo em novembro de 1937. Decorridas algumas décadas dos acontecimentos, com a possibilidade de acesso à documentação de natureza pública e privada e a um número significativo de trabalhos historiográficos, a maioria dos historiadores concorda que, por mais que Vargas tenha se encontrado reservadamente com o embaixador alemão ou que outras tenham sido as sinalizações no sentido de aproximação com a Alemanha, e que esses fatos tenham realmente preocupado os norte-americanos, as evidências apontam para o sentido de concluir que o governo brasileiro nunca cogitou seriamente aderir por completo ao Eixo ou afastar-se de maneira significativa dos Estados Unidos. Mesmo considerando as idas e vindas da diplomacia de ambos os países, o explícito alinhamento com os norte-americanos não ocorreu somente após o ataque japonês a Pearl Harbor, em dezembro de 1941, mas começou a ser delineado nos primeiros meses de 1939 com a

Missão Aranha, complementado pela viagem do general Góes Monteiro ao mesmo país pouco depois (Barros, 2007, p. 76; Bueno e Cervo, 2010, pp. 234-235 e pp. 251-252; Hilton, 1977b, p. 230 e pp. 291-296; Mccann, 1995, pp. 90-98; Silva, 1972a, pp. 130-143).

O golpe do Estado Novo visto de fora

Nos anos que antecederam a eclosão da Segunda Guerra Mundial, os Estados Unidos já articulavam a manutenção estratégica de suas áreas de presença na América Latina em contrapartida aos esforços nazistas e fascistas de ampliar as áreas de influência na região, em especial, nos terrenos econômico, político e ideológico.

No dia 10 de novembro de 1937, utilizando-se ainda do fantasma da ameaça comunista como justificativa e com o apoio do alto comando militar, Vargas deu um golpe de Estado e instaurou a ditadura do Estado Novo. O Congresso foi fechado, assim como todos os legislativos estaduais e municipais. As garantias individuais foram suprimidas. Os governadores que não aderiram ao novo regime foram substituídos por interventores. Foi anunciada uma nova Constituição, redigida por Francisco Campos, que conferia poderes amplos à Presidência da República. O próprio Campos foi nomeado ministro da Justiça e Negócios Interiores.

No plano das relações exteriores, o movimento não causou boa impressão aos norte-americanos. Os jornais daquele país noticiaram o golpe, a dissolução do Congresso, a nova Constituição e que Vargas havia assegurado aos diplomatas estrangeiros que "não era fascismo, mas a democracia 'moldada às necessidades brasileiras'".[3] Em 12 de novembro, por exemplo, o jornal *The Washington Post* repercutiu as impressões de um dos membros do Comitê de Relações Exteriores, o senador republicano William Borah, de que o novo regime tinha "todas as características do fascismo".[4] Outros importantes jornais, como o *Daily News*, o *Los Angeles Times*, o *New York Times*, o *Wall Street Jornal*, entre outros, referiram-se ao estado de coisas no Brasil como tendo aderido ao fascismo. Na Argentina, por exemplo, o jornal *Crítica* noticiou que "Vargas, com linguagem fascista, justifica a agressão dos bárbaros" (Silva, 1972a, pp. 215-216).

O presidente brasileiro encontrou-se reservadamente no Rio de Janeiro com o embaixador norte-americano Jefferson Caffery, a quem esclareceu que "é ridículo pensar que os alemães, os italianos ou os japoneses tiveram algo que ver com a recente mudança de regime; da mesma forma, os integralistas em nada contribuíram para ela", conforme o diplomata informou a Washington por telegrama em 13 de novembro (Dulles, 1974, p. 186).

Naquele contexto, as preocupações do governo norte-americano não eram com a identidade, o modelo do regime ou o respeito ou não às instituições de direito e democráticas. Os temores relacionavam-se às potenciais implicações que a aparente adesão ideológica pudesse condicionar em relação aos alinhamentos políticos no contexto de um mundo polarizado. O governo brasileiro comprovou, em suas práticas nos anos seguintes, que a política interna e a externa seguiam lógicas e ideologias diferentes.

Internamente, a imprensa brasileira, prudente, cooptada ou já controlada, não esboçou reação negativa e em alguns casos até chegou a elogiar Vargas. Entretanto, os jornais estrangeiros foram extremamente críticos. As mídias argentina, uruguaia, norte-americana e britânica reagiram opinando que o Brasil se encontrava à beira de uma ditadura fascista. Por outro lado, os governos da Itália e da Alemanha perceberam a aparente identidade ideológica do Estado Novo e receberam a notícia da implantação do novo regime brasileiro com significativa simpatia. A mídia italiana reagiu com entusiasmo, e a alemã elogiou a implantação do autoritarismo, saudando o novo regime como uma vitória contra o comunismo (Hilton, 1977b, pp. 266-267 e 1994, p. 256; Levine, 1980, p. 233).

Ao tomar conhecimento do golpe, o embaixador brasileiro em Washington, Oswaldo Aranha, informou Vargas de sua intenção irrevogável de deixar o posto, contrariado com os rumos do novo governo e, em especial, pelo papel e a influência de Francisco Campos junto ao poder. Abertamente admirador dos regimes autoritários, o novo ministro da Justiça era um dos principais ideólogos do Estado Novo. Poucas semanas depois do golpe, Campos declarou, em uma entrevista publicada no jornal carioca *Correio da Manhã*, em 28 de novembro de 1937, que "o liberalismo político e econômico conduz ao comunismo [...]. O corporativismo mata o comunismo como o liberalismo gera o comunismo". O Estado Novo se anunciava como corporativista (Levine, 1980, pp. 215-239).

Mesmo com o esclarecimento, prestado pelo Itamaraty às demais nações, de que o reconhecimento do novo regime era desnecessário pois tratava-se de assunto interno brasileiro, Oswaldo Aranha, já demissionário do posto de embaixador, encontrou-se em situação delicada. Passou algum tempo tendo que esclarecer ao governo e aos jornalistas norte-americanos que o regime autoritário brasileiro não significava que o Brasil estava em um afastamento definitivo de Washington, que iria aderir ao Pacto Anticomintern ou se aliava com o Eixo. Aranha instou Vargas a realizar uma declaração que tranquilizasse os Estados Unidos, e assim foi feito junto ao embaixador norte-americano no Rio de Janeiro. Uma semana depois do golpe, em 17 de novembro de 1937, o governo brasileiro encaminhou a todas as missões diplomáticas estrangeiras sediadas na então Capital Federal nota na qual procurou esclarecer que "a transformação política por que acaba de passar o Brasil, em nada altera sua tradicional política internacional. Continuamos fiéis como sempre aos ideais democráticos, pacifistas e pan-americanistas [...]. A nossa carta política não obedece aos ditames de nenhuma ideologia exótica" (Rodrigues e Seitenfus, 1995, p. 373).

Se no plano político Aranha advogava uma causa complicada, no plano econômico a situação não era melhor. Uma das primeiras decisões de Vargas já sob a vigência do Estado Novo foi a de anunciar a suspensão por três anos de todos os pagamentos da dívida externa, decisão que também contrariava a opinião de Aranha, que fora ministro da Fazenda antes de ocupar o posto nos Estados Unidos. Apesar da sugestão e da pressão por parte de um conselho norte-americano de credores das dívidas estrangeiras, o Foreign Bondholders Protective Council, para que Washington não reconhecesse o novo governo em razão da moratória decidida unilateralmente, a diplomacia norte-americana, assim como a britânica, sob forte pressão dos credores naturalmente descontentes, optou por outras estratégias, prevalecendo as preocupações de natureza geopolítica, daquele momento (Abreu, 1999, pp. 247-251).

Uma conferência que o subsecretário de Estado Sumner Welles realizou no dia 6 de dezembro de 1937 na Universidade George Washington evidenciou o desejo de acomodação e bom entendimento dos Estados Unidos em relação ao novo regime no Brasil. Na oportunidade, criticou a imprensa norte-americana pelos ataques ao novo governo brasileiro e reiterou a política de boa vizinhança que tinha como princípio evitar a intromissão em assuntos internos dos vizinhos americanos. A fala foi interpretada na cúpula do poder no Brasil como uma manifestação amistosa em relação ao Estado Novo (Mccann, 1995, p. 62).

Na perspectiva econômica, a moratória relacionava-se à incapacidade dos brasileiros em saldar naquele momento seus compromissos internacionais. As importações para o país aumentaram significativamente entre 1936 e 1937, fazendo com que o saldo da balança comercial ficasse muito reduzido. Pouco mais de um mês depois do golpe, o governo estabeleceu o monopólio do Banco do Brasil sobre as operações cambiais. A economia brasileira seguia fundamentalmente dependente da exportação de produtos primários, mesmo com o crescimento da produção industrial a partir de 1933. Oswaldo Aranha retornou ao Brasil em dezembro de 1937. Em março de 1938, assumiu o Ministério das Relações Exteriores.

O Estado Novo e a decepção nazista e fascista

A boa impressão e o entusiasmo dos regimes fascistas em relação ao Estado Novo não durariam muito tempo. Com a publicação do Decreto-Lei n.º 37, de 2 de dezembro de 1937, todos os partidos foram extintos. O decreto especificou que "igualmente, atingidas pela medida constante deste artigo as milícias cívicas e organizações auxiliares dos partidos políticos, sejam quais forem os seus fins e denominações", estabelecendo ainda que passava a ser "vedado o uso de uniformes, estandartes, distintivos e outros símbolos dos partidos políticos e organizações auxiliares compreendidos". Dessa forma, foram tornadas ilegais as organizações políticas de inspiração fascista, e, de maneira bastante explícita, o integralismo, que apoiara no mês anterior o golpe. Nessas mesmas semanas, especialmente os governos do Paraná, de Santa Catarina e do Rio Grande do Sul, estados que concentravam colônias imigrantes originárias da Alemanha e seus descendentes, iniciaram ações nacionalizantes que os diplomatas germânicos denunciaram como antialemãs.

Com o Decreto-Lei n.º 383, publicado em 18 de abril de 1938, as ações foram incrementadas. O governo estabeleceu que "estrangeiros fixados no território nacional e os que nele se acham em caráter temporário não podem exercer qualquer atividade de natureza política nem imiscuir-se, direta ou indiretamente, nos negócios públicos do país". Do mesmo modo, proibiu estrangeiros de "organizar, criar ou manter sociedades, fundações, companhias, clubes e quaisquer estabelecimentos de caráter político, ainda que tenham por fim exclusivo a propaganda ou difusão, entre os seus compatriotas, de ideias, programas ou normas de ação de partidos políticos do país de origem". Ficou também proibido o funcionamento de "sociedades, fundações, companhias, clubes e quaisquer estabelecimentos dessa natureza que tenham no estrangeiro a sua sede principal ou a sua direção", entre outros. Organizações estrangeiras que desenvolviam atividades políticas no Brasil foram atingidas e prescritas, em especial, o Partido Nazista ou, como era oficialmente chamado, *Nationalsozialistische Deutsche Arbeiterpartei*, Partido Nacional-Socialista dos Trabalhadores Alemães (NSDAP, na sigla em alemão). Nos meses seguintes a representação diplomática alemã protestou com veemência junto ao Itamaraty. Em Berlim, Moniz de Aragão recebeu as reclamações dos responsáveis pelas relações exteriores do regime nazista, a *Wilhelmstrasse* (Levine, 1980, p. 249; Seitenfus, 1985, pp. 178-183; Silva, 1971, pp. 99-105).

Apesar das queixas, as ações repressivas seguiam ocorrendo e as várias seções do NSDAP foram fechadas. Embaixador alemão no Rio de Janeiro, Karl Ritter protestou sistematicamente, inclusive durante encontro com Vargas, em 25 de fevereiro de 1938, quando solicitou o fim da repressão e o que considerou ataques ao seu país, esclarecendo ao presidente que "o partido é a Alemanha". Solicitou expressamente uma exceção que permitisse a continuidade das ações políticas por parte do NSDAP no Brasil, mencionando que o tema era fundamental para os alemães, deixando a entender que uma negativa poderia prejudicar as boas relações comerciais entre os dois países. Sem que Vargas tomasse qualquer decisão que atendesse às suas demandas, Ritter no mês seguinte se manifestou dizendo acreditar que o presidente não tivesse antipatia em relação aos alemães ou à Alemanha, mas "que ele está obcecado pela ideia de eliminar as diferenças étnicas que existem na população brasileira e criar uma raça brasileira homogênea, com uma única língua e uma única cultura" (Seitenfus, 1985, pp. 184-187; Silva, 1971, p. 103).

A proibição buscava reprimir a ação política de aproximação cultural e ideológica que os governos estrangeiros – em especial, alemães, mas também italianos, poloneses, espanhóis, entre outros – buscavam fazer especialmente junto às comunidades de imigrantes e seus descendentes em território brasileiro. O Estado Novo compreendia a manutenção indenitária, cultural e linguística das comunidades imigrantes como ameaça à construção de um Estado nacional, perigo estratégico relacionado à manutenção integral do território brasileiro, além de contraproducente para os esforços de assimilação aos "elementos nacionais", idealizada com o imigrante europeu no papel de protagonista do branqueamento do povo brasileiro (Gambini, 1977, pp. 61-70; Koifman, 2012, pp. 30-31).

Independentemente de maior ou menor ligação cultural ou política com governos estrangeiros, as comunidades imigrantes que mantinham o ensino e o uso praticamente exclusivo do idioma estrangeiro e zelavam pelas tradições do Velho Continente ou do Extremo Oriente eram referidas como "quistos étnicos" ou "quistos raciais", especialmente as localizadas no sul do Brasil. Entre os oficiais brasileiros existia o temor de desmembramento do país ou de cooptação por parte de nações estrangeiras, em especial, por parte da Alemanha. Nesse contexto, logo em 1938 o Estado Novo promoveu ações nacionalizantes buscando combater o que chamava de "enquistamentos". Entre outras ações, promoveu-se o fechamento ou a nacionalização de organizações, clubes e escolas estrangeiras, proibindo o ensino em idioma estrangeiro e tornando o uso do português obrigatório. Do mesmo modo, foram restringidas as publicações exclusivamente em idioma estrangeiro.

Os esforços de nacionalização dirigidos às comunidades estrangeiras produziram significativo desgaste diplomático entre o Brasil e a Alemanha. Os diplomatas alemães sistematicamente também protestavam contra as críticas que eram feitas na imprensa brasileira a Hitler e demandavam que o governo brasileiro as censurasse. No mesmo mês que assumiu a pasta no Itamaraty, Oswaldo Aranha recebeu o embaixador alemão. No encontro, Ritter informou ao ministro que o governo nazista tinha como reivindicação inegociável o livre funcionamento do NSDAP no Brasil. Mesmo com a explicação de Aranha de que os partidos políticos brasileiros também estavam prescritos e que a lei em vigor proibia a atividade política a estrangeiros, o embaixador alemão seguiu encaminhando protestos.

Em 10 de maio de 1938 ocorreu o que ficou conhecido como *Putsch* integralista. Um ataque ao Palácio Guanabara, no qual Vargas e seus familiares ficaram cercados por um grupo de assalto. Depois de algumas horas, a ação foi controlada. Nos rescaldos da ação, vários cidadãos alemães foram presos. Diversos jornais de brasileiros e germânicos, diga-se de passagem, em regimes nos quais a censura atuava, passaram a atacar os respectivos governos, o que provocou novos protestos da embaixada alemã no Rio de Janeiro. Alguns dias depois, em 21 de maio, o embaixador Ritter se dirigiu ao Itamaraty, para dizer pessoalmente a Aranha que recusava um convite protocolar recebido para participar de evento do corpo diplomático. Informou ao ministro que o fazia como protesto, em razão de súditos do Eixo se encontrarem naquele momento presos no Brasil. Como reação, o ministro informou que recomendaria que Moniz de Aragão não aceitasse na capital alemã qualquer convite oficial, ao que Ritter respondeu que tal instrução não seria necessária, uma vez que o embaixador brasileiro em Berlim não receberia qualquer convite do governo do Reich enquanto o governo brasileiro mantivesse a proibição de funcionamento do NSDAP. A reação de Aranha foi solicitar a saída de Ritter de seu gabinete. A partir daí, o embaixador alemão pouco hábil e nada diplomático esgotou sua capacidade de negociação com o chefe do Itamaraty. No fim do mês, Aranha encaminhou instruções a Moniz de Aragão para que recomendasse junto à *Wilhelmstrasse* a substituição de Ritter.

A cúpula do Estado Novo tinha como consenso não fazer concessões relacionadas à soberania nacional, algo que uma eventual autorização de funcionamento do NSDAP contrariaria frontalmente. Em agosto de 1938 Ritter viajou à Alemanha para participar do congresso anual do Partido Nazista. Foi a oportunidade que a diplomacia brasileira teve para solicitar que o governo alemão trocasse o embaixador no Rio de Janeiro. Mas a *Wilhelmstrasse* recusou-se a fazê-lo, informando que só o faria se Ritter fosse declarado *persona non grata*. O governo brasileiro assim o fez por meio de Moniz de Aragão, em 1º de outubro de 1938. Dias depois, o governo alemão exigiu a retirada imediata do embaixador brasileiro em Berlim. Apesar da gravidade que esse incidente representa na relação diplomática entre os dois Estados, o comércio entre os países não foi afetado, mas demoraria para que ambos os governos voltassem a trocar novos embaixadores. Somente onze meses depois um novo embaixador brasileiro apresentou suas credenciais em Berlim e, decorrido um ano inteiro, o embaixador alemão finalmente reassumiu a embaixada no Rio de Janeiro. Situação muito significativa e até emblemática em termos de relações diplomáticas, especialmente considerando o tanto que se menciona o atribuído "flerte" de Vargas e do governo brasileiro com o nazismo justamente nesse período (Hilton, 1994, pp. 273-283; Seitenfus, 1985, pp. 175-231; Silva, 1971, pp. 161-273).[5]

Em fins de janeiro de 1939, Oswaldo Aranha, acompanhado de uma comissão, seguiu em missão especial para os Estados Unidos. Na ocasião, assinou acordos de crédito e cooperação econômica e obteve empréstimo. A Missão Aranha tratou também de selar a aproximação entre os dois países, discutindo a colaboração política, militar e a concessão de créditos para quitar dívidas comerciais, além de condições expressivamente favoráveis para a compra de produtos norte-americanos. Em maio do mesmo ano, um grupo de especialistas norte-americanos da United States Steel Corporation foi enviado ao Brasil com o intuito de avaliar questões técnicas relacionadas à instalação de uma indústria de aço no país, mas as negociações nesse tema ainda levariam mais algum tempo para serem definitivamente fechadas.

Entre a eclosão da Segunda Guerra Mundial, em setembro de 1939, e o ataque japonês a Pearl Harbor, em dezembro de 1941, em meio à crescente tensão mundial, a diplomacia brasileira esforçou-se em manter e aparentar estrita neutralidade. No âmbito do pan-americanismo, algumas semanas depois do início da guerra na Europa, foi convocada para acontecer no Panamá a primeira Reunião Extraordinária dos ministros das Relações Exteriores do Continente Americano. Da conferência foram tiradas três declarações importantes, relacionadas: a manutenção da neutralidade, a instituição de uma "zona de segurança continental" marítima no Atlântico que ficaria excluída de qualquer beligerância e uma declaração conjunta de solidariedade continental (Silva, 1972a, pp. 169-178). Ocupada com o conflito na Europa e impedida de comercializar com o Brasil em razão do estabelecimento do bloqueio naval britânico, a posição alemã enfraqueceu no país e a diplomacia nazista passou a especialmente articular a manutenção da neutralidade na região (Hilton, 1977a, pp. 184-186).

Se antes do início da guerra os alemães sinalizavam a possibilidade de vender armas e fornecer tecnologia para a implantação de uma siderúrgica de grande porte e essa sinalização era utilizada por Vargas para pressionar os norte-americanos, a eclosão do conflito fez com que as ofertas germânicas, apesar de ainda sustentadas, passassem a figurar como promessas para depois do fim definitivo dos combates. Desse modo, o presidente brasileiro perdeu um elemento de pressão, mas outras negociações e questões estratégicas ainda mantiveram os Estados Unidos zelosos em manter na mais perfeita sintonia as relações com o Brasil, em especial o tema da implantação de bases militares norte-americanas no Nordeste brasileiro (Seitenfus, 1985, pp. 274-283).

Para a efetiva construção da siderúrgica que os governantes tanto desejavam não bastava somente tecnologia, mas era necessário também um financiamento. Mesmo com as mudanças ocorridas ao longo da década de 1930, a economia brasileira seguia fragilizada, algo que a moratória decretada quando da instauração do Estado Novo apenas confirmou. Com a dívida externa que o Brasil possuía, muito dificilmente teria sucesso um pedido de crédito no exterior para realizar tal despesa. Apesar do chamado "duplo jogo", das propostas anunciadas pela empresa alemã Krupp ainda em 1940, os governantes brasileiros sempre souberam que apenas um único país naquele momento poderia realizar o empréstimo necessário para o projeto: os Estados Unidos. Mesmo antes do início da guerra, a Alemanha só comercializava por meio do marco compensado, e a economia daquele país não dispunha de meios para patrocinar a construção da siderúrgica brasileira. Mas dobrar os norte-americanos levaria mais algum tempo.

Ecos de um discurso

Com os desdobramentos da guerra na Europa, o Exército alemão acumulava vitórias: nos primeiros dias de junho Paris já estava ocupada e a França já se encontrava derrotada. Em 16 de junho os franceses começaram a negociar o armistício com os alemães que, por fim, acabou assinado no dia 22 do mesmo mês. A notícia da queda da França deixando a Grã-Bretanha sozinha para enfrentar o nazismo produziu considerável impacto nos Estados Unidos. Em meio a esse contexto, em 11 de junho de 1940, Vargas realizou um discurso a bordo do encouraçado *Minas Gerais*. Na oportunidade afirmou:

> Atravessamos, nós, a Humanidade inteira transpõe, um momento histórico de graves repercussões, resultante de rápida e violenta mutação de valores. Marchamos para um futuro diverso de quanto conhecíamos em matéria de organização econômica, social ou política, e sentimos que os velhos sistemas e fórmulas antiquadas entram em declínio. [...] A ordenação política não se faz, agora, à sombra do vago humanitarismo retórico que pretendia anular as fronteiras e criar uma sociedade internacional sem peculiaridades nem atritos, unida e fraterna, gozando a paz como um bem natural e não como uma conquista de cada dia. Em vez desse panorama de equilíbrio e justa distribuição dos bens da Terra, assistimos à exacerbação dos nacionalismos, as nações fortes impondo-se pela organização baseada no sentimento da pátria e sustentando-se pela convicção da própria superioridade. Passou a época dos liberalismos imprevidentes, das demagogias estéreis, dos personalismos inúteis e semeadores de desordem (Vargas, 1940, pp. 331-333).

O discurso, amplamente divulgado nacional e internacionalmente, produziu impacto e reações similares às das primeiras notícias dando conta da instauração do Estado Novo quase três anos antes. Entusiasmo por parte das nações fascistas com o que compreenderam como apoio e talvez adesão brasileira ao Eixo, e preocupações nos Estados Unidos e na Grã-Bretanha, entre outros países. Vargas tratou de esclarecer que em sua fala se dirigiu aos brasileiros e não aos estrangeiros e que em nada estava modificando a política externa brasileira até então estabelecida.

Apesar das promessas norte-americanas e o impulso ocorrido na aproximação entre os governos de Washington e do Rio de Janeiro a partir de 1939, os dois temas caros ao governo Vargas, a viabilização da construção da siderúrgica e o fornecimento de equipamento bélico, seguiam aguardando desfecho definitivo. Até então, somente os alemães tinham efetivamente fechado negócio na venda de armas, tendo os primeiros carregamentos começado a seguir para o país em setembro de 1939. O desapontamento brasileiro com os norte-americanos no assunto era tal, a ponto de Oswaldo Aranha confidenciar ao embaixador Jefferson Caffery, a respeito da situação, que "vocês mantêm conversações conosco e os alemães nos dão armas" (*apud* Silva, 1972a, p. 201).

Mesmo com a guerra em curso, Vargas tratou de entabular negociações insistindo nos dois propósitos, com os alemães e com os norte-americanos, ao mesmo tempo. A lógica era a de que fecharia acordos ao final com os Estados Unidos, mas as incertezas quanto ao desdobramento ou a conclusão da guerra somadas à demora de Washington em efetivar suas promessas provavelmente o fizeram crer que esse era o caminho aconselhável e prudente, além de fornecer elementos de barganha e pressão no sentido de concretização dos seus principais projetos.

Vargas e Aranha não eram os únicos profundamente contrariados com a demora por parte dos Estados Unidos. Boa parte da cúpula militar, dita simpatizante do nazismo – quando, na realidade, era essencialmente entusiasta da eficiência da máquina de guerra alemã –, percebia, no contexto de conflito em que o mundo se encontrava, um risco expressivo para um país cujas forças militares eles julgavam não contar com as mínimas condições de defender o Brasil.

Na véspera do discurso de Vargas, Góes Monteiro comentou com o chefe da missão militar norte-americana enviada ao Rio de Janeiro, o tenente-coronel Lehman W. Miller, que o assunto da cooperação militar entre o Brasil e os norte-americanos não poderia chegar a bom termo enquanto as vendas dos Estados Unidos se resumissem a "caixas de uísque e pacotes de [cigarros] Lucky Strike" e nenhum armamento (Alves, 2002, p. 81).

É difícil mensurar a contribuição ou o peso do discurso de Vargas de 11 de junho, ou da contínua sinalização da política externa brasileira relativa às ofertas alemãs, bem como do jogo de aproximação com a Alemanha, para o encaminhamento final das negociações com os Estados Unidos. Mas, a partir daquela data, as pendências foram todas resolvidas e a diplomacia pendular brasileira encerrou-se em prol do alinhamento com os Estados Unidos. Aspectos do andamento da guerra e da política interna e externa norte-americana também foram determinantes para que nos meses seguintes as duas principais demandas de Vargas fossem finalmente atendidas pelos norte-americanos.

No dia seguinte ao polêmico discurso, reuniram-se no Itamaraty o embaixador norte-americano Jefferson Caffery, Lehman W. Miller, Oswaldo Aranha e os generais Dutra e Góes Monteiro. A pauta tratou como questão preliminar armar o Brasil. Os ministros brasileiros queixaram-se de que, a despeito da boa vontade dos norte-americanos, era necessário chegar a uma conclusão prática em relação à cooperação militar entre os dois países. Impressionado, Miller logo depois escreveu para o general George C. Marshall, chefe do Estado-Maior do Exército dos Estados Unidos, informando que considerava a situação muito delicada em razão da "crescente influência nazista" (Mccann, 1995, p. 168).

Em relatório enviado ao embaixador Caffery no dia 21 de junho de 1940, Miller opinou que o aparente resultado da guerra na Europa causara forte impacto nos meios militares brasileiros. Para o tenente-coronel, os oficiais brasileiros, em sua maioria, não simpatizavam com a Alemanha, mas admiravam a eficiência da máquina de guerra alemã, e, por essa razão, não julgavam prudente antagonizar com os nazistas pois julgavam que as Forças Armadas brasileiras não estavam preparadas para defender o país. Acrescentou que o destino de países neutros na Europa – que foram invadidos e ocupados pela Alemanha – havia criado entre os militares dúvidas quanto à capacidade dos Estados Unidos em efetivamente estender sua proteção a qualquer outra nação.[6]

Com uma série de informes preocupados encaminhados por seus representantes no Rio de Janeiro, o governo norte-americano acabou chegando à conclusão de que as relações futuras com o Brasil dependiam de os Estados Unidos fornecerem armamento e financiarem a construção de uma siderúrgica. Para essa conclusão, muito colaborou a percepção que o embaixador Caffery transmitia a Washington, reafirmando temor de uma inclinação brasileira definitiva em direção à Alemanha (Mccann, 1995, p. 169).

Em junho de 1940 Roosevelt obteve a aprovação de emenda no Senado norte-americano e, dessa forma, pôde assinar uma resolução que daí em diante o autorizou a providenciar a fabricação ou a obtenção de armas de defesa para serem vendidas às nações americanas. No mês seguinte ocorreu a II Reunião Extraordinária dos ministros das Relações Exteriores em Havana, Cuba. No dia 2 de agosto Sumner Welles instruiu Caffrey para que informasse ao general Dutra que o Brasil receberia os armamentos, equipamento de aviação e viaturas. Em 22 de agosto, em reunião de Vargas, Aranha e os ministros militares, foi decidido que, em caso de agressão, o Brasil colocaria todos seus recursos em favor dos Estados Unidos (Mccann, 1995, pp. 170-171; Silva, 1972a, pp. 200-205).

No dia 26 de setembro de 1940 o assunto da instalação da siderúrgica, por fim, foi acertado. O Export-Import Bank dos Estados Unidos deliberou que emprestaria o montante necessário para a construção da siderúrgica em Volta Redonda. Os dois primeiros carregamentos de material bélico comprados da Krupp alemã, enviados em 1939 e 1940, lograram passar pelo bloqueio inglês. Uma terceira remessa, a bordo do navio *Siqueira Campos*, prevista para ser transportada em outubro de 1940, acabou retida, e a negociação para liberá-la produziu significativo desgaste nas relações entre o Brasil e os britânicos, sendo finalmente resolvida com a vigorosa intervenção norte-americana na questão (Silva, 1972a, pp. 277-317).

Desde o início da Segunda Guerra Mundial na Europa a diplomacia brasileira declarou a neutralidade do país. Mesmo com a sincera intenção do governo em de fato manter-se afastado do conflito europeu, a situação afetou diretamente o comércio internacional e apenas os Estados Unidos se mantiveram como o único mercado estável. Do mesmo modo, esse país se apresentou naquele momento como o único realmente capaz de contribuir com recursos financeiros e fornecer material bélico.

No dia 7 de dezembro de 1941 os japoneses atacaram as bases norte-americanas de Pearl Harbor, no Havaí. No mesmo dia, Vargas reuniu o ministério para decidir quanto ao posicionamento brasileiro. O governo do Brasil declarou sua solidariedade aos Estados Unidos e foi convocada para ocorrer entre os dias 15 e 28 de janeiro de 1942 a III Reunião de Consultas dos Ministros das Relações Exteriores das Repúblicas Americanas. O local da reunião já havia sido deliberado na reunião anterior em Havana; seria o Rio de Janeiro. O governo alemão esforçou-se para que o Brasil e os demais países do continente não rompessem relações diplomáticas e mantivessem a neutralidade. Advertiu que, para a Alemanha, rompimento de relações e declaração de guerra possuíam o mesmo significado e as mesmas consequências. Os ministros militares brasileiros se posicionam contra o rompimento com o Eixo em razão de considerarem as Forças Armadas nacionais despreparadas, naquele momento, para defender o território nacional, preocupados com que o país não fosse levado a uma situação de risco.

Ainda assim, no último dia da III Reunião, presidida por Oswaldo Aranha, foi declarado o rompimento conjunto dos países americanos com o Eixo. Argentina e Chile foram exceções e decidiram por manter a neutralidade. De acordo com Sumner Welles, Aranha teria dito a ele que "a conferência do Rio de Janeiro foi uma conferência de atos e não de palavras" (Welles, 1945, p. 238).

O Brasil na guerra

No dia 28 de janeiro de 1942 o Brasil rompeu relações diplomáticas com o Eixo. A mais significativa reação em represália da Alemanha e da Itália foi a de posicionar alguns de seus submarinos no oceano Atlântico e atacar navios mercantes e embarcações brasileiras na costa dos Estados Unidos, do Caribe e adjacências. O primeiro navio brasileiro torpedeado por submarino alemão foi o cargueiro *Buarque*, em 15 de fevereiro. A partir daí, diversos outros navios mercantes brasileiros foram atacados. Os ataques visaram especialmente embarcações que se dirigiam para os Estados Unidos carregadas de matérias-primas. Os protestos encaminhados pelo governo brasileiro aos agressores foram ignorados. Em agosto o submarino alemão *U-507* passou a atacar em águas brasileiras. O alvo eram navios de passageiros e de carga que navegavam entre cidades do litoral. Entre os dias 15 e 17 de agosto de 1942, o *U-507* afundou cinco navios, sendo responsável por 607 vítimas fatais.

Os ataques a navios de passageiros e a morte de pessoas inocentes para um país que formalmente não se encontrava em guerra produziram enorme comoção no Brasil. Nos dias 18 e 19 de agosto ocorreram inúmeras manifestações populares. Por fim, em 22 de agosto de 1942 Vargas decretou estado de beligerância, complementado no dia 31 do mesmo mês pelo estado de guerra em todo o território nacional. Nesse momento, o Brasil não declarou guerra ao Japão, uma vez que a nação do Extremo Oriente não tinha qualquer envolvimento nos afundamentos (Carone, 1977, pp. 292-298).

Os Estados Unidos demoraram a atender as demandas brasileiras por material bélico por razões de natureza política, como também técnica. Os próprios norte-americanos se encontravam em deficiência bélica e em processo de rearmamento no início da guerra (Alves, 2002, pp. 114-115). Por outro lado, a chamada política isolacionista dos Estados Unidos era calcada em leis que foram estabelecidas com o propósito de evitar que o país se envolvesse em conflitos externos. Em novembro de 1939, com significativo esforço político, Roosevelt logrou aprovar junto ao Congresso emendas aos *Neutrality Acts* (Lei de Neutralidade), de modo a permitir a venda de armas para nações beligerantes no que ficou conhecido como *Cash and Carry* (pague e leve). Com a queda da França e o agravamento da situação militar e econômica da Grã-Bretanha enfrentando naquele momento sozinha as forças militares alemãs, o governo norte-americano aprovou junto ao Congresso o *Lend-Lease-Act* (Lei de Empréstimo e Arrendamento) em 11 março de 1941, pelo qual os Estados Unidos passaram a fornecer, sem adiantamento ou garantia de pagamento, armas e outros suprimentos às nações aliadas cuja defesa o presidente norte-americano considerasse vital (Alves, 2002, pp. 83-120). Depois de alguns meses de negociação, os Estados Unidos e o Brasil assinaram o acordo de *Lend-Lease* em 1º de outubro de 1941, com os norte-americanos se comprometendo a transferir para o Brasil o equivalente a 100 milhões de dólares em armamentos e munições de guerra. Em março de 1942 o acordo foi complementado e o montante dobrou de valor, no contexto de outra Missão Souza Costa aos Estados Unidos (Mccann, 1995, pp. 209-231; Seitenfus, 1985, pp. 392-393; Silva, 1972b, pp. 275-284).

No que dependesse da opinião e da vontade das lideranças dos Aliados, a participação do Brasil na guerra seria limitada à cooperação produtiva e logística. Mas Vargas e a diplomacia brasileira compreendiam o direto envolvimento brasileiro na frente de batalha como uma oportunidade para adquirir prestígio e uma posição privilegiada tanto no continente – a rival Argentina permaneceu neutra até praticamente o fim do conflito – quanto no mundo, em condições de, segundo almejavam, sentar-se ao lado das grandes potências vencedoras que viriam a estabelecer a chamada nova ordem mundial do pós-guerra. Contrariando os britânicos que não desejavam a participação direta do Brasil no conflito, armado e treinado pelos Estados Unidos, o Brasil juntou-se aos Aliados. No dia 9 de agosto de 1943 foi criada a Força Expedicionária Brasileira (FEB). O primeiro grupo de soldados seguiu para a Itália em junho de 1944 e se integrou ao exército norte-americano. Mais de 25 mil soldados foram enviados à guerra. Ao fim do conflito, as baixas militares brasileiras ultrapassaram 450 almas (Moura, 1991, pp. 26-40, e 2012, pp. 114-115; Mccann, 1995, pp. 317-346).

Embora as relações diplomáticas já estivessem rompidas entre o Brasil e o Japão desde janeiro de 1942, e os cidadãos japoneses aqui residentes já estivessem sofrendo os mesmos controles e as mesmas restrições e intimidações que os demais cidadãos identificados como eixistas sofriam, a declaração de guerra de agosto do mesmo ano não incluía estado de beligerância ou de guerra com a nação do Extremo Oriente.

No dia 6 de junho de 1945 o Ministério da Guerra brasileiro deu ordem para que as unidades da FEB estacionadas na Itália se subordinassem ao comandante da 1ª Região no Rio de Janeiro. A ordem dada significava efetivamente a dissolução daquele contingente militar. No mesmo dia, o governo brasileiro baixou o Decreto n.º 18.811 no qual declarou guerra ao Japão, com o conflito já terminado na Europa e a pouco menos de três meses do fim total da Segunda Guerra Mundial. A declaração de guerra ao Japão é explicada em razão do acordo de *Lend-Lease*. Pelo acordo, a continuidade da assistência militar só se aplicava aos países que estivessem em guerra. Como o Brasil retirava justamente suas tropas da Europa, a declaração de guerra ao Japão foi o recurso encontrado para que o *Lend-Lease* não fosse interrompido naquele momento (Garcia, 2011, pp. 223-226; Silva, 1974, pp. 275-276).[7]

A filiação explícita à causa Aliada e a cessão de bases militares no Norte e no Nordeste contribuíram para a concretização do principal símbolo do esforço industrialista de Vargas, a concretização do projeto de construção da Companhia Siderúrgica Nacional em Volta Redonda. O governo chegou a essa realização graças à tecnologia importada dos Estados Unidos e, muito especialmente, ao empréstimo norte-americano realizado por meio do Export-Import Bank. Empréstimo esse que acabou alcançando a cifra de 45 milhões de dólares.[8]

A política imigratória no governo Vargas

As políticas imigratórias de cunho liberal fizeram com que o Brasil adotasse por longo tempo, desde meados do século XIX até as primeiras décadas do século XX, práticas de abertura e incentivo sem controle da imigração.

Entre as principais preocupações dos dirigentes estavam a ocupação de espaços vazios do nosso território e o "branqueamento" da população. O discurso racista frequentemente atribuía muitos dos problemas brasileiros – miséria, doenças, analfabetismo, entre outros – ao que considerava ser a "má formação racial" da população. A vinda de novos imigrantes, de preferência de origem europeia, que não fossem negros, passou a ser vista como solução.

No limiar dos anos 1930, seja por suas próprias experiências ou por influências de ideias chegadas do exterior, setores importantes da sociedade participaram de intenso debate a respeito da imigração ou, mais precisamente, do tipo de imigrante que desejavam. O estrangeiro considerado ideal para encher os imensos vazios do território nacional e contribuir com a formação do povo brasileiro conforme o que consideravam desejável, ou, como diziam, potencialmente eugênico.

Não por acaso, ideias eugenistas – em suas diferentes formas e expressões – ganharam expressivo espaço nessa mesma época, quando os partidários do eugenismo formularam propostas para a política imigratória. A eugenia foi criada pelo inglês Francis Galton, no fim do século XIX, e desenvolvida especialmente nas grandes universidades norte-americanas nas décadas do século XX. Em essência, a eugenia era considerada na época uma ciência e se propunha melhorar as "qualidades raciais" das futuras gerações física e mentalmente.

No Brasil, em razão das características da formação da população, os modelos europeus e norte-americanos da eugenia precisaram ser adaptados, tendo os eugenistas brasileiros encontrado na política imigratória seletiva a melhor forma de colocar em prática suas propostas de aperfeiçoamento da composição racial. O povo poderia ser "branqueado" e melhorado se imigrantes devidamente selecionados fossem aqui recebidos (Koifman, 2012, pp. 67-84).

Ao longo do governo Vargas (1930-1945), projetos dessa natureza de inspiração foram pouco a pouco implantados. O presidente considerava que a matriz étnica, cultural e religiosa dos brasileiros era a portuguesa. Diversos outros grupos de estrangeiros eram genericamente associados a problemas relacionados à ameaça de "desfiguração" e "desnaturamento" do povo brasileiro. Tal ameaça teria sido gerada em decorrência da política de livre imigração. O chamado "enquistamento" – denominação pejorativa associada às comunidades de imigrantes que preservavam de modo mais zeloso a cultura e o idioma de seus antepassados, como por exemplo, algumas colônias japonesas, polonesas, alemãs, entre outras – das minorias nacionais ou étnicas seria parte da extensão desse mesmo problema. Aliás, o que por muito tempo foi apontado como solução para povoar regiões remotas, passou também a ser mencionado como "problema imigratório do Brasil", pois os chamados "quistos étnicos" foram considerados uma ameaça à unidade nacional.

A Constituição de 1934 trouxe as primeiras ações mais restritivas à entrada de estrangeiros no país. A imigração japonesa foi tema de debates na Assembleia Constituinte, e com o fim de restringi-la foi estabelecido o sistema de cotas. No período da implantação do Estado Novo, em 1937, seja por questões internas ou externas, o assunto passou a ganhar uma dimensão maior. O governo ocupou-se especialmente da matéria, e a agilidade na aplicação das decisões – decorrente do regime centralizado e ditatorial no qual a vontade do presidente não recebia qualquer tipo de contestação – promoveu profundas modificações tanto na vida dos estrangeiros que viviam no Brasil quanto nas possibilidades dos que pretendiam imigrar para o país. O Estado Novo tratou de intervir impositivamente, buscando fazer suas propostas de inserção nacional dos estrangeiros conforme seus projetos nacionalistas, que incluíam uma política imigratória claramente seletiva e restricionista.

A livre entrada de portugueses, admitida pela necessidade de preservar a nacionalidade e a cultura brasileiras, e que tinha como pano de fundo o projeto político relacionado ao ideal do branqueamento, trouxe em si uma implícita e inexorável valoração dos seres humanos, e as consequentes contradições. Aos portugueses era atribuída boa capacidade de miscigenação. O Estado Novo não reconhecia em outras correntes imigratórias de europeus a mesma capacidade de "fusibilidade" que nos portugueses. Os chamados "quistos étnicos" seriam evidência dessa premissa (Koifman, 2012, pp. 85-129).

Tragicamente, esse período coincidiu com o tempo em que, na Alemanha e nos países europeus que sucessivamente ficaram sob controle direto dos nazistas, as perseguições étnicas produziram um número expressivo de israelitas em fuga, buscando refúgio. Os imigrantes e refugiados judeus eram considerados genericamente e de maneira preconceituosa pelos governantes como inassimiláveis e "infusíveis" e, portanto, não colaboradores em potencial para a política de "branqueamento".

Conforme, por exemplo, expressou Francisco Campos a Vargas em parecer de outubro de 1940, depois de afirmar "que o judeu é absolutamente inassimilável e mais do que qualquer outro povo concorre para o desnaturamento da população" e que da "massa de judeus podem sair bons cidadãos, mas sai também com frequência a maior parte dos números de certas estatísticas criminais, especialmente ladrões 'internacionais', arrombadores, 'caftens', promotores de greves, chefes comunistas ou propagandistas de ideias 'internacionalizantes'", o ministro da Justiça apontou outros aspectos negativos que, para ele, eram comuns entre os israelitas:

> ninguém mais do que os judeus se tem aproveitado da tolerância e do descuido das autoridades brasileiras no que diz respeito à legislação imigratória. Todos os navios que aqui aportam trazem levas sobre levas de judeus: advogados, médicos, engenheiros, arquitetos, dentistas, químicos, músicos, dançarinos, cantores, comerciantes, intelectuais e jornalistas. Alguns desses refugiados, ou pseudorrefugiados, têm um passado policial. Crimes comuns, fraudes, escândalos, filiações a organizações comunizantes tornaram-lhes impossível a vida nos países dominados por governos autoritários. Embora o Brasil não seja fascista ou nacional-socialista, o certo é que esses elementos comunizantes, socialistas, esquerdistas ou liberais leem por uma cartilha que está muito longe de nos convir (Koifman, 2012, p. 126).

Os refugiados do nazismo e seus "ares civilizados" europeus causavam incômodo a Campos, e o levavam a imputar-lhes genericamente criminalidade e/ou comunismo internacional, ou pacifismo como forma de escamotear "internacionalismo". Próximo a essas convicções, nutrindo semelhantes pontos de vista, estava o também ministro Eurico Gaspar Dutra, entre outros membros da cúpula de governo (Koifman, 2002, pp. 134-136 e 2012, p. 178).

Em 7 de junho de 1937, cinco meses antes da decretação do Estado Novo, diante do aumento do número de refugiados judeus chegados, considerados, de maneira generalizada, estereotipada e preconceituosa como indesejáveis por parte dos homens de Estado, o governo orientou o Itamaraty a emitir a primeira das circulares especificamente restritivas em relação à entrada e permanência de judeus (Koifman, 2002, pp. 106-112). O tema da inconveniência da imigração judaica também apareceu na 3ª Sessão do Conselho Superior de Segurança Nacional realizada semanas depois, em agosto de 1937, no Palácio do Catete, sob presidência de Vargas, com a presença de todo o ministério e da cúpula de governo.[9]

O presidente e parte dos intelectuais, cientistas e autoridades governamentais brasileiros consideravam que, dentre todos os grupos de imigrantes instalados no país, os portugueses aparentemente casavam-se mais com os "não brancos" aqui residentes. Dessa forma, seriam considerados imigrantes ideais. Em relação a outros povos, inclusive europeus, os elaboradores da política imigratória brasileira da época atribuíam maior ou menor padrão de "fusibilidade", compreendido então como decorrente de valores étnicos ou culturais. Orientais e outros grupos considerados "não brancos" eram igualmente rejeitados como bons imigrantes, entre outros critérios seletivos (Koifman, 2012, pp. 283-373).

Por outro lado, projeto eugenista dessa natureza ou de conteúdo e prática mais radicais, violentos e desumanos – para o padrão contemporâneo de respeito aos direitos humanos – não era exclusividade brasileira e tampouco possuía na Alemanha nazista seu principal centro de emanação de influências, mas sim nos Estados Unidos. Naquele país, entre outras políticas inspiradas pela eugenia, a esterilização de seres humanos foi praticada em massa. A eugenia de matriz norte-americana era abrigada, desenvolvida e respaldada por laboratórios acadêmicos em algumas das mais famosas e respeitáveis universidades dos Estados Unidos. Nessa época, o próprio Francisco Campos, tão comumente apontado como admirador e inspirado nos Estados autoritários e fascistas, ao defender a aprovação de um decreto que restringia a entrada de estrangeiros no Brasil pautou parte considerável de seus argumentos em estudos acadêmicos produzidos por eugenistas norte-americanos e na experiência daquele país no trato com a imigração. As mesmas políticas e práticas inspiradas em maior ou menor grau por ideias eugenistas também ocorreram em outros países latino-americanos, como o Chile, por exemplo (Koifman, 2012, pp. 67-86).

Não é possível compreender a política imigratória do primeiro governo Vargas tão somente como expressão de antissemitismo de Estado. Sem dúvida, naquele momento, um número significativo de membros do governo compartilhava uma imagem negativa em relação à imigração judaica. O que não impediu que a comunidade israelita já residente no Brasil seguisse sua vida dentro da normalidade e até obtivesse, junto ao governo, por um breve período de meses no final do ano de 1938, autorização para que fossem emitidos no Itamaraty certificados que puderam trazer da Europa parentes em até 2° grau ao longo de 1939. E que – de maneira diferente do que ocorreu em outros países, que a partir de fins de 1938 foram restringindo de forma total e completa a entrada de novos imigrantes judeus – as autoridades brasileiras mantivessem abertas poucas, mas algumas possibilidades para concessão de vistos para israelitas, o que viabilizou a vinda de um número significativo de refugiados do nazismo entre 1938 e 1941, os chamados "anos críticos". Essa situação, considerada permissiva, acabou por ser determinante para que, a partir do dia 7 de abril de 1941, as autorizações de concessões de visto para estrangeiros passassem à esfera decisiva do Ministério da Justiça por força da publicação do Decreto-Lei n.º 3.175, restrição que permaneceu até 1945.

Importante observar que a aproximação em definitivo com os Estados Unidos e a causa Aliada, desenhada em 1939 e sacramentada em 1940, e o consequente afastamento do Eixo em nada modificaram a política imigratória restritiva brasileira, que, nos anos seguintes, estabeleceria controle ainda maior em relação à entrada de estrangeiros, levando a processo e punição funcionários envolvidos em concessões de vistos para refugiados judeus (Koifman, 2002, pp. 103-136 e pp. 191-199; 2012, pp. 203-282).

A associação corrente e absolutamente imprecisa relacionada ao tema está em atribuir as restrições à entrada de judeus no Brasil no período a uma adesão à ideologia nazista por parte dos membros da cúpula do poder. Conforme já indicou a historiografia, nos países da América Latina não existiu correlação entre o tipo de governo, simpáticos ao Eixo, favoráveis aos Aliados, democráticos ou autoritários, e a atitude de aceitação ou rejeição em relação aos refugiados judeus do nazismo. As respectivas políticas imigratórias ou específicas em relação à entrada de judeus naquele momento não foram pautadas ou condicionadas por essa influência. É certo que o antissemitismo europeu influenciou e produziu ecos no continente americano, mas não de maneira uniforme (Milgram, 2003, p. 11; Senkman, 2003, pp. 80-81).

Especificamente no caso brasileiro, a simpatia pela causa aliada não fez, por exemplo, com que Vasco Leitão da Cunha (Hilton, 1994, p. 396), que respondeu por 11 meses pelo Ministério da Justiça entre 1941 e 1942, tivesse uma posição maleável, sensível ou tolerante em relação aos refugiados judeus ou no tocante aos diplomatas brasileiros que contrariaram a orientação do governo e concederam vistos brasileiros para israelitas; o que ocorreu foi o extremo contrário (Koifman, 2002, pp. 55-56, pp. 282-288 e pp. 296-297). Confirmam essa ideia os dizeres do cônsul brasileiro na cidade alemã de Frankfurt, Jorge Kirchhofer Cabral. Em 25 de março de 1941, o cônsul dirigiu longo ofício ao ministro Oswaldo Aranha, no qual explicava as razões pelas quais se negava sistematicamente a conceder vistos a judeus, inclusive os que haviam sido autorizados pelo Itamaraty, afirmando, em sua conclusão: "Resta-me somente lembrar a meus patrícios que antissemitismo e antinazismo são dois sentimentos que, logicamente, podem coexistir."[10]

Apesar do conteúdo judeófobo que ficou registrado em um número considerável de documentos oficiais dos mais diferentes ministérios e escalões do regime autoritário de Vargas, ou de como o assunto ocupou os dirigentes e foi pautado em diversas ocasiões, em relação ao recebimento de israelitas durante o período em que buscavam fuga do nazismo, quantitativamente o Brasil foi um dos países que mais receberam refugiados judeus no período. Se esse fato decorreu de pressão norte-americana, de maneira proposital ou acidental, por omissão consciente ou à revelia do Estado, por esforços humanitários – caso do embaixador brasileiro na França, Luiz Martins de Souza Dantas – ou até por corrupção, nos anos em que manteve aproximação econômica e neutralidade em relação ao Eixo, mesmo estabelecendo medidas seletivas e restritivas de inspiração eugenista, o Brasil recebeu um número relativamente considerável de israelitas europeus em um momento em que a imensa maioria dos países fechavam-lhes as portas.

Em outubro de 1941 os alemães deixaram de permitir a saída de judeus dos territórios sob seu controle. No mesmo ano, depois da invasão da União Soviética no que foi conhecido como Operação Barbarossa, passaram a realizar o sistemático assassinato em massa de judeus, e esse foi o início propriamente dito do Holocausto. Os nazistas se decidiram no início de 1942 pela "Solução Final" e, dessa forma, os refugiados israelitas remanescentes na Europa não tiveram mais oportunidade de fuga do continente (Hilton, 1994, pp. 286-287; Levine, 1980, p. 257; Koifman, 2002, pp. 113-136; Milgram, 2003, p. 10; Senkman, 2003, pp. 80-81).

Embora nas últimas décadas as pesquisas tenham avançado e contribuído para desconstruir a visão imprecisa e pouco aprofundada que associa diretamente as políticas externa e imigratória do governo Vargas à influência do nazismo, ainda persistem equívocos e lacunas. Cabe aos historiadores enfrentar o problema, renovando os debates por meio do aprofundamento das pesquisas.

Notas

1. A informação aparece em boa parte da historiografia, mas é contestada pelo economista Marcelo de Paiva Abreu (1999, pp. 192-193), que afirma que os Estados Unidos não foram nesse período deslocados da posição de principais fornecedores do mercado brasileiro e que a interpretação que conclui em contrário é equivocada pois leva em consideração *Reichsmark* e não "marcos de compensação", o que segundo o autor, produz imprecisão e uma elevação de 20% do valor real das cifras. Ponderação que também fora mencionada por Stanley Hilton (1977b, p. 231).
2. Arquivo Histórico do Itamaraty, 4/3/06. Ofício de 21 nov. 1936 da embaixada do Brasil em Berlim.
3. *The Gazette and Daily*, p. 24, York, Pennsylvania (EUA).
4. *Idem*; *apud* Dulles, 1974, p. 187.
5. Embora os acertos para efetivar uma nova troca de embaixadores tenham se iniciado em junho de 1939, o brasileiro Cyro Freitas Valle só assumiu efetivamente o posto em Berlim no dia 25 de agosto. Em 1.9.1939 apresentou as credenciais (Arquivo Histórico do Itamaraty, 4/5/1, Ofícios telegráficos de Berlim). Já o alemão Curt Max Prüfer desembarcou no Rio de Janeiro no dia 29.9.1939 e apresentou as credenciais em 10.10.1939 (*A Noite*. Rio de Janeiro, 29.09.1939, p. 1, e *Correio da Manhã*. Rio de Janeiro, 11.10.1939, p. 2).
6. Memo, Col. Miller for Ambassador Caffery, 21 Jun. 40, WPD 4224-101, *apud* Conn, Stetson; Fairchild, Byron. *The Framework of Hemisphere Defense*. Washington, DC: Office of the Center for Military History, 1960. Part of

the series: "United States Army in World War II", 1960, p. 275. Disponível em: <https://www.ibiblio.org/hyperwar/USA/USA-WH-Frame/USA-WH--Frame-11.html#fn33>. Acesso em 18.1.2017.

7. Koifman, Fábio; Oda, Humberto Manabu. "A declaração brasileira de guerra ao Japão". In *XXVII Simpósio Nacional de História*. Natal (RN). Conhecimento histórico e diálogo social. Anais da Associação Nacional de História (ANPUH), 2013. Disponível em: <http://www.snh2013.anpuh.org/resources/anais/27/1369793676_ARQUIVO_AdeclaracaobrasileiradeguerraaoJapao_ANPUH2013F.KoifmaneH.M.Oda_.pdf>. Acesso em 25.1.2017.
8. Decreto-Lei n.º 5.659, de 10.7.1943.
9. Arquivo Nacional, Ata da 3ª Sessão do Conselho Superior de Segurança Nacional, ocorrida em 31.8.1937.
10. Arquivo Histórico do Itamaraty, 59/5/2. Ofícios recebidos do consulado do Brasil em Frankfurt, mai. 1940–fev. 1942.

Bibliografia

Abreu, Marcelo de Paiva. 1999. *O Brasil e a economia mundial, 1930-1945*. Rio de Janeiro: Civilização Brasileira.

Almeida, Paulo R. 1998. *Relações Internacionais e política externa do Brasil*: dos descobrimentos à globalização. Porto Alegre: Editora da Universidade/UFRGS.

Alves, Vagner Camilo. 2002. *O Brasil e a Segunda Guerra Mundial:* história de um envolvimento forçado. Rio de Janeiro: PUC-Rio/São Paulo: Loyola.

______. 1978. *Presença dos Estados Unidos no Brasil (Dois séculos de história)*, 2ª ed. Rio de Janeiro: Civilização Brasileira.

Barros, Jayme de. 1943. *A política exterior do Brasil (1930-1942)*, 2ª ed. Rio de Janeiro: Zelio Valverde.

Barros, Orlando. 2007. "Sinopse da História das Relações Externas Brasileiras". In Lessa, Mônica L.; Gonçalves, William da C. (org.). *História das Relações Internacionais:* teoria e processos. Rio de Janeiro: EdUERJ.

Carone, Edgard. 1973. *A Segunda República (1930-1937)*. São Paulo: Difel.

______. 1977. *O Estado Novo (1937-1945)*. São Paulo: Difel.

Cervo, Amado L. 2007. *Relações Internacionais da América Latina:* velhos e novos paradigmas, 2ª ed. São Paulo: Saraiva.

______. Bueno, Clodoaldo. 2010. *História da política exterior do Brasil*, 3ª ed. Brasília: Editora UnB.

Cunha, Vasco Leitão da. 1994. *Diplomacia em alto-mar*: depoimento ao CPDOC. Rio de Janeiro: Editora da FGV.

Dulles, John W. Foster. 1974. *Getúlio Vargas:* biografia política, 2ª ed. Rio de Janeiro: Renes.

Fausto, Boris. 2006. *Getúlio Vargas*: o poder e o sorriso. São Paulo: Companhia das Letras.

Garcia, Eugênio Vargas. 2011. *O sexto membro permanente:* o Brasil e a criação da ONU. Rio de Janeiro: Contraponto.

Gambini, Roberto. 1977. *O Duplo Jogo de Getúlio Vargas:* influência americana e alemã no Estado Novo. São Paulo: Símbolo.

Hilton, Stanley. 1983. *A Guerra secreta de Hitler no Brasil*: a espionagem alemã e a contraespionagem aliada no Brasil, 1939-1945. Rio de Janeiro: Nova Fronteira.

———. 1977a. *O Brasil e a crise internacional (1930/1945)*. Rio de Janeiro: Civilização Brasileira.

———. 1977b. *O Brasil e as grandes potências (1930-1939)*: os aspectos políticos da rivalidade comercial. Rio de Janeiro: Civilização Brasileira.

———. 1994. *Oswaldo Aranha*: uma biografia. Rio de Janeiro: Objetiva.

———. 1986. *Rebelião vermelha*. Rio de Janeiro: Record.

Koifman, Fábio. 2012. *Imigrante Ideal*: o Ministério da Justiça e a entrada de estrangeiros no Brasil (1941-1945). Rio de Janeiro: Civilização Brasileira.

———. 2001. *Quixote nas trevas*: o embaixador Souza Dantas e os refugiados do nazismo. Rio de Janeiro: Record.

———. 2013. "A pretensão brasileira por uma cadeira permanente no conselho de segurança da ONU". In Ardissone, C. M; Sena, A. L. P. (orgs.). *Relações Internacionais contemporâneas:* visões brasileiras. Curitiba: Appris.

Levine, Robert M. 1980. *O regime de Vargas:* os anos críticos (1934-1938). Rio de Janeiro: Nova Fronteira.

Mccann, Frank D. 1995. *Aliança Brasil-Estados Unidos – 1937-1945*. Rio de Janeiro: Bibliex.

Milgram, Avraham (org.). 2003. *Entre la acceptación y el rechazo:* América Latina y los refugiados judíos del nazismo. Jerusalém: YadVashem.

Moniz Bandeira, Luiz Alberto de V. 1993. *Estado Nacional e Política Internacional na América Latina:* o continente nas relações Argentina-Brasil (1930-1992). São Paulo: Ensaio.

Moura, Gerson. 1980. *Autonomia na dependência*: a política externa brasileira de 1935 a 1942. Rio de Janeiro: Nova Fronteira.

______. 2012. *Relações exteriores do Brasil 1939-1950*: mudanças na natureza das relações Brasil-Estados Unidos durante e após a Segunda Guerra Mundial. Brasília: FUNAG.

______. 1991. *Sucessos e ilusões*: relações internacionais do Brasil durante e após a II Guerra Mundial. Rio de Janeiro: FGV.

Pinsky, Jaime. 1984. "O Brasil nas relações internacionais: 1930-1945". In Mota, Carlos Guilherme (org.). *Brasil em perspectiva*. São Paulo: Difel.

Rodrigues, José Honório; Seitenfus, Ricardo A. S. 1995. In Rodrigues, Lêda Boechat (org.). *Uma história diplomática do Brasil*. Rio de Janeiro: Civilização Brasileira.

Senkman, Leonardo. 2003. "La cuestión de los refugiados judíos em Argentina Y Brasil: la perspectiva de la política internacional y del neutralismo". In Milgram, Avraham (org.). *Entre la acceptación y el rechazo:* América Latina y los refugiados judíos del nazismo. Jerusalém: Yad Vashem.

Seitenfus, Ricardo A. Silva. 1985. *O Brasil de Getúlio Vargas e a formação dos Blocos*: 1930-1942. O processo de envolvimento brasileiro na II Guerra Mundial. São Paulo/Brasília: Companhia Editora Nacional.

Silva, Hélio. 1969. *1935*: a revolta vermelha. Rio de Janeiro: Civilização Brasileira.

______. 1980. *A ameaça vermelha:* o Plano Cohen. Porto Alegre: L&PM.

______. 1970. *1937:* todos os golpes se parecem. Rio de Janeiro: Civilização Brasileira.

______. 1971. *1938:* terrorismo em campo verde. Rio de Janeiro: Civilização Brasileira.

______. 1972a. *1939:* véspera de Guerra. Rio de Janeiro: Civilização Brasileira.

______. 1972b. *1942:* guerra no continente. Rio de Janeiro: Civilização Brasileira.

______. 1974. *1944*: o Brasil na guerra. Rio de Janeiro: Civilização Brasileira.

Skidmore, Thomas E. 1982. *Brasil:* de Getúlio Vargas a Castelo Branco, 1930-1964, 7ª ed. Rio de Janeiro: Paz e Terra.

Vargas, Getúlio. 1940. *A nova política do Brasil*, v. VII, *No limiar de uma nova era*: 20 de outubro de 1939 a 29 de junho de 1940. Rio de Janeiro: José Olympio.

Welles, Sumner. 1945. *Dias decisivos*. Rio de Janeiro: Emp. Gráfica "O Cruzeiro".

10. O povo na rua: manifestações culturais como expressão de cidadania

*Rachel Soihet**

No mês de junho de 1993, o sr. Cláudio Bernardo da Costa, nascido em 1905 no subúrbio de Cascadura, um dos fundadores da famosa Escola de Samba Portela, relembra seus anos de juventude.[1] De início ele reforça sua ascendência africana, pois o pai teria vindo daquele continente. Em outro momento, fala do irmão "que gostava muito de futebol, [...] era muito audacioso; se fosse hoje, quem sabe seria um profissional ganhando bem" e que o teria encaminhado para a prática desse esporte. Nele, iniciara-se como gandula[2] do Modesto, clube do qual passou para o Aliança de Quintino. Um de seus companheiros de jogo, o Valdemar Bombeiro, sugeriu-lhe a ida a Osvaldo Cruz, pois pretendia apresentá-lo a um "sujeito [...] lá da Portela, muito educado, muito fino", o Paulo da Portela, o maior responsável pela formação dessa escola de samba. Desde então, passou a frequentar sistematicamente as reuniões naquele local. As festas ali eram frequentes, quer na casa do seu Napoleão, pai de outro fundador da Portela, o Natal da Portela, quer na casa de dona Ester, frequentada por Pixinguinha, Donga e João da Baiana. Tais festas compreendiam também o candomblé, já que seu Napoleão e dona Ester eram, respectivamente, pai de santo e mãe de santo. Mas à meia-noite "o santo subia", dando lugar ao samba. Na opinião do nosso entrevistado, os grandes responsáveis em colocar "a Portela dentro

* Professora Titular do programa de pós-graduação em História Social da Universidade Federal Fluminense.

do samba" foram dona Benedita, irmã do seu Napoleão, que vinha do Estácio, e alguns personagens também dali provenientes, como o Brancura, Baiaco, Ismael Silva e "mais uns outros".

Nesse trecho o sr. Cláudio dá um testemunho acerca de manifestações que assumiriam o primeiro plano entre os populares do Rio de Janeiro no começo do século XX – o futebol; o samba, no caso, vinculado ao Carnaval, pois todo o tempo ele fala da Escola de Samba Portela; e o candomblé. Cabe lembrar que tanto a prática do futebol como a do samba pelos populares nesse período mesclavam-se a um processo de luta com vista a garantir sua prática. Afinal, nos primeiros anos da República predominava um quadro em que tais segmentos, excluídos de participação política, rejeitaram a segregação que se lhes pretendiam impor e, a partir de suas manifestações, desenvolveram formas alternativas de organização vinculadas ao terreno da cultura, através da qual edificaram uma cidadania. Conseguiram, assim, romper, em grande parte, as algemas com que se lhes pretendiam aprisionar, integrando-se à vida da cidade, inter-relacionando-se com as demais classes sociais. E repisar essa história nunca é demais, pois dela se podem extrair ensinamentos que favoreçam uma melhor compreensão do seu potencial e interesses.

Futebol no Rio de Janeiro em seus primeiros tempos

São inúmeras as interpretações acerca do papel do futebol para a sociedade brasileira: instrumento de dominação, de manipulação e de alienação para alguns, elemento de integração nacional para outros. Importante, porém, na minha perspectiva é salientar o movimento dos populares a fim de garantir o acesso à sua prática e o significado assumido por ela. De esporte considerado próprio da elite, que pelo exercício aproximar-se-ia do modelo "civilizado" europeu, passa, na década de 1930, a ser valorizado pela influência negra, que teria dado ao futebol brasileiro um estilo nacional e uma maestria que, de longe, o fizeram superar aquele próprio dos seus locais de origem.

Surgido na Inglaterra, o futebol já seria aqui praticado, em fins do século XIX, por imigrantes europeus e empregados de companhias estrangeiras, especialmente ingleses, mas também portugueses, italianos e alemães

(Souza, 2002, p. 25). Reconhece-se, porém, que sua introdução formal, acompanhada das respectivas regras, coube a jovens filhos de famílias ricas, de origem anglo-saxã, que foram estudar naquele país. O jogo logo atraiu brasileiros da elite, que acreditavam compartilhar, por meio de sua prática, a civilização e a modernidade dos ingleses. No início seu maior desenvolvimento ocorreu em São Paulo, pois a imigração estrangeira lá foi mais intensa. Não tardou, contudo, sua rápida difusão no Rio de Janeiro. O Fluminense Football Club, fundado em 21 de julho de 1902, foi o primeiro dos clubes surgidos no Rio, composto basicamente de jovens brasileiros da alta burguesia, que buscaram associar ao esporte ali praticado a imagem de refinamento e de cosmopolitismo. Outros se sucederam na mesma linha, como o Botafogo Foot-ball Club e o América. O Bangu constituiu-se numa exceção nesse cenário, já que foi formado por técnicos ingleses que trabalhavam na fábrica de tecidos homônima. Embora, de início, o futebol fosse ali acessível apenas aos trabalhadores especializados, não tardou para que fossem aceitos operários de outras origens e não especializados (Pereira, 2000, pp. 28-32).

Esse foi um período em que ecoa com mais ênfase, junto à população, a maciça campanha de higienistas em favor do exercício físico, exaltado como fonte de energia e de saúde. Tal atitude vinculava-se ao fato de o futebol não só representar uma via para a vida saudável, mas também por se constituir em um elemento civilizador de acordo com as ideias provenientes da Europa (Jesus, 1999, p. 23). Alguns chegam a atribuir ao futebol uma série de vantagens sobre os demais esportes, inclusive no desenvolvimento do caráter dos praticantes. E novos clubes proliferaram nos mais diversos locais da cidade, seus associados buscando reproduzir a imagem elitista da prática desse esporte construída pelos membros do Fluminense ou do Botafogo (Pereira, 2000, p. 51).

De qualquer forma, apesar dos preconceitos de classe e de raça/etnia que caracterizaram o futebol em seus primeiros tempos, os populares participavam dele entusiasticamente, assistindo, amontoados nos terrenos vizinhos, aos jogos do Fluminense e de outros clubes da época, ao mesmo tempo que passavam, igualmente, a praticá-lo, como se depreende da fala do sr. Cláudio. Muitos lamentavam essa popularidade, que seria responsável pela perda do requinte peculiar ao jogo quando levado a efeito pelos segmentos mais "educados" da população. Não faltaram médicos para referendar tais pressupostos com o peso do seu saber. Um deles enfatizava os benefícios do futebol apenas para a "mocidade mais preparada", pois os demais, carentes de recursos, tinham de praticá-lo em terrenos de terra batida e a grande quantidade de poeira levantada durante as partidas, em vez de acarretar a "*saúde* do corpo", dava lugar à "*ruína* do corpo". Outro acentuava a importância de esse esporte ser praticado unicamente por indivíduos bem-nutridos, o que excluía os pobres de fazê-lo, legitimando o empenho dos sócios dos clubes elegantes em evitar que os trabalhadores a ele se dedicassem, o que se estendia, igualmente, com relação aos demais esportes (Pereira, 2000, p. 61).

Na perspectiva de garantir ao futebol uma imagem de distinção, ameaçada diante de seu crescimento, segundo a concepção dos dirigentes dos clubes considerados mais refinados, estes se decidem organizar a 8 de julho de 1905 a Liga Metropolitana de Futebol. Caberia à liga não apenas definir as regras como também os grupos que poderiam praticar o jogo. Além de se reafirmar a observância aos princípios britânicos, buscou-se impedir o reconhecimento de clubes menores a fim de assegurar a vigência daqueles princípios excludentes. O coroamento do processo deu-se com a decisão de se enviar aos clubes associados um ofício informando que "as pessoas de cor" não poderiam ser registradas na liga como amadores. Tal medida, embora aprovada, não deixou de provocar debates, destacando-se no Botafogo o protesto de Alfredo Chaves, que considerou a discriminação odiosa, contrária a todos os princípios democratas e racionais. A ele contrapôs-se Cruz Santos, também membro da diretoria, cuja argumentação pautou-se na necessidade de se considerarem diferenças entre sociedades políticas e agremiações de caráter puramente recreativo. Nestas últimas, os laços entre os indivíduos seriam de camaradagem e afeto, devendo-se reconhecer a justiça de sua separação por inúmeros "motivos, inclusive o da cor, que quase sempre indica indivíduos de classe diversa" (Pereira, 2000, pp. 66-67).

Nesse sentido, Cruz Santos expressa as ideias que predominavam entre seus pares com relação à importância de se garantir uma sociedade hierárquica que se reafirmava com a presença de espaços exclusivos de convivência entre aqueles que partilhavam de idêntica posição social. E o futebol, naquele momento, por seu teor simbólico, revelava-se um dos mais significativos nesse processo que visava à manutenção dos privilégios de classe e de raça/etnia. Tais dados me fazem estranhar as afirmações de Antônio Jorge Soares acerca do exagero e da mitificação do racismo em certas abordagens sobre o futebol brasileiro.[3]

Ao contrário do que ocorrera no Botafogo e nos demais clubes, os sócios do Bangu, que de forma crescente compunham-se de trabalhadores, inclusive negros, decidem-se pelo desligamento da liga, diante daquela decisão.

A Liga Metropolitana não teria, porém, como evitar que os grupos excluídos dos seus quadros formassem as próprias associações ou clubes. Espalhados pela cidade, esses clubes não demoraram a criar outras ligas e campeonatos. Longe do monopólio pretendido pela Liga Metropolitana, o futebol espalhou-se por vários bairros. Mesmo nos clubes em que rapazes e moças buscaram reproduzir um comportamento similar aos daqueles da zona sul, ao estabelecer regras mais flexíveis na aceitação dos sócios, essas novas entidades iniciavam um processo que abria a outros grupos a possibilidade de participação no jogo.

Verifica-se que jogadores rejeitados das disputas da Liga Metropolitana iam conquistando espaço nos clubes de menor expressão, dando ao futebol uma marca diversa daquela desejada pelos clubes de maior prestígio. Assim, operários, negros e suburbanos passam a articular os próprios clubes, tornando-se o jogo uma importante opção de lazer para amplas parcelas da sociedade carioca. Deixa de ser monopólio de poucos, transformando-se num jogo praticado por diversos grupos sociais. O esporte passa a ganhar a cada dia novos adeptos, como o nosso depoente, sr. Cláudio Bernardes, e seu irmão, filhos de um africano, trabalhador no cais do porto, negros e, portanto, membros de um grupo social e racial que os sócios dos clubes elegantes queriam impedir que partilhassem do prazer da prática desse jogo.

Negros, mestiços, pobres conquistando espaço no futebol

Apesar de todos os empecilhos e do mal-estar provocado em membros dos grandes clubes, aqueles de menor porte vão ingressando na Liga Metropolitana. Embora os novos sócios devessem ficar na segunda divisão, as regras da liga previam que o melhor time dessa divisão passaria à primeira com a queda do pior desta para a segunda divisão, o que se constituía como uma brecha para alcançarem posições de maior prestígio. Subterfúgios e casuísmos foram utilizados para impedir a observância dessa regra, mas em 1916 não mais se conseguiu impedir o rebaixamento do tradicional Rio Cricket, assumindo o Andaraí, clube de operários, dos quais alguns negros, seu lugar entre os clubes de maior prestígio, não obstante as ironias e protestos dos inconformados com a "promiscuidade" social (Pereira, 2000, p. 113).

Nesse embate uma proposta é apresentada e aprovada naquele mesmo ano, com vista a garantir a discriminação – a Lei do Amadorismo. De acordo com essa lei não seriam amadores, entre outros, os "que tirarem seus meios de subsistência de qualquer profissão braçal, considerando como tais todas aquelas em que o indivíduo depende inteiramente de seus poderes físicos e não dos recursos de sua inteligência", especificando a seguir inúmeras profissões e situações impeditivas, como a do analfabetismo. Completa a relação, a indicação de que ao Conselho Superior da Liga caberia proibir o acesso daqueles que exercessem posição, profissão ou emprego, a seu juízo, abaixo do nível moral e social exigido pelo *sport* do amadorismo (Pereira, 2000, p. 118).

As regras aprovadas geraram inúmeras polêmicas, mas os clubes pequenos articulados, quando da discussão dos estatutos, conseguiram impor-se, estabelecendo a assembleia com representantes de todos os clubes, na qual formavam a maioria, como instância decisiva da liga. Dessa forma, ainda que nos estatutos aprovados em 1917 ficassem estabelecidas as restrições acima citadas, a nova correlação de forças na liga garantiu aos clubes menores uma grande flexibilidade na interpretação das regras.

Apesar das dificuldades impostas por aqueles que se consideravam os verdadeiros desportistas, cresce a cada dia o prestígio do futebol, não só incrementando-se a torcida como se ampliando o leque entre seus jogadores, garantindo-se, inclusive, a presença de trabalhadores nos campeonatos da liga. Novos sujeitos passam a praticá-lo, multiplicando-se os clubes, dando lugar a novas ligas e campeonatos. Os populares, portanto, nessa luta cotidiana, em nenhum momento abrindo mão da prática do jogo, asseguram seu espaço e uma crescente participação. Tomava vulto a escalada em termos da transformação do futebol em um grande fenômeno de massas (Pereira, 2000, p. 127).

Esse fenômeno esteve longe de ser pacífico, merecendo críticas acirradas, especialmente dos cronistas esportivos, inconformados com o que consideravam perda da distinção que até então seria uma característica dos admiradores e da torcida que comparecia aos jogos. Reclamavam da presença de torcedores com vestuário inadequado, da exaltação destes, pagantes de uma quantia irrisória, 1$000 (mil-réis), para assistir ao jogo nas gerais e, pior ainda, dos "que nada pagaram e estão empinados no topo de um poste de lampião". Mas foi o crescimento dos distúrbios e conflitos verificados nos campos de futebol da cidade que provocou maiores protestos, atestando, segundo tais cronistas, o despreparo desses novos torcedores, esquecendo-se aqueles da presença dessas ocorrências também entre jogadores e torcedores refinados (Pereira, 2000, p. 129). Nessa sequência de preconceitos, um outro deplora a mistura decorrente do ingresso de populares na liga, "espécie de democracia que não passa de uma refinada hipocrisia", obrigando alguém que faz a barba no Salão Naval, janta na Rotisserie, frequenta conferências literárias a "jogar com um operário, limador, corrieiro, mecânico, *chauffeur* e profissões outras que absolutamente não estão em relação ao meio onde vivemos" (Herschmann e Lerner, 1993, p. 45).[4]

Indiferentes a esses protestos à sua presença e participação no futebol, os populares mantêm-se fiéis a sua paixão, compartilhando com a elite do entusiasmo pelo esporte e pelos jogadores que nele se destacavam. Especialmente nas disputas de campeonato local, regional e/ou internacional, esse entusiasmo tornava-se uníssono, forjando um sentimento patriótico. Fato que não impedia que tal sentimento assumisse significação diversa entre os distintos segmentos sociais, configurando um quadro de apropriação bem-sucedida.[5] Tal situação, portanto, não era sinônimo de convivência harmônica, mantendo-se em meio à mesma uma realidade plena de disputas e conflitos: conflitos regionais entre cariocas e paulistas que se estenderam dos cronistas aos torcedores; rivalidades entre adeptos dos diferentes clubes; e as tensões étnicas e sociais que se mantinham, decorrentes da discriminação dos jogadores negros e dos pobres.

Na década de 1920 aceleram-se as transformações no quadro vigente, embora as ambiguidades continuassem presentes. Com a popularização do futebol, diversos atletas negros assumiram o destaque nos times menos famosos; igualmente com a retirada das proibições de sua participação nos campeonatos da liga, inúmeros desses jogadores negros distinguiram-se no campeonato, como Luís Antônio, do Bangu. Já em 1916 ele foi convocado para compor o selecionado que enfrentaria os paulistas, embora fosse mantido na reserva. No selecionado brasileiro em disputas internacionais, a questão tornava-se mais candente, pois o time deveria simbolizar a imagem da nação, que se pretendia revelar como civilizada e tributária da cultura europeia.

A participação do jogador negro Gradin no time uruguaio, quando do campeonato sul-americano de 1919, trouxe à tona uma série de tensões. Cronistas teceram ironias e piadas sobre sua presença. Por outro lado, os torcedores negros, embora desejassem a vitória do selecionado nacional, não teriam deixado de manifestar simpatia para com Gradin. Segundo o relato de um jornalista, marinheiros nacionais negros, quando do desembarque do jogador, batendo palmas, exclamaram: "Mostra ao branco que o pé de preto é branco" (Pereira, 2000, p. 174). Expressavam, assim, a crença na igualdade existente entre os jogadores, independentemente de sua cor, e a convicção de que o único critério no processo de escalação deveria ser sua competência no jogo da bola. Por outro lado, nesse mesmo campeonato, o Brasil conquistou a vitória graças ao gol do, nos termos da época, mulato Friedenreich na segunda prorrogação do jogo entre o Brasil e o Uruguai.

Novas tensões apresentaram-se em 1921, por ocasião dos preparativos do selecionado para disputar naquele ano na Argentina o campeonato sul-americano, quando se evidenciou, mais uma vez, a presença dos usuais preconceitos. Inclusive, espalhando-se o boato de que o presidente Epitácio Pessoa exigira que só jogadores brancos compusessem a delegação brasileira enviada àquele campeonato. Exigência reforçada pelo auxílio de 50:000$000 concedido pelo governo brasileiro à Confederação Brasileira de Desportos. Apesar dos desmentidos de praxe, o debate em torno da questão dividiu a imprensa, manifestando-se também o descontentamento entre os torcedores. Fato que não impediu, contudo, que expressassem seu entusiasmo, quando da aproximação dos jogos, todos parecendo juntar-se em uma mesma torcida, o que leva Pereira a concluir que "negros e mestiços lutavam contra sua própria exclusão, fazendo do patriotismo uma arma com a qual cobravam sua inclusão nos times nacionais e na própria imagem do país". A derrota do selecionado brasileiro, diante do argentino, por apenas um gol, por outro lado, faz emergir a insatisfação reinante entre boa parte da população através do comentário de um cronista, de que o time nacional poderia vencer se representasse "um scratch de verdade" (Pereira, 2000, p. 179).

Na década de 1920, porém, ocorre a ascensão do Vasco da Gama, clube da colônia portuguesa, à primeira divisão da liga, que montara uma equipe com atletas, muitos deles negros, que faziam do futebol sua profissão e que foram vitoriosos em 1923. Na verdade, nesse momento, mais do que diversão, o futebol transforma-se em importante fonte de renda para os clubes. Com o crescimento significativo do público serão construídos os primeiros grandes estádios: Laranjeiras, São Januário e o Parque Antártica. Muitos questionam o amadorismo puro, tomando vulto o "profissionalismo disfarçado" em que, sob a aparência dos princípios amadores, as equipes se compunham, em grande parte, de jogadores remunerados, possibilitando e facilitando a participação dos jogadores dos segmentos populares. Não apenas o Vasco, também outros clubes já vinham se utilizando desse artifício para garantir a melhoria de seus times (Souza, 2000, p. 27).

O futebol transformava-se em jogo majoritariamente praticado por pobres. Domingos Antônio da Guia e Leônidas da Silva, jogadores negros que alcançaram enorme admiração, são um exemplo dessa mudança que se aprofunda na década de 1930. Esses jogadores são astros do cenário esportivo da cidade num momento em que o futebol torna-se tema de montagens do teatro de revista, além do advento do rádio, que "dava aos jogos da época uma vibração que eles jamais tiveram, antes ou depois, com tamanha intensidade" (Prado, 1997, p. 204).

São prestigiados pela imprensa, particularmente pelo jornalista Mário Filho, que em 1931 tornou-se responsável pela seção esportiva do jornal *O Globo* e desenvolveu forte campanha para inclusão de Leônidas no selecionado carioca que disputaria o Rio-São Paulo, apesar da resistência do técnico. Destacava no jogador a agilidade de pernas e a inteligência, qualidade via de regra não comumente atribuída a pessoas de sua origem racial. Afinal Leônidas ascende ao time principal, graças à contusão sofrida pelo titular da posição, sendo o responsável por dois dos gols que deram ao Rio a vitória.

Posteriormente, em novembro de 1932, o referido jogador enfrenta objeções à sua participação no selecionado brasileiro que iria ao Uruguai.

Garantida, porém, sua presença, ele é o destaque, como o autor dos dois gols que afirmaram a vitória brasileira sobre a equipe uruguaia. No momento do desembarque, ao retornarem ao Rio de Janeiro, milhares de pessoas aguardavam os jogadores no cais do porto, sendo Leônidas e Domingos da Guia carregados pela multidão. Da sacada do Palácio do Catete eles foram saudados por Getúlio Vargas, chefe do governo provisório (Souza, 2002, p. 31).

Tais fatos não excluem, contudo, a persistência do preconceito racial, como ocorre quando dos preparativos da excursão do Flamengo ao Uruguai em março de 1933. Nesse momento, os diretores do clube buscam incorporar à equipe jogadores negros para reforçá-la, lamentando alguns, porém, a inconveniência dessa decisão.

Aumentam as pressões em prol do profissionalismo, campanha na qual teve significativo papel o jornalista Mário Filho, no início dos anos 1930. Ressalta-se nessa campanha o apoio da maior parte dos dirigentes esportivos, convencidos de que caso esse não fosse adotado, inúmeros jogadores iriam para o exterior, mote da campanha de Mário Filho (Souza, 2002, p. 38). Além disso, essa seria a solução para a tensão racial reinante, pois, instaurando-se a diferenciação entre jogadores e sócios, permitir-se-ia que fossem respeitados os critérios técnicos de escolha das equipes. Por outro lado, era forte a opinião, mesmo entre os adeptos, de que a adoção deveria ser adiada ao máximo, alegando-se que a implantação acarretaria aos grandes clubes dificuldades insuperáveis para pagar os salários dos jogadores, enquanto os pequenos não resistiriam. Todavia, apesar de significativa resistência, em janeiro de 1933, o Fluminense, o Vasco, o Bangu e o América constituem a primeira entidade esportiva profissional da cidade – a Liga Carioca de Futebol, dando início a esse processo (Souza, 2002, p. 40). Tais mudanças revelaram-se positivas para os clubes e especialmente para os jogadores, submetidos a um falso amadorismo. Ficavam livres para buscar uma remuneração condizente com o destaque adquirido por meio de seu empenho e talento. Entre outros, Domingos da Guia e Leônidas assinam contratos vantajosos com clubes uruguaios. À medida que o profissionalismo foi se consolidando, as propostas tornaram-se mais vantajosas e aqueles jogadores foram atraídos para o Vasco, retornando ao Brasil. Termina Leônidas, porém, contratado pelo Botafogo, vencidas as resistências de alguns diretores à presença de um jogador negro no time.

A continuidade de desacordos entre profissionalistas e amadoristas contribui para que os jornais, já em julho de 1935, apontem para a necessidade de oficialização dos esportes com vista à harmonia buscada pelo governo. Várias tentativas foram realizadas nesse sentido, em função da continuidade dos conflitos. Em pouco tempo ocorre uma mudança no panorama contrário à oficialização, procurando os próprios clubes o apoio de Vargas, pedindo sua intervenção para viabilizar um acordo entre as facções em litígio no futebol brasileiro, o que leva o presidente a receber no palácio representantes dos dois lados, que lhe entregam um memorial sobre o assunto. Finalmente, já no início de 1937, o governo buscou acelerar a votação da emenda que oficializava os esportes, diante dos conflitos existentes e do clamor de grande parte da sociedade contrariada com os prejuízos por eles causados, em meio a um contexto internacional favorável à intervenção nos esportes (Souza, 2002, pp. 50-51).

Todo esse processo culminou, em 1938, com a escolha de um selecionado nacional, visando à disputa do Campeonato Mundial na França, cujo impacto diante da atuação positiva do time brasileiro foi de tal monta que o intelectual Décio de Almeida Prado confessa ter sido esse "um dos momentos em que o futebol fez a pátria latejar em mim" (1997, pp. 202-203). A equipe formada resultou desse movimento que marcou a história do futebol, caracterizado pelas investidas dos populares quanto à sua participação efetiva nesse jogo contrapondo-se à elite que pretendeu excluí-las. Pela primeira vez terminavam as divisões entre amadores e profissionais, como os impedimentos à presença de jogadores negros. Domingos da Guia atuava na defesa, Leônidas da Silva (o artilheiro do campeonato), no ataque. E, a 5 de junho, a seleção estreava com uma vitória de 6 a 5 sobre os poloneses. Construía-se, além disso, a crença "numa técnica, caracteristicamente brasileira de rapidez extrema no lance e de improvisação fulminante" que diferençava o modo de jogar dos atletas brasileiros com relação aos demais, dando lugar à criação de um estilo de jogo nacional.[6]

A valorização da participação negra no futebol não era um fenômeno isolado. Lembremos que na década de 1920 o modernismo acentua a importância da presença negra e indígena em nossa formação, opondo-se à tendência dominante que pretendia a valorização exclusiva do modelo europeu. Afirmava que, espelhando-se na Europa, "o Brasil perdia o que tinha de mais próprio e original", tornando-se culturalmente mais pobre (Velloso, 2000). Tal concepção não significava excluir as influências que vinham de fora, apenas submetê-las a uma crítica, adaptando-as e mesclando-as às nossas raízes étnicas e culturais.

Gilberto Freyre, embora não participasse da Semana de Arte Moderna, realizada em São Paulo em 1922, em sua obra *Casa-Grande & Senzala*, publicada em 1933, expressa tais ideias. Nela ele valoriza a herança cultural e étnica legada pelos negros e indígenas, contrapondo-se aos intelectuais que a estigmatizavam, considerando-a fonte de atraso e ignorância. Em entrevista ao *Diário de Pernambuco*, em 1938, durante a disputa do campeonato mundial, Freyre afirmava que os triunfos brasileiros resultavam da coragem "de mandar à Europa um time fortemente afro-brasileiro" (Pereira, 2000, p. 333). Nessa entrevista, segundo Pereira, Freyre dá um sentido mais preciso ao raciocínio de Mário Filho e de outros jornalistas com relação ao futebol brasileiro. Ao reforçar a associação do jogo da bola com os movimentos de outras práticas culturais negras, como a capoeira e o samba, dava forma a um processo que forja para o futebol praticado no Brasil uma nova tradição – mostrando como o jogo ganhara uma característica que não tinha em seus locais de origem, transformando-se o futebol em legítima expressão da nacionalidade. Mais do que igualar brasileiros aos europeus, como desejaram a maioria dos intelectuais da *belle époque*, Freyre postulava uma superioridade da nossa formação cultural sobre a de outros países.

Em sua linha de raciocínio Freyre sustentava que esse estado de coisas tornara-se possível graças ao fato de que, apesar do conflito entre colonizador e colonizados, predominavam na nossa história o elemento da harmonia e o da plasticidade. Estes explicariam os êxitos obtidos no futebol, já que traços culturais das diferentes tradições foram incorporados harmonicamente sem nenhum tipo de subordinação de uma tradição à outra. Assim, a ascensão de negros como Leônidas, Domingos da Guia e outros demonstrava que os indivíduos dotados de competência seriam inevitavelmente bem-sucedidos num sistema em que supostamente inexistiam preconceitos de classe e raça (Neves, 1979, p. 3). Transformava-se, assim, o futebol num indicador de uma democracia racial e social, tornando-se um aliado fundamental na disseminação do projeto político que tomava vulto com a implantação do Estado Novo, em termos dos ideais nacionalistas e de harmonia social.

Na verdade, a ascensão e o reconhecimento desses jogadores não se constituíram em algo pacífico, como querem fazer ver intelectuais como o próprio Freyre, mas foram resultado de um processo de lutas. Nelas, os populares não apenas resistiam como atuavam, utilizando diferentes táticas, buscando aproveitar as "ocasiões", as possibilidades oferecidas para garantir o exercício da cidadania cultural. Pendurados nos morros, continuavam a torcer pelos clubes da elite, apesar de sua presença não ser desejada, e mantinham todo o tempo a prática do jogo. Criavam clubes, ingressavam em ligas diversas e, articulando, conseguiram garantir até mesmo a participação como jogadores, mesmo na tradicional Liga Metropolitana. A partir daí observa-se uma escalada crescente. O êxito obtido pela seleção na Copa de 1938 e o entusiasmo provocado nos diversos segmentos da população propiciaram ao governo a certeza acerca da significação do futebol para a consolidação de seu projeto político em termos dos ideais nacionalistas e de harmonia social, fazendo da atuação de certos jogadores a prova da inexistência de conflitos étnicos e sociais no país. Por outro lado, possibilitou aos populares assegurar-se dos bons resultados de suas táticas de luta e de negociação com vista à conquista e ao reconhecimento da cidadania, aqui configurada pelo direito de praticar um esporte que lhes era prazeroso, demonstrando qualidades idênticas àquelas consideradas anteriormente por alguns dos médicos, educadores e cronistas como apanágio da elite, da "mocidade mais preparada" por aqueles "isentos de qualquer estorvo nas funções nutritivas" (Pereira, 2000, p. 60). Portanto, os ganhos obtidos com a propaganda do "valor da mistura racial na constituição de um futebol autenticamente nacional" não eram da exclusividade dos grupos no poder durante o Estado Novo. Com significados diversos, também os populares tinham motivos para se orgulhar dessa expressão.

Mas passemos ao Carnaval...

Voltando ao depoimento do sr. Cláudio Bernardo da Costa, observa-se que ele concede um espaço considerável às festas a que compareceu na juventude e que deram origem à Escola de Samba Portela em Osvaldo Cruz. Fala no samba que ali se desenrolava e da presença dos sambistas do Estácio, considerados introdutores dessa manifestação naquele local. Cabe acentuar que a expressão *samba* estava, naquele momento, atrelada ao Carnaval. E o Carnaval constituía-se na manifestação máxima dos populares, quando, de forma irreverente, utilizando-se da paródia, do deboche, da inversão, traziam à tona suas tensões e insatisfações contra a opressão e a discriminação que sofriam.

Aliás, o Carnaval fora aqui introduzido na década de 1830, com vista a substituir o entrudo, cuja característica especial consistia no lançamento de pós e água. Trazido pelos colonizadores e extremamente popular, passa a ser considerado grosseiro e vulgar. Pois esse era um momento em que os frutos da herança lusa, negra e indígena passam a ser identificados como símbolos do atraso e do arcaísmo que urgia expurgar.

No Carnaval sobressaíram, de início, as máscaras vindas de Paris e Veneza, além de bailes e ricas fantasias segundo o modelo europeu, visto como símbolo da civilização e do progresso. Também o desfile das grandes sociedades, surgidas na década de 1850, prevaleceu no gosto do público por largo tempo. Tais desfiles ocorriam no terceiro dia de Carnaval, constando de carros alegóricos com lindas mulheres seminuas e carros de crítica política. Expressavam os ideais liberais de tom positivista da maioria dos intelectuais da época. Não esperavam, porém, os apologistas do progresso que pela porta dos fundos se esgueirassem as manifestações negras. Em 1888, a *Gazeta de Notícias* refere-se ao grupo dos "'africanos' vistosamente fantasiados de selvagens [...] provocando muita atenção". O tom tentava ser respeitoso, traído, porém, pelo qualificativo de "selvagens", que acaba escapando... E as manifestações populares, nas quais ganha espaço crescente a marca negra, são vistas com profundo desagrado num contexto em que predominavam as crenças quanto à superioridade racial e social, com vista ao avanço civilizatório.

Os populares não aceitam tal discriminação, investindo toda sua energia em manifestações culturais, garantindo a expressão de suas necessidades, anseios e aspirações, nisto que a cultura configura-se como o principal veículo de coesão e de construção de uma identidade própria, especialmente num contexto que lhes exclui do reconhecimento de direitos. Inclusive, desde muito cedo, desenvolveram-se as trocas culturais, interpenetrando-se suas manifestações com aquelas dos segmentos mais elevados (Ginzburg, 1987).[7]

Assim, já nos ensaios para o Carnaval de 1897, a compositora Chiquinha Gonzaga, atendendo a uma comissão do cordão Rosa de Ouro, compôs o célebre "Abre-alas", até nossos dias uma das marcas do Carnaval.

E apesar de as manifestações populares nessa festa merecerem os mais grosseiros adjetivos, tal fato não impediu a presença de opiniões divergentes. Este é o caso de João do Rio, que exalta a presença dos cordões nas ruas do Rio, atribuindo-lhes a "própria sobrevivência do carnaval", em contraposição aos "préstitos idiotas de meia dúzia de senhores que se julgam engraçadíssimos", referindo-se às grandes sociedades (Rio, 1958, p. 8). Já Coelho Neto demonstra intransigência com relação aos cordões, "maltas perigosas que se aproveitavam da navalha para resolver antigas pendências", mas entusiasma-se com os ranchos. Na sua opinião, tais entidades renovam o Carnaval, trazendo-lhe, todos os anos, alguma coisa inédita. Numa concepção próxima daquela dos românticos e dos folcloristas que cultuavam os usos, costumes, cerimônias, músicas e crenças populares como expressão do espírito da nação, Coelho Neto enaltece os foliões dos ranchos que mergulham na tradição, no "*folk-lore*", e trazem à tona não só a poesia como a música da "nossa gente, da nossa raça", para que outros as aperfeiçoem e lhes deem brilho (Coelho Neto, 1924).

Essas opiniões confirmam a perspectiva de que, embora nos anos iniciais da República prevalecessem as ideias de que o caminho para o progresso, segundo o modelo de preferência francês, era o único a ser seguido, a homogeneidade não era a tônica. Nesse particular constata-se, por intermédio da documentação, um movimento em que as duas tendências coexistem nas diversas conjunturas. Na verdade, segundo argumenta Hermano Vianna, a discriminação convivia com outras modalidades de relações, referindo-se aos contatos entre os primeiros sambistas cariocas e os membros da elite. A elite e o povo longe estavam de constituir-se em grupos homogêneos, e contatos existiram entre membros dos segmentos dominantes e alguns dos artistas e compositores populares. No empenho de acentuar esses contatos, Vianna ressalta a atuação de Afonso Arinos de Mello Franco, que buscava valorizar as formas de expressão populares, daí ser considerado uma espécie de precursor dos intelectuais modernistas brasileiros. Nesse sentido, apresenta depoimento de Donga, referindo-se às visitas que ele, Pixinguinha e Heitor dos Prazeres recebiam de políticos e intelectuais, entre os quais o próprio Afonso Arinos (Vianna, 1995, p. 51).

Entre outras iniciativas, Arinos, que se dividia, desde o início do século, entre Paris e o Brasil, encerra uma série de conferências sobre lendas e tradições brasileiras oferecendo à alta sociedade paulistana, em seu palacete, um luxuoso baile no qual realizou uma apresentação de "cateretê", com uma "turma de legítimos e retintos caboclos". Suas atitudes, porém, ressalta Nicolau Sevcenko, davam lugar à surpresa e ao contragosto dos seus contemporâneos, que tudo faziam para ocultar essas características no seu propósito de se mostrarem perfeitos europeus. Mas, graças à elevada posição de Arinos, "engoliam o orgulho e mal toleravam a excentricidade do visitante ilustre" (Sevcenko, 1992, pp. 238-239).

O próprio Vianna, referindo-se ao processo de valorização da cultura mestiça, lembra que este "não deve ser procurado no grosso da produção 'acadêmica' da época, pois os intelectuais da virada do século XIX só podiam olhar com desprezo" as referidas manifestações, no caso os ritmos negros pré-samba ou a feijoada (Vianna, 1995, p. 63).

E realmente, no tocante ao Carnaval, predominavam nesse momento as alusões desairosas da maior parte dos cronistas e intelectuais, que, com algumas poucas exceções, estavam voltados para a missão de civilizar o povo à moda europeia. Um exemplo é Artur Azevedo, ao argumentar, em fevereiro de 1904, no jornal O *Paiz*, que um estrangeiro que desembarcasse no Rio de Janeiro, num domingo de Carnaval, pensaria estar "nalguma terra dominada por selvagens africanos" e, caso buscassem convencê-lo de que não se enganara, de que estava efetivamente no Brasil, julgaria ter "havido aqui uma invasão de bárbaros". E dizia: "O carnaval, como hoje o temos, não é uma festa, é um repúdio, indigno da civilização americana." A sensualidade desmedida e as manifestações de origem negra eram, segundo ele, "as grandes ameaças a uma sociedade que se pretendesse ordeira e destinada ao progresso". Um outro intelectual, Américo Fluminense, em 1907, demonstrava seu desapreço com a presença dos cordões, "esses horríveis, fétidos, bárbaros cordões, que dão ao nosso carnaval de hoje algo de boçal e selvagem com a sua imutável melopeia de adufes e pandeiros e a babugem desbocada de suas sentinelas".

Mas, apesar de toda a pressão, os populares não esmoreceram. Continuaram a ocupar as ruas, como a do Ouvidor de início e, mais tarde, a avenida Central, espaço pretensamente reservado às elites, não se limitando à Praça Onze. Integraram-se à vida da cidade, frequentando outros espaços, misturando-se com as demais classes sociais. Rejeitaram a segregação que se lhes pretendiam impor e, a partir de suas manifestações, desenvolveram formas alternativas de organização, vinculadas ao terreno da cultura, elemento de coesão e de construção de identidade, através da qual buscaram edificar uma cidadania. Diversos jornais falam da presença de blocos e cordões pela rua do Ouvidor, então principal via da cidade, em fins do século XIX e, mesmo, início do XX. João do Rio expressa em sua citada crônica as sensações diante da passagem desses grupos na referida rua, nos primeiros anos do século:

> Não se podia andar. A multidão apertava-se sufocada. Havia faces congestas, sujeitos a praguejar, gritos de mulheres [...]. Era provável que do largo de S. Francisco à rua Direita dançassem vinte cordões e quarenta grupos, rufassem cem bombos e duzentos tambores, gritassem cinquenta mil pessoas. A rua convulsionava-se como se fosse fender, rebentar de luxúria e de barulho.

De acordo com o pensamento da maioria dos intelectuais da *belle époque*, Mário Pederneiras, numa crônica famosa na revista *Kosmos*, expressa seu entusiasmo pela remodelação da cidade e pelas medidas higiênicas levadas a efeito no governo de Pereira Passos. Exalta, em 1907, a realização do Carnaval nas novas avenidas e nas ruas largas, referindo-se à abertura da avenida Central e ruas vizinhas, em contraposição aos "detestáveis apertos da [...] celebrada rua do Ouvidor". Apesar das mudanças, queixa-se da persistência "de máscaras pelas ruas, tétricas e aborrecidas", referindo-se, preconceituosamente, a um personagem popular: "o pai-joão imundamente ridículo, falando no arreveso da linguagem africana, agarrado na vassoura tradicional".

A crônica acima, apesar de preconceituosa em relação aos populares, fornece uma informação significativa, confirmando-se a observação do historiador Carlo Ginzburg de que mesmo "uma crônica hostil pode fornecer testemunhos preciosos" (Ginzburg, 1987, p. 21). Pois, por intermédio da referida crônica, constata-se mesmo na nova avenida Central a presença de algumas manifestações de cunho popular que tenderão a se concentrar, a partir das obras de Pereira Passos, na Praça da República, particularmente na Praça Onze.

Por outro lado, uma crônica, também de 1912, no jornal *A Noite*, lamenta a realização de uma batalha de confete na avenida, indício de que "o carnaval, com todos os seus entusiasmos bárbaros", teria início mais cedo que de costume, concluindo que, dessa maneira, o Rio, "em vez de progredir com o tempo, afundava-se, cada vez mais, em gostos rudes e frívolos". Continuava a crônica a vituperar a manifestação, alegando que ela significava "tudo quanto há de mais plebeu, heterogêneo, grosseiro e alcoólico", pois "famílias distintas ombreiam com carregadores da Saúde, os maviosos gritinhos das senhoritas são abafados pelas pragas dos latagões a que se pisaram os calos, lindos vestidos delicados roçam em casacos de algodão de um zé-povinho berrento". Verifica-se que, apesar do esforço de segmentação dos espaços, de restringir a avenida ao Carnaval dos segmentos mais elevados, o fato não se concretizou de todo. A presença no local dos segmentos populares e a indesejada mistura de classes é uma realidade, apesar do empenho desenvolvido, o que leva o cronista a deplorar aquela promiscuidade: "porque em parte alguma do mundo se vê uma família que arrasta sedas e dá recepções, que passa por aristocrática e se enche de 'não me toques', esquecer todas as conveniências da elegância e do bom gosto para vir se acotovelar na praça pública com uma plebe escusa como a nossa."

Os preconceitos de classe e de raça com relação a essa festa continuaram a se manifestar por largo tempo. Em 1930, no *Jornal do Commercio*, a atitude dos populares para com o Carnaval é vista como infantil, sob a alegação de que o encaram como uma "oportunidade para fazer o que pensam ser a sua liberdade e um direito seu". Aproveita o articulista para transformá-los em objeto de escárnio. Ridiculariza as fantasias, o físico, ao qual atribui um aspecto grotesco, zombando de características próprias da condição de classe subalterna, tais como alimentação inadequada, vestuário improvisado etc. A impropriedade de comportamento e as atitudes do povo começariam pelo modo insólito de "fantasiar-se". Quanto menos roupa e menos limpeza, melhor. Desde o casaco de casimira grossa pelo avesso até a camiseta de meia, sem mangas, tudo serve. O aspecto físico é o que se pode imaginar de uma raça feia, pobre de formas e policromia [...]. Uma dolorosa ironia parece presidir o gosto desses indivíduos, na sua indumentária. Pernas finas e tortas escolhem sempre calções curtos e camisetas que deixam ver pobres peitos deprimidos.

Tem-se a impressão de esqueletos cobertos com uma camada lacônica de carne mumificada. Por outro lado, indivíduos de origem muito recente na Etiópia, com as mesmas camisetas de meia, axilas à mostra, onde parecem localizar-se ninhos de rato.

O interessante é que o próprio autor, através das críticas, nos faz conhecer que aos segmentos populares pouco importava a opinião que deles formavam os supostos superiores. Estavam dispostos a aproveitar ao máximo sua festa maior, lançando mão de armas próprias: a irreverência, o deboche, abolindo as hierarquias, mesmo que provisoriamente, e afirmando sua presença nos espaços dos quais se pretendia excluí-los. "E essa gente dirige gracejos às famílias, cruza as ruas, invade os ônibus e bondes, sem a menor delicadeza para com os demais passageiros, deixando os bancos vazios para se sentarem no seu encosto incômodo, com a obsessão só de fazer o que não se deve fazer."

Contudo, além de os populares frequentarem os espaços considerados nobres, segmentos médios passaram a marcar presença na Praça Onze. Segundo relata Mário Lago, Villa-Lobos, seu vizinho, não dispensava o *bloco de sujos* na segunda-feira de Carnaval. Reunia os amigos mais íntimos e rumava para o local. Uma vez, garoto ainda, incorporou-se Mário ao referido bloco e assistiu a uma batucada, ainda das antigas. Lembra de uma roda imensa, onde todos cantavam o estribilho. Para o centro ia um dos batuqueiros, improvisando versos, exibindo passos. Findo seu recado, chegava-se a um outro, fazia uma coreografia de capoeira, terminada em reverência, convite para mostrar do que era capaz. E os assistentes davam vivas, provocando a admiração de Villa-Lobos, entusiasta das manifestações culturais dos populares, das quais muitas características ele incorporou a sua produção musical.

Uma outra testemunha, aficionada do Carnaval da Praça Onze, lembrando também a década de 1920, refere-se ao local como ponto de concentração de sambistas e malandros, como o lugar da batucada, o chamado samba duro. Trata-se de Alfredo Herculano, que, através do seu traço, constitui-se num dos poucos testemunhos do Carnaval da Praça Onze e que relata ter começado a se interessar pelo samba e pelo Carnaval desde 1921, quando acabou o Pedro II. Ia para a Praça Onze, pois gostava do ritmo. Achava que eles tinham um ritmo fabuloso, o que o atraía sempre. Conta que provocava estranheza aos seus primos com quem brincava o Carnaval. Estranhavam que ele deixasse a avenida com seu corso deslumbrante e fosse para a Praça Onze ver "crioulo", ao que retrucava: "Vocês já foram lá? Ouviram o samba de lá? Nunca fui nem quero ir!" Era a resposta (Herculano, 1983).

Mas na década de 1920 novos ares se anunciavam. Após a Primeira Guerra Mundial, desmorona-se a ilusão da Europa como centro de um progresso ilimitado, tomando vulto no Brasil um movimento em busca de suas raízes. Num país onde as desigualdades econômicas, políticas, sociais, culturais e regionais eram a marca, constatam diversos intelectuais a urgência de modernização. O que muitos traduziram pela necessidade de viajar pelos demais estados brasileiros, a fim de conhecer suas culturas, objetivando integrá-las à nação em vias de construção. Esse processo, aliado ao desenvolvimento de ideias nacionalistas e à resistência desenvolvida pelos populares, que, apesar de todos os percalços, mantiveram suas manifestações, resultou na valorização das suas formas de expressão cultural, que passaram gradativamente a assumir um lugar reconhecido no espaço público.

E muda gradativamente o tom da imprensa quanto a essas manifestações. Com um certo alarde, *A Noite*, em janeiro de 1923, anuncia a presença do bloco Bam-bam-bam com a "fina flor da malandragem" para a apresentação do batuque e do samba à "alta sociedade e aos estrangeiros ilustres que ora nos visitam". Iniciava-se um ritual que tomará corpo na década de 1930, de apresentação do samba aos visitantes estrangeiros, transformando-o em fator de atração turística. Observava-se igualmente a relação entre samba e malandragem, e o malandro nesse novo momento passa a ser idealizado como avesso ao trabalho, folgazão, amigo de uma boa música, de uma cachaça, embora pacífico. Durante o Estado Novo, tempo de industrialização, de valorização do homem que forja o progresso do país, ocorre uma mudança nessa imagem: o sambista continuará a ser exaltado, mas agora como trabalhador.

As Escolas de Samba ensaiam os primeiros passos...

Vargas, a partir de sua ascensão, percebe o potencial do quadro vigente, buscando valer-se da música popular e das agremiações carnavalescas como veículo para a integração dos populares no projeto de construção da nacionalidade. Paralelamente, toma vulto o esforço de líderes desses segmentos em afirmar sua participação no sistema, não desperdiçando as possibilidades que a conjuntura lhes apresentava, garantindo a presença reconhecida de suas manifestações nas ruas da cidade. Dessa coincidência de interesses afirma-se o predomínio popular no Carnaval, o qual se consolida com as escolas de samba, que teriam surgido em fins da década de 1920, quando ocorre uma concentração maior da população pobre nos morros e nas áreas suburbanas.

O Carnaval da Praça Onze, até então abominado e visto como reduto de marginais, passa a merecer espaço nos jornais. É noticiado que ali se "reúnem os carnavalescos de verdade, com suas fantasias típicas, com seus choros bem organizados e que dão àquela localidade um brilho invulgar nos festejos de Momo". É mencionado ainda ter estado a Praça Onze, naquele ano, intransitável, tal a quantidade de foliões que ali estabeleceram seu quartel-general.[8]

Examinando-se a trajetória das escolas de samba, observa-se o costume de os populares se reunirem em algumas residências, por qualquer motivação artística ou religiosa. E, nesse sentido, as manifestações religiosa e profana se associavam constantemente. Em Osvaldo Cruz, base da Portela, como discorre o sr. Cláudio Bernardo, destacavam-se os citados seu Napoleão e dona Ester, respectivamente pai de santo e mãe de santo famosos. No morro da Serrinha, em Madureira, a casa de seu Zacarias – negro, alto, forte, casado com dona Etelvina, pai de 11 filhos – parecia um clube. Ele organizava blocos dos quais todos queriam participar, pois costumavam ser bem classificados nas batalhas e nos concursos da época. Quase todos esses "festeiros" eram líderes de cultos afro-brasileiros. Também na Mangueira havia os blocos da tia Tomásia, da tia Fé, do tio Júlio, do seu Zé Espinguela, como informa dona Neuma: "era tudo terreiro de macumba e o que é mais engraçado é que a roupa do santo, que eles vestiam na macumba, eles aproveitavam para o desfile e saíam com aquelas roupas; pediam licença pro santo no terreiro e era bonito o pedido; tinha um ritual pra eles abrirem mão da roupa no carnaval".[9] Dona Neuma fala ainda do bloco do mestre Candinho, aquele em que saía e que não era da religião, e do Bloco dos Arengueiros, só de homens, no qual mulher não entrava: "Eles saíam, curtiam o carnaval deles com a fantasia de mulher."

Da reunião desses blocos surgiram, em fins da década de 1920 e início da de 1930, as escolas de samba. O nome "escola" teria surgido de um grupo que se reunia para beber e fazer música num botequim no Largo do Estácio, que ficava em frente a uma escola normal. Ismael Silva, outro expoente da nossa música popular, inspirou-se nesta e sugeriu que aquele grupo, com relação aos demais sambistas, era composto por "professores", membros de uma *escola de samba* (Cabral, 1974, p. 23).

O reconhecimento do valor dos sambistas do Estácio é unânime. Coincidindo com as declarações do sr. Cláudio Bernardo, que os considera responsáveis pelo surgimento da Escola de Samba Portela, Cartola confessa que todos tinham um certo respeito pelo Estácio. O intercâmbio desses sambistas com a liderança das duas grandes escolas que surgiam – Mangueira e Portela – era constante. Cartola relata, ainda, que chegou a fazer um samba em homenagem ao pessoal do Estácio, que visitava a Mangueira. Aí nasceu um novo tipo de samba, diverso daquele "amaxixado" que predominara até a década de 1920.[10]

Na Mangueira, foi justamente o Bloco dos Arengueiros, famoso por seus "malandros", e por isso o mais temido pelas famílias locais, que tomou a iniciativa de formar uma escola de samba. Essa ideia foi contagiando os demais, que ali viram a possibilidade de obter representatividade ante as agências estatais e até mesmo de conseguir patrocínio. Afinal, isso já ocorria com os ranchos! A reunião que selou tal decisão ocorreu "num barraco lá no Buraco Quente, na casa de dona Joana Velha, mulher de seu Euclides", a 28 de abril de 1928, na qual Cartola teve importante papel.

A respeito de sua presença o célebre sambista informa que, "convidado para participar dos ensaios da tia Tomásia, aceitou, não apenas pelo fascínio das negras, mas pela repercussão que isso teria no movimento de união do morro". Os primeiros contatos foram muito difíceis em virtude dos preconceitos dos pais e maridos, diante da má fama dos "arengueiros". As resistências, em grande parte, foram vencidas com os primeiros desfiles,

> quando eles viram a organização, o modo como mudamos da água para o vinho e foram-se chegando. Foram-se chegando e foram acabando os bloquinhos. Depois fez-se a junção geral. No ano seguinte, mestre Candinho, tia Tomásia foram praticamente tudo para a Estação Primeira, "nós vamos disputar com o Estácio! Vamos disputar com a Favela! É a Mangueira que está em jogo". E aquilo foi vindo, foi vindo, e nós chegamos onde está hoje.[11]

Essa capacidade de organização e de seriedade dos populares com relação às entidades carnavalescas é elogiada por Roberto DaMatta, que critica a "suposição generalizada de que nada do que acontece no carnaval se reveste de seriedade". Nesse sentido, lembra das inúmeras instituições que se definem como revolucionárias, com uma ideologia de permanência e que, mal surgem, logo desaparecem. Em contraposição, as agremiações carnavalescas, vistas por alguns como "alienadas", fundadas no gosto pela música, pela fantasia e pelo Carnaval, permanecem. Lembra, ironicamente, que os críticos pequeno-burgueses esquecem um dado fundamental, que se constitui no cerne de qualquer organização – o interesse nascido de dentro para fora, garantia para essas agremiações de sua autenticidade e permanência (DaMatta, 1981, pp. 95-96).

Lamentavelmente, apesar dessa afirmação, DaMatta assume uma postura tradicional ao afirmar que o Carnaval, aparente "situação-limite de informalidade e de incontinência total", festival do povo, marcado pela inversão das hierarquias termina, afinal, por mantê-las. Assim, não consegue valorizar e explorar práticas subversivas como as brincadeiras, o deboche, que guardam um conteúdo político considerável e revelam a consciência pelos populares da relatividade das verdades e das autoridades no poder. As impossibilidades concretas de superação imediata de suas dificuldades cotidianas levam-nos a privilegiar o campo cultural e as formas metafóricas como cerne da resistência. A hegemonia de "uma forma musical vinda de baixo – o samba – como forma ideal de relacionamento social", por si só já é uma vitória que DaMatta não consegue valorizar.

Mas voltando à Mangueira, segundo dona Neuma, desde o início houve uma forte preocupação na conservação de suas cores. Nesse sentido, Cartola teria feito um pequeno discurso para "as meninas", lembrando a relevância da questão: "Olha, vocês vão preservar as cores da nossa escola.

Vocês vão amar a Mangueira e nunca deixá-la, porque esse verde que tem nela simboliza o futuro, a esperança e vai brilhar muito, como uma estrela brilhando, e esse rosa é o amor." E mais adiante, faz uma afirmação que demonstra a polarização de seu patriotismo para aquela entidade cultural, com uma sensibilidade capaz de fazer inveja a muitos psicanalisados: "Vocês têm que primeiro amar a vocês mesmas para depois passar a amar essa bandeira, para que nunca deixem ninguém colocar lama nela." E dona Neuma completava: "E a gente cultiva até hoje."[12]

Tais testemunhos permitem reafirmar a importância das agremiações culturais para os populares, através das quais estabeleceram formas alternativas de organização, para as quais se voltavam fortemente. E as rivalidades não faltavam entre os componentes das diversas entidades, para a maioria as únicas formas de participação pública que conhecia, não economizando esforços no sentido de prestigiá-las. E seus próprios membros fazem menção a tais conflitos, acentuando a existência daquelas rivalidades. Assim, para Bicho Novo, apelido de Acelino dos Santos, nascido em 1909 e desde os 16 anos no samba: "quem fazia mais arruaça ali era o pessoal da Favela, porque não gostava das outras escolas fazer os desfiles ali no largo da Praça Onze".[13]

Dona Neuma de certa forma se aproxima desta conclusão, ao afirmar que: "quem brigava muito era o *Estácio* com a *Favela*, e era só os homens. Na hora, a gente corria e acabava até o carnaval". Já Carlos Cachaça considera que as divergências surgiam das discussões na torcida, a respeito de quem desfilou melhor. "Daí vinha aquela ciumada, empurrões e o conflito estava formado." Sem dúvida, as disputas eram frequentes, brigas, retaliações...

Impedidos, por longo tempo, do exercício da cidadania, não brigavam por seu partido, como as elites, mas por sua agremiação festiva, como o faziam pelo time de futebol. O que servia de pretexto para que merecessem os epítetos de "bárbaros", "primitivos" e para as atitudes violentas da polícia. Além do aspecto das brigas, ressalta-se o grande número inicial das escolas, o que se confirma com a consulta aos jornais da época. Muitas terminaram por se unir, o que se constituiu num processo doloroso na maioria das vezes. Com a derrubada do morro do Castelo, grande parte de sua população estabeleceu-se na Mangueira, na parte conhecida como morro de Santo Antônio. Ali criaram outra escola de samba, a Unidos da

Mangueira. Por volta de fins da década de 1930 foi decidida a fusão com a Estação Primeira.

Inúmeras foram as estratégias usadas pela Mangueira para atrair seus vizinhos. Parece que uma das mais eficazes foi aquela empregada por Carlos Cachaça, que "conversava um, levava outro, ia e fazia mais uma conquista lá na frente, uma derrubada geral". Carlos Cachaça confirma, relatando que abriu uma tendinha no Santo Antônio e que, embora seu empreendimento não tenha prosperado, acabou conquistando outras vitórias: "a gente bebia todo o estoque da casa, consumia mais que vendia, acabei dando com os burros n'água. Mas eu tinha feito muita amizade aqui no Santo Antônio e fui levando um por um para a Estação Primeira." Um grupo da Unidos da Mangueira, inconformado, fez uma fantasia roxa como demonstração de luto, reagindo por algum tempo à fusão. Alguns não aceitaram filiar-se à Mangueira e, apesar da distância, foram para a Portela.

As informações acima permitem-nos uma série de reflexões. Em primeiro lugar, patenteia-se o campo cultural como um canal privilegiado de expressão dos anseios dos populares. Mas, por outro lado, também transparece do quadro acima a heterogeneidade do "popular", expressão de diversidades e diferentes identidades, evidenciando-se nas situações apresentadas, com rivalidades carnavalescas, disputas de liderança, estratégias de alianças etc. Sob o rótulo do "popular" oculta-se um amplo espectro de diferenças étnicas, religiosas, sexuais, geracionais, às quais eu acrescento as festivas, todas, enfim, culturais... devendo-se fugir das armadilhas de uma definição uniformizadora daquela noção. Dessa forma, são da maior significação as observações de E. P. Thompson acerca dos cuidados quanto a generalizações como "cultura popular". Esta se configura como uma arena de elementos conflitivos, que somente sob uma pressão imperiosa – por exemplo, o nacionalismo, a consciência de classe ou a ortodoxia religiosa predominante – assume a forma de um "sistema". Além do mais, acentua, o termo "cultura", com sua invocação confortável de um consenso, pode distrair nossa atenção das contradições sociais e culturais, das fraturas e oposições existentes dentro do conjunto (E. P. Thompson, 1998, p. 17).

Claro que os conflitos não ocorreram apenas entre os próprios populares. Alusões são feitas igualmente às intervenções violentas da polícia contra aqueles segmentos, como também às formas desrespeitosas por meio das quais os populares, durante largo tempo, foram qualificados por intelectuais e membros das elites. O que revela a intolerância com as manifestações que lhes eram estranhas, ainda mais que próprias de segmentos inferiores, na medida em que apenas valorizavam os comportamentos e valores modelados a partir do que consideravam mundo "civilizado". Embora caiba ressaltar que, assim como os populares, as elites também não formavam um todo homogêneo. Como procuram acentuar as pesquisas hoje, igualmente demonstram sua heterogeneidade e suas diferenças, além da busca de alianças. Na verdade, o panorama revela-se complexo e contraditório e, além dos conflitos, também os contatos, as trocas, os pactos perpassam os respectivos campos.

Populares e Estado: um pacto se estabelece

Deve-se salientar as novas estratégias de relacionamento dos grupos que ascenderam ao poder a partir da Revolução de 1930 com os populares. Nesse sentido, observa-se, como já foi visto com relação ao futebol, o apoio proporcionado às suas manifestações, particularmente às escolas de samba, que reúnem as preferências dos setores mais periféricos da população. Referências são feitas pelos populares ao comparecimento de políticos aos locais das escolas de samba, em contraposição ao preconceito que antes vigorava. Um exemplo são as visitas do prefeito Pedro Ernesto à Mangueira, desde os primeiros tempos da escola. Numa dessas visitas, Pedro Ernesto concedeu dois terrenos no Buraco Quente, um para a construção de uma escola pública e outro para a sede da escola de samba. Igualmente, ao virem ao Brasil visitantes renomados, o comparecimento a um espetáculo de escola de samba figurava obrigatoriamente em sua agenda. Tais mudanças podem explicar-se a partir dos fatos relacionados a seguir.

Para os grupos que ascendem ao poder em 1930, munidos de um novo projeto, torna-se fundamental retomar a construção da nacionalidade. Nesse sentido, desdenham o liberalismo nefasto, que caracterizara a República Velha, criticado por satisfazer-se com um discurso ufanista com relação à terra e por estar impregnado de valores europeizantes, desacreditando os homens, buscando atribuir as nossas mazelas à inferioridade da raça e do caráter nacional. Urgia articular a comunicação entre as elites e a massa da população, até então divorciadas. Era mister voltar-se para o povo em suas mais genuínas e espontâneas manifestações e aspirações, fonte das tradições mais puras deste país, base da nação que se pretendia reconstruir. Justifica-se, assim, o processo de valorização das culturas populares, que deviam ser recolhidas por um Estado inovador, rompendo com o passado político da República Velha (Gomes, 1988, pp. 210-211).

Temos, dessa forma, um momento em que as forças convergem. De um lado, os populares, fortalecidos por um longo processo de resistência, dispõem-se à conquista concreta do espaço público, não mais se contendo nos grupos específicos religiosos e tradicionais, nos pequenos cordões e ranchos carnavalescos. De outro, temos a proposta de valorização das manifestações populares por um Estado que se dispõe a realizar a união entre elites e massas e que, com a junção entre natureza e cultura, por intervenção da política, faria a integração tão sonhada, expressando a visão de uma sociedade harmônica.

O Carnaval, a maior das festas populares, é objeto de inúmeras atenções. Nele destacam-se as escolas de samba, ponto alto dessa manifestação, num Estado que, embora estabelecesse a hegemonia burguesa sobre o conjunto da sociedade, precisava legitimá-la, o que se faria através da parte majoritária desse conjunto, indistintamente chamada de "povo". A ascensão das escolas de samba, simbolizando o crescimento da participação dos populares e a assunção efetiva do espaço público por esses segmentos, é favorecida por esse estado de coisas. Os populares nelas se afirmaram, pois aí encontraram possibilidades alternativas de organização, possibilitando -lhes coesão e legitimação de sua identidade. Assim, era através delas que eles desenvolviam a sociabilidade e o exercício de uma cidadania.

São significativas, portanto, as novas estratégias de relacionamento dos novos grupos no poder com os populares. Paralelamente, toma vulto o esforço de líderes desses segmentos em afirmar a participação no sistema, não desperdiçando as possibilidades que a conjuntura lhes apresentava, garantindo a presença reconhecida de suas manifestações nas ruas da cidade. Para ilustrar essa tendência, ressalta-se o exemplo de Paulo da Portela, líder dessa escola, preocupado em desfazer a imagem do sambista como marginal, vislumbrando a possibilidade de dar a essa atividade recreativa um cunho igualmente profissional (Silva e Santos, 1989, p. 44). Um exemplo disso é a exigência de que, nas apresentações da Portela, todos estivessem vestidos com a roupa da escola e se comportassem muito bem, a fim de demonstrar que todos eram adeptos dos princípios da lei e da ordem. E resumia seu lema na seguinte condição: "Sambista, para fazer parte do nosso grupo, tem de usar gravata e sapato. Todo mundo de pés e pescoços ocupados!"

Dessa mesma perspectiva de concessões mútuas, de aproveitar todas as brechas criativamente, desfazendo-se de imagens anteriores de um comportamento rixoso e insubmisso, pode-se interpretar esta colocação de Paulo da Portela: "devemos impor a cultura e a arte de nossa raça, respeitando e fazendo respeitar as normas e leis. O sambista deve ser responsável e correto, cultivando a união e evitando a violência." Segundo Sérgio Cabral, Paulo da Portela, tão elogiado pelo sr. Cláudio Bernardo, seria um exemplo de diplomacia, atuando como uma espécie de relações públicas da escola. Percebendo o poder de penetração da imprensa, percorria a redação dos jornais, estabelecendo um contato permanente que lhe garantisse pronta divulgação dos seus empreendimentos. O que igualmente demonstra a presença de trocas, interseções, partilhas entre os universos populares e dominantes.

Nesse movimento para a conquista de espaços podem ser entendidas as homenagens prestadas aos líderes políticos, como o prefeito do Distrito Federal, Pedro Ernesto, em cujo governo se deu o reconhecimento oficial das escolas de samba. Esse evento promovido pela União das Escolas de Samba (UES) ocorreu no morro da Mangueira em 1936. Constou de um desfile das escolas e, segundo o diário O *Radical*, dez mil elementos participaram. São sugestivas as palavras do presidente da UES na ocasião:

> as escolas de samba, visando, apenas, a prestar uma justa homenagem ao benemérito governador da cidade, conseguiram muito mais. Lavraram a sua maior vitória de todos os tempos. Deram uma prova de disciplina e gratidão conseguindo, ao mesmo tempo, surpreender, pela sua harmonia, pela sua compostura, ao mundo oficial e social ali representado pelas suas figuras de maior destaque [...] já obtivemos essa primeira grande vitória, estamos certos que o apoio oficial não nos faltará para a glória maior da nossa verdadeira música popular: o samba.

Os termos utilizados, "disciplina", "harmonia" e "compostura", demonstram os objetivos dos populares. Agora, organizados em associações de natureza cultural, acentuam tais qualidades com vista a legitimar as aspirações de verem reconhecidas suas manifestações em nível de igualdade com as demais existentes.

Igualmente pode ser percebido o esforço desenvolvido pelo governo no atendimento dos interesses dos populares, ante seu poder de pressão. Ainda nos começos da década de 1930, diante da ameaça de despejo de sete mil moradores do morro do Salgueiro, a escola Azul e Branco, ali sediada, assume a liderança do movimento, em defesa dos moradores, dando-lhes Vargas ganho de causa. Estreitam-se, a partir daí, os laços entre os grupos no poder e os populares. Em outro momento é elogiada pelo *Jornal do Brasil* a preocupação de Pedro Ernesto em "dar escolas e hospitais ao povo", e também em restituir ao Carnaval a "animação e o brilho que começam a lhe faltar".

Um pacto se estabelece, mesmo que entre desiguais. De um lado, as manifestações populares são enaltecidas como raízes da nacionalidade. Com a reforma urbana, que resultou na destruição da Praça Onze, o desfile das escolas de samba transfere-se para o espaço nobre da avenida Rio Branco em 1942. De outro lado, valendo-se da astúcia, os populares devem praticar a caça em terreno alheio, na feliz expressão de Michel de Certeau (Certeau, 1994, p. 101). Explica-se, assim, a proposta da UES em 1935 de que os cortejos das escolas apenas se baseassem em temas nacionais. O que estava longe de se constituir numa simples manipulação, mas parte de uma rede de antidisciplina que permite ao fraco tirar partido de forças que lhe são estranhas (Certeau, 1994, pp. 38-94). Inclusive, esse dispositivo não parece ter sido dos mais lesivos aos populares, cujos interesses há muito passavam ao largo do mundo oficial da política. Era através do terreno da cultura, de sua religiosidade, de suas festas, como a da Penha e principalmente do Carnaval, que se dava a participação popular e sua integração na vida da cidade. Outrossim, como esclarece Monique Augras, tal iniciativa teria como objetivo fortalecer a importância das escolas em relação à invenção da "brasilidade" a partir das tradições populares. Completando: "em momento marcado pelo nacionalismo, nada mais adequado. Fazia parte da estratégia dos próprios sambistas rumo ao reconhecimento. Não era uma imposição vinda de cima" (Augras, 1998, pp. 43 e segs.).

Da coincidência de interesses afirma-se o predomínio dos populares no Carnaval, que se consolida com as escolas de samba, surgidas em fins da década de 1920, quando ocorre uma concentração maior da população pobre nos morros e nas áreas suburbanas. Os negros, degrau mais baixo entre esses segmentos, tiveram papel preponderante na construção dessa cultura, que, inter-relacionada às demais, dá a tônica daquela festa. Enfim, como afirmam vários intelectuais, o samba, especialmente aquele desenvolvido com as escolas de samba, é erigido na Era Vargas em símbolo da nação brasileira (Vianna, 1995, p. 151).[14] Causa estranheza a uma estudiosa do assunto o fato de os ideólogos da "unidade nacional" tomarem como emblema um gênero musical que, por sua natureza carnavalesca, pouco tinha em comum com as linguagens musicais sisudas, tão próximas dos rituais totalizantes, como por exemplo, a tradição do hinário, ou mesmo do samba-exaltação (Naves, 1998, p. 105). Nesse sentido, contra-argumento que tal ocorreu porque esse processo não resultou apenas da obra desses ideólogos a serviço do Estado então implantado, mas de um fenômeno mais complexo, que se deveu, em grande medida, à ação dos populares, para os quais o Carnaval constituiu-se, naquele momento, na via prioritária de afirmação de sua identidade num processo conflituoso, caracterizado por lutas e negociações contínuas, com avanços e recuos que se redimensionaram e se reorganizaram mútua e dialeticamente.

Acentuação de diálogo e comunicação entre diferentes, signos compartilhados e reconciliação da nação em sua imagem festiva são elementos que emergem dessas colocações. O que não significa o apagamento real das diferenças, posto que "A Nação não é; ela faz-se e se desfaz", ou seja, sua principal característica é a indeterminação, prática contraditória em busca da unidade que anule as divisões sociais e que não pode cumprir-se (Chaui, 1986, pp. 114-115).

Por outro lado, como se depreende do panorama apresentado, a cidadania tem múltiplas faces, não podendo ser reduzida às aspirações peculiares ao mundo ocidental. O que não significa que os diversos sujeitos sociais não devam ter acesso, igualmente, a todos os direitos consagrados. Apenas cabe lembrar que categorias como as de sujeito humano universal, razão, verdade, esquemas globalizantes há algum tempo deixaram de se constituir em axiomas, além de temporalidades múltiplas terem substituído a crença na linearidade evolutiva de um processo histórico nacional e universal (Silva Dias, 1992, p. 39). Assim, há que se compreender que, para os populares que aqui viveram nos primeiros anos do século XX até a década de 1930, garantir o acesso ao futebol como espectadores e/ou como jogadores, ou ocupar as ruas com manifestações culturais constituíam-se em empreendimento da maior relevância. De forma diversa daquela enunciada pelos teóricos da revolução, apesar de toda a campanha que sobre eles se desencadeou, a resistência que desenvolveram garantiu-lhes a persistência de tais manifestações, inclusive entrelaçando-se às demais, mas nelas imprimindo sua marca, ganho simbólico dos mais significativos. E o sonho transformou-se em realidade, construíram uma dimensão privilegiada da cidadania: a cidadania cultural.

Notas

1. Entrevista concedida à professora Laurinda Rosa Maciel, bolsista do CNPq na época, quando participou da nossa equipe de pesquisa.
2. Em consulta ao Aurélio verifica-se que gandula é a pessoa incumbida de buscar e devolver a bola que sai de campo ou de quadra durante o jogo; boleiro.
3. Antônio Jorge Soares, no artigo "História e invenção de tradições no campo do futebol", refere-se à clássica obra de Mário Filho, *O negro no futebol brasileiro*.
4. *Sports*. Ano I, n. 1, 6 ago. 1915. Citado em Herschmann, Micael; Lerner, Kátia (1993, p. 45).
5. Utilizo a noção de apropriação de acordo com Roger Chartier, que enfatiza os usos diferenciados e opostos dos mesmos bens, dos mesmos textos e das mesmas ideias como práticas que se apropriam distintivamente dos materiais que circulam numa determinada sociedade [Chartier (1992, p. 233)].
6. A construção dessa imagem muito deve à importância atribuída por Mário Filho à presença de jogadores negros no futebol brasileiro.
7. Foi o historiador Carlo Ginzburg, inspirado em Bakhtin, como confessa, que propôs o conceito de circularidade cultural, que apresenta como recíprocas as influências entre a cultura dos segmentos dominantes e subalternos – movendo-se de baixo para cima, bem como de cima para baixo. Por outro lado, por intermédio dos estudos que tenho desenvolvido, observei que tais trocas

ocorrem igualmente entre as próprias culturas de populares e também de dominantes, pois estes não formam grupos homogêneos. Daí eu preferir utilizar as expressões "interpenetração cultural" e/ou "trocas culturais".

8. *A Noite*, 18/2/1931.
9. Sobre a Mangueira, entrevistas da professora Laurinda Rosa Maciel com Carlos Cachaça e dona Neuma Gonçalves. Sobre a casa de seu Zacarias, ver Marília T. Barboza da Silva e Lygia Santos. *Paulo da Portela* – Traço de união entre duas culturas. Rio de Janeiro: Funarte, 1989, p. 71; Barboza da Silva e Arthur de Oliveira Filho. *Silas de Oliveira*. Do jongo ao samba-enredo. Rio de Janeiro: Funarte, 1981, p. 40.
10. Entrevista de dona Zica, da Mangueira, para nossa equipe de pesquisa, 10/2/1993.
11. Entrevista de Cartola.
12. Entrevista de dona Neuma.
13. As informações que se seguem derivam de depoimentos de Bicho Novo (Acelino dos Santos), da Estácio, para o MIS, 4/4/1992 a 4/5/1992. Entrevistas de dona Neuma e Carlos Cachaça para a equipe, 26/4/1992.
14. Tanto os historiadores como os próprios atores enfatizam as transformações produzidas no samba, cujos sons passam a se originar dos redutos ligados à boêmia, ao Carnaval e sobretudo ao cotidiano das populações faveladas. Naves, Santuza Cambraia. 1998. *O violão azul*. Modernismo e música popular. Rio de Janeiro: Fundação Getulio Vargas Editora, pp. 90-91.

Bibliografia

Augras, Monique. 1998. *O Brasil do samba-enredo*. Rio de Janeiro: Fundação Getulio Vargas.

Cabral, Sérgio. 1974. *As escolas de samba*. Rio de Janeiro: Fontana.

Chartier, Roger. 1992. "Textos, impressões, leituras". In Hunt, Lynn. *A nova história cultural*. São Paulo: Martins Fontes.

Chaui, Marilena. 1986. *Conformismo e resistência*: aspectos da cultura popular no Brasil. São Paulo: Brasiliense.

Coelho Neto, Henrique. 1924. *As quintas*. Porto: Chardron.

DaMatta, Roberto. 1981. *Carnavais, malandros e heróis:* para uma sociologia do dilema brasileiro. Rio de Janeiro: Zahar.

De Certeau, Michel. 1994. *Artes de fazer.* A invenção do cotidiano. Petrópolis: Vozes.

Ginzburg, Carlo. 1987. *O queijo e os vermes:* o cotidiano e as ideias de um moleiro perseguido pela Inquisição. São Paulo: Companhia das Letras.

Gomes, Angela de Castro. 1988. *A invenção do trabalhismo.* São Paulo: Vértice/ Iuperj.

Herculano, Alfredo. 1983. *Tempo de bambas:* o carnaval da Praça Onze, segundo o traço de Alfredo Herculano. Rio de Janeiro: Rio Arte.

Herschmann, Micael; Lerner, Kátia. 1993. *Lance de sorte:* o futebol e o jogo do bicho na Belle Époque carioca. Rio de Janeiro: Diadorim.

Jesus, Gilmar Mascarenhas de. 1999. "Construindo a cidade moderna: a introdução dos esportes na vida urbana do Rio de Janeiro". *Estudos Históricos.* Rio de Janeiro: Fundação Getulio Vargas, v. 13, n. 23.

Naves, Santuza Cambraia. 1998. *O violão azul:* modernismo e música popular. Rio de Janeiro: Fundação Getulio Vargas.

Neves, Luís Felipe Baeta. 1979. *O paradoxo do curinga.* Rio de Janeiro: Achiamé.

Pereira, Leonardo Affonso de Miranda. 2000. *Footballmania:* uma história social do futebol no Rio de Janeiro, 1902-1938. Rio de Janeiro: Nova Fronteira.

Prado, Décio de Almeida. 1997. *Seres, coisas, lugares:* do teatro ao futebol. São Paulo: Companhia das Letras.

Rio, João do. nov./dez. 1958. "Elogio do cordão". *Boletim Social da UBC* (53).

Sevcenko, Nicolau. 1992. *Orfeu extático na metrópole:* São Paulo, sociedade e cultura nos frenéticos anos 20. São Paulo: Companhia das Letras.

Silva, Barboza da; Oliveira Filho, Arthur de. 1981. *Silas de Oliveira:* do jongo ao samba-enredo. Rio de Janeiro: Funarte.

Silva Dias, Maria Odila Leite da. 1992. "Teoria e método dos estudos feministas: perspectiva histórica e hermenêutica do cotidiano". In Costa, Albertina de Oliveira; e Bruschini, Cristina (orgs.). *Uma questão de gênero.* Rio de Janeiro/ São Paulo: Rosa dos Tempos/Fundação Carlos Chagas.

Silva, Marília T. Barboza da; Santos, Lygia. 1989. *Paulo da Portela:* traço de união entre duas culturas. Rio de Janeiro: Funarte.

Soares, Antônio Jorge. 1999. "História e invenção de tradições no campo do futebol". *Estudos Históricos.* Rio de Janeiro: Fundação Getulio Vargas, v. 13, n. 23.

Soihet, Rachel. 1998. *A subversão pelo riso:* estudos sobre o carnaval carioca da "Belle Époque" ao tempo de Vargas. Rio de Janeiro: Fundação Getulio Vargas.

Souza, Denaldo Alchorne de. 2002. *O Brasil entra em campo!* o mito de "Leônidas da Silva" e a construção da identidade nacional através do futebol (1930-1947). Dissertação de mestrado-UFF, Niterói. Programa de Pós-Graduação em História.

Thompson, E. P. 1998. *Costumes em comum.* São Paulo: Companhia das Letras.

Tinhorão, José Ramos. 1969. *Música popular:* um tema em debate. Rio de Janeiro: JCM.

Velloso, Monica. 2000. *Que cara tem o Brasil?:* As maneiras de pensar e sentir o nosso país. Rio de Janeiro: Ediouro.

Vianna, Hermano. 1995. *O mistério do samba.* Rio de Janeiro: Zahar/UFRJ.

11. Sinais da modernidade na era Vargas: vida literária, cinema e rádio

*Lúcia Lippi Oliveira**

A sociedade de massas fez sua entrada no cenário mundial durante o século XX. As multidões se tornaram visíveis e passaram a fazer parte da sociedade e a serem levadas em conta. As grandes transformações sociais estiveram, assim, marcadas pela incorporação das populações urbanas, que se tornaram eleitoras e consumidoras. A sociedade moderna passou a ser identificada como sociedade de massas.

No caso da sociedade brasileira essa questão também se colocou, ainda que de forma mais "suave". A população brasileira era, no início do século XX, basicamente rural e os núcleos urbanos que se fizeram presentes foram resultado da abolição da escravidão. No Rio de Janeiro a presença da população urbana se fez notar com a Revolta da Vacina, em 1904.

Na primeira década do século XX reformar a cidade do Rio de Janeiro passou a ser o sinal mais evidente da modernização que se desejava promover no Brasil. O ponto culminante do esforço de modernização se deu na gestão do prefeito Pereira Passos, entre 1902 e 1906. "O Rio civiliza-se" era frase célebre à época e condensava o esforço para iluminar as vielas escuras e esburacadas, controlar as epidemias, destruir os cortiços e remover as camadas populares do centro da cidade.

---

* Professora Associada do programa de pós-graduação em História, Política e Bens Culturais e ao curso de mestrado profissional em Bens Culturais e Projetos Sociais do CPDOC-FGV.

Os costumes, hábitos e comportamentos das populações pobres apareciam identificados com a barbárie, a selvageria, o mundo primitivo, que deveriam ser afastados ou eliminados de uma cidade que queria ser uma "Paris tropical". Somente alguns intelectuais mais atentos à cultura popular, como o cronista João do Rio, se interessavam em conhecer os hábitos populares, os comportamentos folclóricos que estariam em extinção.

Nos primeiros anos do século XX a questão que se colocava era: como construir uma nação civilizada, sendo seu povo composto basicamente de brancos, índios, muitos negros e mestiços? Uma das soluções encontradas à época para constituir uma nação civilizada foi a entrada de novas populações brancas. A "teoria do branqueamento" difundia como solução para o problema do povo brasileiro a entrada de grandes contingentes de imigrantes brancos. Supunha que em três ou quatro gerações, com muita miscigenação, a população se tornaria cada vez mais branca. A seleção de estrangeiros obedecia a essa demanda pelo branqueamento, sendo mais facilmente aceitos aqueles que, pela proximidade de traços culturais (religião católica e língua latina), pudessem ser assimilados mais rápido – como os portugueses, os espanhóis e os italianos (Oliveira, 2001).

Ao lado da teoria do branqueamento, que só lentamente foi sendo abandonada, construiu-se também, e ganhou força sobretudo a partir da década de 1930, um imaginário sobre o Brasil que afirmava a capacidade dos brasileiros de conviver e se adaptar ao meio e à variedade de raças. Valorizava-se o caráter cordial do povo, ou seja, o personalismo e a proximidade que marcavam nossas relações sociais. O Brasil passa então a ser visto como uma grande nação não mais branca, e sim mestiça. O mito da "democracia racial" – quer dizer, de um país sem preconceito de cor e com capacidade de assimilar o "estrangeiro" – apresentava-se como alternativa à teoria do branqueamento e foi pensado como capaz de solucionar o impasse da constituição do povo brasileiro. Na década de 1930, em vez de se recusar, aceitava-se e consagrava-se a mestiçagem como caminho que dissolveria as diferenças, como aparece em *Casa-grande & senzala*, obra mais famosa de Gilberto Freyre.

Essas teorias, do branqueamento e da democracia racial, lidam com o lugar e o papel dos elementos formadores do povo brasileiro – o branco, o índio, o negro e o mestiço –, elementos centrais da construção da identidade nacional.

As transformações que se fizeram presentes na segunda metade dos anos 1930 estiveram marcadas e foram guiadas por valores construídos após a

Primeira Guerra Mundial. Foi nessa época que se criaram as novas visões de mundo que passaram a orientar por muito tempo o pensar sobre o Brasil.

A Primeira Guerra Mundial teve, entre outras consequências, a derrocada da crença no progresso e na paz como valores assegurados do mundo ocidental. O conflito produziu uma distinção entre a Europa, representante da velha civilização decadente, e a América, espaço da nova civilização e do futuro. Se a Europa estava decadente, o futuro deveria estar na América, no novo continente.

Foi seguindo essa premissa que se partiu em busca do futuro e se tornou necessário repensar o Brasil. Se até então o clima e principalmente a raça, ou melhor, a mistura das raças, tinham sido pensados como negativos, agora isso precisava mudar. Passou-se então a considerar que os brasileiros não podiam mais ser tributários dos decadentes valores europeus. Passou-se a combater a cópia, o vício de imitação. A elite brasileira que vivia sob o signo do exílio, que gostaria de ser europeia, precisava quebrar sua mentalidade europeizante e voltar-se para as "verdadeiras" raízes brasileiras. Inventa-se a autenticidade das raízes nacionais, que são buscadas em um passado histórico ou em tempos imemoriais. É dentro desse espírito de reinvenção do Brasil que se volta para eventos do passado – principalmente no período colonial – ou para mitos que teriam dado origem ao povo brasileiro. É no povo brasileiro que estaria a raiz da nacionalidade, é nele que se encontraria o brasileiro autêntico.

A autenticidade estaria preservada principalmente no mundo rural, e o sertão e o sertanejo passam a ser vistos como os verdadeiros símbolos da nacionalidade. Daí que são valorizadas por setores da elite culta as lendas e tradições que falam do amor ao Brasil rural, o Brasil do interior. Há um movimento de redescoberta do Brasil folclórico, regional, do interior, que se segue ao início da Primeira Guerra Mundial, sintonizado com o movimento nacionalista e que tem em Olavo Bilac, Catulo da Paixão Cearense, Afonso Arinos suas expressões mais conhecidas. No fim da década de 1910 prospera uma literatura regionalista que se dedica à vida rural e à cultura caipira paulista. Monteiro Lobato foi um dos mais importantes autores que se ocuparam com a questão do verdadeiro brasileiro, o homem do interior. Criara o personagem Jeca Tatu como símbolo do atraso das populações do interior, mas ele próprio se assume como jeca e passa a lutar pela recuperação dos valores rurais e regionais do país.

Será em 1922, ano do centenário da Independência, que terá lugar a Semana de Arte Moderna, produzindo uma renovação no domínio da arte com consequências importantes para a cultura brasileira. O modernismo, em seu primeiro momento, pretendia captar a vida em movimento, a eletricidade, o cabo submarino, o automóvel, o aeroplano, o cinema, ou seja, os traços da vida urbana considerada moderna. Uma obra exemplar desse momento é o livro *Pauliceia desvairada*, de Mário de Andrade, publicado em 1922, em cujo prefácio são apresentadas as diretrizes estéticas do movimento.

Durante os atribulados anos 1920 um segundo momento do movimento modernista teve como eixo principal a questão da brasilidade. Os modernistas passam a denunciar com maior ênfase os conhecimentos considerados atrasados, que impediam a captação do "ser" brasileiro (Moraes, 1978). Nessa busca do "verdadeiro" brasileiro se destacam, por um lado, os autores do movimento chamado verde-amarelo, com Plínio Salgado, Cassiano Ricardo e Menotti Del Picchia, e, por outro, a figura de Oswald de Andrade, que, com o Manifesto Pau-Brasil (1924) e o Manifesto Antropófago (1928), propõe a apropriação das influências europeias pelo canibalismo cultural, já que o canibal é aquele que come a carne dos inimigos para captar suas energias.

Pode-se dizer que o que divide os modernistas em diversas correntes é a relação entre o moderno e a tradição. Cada uma das correntes procurou definir qual tradição importa e como seria possível atualizá-la. Daí que muitos modernistas passaram a conferir importância ao folclore e aos costumes de diferentes regiões. Mário de Andrade também se destaca nesse ponto ao publicar em 1928 o seu famoso *Ensaio sobre a música brasileira*.

Da década de 1920 até a de 1940 vai havendo um processo de nacionalização da cultura no Brasil. Villa-Lobos, por exemplo, trabalha com o repertório folclórico do mundo sertanejo ou rural para compor grandiosas e eruditas obras da nacionalidade, como as famosas *Bachianas brasileiras*. Foi esse compositor que, à frente da Superintendência de Educação Musical e Artística, desde 1932, levou o canto orfeônico às escolas públicas do Rio de Janeiro. Voltaremos a mencionar o canto orfeônico adiante. Villa-Lobos acreditava que, ensinando hinos, canções patrióticas, cantigas de roda, era possível juntar o erudito e o popular. Nesse mesmo período os jornais e a Prefeitura do Distrito Federal estão promovendo concursos de Carnaval que favorecem a consagração de inúmeras marchinhas e de seus compositores e intérpretes. Há uma aproximação entre as autoridades da prefeitura e a cultura popular expressa na realização de concursos de música de Carnaval e de desfiles de escola de samba.

Pode-se acompanhar o caminho pelo qual alguns gêneros musicais foram eleitos como populares e nacionais em detrimento de outros, que passam a ser classificados como regionais, sertanejos ou folclóricos, confirmando esse processo de nacionalização da cultura. É nos anos 1930 que o samba é elevado à categoria de música nacional, e o Carnaval do Rio é promovido a símbolo do Brasil (Vianna, 1995). Isso foi possível porque no Rio estavam as principais rádios, como a Mayrink Veiga e a Rádio Nacional; estavam as gravadoras, como a Victor e a Odeon.

Nas décadas de 1930 e 1940, assim como no início do século XX, o Rio de Janeiro se constituía como polo principal de construção da cultura do Estado nacional. O Rio como síntese do Brasil aparece na música "Cidade maravilhosa", que fala do Rio como "coração do meu Brasil". Essa música tira o segundo lugar no concurso de marchas de Carnaval organizado pela Prefeitura do Distrito Federal em 1935 e terá vida longa até se tornar, nos anos 1960, o hino oficial da cidade.

O processo de modernização das populações urbanas contou também com a organização dos esportes, campo fundamental para socializar tanto as populações interioranas quanto os imigrantes que deveriam se integrar à vida da cidade. Dentro do princípio de valorização do esporte o futebol também começa a ganhar maior visibilidade como instrumental político do regime. A partir de 1932, quando a seleção brasileira derrotou os uruguaios, na Copa Rio Branco, em Montevidéu, o futebol passa a ganhar status de símbolo da nação. Mário Filho e José Lins do Rego estão entre os principais cronistas e comentaristas que defendiam ideias que serão aproveitadas mais tarde pelo regime do Estado Novo. Em 1941 é criado o Conselho Nacional de Desportos, órgão destinado a gerenciar o esporte. A relevância do campo faz aflorar conflitos entre grupos – amadores e profissionais – que desejavam criar e controlar as estruturas de organização dos esportes no Brasil (Drumond, 2008).

A dificuldade de identificação com o povo é certamente um dos mais constantes traços do elitismo da cultura brasileira. Para os intelectuais do Estado Novo (1937-1945), período autoritário do governo Vargas, o povo recebia uma avaliação positiva, era puro, espontâneo, autêntico – mas analfabeto, imaturo, inconsciente –, e seria a ação do Estado que poderia salvá-lo (Velloso, 1997). Daí o governo conferir atenção especial aos aspectos culturais do país.

A ideologia do Estado Novo – ao pretender juntar novo e nacional, modernização e tradição – construiu uma cultura política na qual os intelectuais tiveram um papel de destaque. Não por acaso seus intelectuais procuraram estabelecer uma relação direta entre a revolução modernista de 1922 e o Estado Novo, recuperaram a denúncia à cópia dos anos 1920, retomaram a descoberta do Brasil realizada pelos modernistas de 1922. Nesse processo os intelectuais do Estado Novo desenharam o Estado como tutor, como pai ante uma sociedade imatura, que necessitava ser orientada.

Foram muitas as iniciativas que tiveram como pressuposto a ação do Estado como salvador do povo e da pátria. Entre elas destacamos o papel desempenhado por um Calendário das Festas Nacionais.

Durante o Estado Novo foi organizado um calendário cívico que passa a ser um dos recursos voltados a garantir a estabilidade política e a construir a identidade nacional. Esse processo de construção de uma identidade, de uma cultura nacional, envolveu rupturas e choques com as realidades locais e regionais. As cerimônias cívicas do Estado Novo sugerem a relação entre a educação dos corpos, o canto orfeônico e a criação da nação (Parada, 2009).

O calendário cívico oficial incluiu o Dia de Tiradentes (21 de abril); o Dia do Trabalhador (1° de maio); a Semana da Pátria (primeira semana de setembro), composta pelo desfile militar do dia 7, pelo Dia da Juventude e pela Hora da Independência; o Dia da Revolução Brasileira (10 de novembro); o Dia da Proclamação da República (15 de novembro); o Dia da Bandeira (19 de novembro). A estas datas foi acrescentado o aniversário de Vargas (19 de abril) a partir de 1940. Vale lembrar que o dia 19 de abril foi também instituído como Dia do Índio a partir de 1943. Esta escolha, é bom dizer, nada teve a ver com o Estado Novo; foi sugerida por lideranças indígenas que participaram de Congresso Indigenista Interamericano realizado no México em 1940.

O calendário de Feriados Nacionais não é propriamente uma novidade; já existia na República e no Império. O que se apresenta como inovação é o alargamento do Dia da Pátria para Semana da Pátria, com a inclusão do Dia da Juventude ou o Desfile da Juventude, instituído a partir de 1936 pelo Ministério da Educação e Saúde que tinha como ministro Gustavo Capanema. E a Hora da Independência é concebida para marcar o encerramento da Semana da Pátria.

Já às festas de novembro foram acrescentados o aniversário de Estado Novo e o Dia da Bandeira. O princípio organizador proposto pelo novo regime pode ser reconhecido na primeira grande cerimônia realizada após o golpe do Estado Novo, a cerimônia do Dia da Bandeira de 1937.

Segundo o historiador Maurício Parada (2009), a festividade não foi realizada em 19 de novembro e sim em 27 de novembro por razão das chuvas que caíram na cidade. O evento começou pela homenagem à bandeira nacional e ao presidente da República. O Hino Nacional foi cantado por coro orfeônico regido por Villa-Lobos; uma missa campal foi celebrada por Dom Leme, cardeal do Rio de Janeiro; as 21 bandeiras estaduais foram queimadas em uma grande pira e substituídas por bandeiras nacionais. Essa cerimônia teve um roteiro no qual após a queima das bandeiras e das constituições estaduais se seguiram o discurso do ministro da Justiça, Francisco Campos e, por fim, o desfile cívico de estudantes, de trabalhadores e das Forças Armadas, que marcharam perante o palanque denominado "altar da pátria".

Podemos citar como exemplo da aceitação, da valorização da cerimônia o texto do jornalista Benjamim Costallat, "Diante do Altar da Pátria" (publicado no *Jornal do Brasil*, n. 279, 28 nov. 1937, p. 05). Pelas palavras do jornalista pode-se notar o impacto da queima das bandeiras no imaginário popular simbolizando o nascimento de uma nação forte, integrada em um só Brasil: o Estado Novo.

> As bandeiras queimadas, em sacrifício, diante do Altar da Pátria e em holocausto feliz pela grandeza e união do Brasil, transformaram-se numa só e verdadeira, a Bandeira de todos, eterna e indivisível – a do homem do norte como a do homem do sul, a do homem do mar como a do homem do sertão.
>
> Nenhum sacrifício poderia ter compensações mais altas, nenhuma renuncia efeitos mais comoventes, nenhum símbolo maior significação, nenhuma ideia maior alcance, nenhuma destruição maior renascimento!...
>
> Daquelas cinzas, surge o Brasil, que é de cada um e de todos, um Brasil que não é nem paulista nem pernambucano – mas brasileiro!...
>
> Todos, a postos, para o trabalho que redime, para o entusiasmo que exalta e para o patriotismo que purifica!...
>
> Juremos pela Bandeira única e imortal, dentro da qual cabem todas as regiões e todos os anseios do Brasil; juremos ser dignos da esperança de sua cor, e ter sempre, diante dos olhos, as vinte e uma estrelas de seu firmamento azul!...

O calendário cívico, com suas cerimônias e seus rituais, visava fortalecer a unidade nacional, que, segundo a leitura da época, fora destruída pela República liberal chamada a partir de então de "República Velha". Diferentes rituais de educação coletiva foram criados ou desenvolvidos visando educar o povo, promover o ensino de bons hábitos e, como objetivo maior, permitir que indivíduos isolados se integrassem em uma coletividade nacional. O rádio, o cinema educativo, o esporte, a música popular foram fundamentais nesse processo de integrar os indivíduos no novo Estado nacional.

Os ministérios da Guerra, da Educação e mais adiante o DIP dividiram as responsabilidades pelas celebrações que começaram em 1936 e 1937 e se consolidaram a partir de 1938. O Desfile da Juventude, que em seus primeiros anos fora denominado Desfile da Mocidade e da Raça, contava com desfiles de estudantes das escolas públicas e particulares do Distrito Federal e com professores e alunos da Escola Nacional de Educação Física e Desportos (ENEFD). A partir de 1938 tal celebração foi assumida pelo Ministério da Educação e Saúde, unindo culto cívico e prática escolar.

A Hora de Independência desde 1937 contou com a irradiação do canto orfeônico por todas as rádios do país e com filmagens visando montar um cinejornal a ser distribuído nas salas de cinema. Tal cerimônia, realizada até 1938 na Esplanada do Castelo, é transferida para o estádio do Vasco da Gama, espaço fechado e mais apropriado a uma cenografia teatral do que a um desfile. Vale lembrar que muitas celebrações do calendário cívico do Estado Novo passam a ocorrer nos estádios de futebol, como o do Fluminense, onde também ficava a sede da ENEFD. Para os trabalhadores a cerimônia central do 1º de Maio passou a ter como palco o Estádio de São Januário.

Para os jovens, como já foi mencionado, tivemos dois eventos centrais – o Desfile da Juventude e a Hora da Independência –, que estão associados à inclusão de duas disciplinas, o Canto Orfeônico e a Educação Física, tornadas obrigatórias no currículo escolar.

O canto orfeônico como ideal educativo modernista teve como protagonista máximo Heitor Villa-Lobos. Estando à frente da Superintendência da Educação Musical e Artística (Sema), órgão da Prefeitura do Distrito Federal, foi ele quem propôs o projeto que buscava unificar o Brasil através do canto coral, como propunha Mário de Andrade. Mário e Villa-Lobos comungavam de muitos ideais, tomavam sons populares e folclóricos como base de suas composições comprometidas com a construção da identidade nacional. Por outro lado, divergiam ao avaliar o papel dos meios de comunicação de massa. Para Mário, as criações populares, ao serem contaminadas pelos meios de comunicação de massa, perdiam sua autenticidade (Naves, 2008).

Um dos ideais do projeto musical modernista foi incorporado pelo governo Vargas ao viabilizar o ensino de canto orfeônico nas escolas. Por outro lado, o regime não recusa o mundo do entretenimento e do Carnaval que se faz presente na música do rádio e dos discos. Basta registrar que foi nos anos 1930 e 1940 que os gêneros carnavalescos – samba e marchinha – se consolidaram e os desfiles das escolas de samba e os concursos de marchinhas se tornam populares no sentido de alcançarem cada vez maior público.

A preocupação com a educação física e a associação entre esporte e civismo marcam o regime de Vargas. O esporte estava em alta desde os anos 1910. As multidões frequentavam os eventos esportivos e consumiam informações nas seções esportivas dos jornais. Mas até então era encarado como lazer ou entretenimento.

Nos anos 1920 a prática da educação física passa a estar conectada com os princípios da eugenia, que entende ser tal prática capaz de operar melhorias nas qualidades físicas e morais na nova raça brasileira. Para os médicos higienistas a educação física valia como elemento de regeneração da raça.

A educação física esteve também ligada à segurança nacional, fazia parte da preparação do soldado para a guerra. Daí que a prática de exercícios físicos teve origem nas escolas militares no Brasil. O Centro Militar de Educação Física, por exemplo, foi a origem da Escola de Educação Física do Exército, criada em 1932.

No pós-1930, a educação física assume uma demanda crescente que se expressa na montagem de uma escola nacional capaz de fornecer os padrões de ensino a serem disseminados para todo o país. Assim criou-se a Divisão de Educação Física do Ministério da Educação e Saúde, que prepara a instalação da Escola Nacional de Educação Física e Desportos (ENEFD) em 1939, ligada à Universidade do Brasil. Criada para formular um método nacional para a educação física, essa escola passa a ser também uma escola de civismo e teve presença marcante de seus alunos e professores nos desfiles cívicos antes mencionados (Melo, 2008).

Assim o Estado se conecta com a juventude através do esporte, considerado o principal meio capaz de criar o "homem novo", criador e criatura do Estado Novo. Eugenia e segurança nacional passam então a compor o binômio central para a formação do jovem sadio, disciplinado, nacional.

A educação física e o canto orfeônicos foram elementos fundamentais do campo simbólico para a constituição de uma identidade nacional. Tal processo envolveu a criação de novos sujeitos e novas instituições no espaço da burocracia do governo. A criação de uma nova área, é preciso lembrar, demanda a "formação de quadros", o ensino, o treinamento de professores, de todos aqueles sujeitos que vão ser os responsáveis por sua implementação e operacionalização.

Há, por assim dizer, um repertório comum de ações, de procedimentos que entraram em funcionamento nas construções dos campos do patrimônio, do folclore, da educação física e do canto orfeônico durante o Estado Novo.

Vejamos como Maurício Parada (2009) sintetiza aquele momento:

> Os anos de 1940 e 1941 constituíram-se, portanto, no momento mais estruturado da cultura cívica do Estado Novo. O calendário cívico estava instalado e rotinizado na ordem espaço-temporal das grandes cidades brasileiras e, para tanto, todas as instâncias organizacionais tinham se estabilizado. Os responsáveis pela organização dos eventos tinham sido definidos pelas disputas de poder entre os diversos órgãos e ministérios; constituiu-se um conjunto treinado de profissionais responsáveis pela execução dos eventos: professores de educação física, de canto orfeônico, burocratas, militares, fotógrafos, cinegrafistas e jornalistas; espaços particulares foram definidos e organizados para abrigar as grandes concentrações humanas produzidas pelos eventos (pp. 131-132).

Vamos apresentar três campos da atividade cultural – vida literária, cinema e rádio –, observando as transformações em curso nas décadas de 1930 e 1940. Iremos destacar a ampliação de seus públicos, tomando-a como sinal da modernidade da Era Vargas no Brasil.

Vida literária

A partir dos anos 1930, em várias cidades brasileiras, houve intenso florescimento cultural, com crescimento em número e qualidade de revistas, editoras, literatos e artistas plásticos. Os intelectuais aproveitaram a efervescência do momento político, tentaram contribuir para a reconstrução nacional e fizeram isso escrevendo livros nos quais apresentavam diagnósticos e projetos para "salvar" o Brasil.

Vários "retratos do Brasil" foram produzidos então, procurando diagnosticar os males do país e apresentar os remédios necessários. Há um crescimento da publicação de livros e coleções visando a conhecer e a recuperar o que já se conhecia sobre o Brasil – como a coleção Brasiliana, que republica vários viajantes do século XIX –, e também a cobrir as novas perspectivas para o país – como a coleção Documentos Brasileiros. A possibilidade de os intelectuais contribuírem para a salvação nacional dependia, entretanto, do tamanho do público leitor e da dinâmica do movimento editorial. O impacto da crise mundial de 1929, com a deterioração do câmbio, influi sobre a indústria editorial, fazendo com que os livros brasileiros ganhassem competitividade diante dos importados.

Autores, editores e público leitor compõem um sistema que funciona à base de estímulos múltiplos e recíprocos. Os novos escritos e escritores passam a contar com uma nova camada de leitores que se interessa em ler, por exemplo, sobre a decadência da velha aristocracia rural, como se faz presente nos romances do ciclo da cana-de-açúcar, de José Lins do Rego.

Casas importadoras – como a Garraux, de São Paulo – deixam de existir. A Companhia Editora Nacional aumenta sua tiragem de 350 mil para dois milhões de exemplares, entre 1931 e 1937. A Livraria Globo, de Porto Alegre, torna-se uma editora de reputação nacional, traduzindo literatura inglesa. Uma pequena editora, pertencente a Augusto Frederico Schmidt, criada em 1930, publica, de Rachel de Queiroz, *João Miguel*, em 1932; de Graciliano Ramos, *Caetés*, em 1933; de Gilberto Freyre, *Casa-grande & senzala*, em 1933. Essa mesma editora publica uma série de livros sobre o momento de 1930, conhecida sob o nome de Coleção Azul, em que se destacam *Outubro de 1930*, de Virgílio de Melo Franco; *Alberto Torres e o tema de nossa geração*, de Cândido Mota Filho; *O sentido do tenentis-*

mo, de Virgínio Santa Rosa; *Brasil errado*, de Martins de Almeida. Outra pequena editora importante na década de 1930 foi a Ariel, de propriedade de Gastão Cruls e Agripino Grieco, que publica *Cacau* e *suor*, de Jorge Amado, *S. Bernardo*, de Graciliano Ramos, e *Doidinho*, de José Lins do Rego. Essa editora era responsável pelo *Boletim de Ariel*, no qual o crítico Agripino Grieco apresentava e avaliava o que estava aparecendo no mundo literário da capital.

Outra editora que se vai firmando no cenário é a José Olympio, que soube compreender como a revolução e a presença de uma nova classe média, preocupada com o país e seus problemas, criavam um mercado novo para o autor nacional (Hallewell, 1985). A revolução constitucionalista de 1932 em São Paulo paralisara os negócios, e a José Olympio lutava para sobreviver, tentando se sustentar com o sucesso dos livros de Humberto de Campos. Foi nesse momento que José Olympio, num lance arriscado, se ofereceu para publicar a segunda edição de *Menino de engenho* e *Banguê*, e pagou direitos autorais antecipados. Isto criou uma situação inédita e fez os escritores afluírem para aquela editora. A Editora José Olympio fez a opção de publicar literatura nacional e foi seu proprietário quem nomeou a obra de José Lins do Rego de "ciclo da cana-de-açúcar".

Em 1934 essa editora muda-se de São Paulo para o Rio de Janeiro, onde passa a ficar próxima aos autores nordestinos que ali viviam e também do poder central. A José Olympio veio a se tornar a maior editora nacional, publicando todos os escritores importantes de seu tempo, à exceção de Érico Veríssimo, que continuou sendo publicado pela Editora Globo, de Porto Alegre. Vários autores deixam outras editoras e vão para a José Olympio, onde passam a desfrutar da consagração que a editora confere. Em 1935, edita *Jubiabá*, de Jorge Amado, e o sucesso alcançado pelo livro propicia a reedição de todos os romances anteriores do autor sob o título de "Romances da Bahia". Jorge Amado, além de autor da casa, também trabalha na editora, entre 1934 e 1936, como gerente de propaganda. Em 1938 sai a primeira edição de *Vidas secas*, de Graciliano Ramos. Para dimensionar o prestígio da editora pode-se mencionar que, em 1939, todos os principais prêmios literários do Brasil foram ganhos por autores publicados pela José Olympio.

Em 1936 fora criada na José Olympio a Coleção Documentos Brasileiros, sob inspiração da Coleção Brasiliana, da Companhia Editora Nacional de São

Paulo. Seu primeiro volume foi *Raízes do Brasil*, de Sérgio Buarque de Holanda, com prefácio de Gilberto Freyre, diretor da coleção. A partir do número 19 essa coleção passou à responsabilidade do historiador Otávio Tarquínio de Souza.

Em 1934 a José Olympio também publicara Plínio Salgado e seus correligionários na Coleção Problemas Políticos Contemporâneos, que certamente fez enorme sucesso comercial, haja vista o vasto número de adeptos do integralismo e a presença deles em altos cargos do governo.

Assim, importa ressaltar que a José Olympio publicou Plínio Salgado e Jorge Amado, Nelson Werneck Sodré e Luís da Câmara Cascudo, Gilberto Freyre e Graciliano Ramos. Trouxe para si autores já consagrados e abriu espaço para o sucesso de autores até então desconhecidos. José Olympio cultivava a amizade dos poderosos, mas principalmente cuidava e tratava bem seus autores. A editora se torna um ponto de encontro de artistas e escritores famosos e também de escritoras, como Lucia Miguel Pereira (mulher de Otávio Tarquínio), Rachel de Queiroz, Adalgisa Nery e Eneida de Moraes.

Na categoria dos poderosos, é preciso lembrar que José Olympio tinha verdadeira admiração por Vargas e foi amigo de Lourival Fontes, o famoso e temido diretor do Departamento de Imprensa e Propaganda até 1942. A obra de Getúlio Vargas, *A nova política do Brasil*, composta de 11 volumes, foi publicada pela José Olympio entre 1938 e 1947.

A censura, que atingia predominantemente os jornais, chegou em 1935-1936 às editoras e a José Olympio teve muitos livros apreendidos, pois entre suas publicações estavam obras tanto de comunistas quanto de integralistas. A Comissão Nacional de Repressão ao Comunismo, sob a coordenação do ministro da Justiça Vicente Rao, atuou na repressão e houve prisão de diversos autores da casa: Jorge Amado, Graciliano Ramos, Rachel de Queiroz, assim como o principal ilustrador das obras da casa, Tomás Santa Rosa. Outros autores e artistas, como José Lins do Rego, Oscar Niemeyer, Cândido Portinari e até mesmo o biógrafo de Vargas, André Carrazoni, também sofreram perseguições, mas não chegaram a ser presos.[1]

As literaturas regionais, principalmente o chamado "romance do Nordeste" ou "romance social", herdeiro do movimento modernista ocorrido na década de 1920 no Nordeste, se transformam em literatura nacional na década de 1930. Surge uma geração de escritores nordestinos que valoriza o regional e a tradição, e que se volta para o homem do interior, para o sertanejo, para os beatos, para figuras populares. Entre seus representantes maiores estão José Américo, Rachel de Queiroz, Graciliano Ramos, Jorge Amado e José Lins do Rego. Gilberto Freyre e o movimento/manifesto regionalista de 1926 contribuem decisivamente para que se considere o regional como substrato para a construção do nacional. Para ele o regional nordestino constitui a matriz básica da organização social em todo o Brasil. É no pós-1930 que entra em jogo uma disputa sobre qual regionalismo daria base à melhor sociedade brasileira. O regionalismo nordestino vai disputar com o regionalismo paulista e sua sociedade bandeirante assim como com o mito da mineiridade. Gilberto Freyre, Cassiano Ricardo e Alceu Amoroso Lima são autores cujas obras podem exemplificar cada uma dessas vertentes.

No confronto entre regionalismos parece ser vitoriosa a variante nordestina na valorização do homem miscigenado. Jorge Amado será o romancista fundamental para a divulgação dessa vertente na cultura brasileira. Apresentará em seus livros personagens que ficarão conhecidas como representantes de tipos sociais brasileiros (coronéis, jagunços, putas, vagabundos, gente do povo) e fará isso usando uma linguagem que se aproxima da fala concreta desses grupos populares.

Mas a literatura e a cultura da época também incorporaram outras obras de autores e artistas para além do regionalismo nordestino, como se pode ver na literatura épica do gaúcho Érico Veríssimo, na poesia do mineiro Carlos Drummond de Andrade ou na pintura grandiosa do paulista Cândido Portinari.

Cinema

O cinema, desde seus primórdios, no fim do século XIX, encantou as pessoas ao redor do mundo. Muito bem recebido também no Brasil, teve um período de crescimento graças à associação entre exibidores, produtores e cinegrafistas. As comemorações do centenário da Independência em 1922 impulsionam a atividade de documentário e também a produção de obras de ficção.[2]

Os filmes mudos eram acompanhados por música ao vivo, o que criava espaço para o trabalho de diferentes músicos. No fim da década de 1920 é lançado com enorme sucesso o filme falado. É bom lembrar que ainda não havia sido criada a técnica das legendas sobrepostas e os filmes tinham o som original. O interesse das plateias foi grande, mas logo diminuiu, abrindo espaço e oportunidade para o cinema brasileiro, ou seja, falado em português. Logo, as legendas foram sobrepostas às imagens e o público se acostumou a ler os diálogos.

O tema do cinema falado está presente, por exemplo, na correspondência entre Monteiro Lobato e Anísio Teixeira. Em carta a Anísio, de Nova York, datada de 15 de janeiro de 1930, Lobato escreve:

> A Academia votou qualquer coisa contra o cinema falado em inglês como medida de defesa da língua. O povo, superinteligente que é, poderia, após a audição de meia dúzia de *talkies*, abandonar o "meigo idioma" e passar a entre-entender-se em *American slanguish*. Purezinha [sua mulher, Maria Pureza] leu a coisa e disse filosoficamente: "E nós aqui há três anos, lendo inglês, ouvindo inglês o dia inteiro, estudando inglês e ainda tão atrasados. Que pena não termos a inteligência da gente que ficou lá'."[3]

A presença do cinema falado norte-americano foi também observada por Noel Rosa, que, em 1933, compõe a música "Não tem tradução": "O cinema falado/ É o grande culpado da transformação/ [...] Tudo aquilo/ Que o malandro pronuncia com voz macia/ É brasileiro,/ Já passou de português.../ Amor, lá no morro, é amor pra chuchu/ As rimas do samba não são I love you/ E esse negócio de alô/ alô, boy, alô Johnny,/ Só pode ser conversa de telefone."

Na década de 1920 várias iniciativas na produção cinematográfica acontecem. No Rio é fundada a Cinédia, por Adhemar Gonzaga, que traz para integrar a companhia Humberto Mauro, o diretor de cinema de maior prestígio, já tendo realizado quatro filmes de longa-metragem dentro do chamado Ciclo de Cataguases. Ligado a valores interioranos, agrícolas e rurais, Humberto Mauro realiza o filme *Ganga bruta*, considerado um dos clássicos do cinema brasileiro e mal recebido pelo público. Outra figura de destaque na área de cinema no Rio de Janeiro é a produtora, atriz e futura diretora Carmen Santos, que cria sua companhia de cinema, a Brasil Vita Filme.

Em São Paulo a Byington & Cia, ligada à fábrica de discos Columbia, lança o filme *Coisas nossas*, que junta números musicais e esquetes humorísticos. Sob a direção do americano Wallace Downey, o filme pode ser considerado o precursor da fórmula que fará sucesso mais tarde na Atlântica.

Todas essas iniciativas ocorriam fora de qualquer interferência do Estado. Será após a Revolução de 1930 que o governo irá reconhecer a existência da atividade e seu primeiro ato será nacionalizar a censura, que até então era praticada nos municípios. No mesmo decreto, o de n.º 21.240, de 4/4/1932, era também prevista a fixação de determinada "metragem de filmes brasileiros a serem obrigatoriamente incluídos na programação de cada mês".

As pessoas envolvidas na atividade se organizam, fundam uma associação de produtores cinematográficos e passam a exercer pressão para que o governo apoie a atividade. Figura central nesse processo foi Roquette-Pinto, diretor do Museu Nacional, que exerce a mediação entre a associação e o governo. O antropólogo teve papel fundamental no estabelecimento da relação entre cinema e educação no Brasil. Convidado a organizar e dirigir o Instituto Nacional do Cinema Educativo (INCE), Roquette-Pinto declarava que seu ideal era "que o cinema e o rádio fossem, no Brasil, escolas dos que não têm escola". Seu compromisso em vencer distâncias e superar as dificuldades derivadas da grande extensão territorial do país o levava a privilegiar os modernos meios de comunicação para viabilizar a educação do povo brasileiro. Seu compromisso com a ciência, com a divulgação científica, com a educação, com a construção da identidade nacional o fez sonhar com um plano governamental de apoio de um rádio-escola em cada estado e em cada município.

Em maio de 1934 o governo regulamenta o decreto que define a exibição obrigatória, em todas as sessões de todos os cinemas do país, de um filme brasileiro de curta-metragem.

A lei do curta-metragem e a obrigatoriedade de exibição garantiam o retorno de investimentos e deram alento à atividade de cinema de 1934 a 1937. Nesse período a Cinédia, associada a Wallace Downey, realiza dois filmes com Carmen Miranda, *Alô, alô, Brasil* e *Alô, alô, carnaval*, e o grande sucesso *Bonequinha de seda*, em 1936, dirigido por Oduvaldo Viana. Humberto Mauro, associado a Carmen Santos, dirige o filme *Favela dos meus amores*, no qual, pela primeira vez, é mostrada uma favela do Rio, e com protagonistas negros.

Em 1934 a Comissão de Censura é transferida do Ministério da Educação e Saúde para o Ministério da Justiça e Negócios Interiores e é criado o Departamento de Propaganda e Difusão Cultural (DPDC), que reúne todos os assuntos do cinema, além de se responsabilizar pela edição de filmes de propaganda do governo. Em 1939 esse departamento, que tinha a direção de Lourival Fontes, é transformado no Departamento de Imprensa e Propaganda (DIP) e passa a ser ligado diretamente à Presidência da República.

Em julho de 1934, a Associação Brasileira de Produtores organiza nos jardins do Palácio Guanabara uma manifestação de apoio ao governo. Nessa ocasião Getúlio Vargas se manifesta sobre a importância do cinema:

> entre os mais úteis fatores de instrução, de que dispõe o Estado moderno, inscreve-se o cinema. Elemento de cultura influindo diretamente sobre o raciocínio e a imaginação, ele apura as qualidades da observação, aumenta os cabedais científicos e divulga o conhecimento das coisas [...]. O cinema será, assim, o livro de imagens luminosas em que as nossas populações praieiras e rurais aprenderão a amar o Brasil, acrescendo a confiança nos destinos da Pátria. Para a massa dos analfabetos, será a disciplina pedagógica mais perfeita, mais fácil e impressiva. Para os letrados, para os responsáveis pela nossa administração, será essa admirável escola de aprendizagem (citado por Souza, 2001, pp. 160-161).

A política cultural, expressa nas palavras do presidente Vargas, sabe que, "associando o cinema ao rádio e ao culto racional dos esportes, completará o governo um sistema articulado de educação mental, moral e higiênica, dotando o Brasil dos instrumentos imprescindíveis à preparação de uma raça empreendedora, resistente e varonil" (Souza, 2001, p. 158).

Os educadores signatários do Manifesto dos Pioneiros da Educação, de 1932, já reconheciam o cinema como instrumento mais ágil de divulgação de informações científicas e educacionais. Após 1934 as duas linhas de pensar e propor o cinema – a educativa e a de propaganda – acabam por se separar. A propaganda fica no Ministério da Justiça e depois no DIP, a educativa ficará no Ministério da Educação, sendo criado o Instituto Nacional do Cinema Educativo (Ince), sob a direção de Roquette-Pinto, que convida Humberto Mauro para integrar a equipe do instituto.

Humberto Mauro estava comprometido com a realização do filme *O descobrimento do Brasil*, para o Instituto de Cacau da Bahia, e é ele quem leva para o Ince esse projeto, incorporando a colaboração de Roquette-Pinto, que, por sua vez, atrai os historiadores Afonso de Taunay e Bernardino de Souza. Ao grupo se soma Villa-Lobos, que escreve a música do filme e incorpora cantos indígenas recolhidos por Roquette-Pinto na trilha sonora.

Foram produzidos ao longo de 1936 a 1945 cerca de 233 filmes pelo Ince. A produção do instituto inclui filmes de caráter instrutivo – filmes mudos acompanhados de um roteiro escrito que o professor deveria ler durante a projeção; filmes sobre avanços da medicina, pesquisa científica e saúde pública sob a orientação de Carlos Chagas Filho. Reportagens comemorativas sobre o Dia da Pátria, o Dia da Marinha, a visita de Roosevelt ao Brasil, entre outros. Documentários sobre o Jardim Botânico, abastecimento de água e esgoto do Rio; filmes sobre escritores e compositores como Machado de Assis e Carlos Gomes. Os anos heroicos do Ince, tendo Roquette-Pinto na direção, reuniam uma equipe de profissionais dispostos a tornar realidade o projeto de seu diretor: fazer um cinema que tornasse o Brasil conhecido dos próprios brasileiros.

Em 1939 o decreto nº 1.949 obriga os cinemas a exibir um filme de longa-metragem brasileiro por ano, mas essa política não vai adiante. O conflito entre produtores e exibidores aumenta. Os exibidores sofrem pressão dos distribuidores estrangeiros, que apresentam um pacote: um curta ou desenho, um jornal e o longa-metragem. A obrigatoriedade do curta atrapalhava esse esquema e o Estado entra ele próprio no mercado. Para se ter uma ideia do volume de produção governamental, basta saber que de 1938 a 1945 o DPDC/DIP produz 565 edições do *Cinejornal Brasileiro*. É a lei da obrigatoriedade dos curtas e as encomendas do governo que mantêm, por exemplo, a Cinédia de Adhemar Gonzaga.

Com a guerra a importação de matéria-prima (negativo de som e imagem) se torna muito difícil. Entretanto, será em 1941 que várias figuras antigas e novas da atividade de cinema se juntam para fundar a Atlântida, tendo como figura central Moacir Fenelon.

A Atlântida produz em 1943 o filme *Moleque Tião*; em 1944, *Tristezas não pagam dívidas*; em 1945, *Fantasmas por acaso* e *Este mundo é um pandeiro*. Com essa experiência de sucesso foi sacramentado o gênero da chanchada, juntando cantores, música e humor brasileiros e oferecendo um produto sem igual no mercado.

Rádio

O rádio já tinha sido introduzido no Brasil em 1922, na Exposição do Centenário da Independência. Vitrine do progresso, a exposição apresenta a novidade que encanta o mundo. Foi montada no alto do Corcovado uma estação que transmitiu o discurso do presidente Epitácio Pessoa e a ópera *O guarany*, de Carlos Gomes. A primeira emissora, criada em 1923, foi a Rádio Sociedade do Rio de Janeiro, organizada por Edgar Roquette-Pinto e Henrique Morize. Os primeiros aparelhos tinham formato de capelinha com caixa em arco, forma que se assemelhava à dos oratórios. Até 1930 o país contava com cerca de 16 emissoras, e seu funcionamento era o de uma sociedade, na qual os associados pagavam uma quantia mensal para ter o privilégio de receber o som. Havia limitações também tecnológicas, posto que os primeiros aparelhos eram de galena e de escuta individual através de um fone de ouvido. Rapidamente isto se alterou e a escuta se tornou coletiva. Mas as limitações eram muitas: havia "horas de irradiação", pois as transmissões das emissoras não duravam muito tempo e havia pequeno número de receptores. Os proprietários deviam registrar seus aparelhos e o Estado, controlar as transmissões e as captações, mas nada disso funcionava muito bem. As transmissões podiam ser captadas por qualquer pessoa que tivesse o aparelho receptor, e não só os sócios daquela sociedade radiofônica.

É preciso lembrar que as casas não possuíam instalações para receber as novidades que começavam a chegar ao mercado (rádios, geladeiras, enceradeiras) e também o fato de, ao longo das décadas de 1930, 1940 e 1950, o país passar por racionamento de energia elétrica, como lembrado na música: "Rio de Janeiro, cidade que me seduz/ De dia falta água, de noite falta luz."

De 1923 até 1935 o rádio se encontra em período experimental, com todas as limitações acima mencionadas. Em 1927 a Rádio Educativa transmitiu do Rio para São Paulo uma partida do campeonato de futebol entre paulistas e cariocas e, através de alto-falantes em locais abertos, reuniu multidões, que se juntavam para ouvir a transmissão.

O rádio só terá impacto a partir dos anos 1930, quando permite que indivíduos isolados na vida real se unam em uma "comunidade imaginada". A primeira grande mobilização política que usou o rádio foi em 1932, por ocasião da revolução constitucionalista de São Paulo, com as emissoras comandando os campos em luta. Assim a massa amorfa de ouvintes passa a ser agregada pela paixão política, principalmente quando Vargas tem seus discursos oficiais irradiados no programa *A hora do Brasil*.

Foi a legislação de 1931 e 1932 que consolidou e profissionalizou o rádio brasileiro. Através dos decretos n.º 20.047 de 27/5/1931 e n.º 21.111 de 1/3/1932 foi regulamentado o funcionamento das emissoras, colocadas à disposição do Estado. Mas a grande novidade foi a permissão, sem necessidade de autorização prévia, para a transmissão de propaganda comercial (Calabre, 2002). Com isso as mensagens comerciais se transformaram em principal fonte de recursos para as rádios, e estas, que até então se organizavam em sociedades e clubes, que patrocinavam os programas de cultura erudita e eram completamente despreocupados com as questões comerciais, viraram empresas comerciais. A partir daí o rádio vai se tornando popular e sua programação também se altera, passando a transmitir música popular, informações de utilidade pública e humor.

Diversas agências de publicidade também chegam ao Brasil na década de 1930, entre elas a Standard em 1933 e a McCann-Erickson em 1935. São elas que passam a usar o rádio como meio sistemático da venda de produtos. Anunciam sabonetes, têm programas associados a marcas e produzem *jingles* associados a produtos. A Standard, que detinha a conta da Colgate-Palmolive, grava programas e anúncios no Rio e em São Paulo e remete a gravação para outras emissoras do país. As agências vendiam produtos, mas também estilos de vida, e se tornam elas próprias produtoras culturais na medida em que transmitem a mensagem de que para ser civilizado você deveria consumir os mesmos produtos que os norte-americanos: seja a Coca-Cola, a pasta de dente Kolynos (garantia de dentes brancos e saudáveis) ou o sabonete Gessy. Observa-se mesmo que, em muitos casos, a publicidade chegava antes dos produtos.

O rádio lançava novos produtos e criava novas demandas que alteravam os hábitos anteriores. Passava a ocupar lugar de destaque no lar, era identificado com a alegria, o bem-estar, a facilidade da vida moderna. Durante a Segunda Guerra Mundial, era o rádio que permitia de modo rápido a divulgação do conflito na Europa. Podia-se, através dele, ouvir as notícias das emissoras estrangeiras que produziam programas em português.

O rádio, como já mencionamos, desenvolve papel central no campo dos esportes irradiando as partidas de futebol, e com isso atraindo também a audiência masculina. Em 1938 houve a primeira transmissão, pela Rádio Clube do Brasil, da Copa do Mundo realizada na França (Calabre, 2002).

Falar de rádio nesse período é falar principalmente da Rádio Nacional. Ela foi encampada pelo governo em 1940 – passando a integrar a Superintendência das Empresas Incorporadas da União –, mas sua programação era voltada para o entretenimento. A principal fonte de renda era a publicidade, que não vivia das dotações estatais, ainda que as recebesse. Assim, o modelo de radiodifusão adotado durante a era Vargas, e não alterado durante o Estado Novo, foi o modelo norte-americano, que concedia canais a particulares e permitia a veiculação de propaganda de produtos. Isto não quer dizer que o governo não tenha feito amplo uso do rádio em sua propaganda. Ao irradiar os comícios de 1º de Maio, as paradas do Dia da Raça ou de 7 de Setembro, em *A hora do Brasil*, o rádio realizava um trabalho fundamental de propaganda do governo e, como já foi mencionado, de construção de uma identidade nacional, na medida em que podia reunir simbolicamente todos os brasileiros, que juntos passariam a imagem de uma comunidade harmoniosa em que todos participam.

A importância da Rádio Nacional, que continua crescente nas décadas de 1940 e 1950, pode ser avaliada por ter sido ela a escolhida para a transmissão do *Repórter Esso*, iniciada em agosto de 1941. A agência de publicidade McCann-Erickson foi contratada pela multinacional de petróleo Standard Oil para produzir esse programa de radiojornalismo no Brasil, que, mais tarde, passou a ser transmitido também em ondas curtas. Seguindo os padrões do radiojornalismo norte americano, o *Repórter Esso* tinha quatro emissões diárias, com cinco minutos de duração, e teve como marca registrada os slogans: "O primeiro a dar as últimas" e "Testemunha ocular da história". O rigor com a hora de transmissão e com a duração criou a fama de que esse noticiário permitia que as pessoas acertassem por ele seus relógios. O programa e a voz de seu locutor passam segurança e otimismo, mesmo no mundo inseguro e apreensivo da guerra.

O rádio foi o principal receptador e divulgador da música popular brasileira produzida pelas gravadoras que já estavam instaladas no país, e foram as fortes relações entre tais gravadoras e emissoras de rádio que criaram o que foi denominado "a era de ouro da música popular brasileira" tendo como clímax o Carnaval e suas marchinhas. O rádio se torna o veículo eminentemente popular, divulgando diferentes manifestações da cultura do povo e sempre buscando ampliar seu público. Foi fábrica de ídolos e mitos. Nas rádios nasceram os programas de auditório que se tornaram a diversão popular por excelência, permitindo uma relação de proximidade, de intimidade entre a multidão de anônimos e seus ídolos.

O sucesso dos programas de auditório e o viés preconceituoso marcham maravilhosamente juntos nessa música de Carnaval da década de 1950:[4]

Ela é fã da Emilinha
Não sai do Cesar de Alencar
Grita o nome do Cauby!
E depois de desmaiar
Pega a Revista do Rádio
E começa a se abanar
É um abano aqui
É um abano ali
E o dia inteiro
Ela não faz nada
E enquanto isso
Na minha casa
Ninguém arranja uma empregada!

Como nos tornamos americanos

As transformações em curso na sociedade brasileira durante o governo Vargas, principalmente no Estado Novo, e o impacto da Segunda Guerra Mundial foram significativos para alterar a ideia de nação que tínhamos e o cotidiano da sociedade brasileira.

Nos anos finais da década de 1930 os Estados Unidos da América começaram a enfrentar a França como modelo para o Brasil, tentando superar a crença assumida pela elite culta brasileira, que identificava a cultura americana como "bárbara". Essa avaliação da cultura norte-americana era predominante e mesmo os artistas populares que se ligaram aos EUA sofreram aqui com a barreira erguida pelo mundo culto. Carmen Miranda pode ser citada como um exemplo, pois, ao voltar ao Brasil depois de uma temporada na América e se apresentar no Cassino da Urca em 1940, foi "rejeitada" pelo público.

Esse processo de aproximação dos Estados Unidos com o Brasil foi possível graças à montagem e à organização da Política da Boa Vizinhança durante o governo Roosevelt. Foi ali que se montou o americanismo, uma ideologia programática cujo objetivo era suplantar outros "ismos" vigentes no Brasil e na América Latina. O fascismo italiano, o germanismo e a experiência concreta do exército alemão avançando sobre a Europa seduziam muitos. No Brasil as colônias alemãs do sul permaneciam relativamente fechadas à sociedade brasileira e já eram alcançadas pelas ondas da Rádio Berlim. O mesmo se pode dizer dos italianos, que pela primeira vez recebiam atenção do governo fascista de Mussolini. A importância e o peso das experiências autoritárias na Europa são valorizados no Brasil e são nacionalizados pelas ideias integralistas, consideradas como um bom antídoto ao comunismo. Ou seja, comunismo e fascismo disputavam os corações e as mentes das massas na Europa e nas Américas.

Nesse processo de luta pela hegemonia entre germanismo e americanismo, como nos diz Antonio Pedro Tota (2000), foi o cinema, a maior de todas as inovações americanas, que divulgou, primeiro para os Estados Unidos e depois para toda a América do Norte, o *American way of life*, americanizando, por assim dizer, o mundo.

Para implementar a Política da Boa Vizinhança foi necessário mudar a imagem que os vizinhos tinham uns dos outros. Os Estados Unidos tinham da América Latina a imagem de "bandoleiros", enquanto para a América Latina os EUA estavam associados à arrogância e à prepotência do Tio Sam. As imagens desabonadoras precisavam ser alteradas. Isso envolveu também alterações na autoimagem americana: a superioridade do branco, anglo-saxão, protestante (WASP) teve de ser relativizada.

A criação de uma agência, o Office of the Coordinator of Inter-American Affairs, em 1940, marca esse momento de ação cultural do governo americano no Hemisfério Sul, enfrentando o avanço alemão na América Latina. Seu objetivo era mudar a política exterior dos EUA, que se orientava pelo isolacionismo, e passar a uma aproximação com as "outras Américas". Antes de ser aceita e incorporada por Roosevelt e se tornar a política oficial do governo americano, a política de aproximação cultural foi proposta pelo republicano multimilionário Nelson Rockefeller. Presidente do Museu de Arte Moderna de Nova York, Nelson transformou-o no quartel-general de sua formulação e divulgador da cultura americana no Brasil e da brasileira nos Estados Unidos.

A Divisão de Imprensa e Publicações do Office foi dirigida por homens do mundo do jornalismo norte-americano, e coube a ela, entre outras atividades, orientar os anúncios de empresas americanas nos veículos de comunicação brasileiros. A revista *Seleções* do *Reader's Digest*, lançada no Brasil em 1942, mesmo ano em que chegavam a Coca-Cola e a Kibon, pode ser citada como um de seus resultados.

A Divisão de Cinema, dirigida por John Hay Whitney, conseguiu conquistar artistas e cineastas, como Walt Disney, para a "causa da liberdade" nas Américas. As viagens de cineastas, como a do famoso e badalado Orson Welles, e de artistas como Errol Flynn, Henry Fonda e outros ao Brasil, se inserem nas atividades da divisão. Além de vários curtas educacionais produzidos por Disney, ficaram famosos os filmes *Saludo, amigos* (*Alô, amigos*) e *Os três cavalheiros*, que superavam a imagem dos latinos como "bandoleiros" anteriormente divulgada pelo cinema.

A nova relação cultural entre Estados Unidos e Brasil levou também a uma troca no campo das artes e da arquitetura. A presença brasileira na Feira Internacional de Nova York, realizada em 1939, pode ser vista como um sinal da futura aproximação. Essa exposição, que teve o pavilhão brasileiro projetado por Lúcio Costa e Oscar Niemeyer, se apresentou como um importante marco da divulgação do "Brasil para americano ver".

Outra exposição, a *Brazil builds*, realizada em 1943 no Museu de Arte Moderna de Nova York, e que divulgava a arquitetura brasileira nos Estados Unidos, recebeu de Mário de Andrade o seguinte comentário: "Eu creio que este é um dos gestos de humanidade mais fecundos que os Estados Unidos já praticaram em relação a nós, os brasileiros. Porque ele virá, já veio, regenerar a nossa confiança em nós e diminuir o desastroso complexo de inferioridade de mestiços que nos prejudica tanto" (citado por Hugo Segava, 1999, p. 100).

A música brasileira também participou das trocas simbólicas entre os dois países com a ida de Carmen Miranda e do Bando da Lua aos Estados Unidos, e com a divulgação por lá das músicas de Lamartine Babo contrabalançando a divulgação da música norte-americana por aqui.

O americanismo foi mais amplamente difundido através de programas de rádio. Foi a Divisão de Rádio do Office, menina dos olhos de Nelson Rockefeller, que primeiro enfrentou as transmissões especiais que a Rádio de Berlim fazia para o Brasil e que mais divulgou o americanismo entre nós. Um dos programas divulgados pelo Office em 1943 foi chamado de *As Américas em guerra!*, transmitido de Nova York por ondas curtas e retransmitido, via DIP, pelas rádios brasileiras. O programa mostrava apitos das fábricas empenhadas no esforço de guerra, mencionava como as mulheres eram chamadas a ajudar, transmitia confiança na máquina industrial da democracia norte-americana. Destacava como os bens produzidos nas fábricas, além de serem de alta qualidade, supunham simplicidade, resistência, potência. Apresentava também as inovações nas relações de trabalho, com a introdução de cuidados com a qualidade de vida do operário, que incluíam creches, dias de descanso, música ambiente para aliviar a pressão. Outro programa, da série *Acredite se quiser!*, apresentava, sob o tom de uma telenovela, como um navio foi construído em apenas três dias. Os programas mencionavam os avanços técnicos dos EUA, apresentados como verdadeiros feitos históricos do povo e da nação e como resultado natural do estilo de vida dos americanos.

Os radiojornais também foram muito importantes na divulgação dos feitos de guerra das tropas norte-americanas. Várias edições diárias transmitiam notícias da guerra, com locutores brasileiros falando diretamente de Nova York. Os programas produzidos em colaboração com o Office eram divulgados no Brasil pelo DIP, o que mostra que a americanização pelas ondas do rádio envolveu uma estreita relação entre as duas agências. Essa presença americana, como já mencionamos, também se fez presente na criação do programa de jornalismo de maior duração na mídia brasileira, o *Repórter Esso*.

Um exemplo da divulgação da Política da Boa Vizinhança no Brasil foi o espetáculo *Joujoux e balangandans*, encenado em 1939 no Teatro Municipal do Rio de Janeiro para arrecadar fundos para as obras sociais de dona Darcy Vargas, esposa do presidente. Esse musical, de Henrique Pongetti e Luiz Peixoto, conta a história do sr. Motta Durães, que vai aos Estados Unidos e é bem recebido por um amigo americano. De volta, o sr. Durães e senhora convidam o ianque para conhecer o Brasil. Assim o americano, que chega em um "navio da Frota da Boa Vizinhança", conhece as danças típicas de diferentes regiões da América do Sul: o tango, a rumba e o samba. Foi na montagem de 1939 que foram apresentadas *Aquarela do Brasil* e *Boneca de Piche*, de Ary Barroso; *Joujoux e balangandans*, de Lamartine Babo; e *O mar*, de Dorival Caymmi. A capa do programa de 1939 é de Gilberto Trompowsky; a de 1941 é de Cândido Portinari.

Após 1945, no tempo da Guerra Fria, o universo norte-americano vai se tornando cada vez mais presente, como pode ser visto pela presença da revista *Seleções* na vida da classe média brasileira. Mas ainda assim a influência americana se mantinha bastante diluída. O Brasil já tinha produzido uma cultura de massas que se fazia presente no rádio e no cinema, como as "chanchadas", da Atlântica, que absorviam muito da cultura norte-americana, mas eram *made in Brazil* (Oliveira, 2004).

Considerações finais

Uma marca tem sido constante na nossa cultura, um certo viés aristocrata que perpassa os diferentes campos da cultura brasileira. Luciano Trigo, no artigo "Jorge nem sempre amado" (*O Globo*, 7/8/2001), transcreve uma pertinente observação de Jorge Amado: "Os intelectuais da elite brasileira, os da esquerda e os da direita, irmãos gêmeos na pretensão e na tolice, de brasileiros não têm quase nada; mesmo livresco e limitado, o saber os coloca acima da cidadania, sentem-se superiores, repudiam a criação popular, viram a cara, tapam o nariz à rua, à praça, ao folclore."

Podemos observar tal viés, notando como a difusão da cultura popular através dos meios de comunicação de massas sempre teve dificuldade em ser bem recebida pelos meios intelectuais. Estes foram, em sua maioria, contra os programas de auditório, contra a "chanchada" do cinema brasileiro, contra a cultura de diversão que se desenvolvia e se esparramava pela sociedade.

Desde o modernismo, é verdade, tinha-se procurado incorporar as manifestações da cultura popular na cultura nacional, ainda que a separação entre o popular – visto como consciência ingênua – e o erudito – identificado com a consciência crítica – continuasse vigente. O projeto musical modernista exemplifica sua dificuldade com os meios de comunicação ao separar música interessada, aquela comprometida com o projeto nacional, e música desinteressada, produzida para o deleite dos indivíduos. O projeto musical modernista recusa a indústria cultural e tende a incorporar o popular identificado com o rural, o sertanejo, o folclórico.[5] Essas manifestações seriam espontâneas, primitivas, autênticas, posto que dotadas de uma pureza original e não contaminadas pela civilização. Os modernistas brasileiros, em sua maioria, recusam o mercado capitalista, visto que este, por meio de tecnologias emergentes, estaria produzindo bens de fácil aceitação, produzindo divertimento, mas não era capaz de captar a verdadeira alma popular. O teatro de revista, o Carnaval, o disco, o cinema, o rádio estariam na verdade, segundo alguns modernistas, divulgando apenas o popularesco, e não o popular.

A música popular urbana ligada ao mercado era olhada com desconfiança e, até mesmo, recusada por muitos modernistas, por não ser produção popular e nacional. Seria mais vulnerável a influências internacionais, o que dificultava o processo de nacionalização. Outras músicas populares também eram criticadas, como as toadas sertanejas de Catulo da Paixão Cearense, que pareciam ser cópia da música folclórica. Havia mesmo uma cisão entre o rural-autêntico e o urbano-massificado. Entre os poetas e músicos modernistas podemos encontrar os que tendem a assumir um comportamento típico das vanguardas, que lidam com a experimentação, são apreciados por um público reduzido e seleto, aquele capaz de reconhecer suas inovações, sem nenhuma preocupação comercial. Outros, que buscam, na cultura popular tradicional rural, aquela não contaminada pela civilização, as raízes do Brasil autêntico a serem transformadas pelo conhecimento erudito. E ainda aqueles que apreciam a música e os músicos populares, que trabalham com os meios de comunicação de massa, assumem o mercado e as novidades da vida urbana sem nenhuma saudade de um "verdadeiro" Brasil que estaria inscrito no sertão ou no mundo rural.

O mundo da música foi um dos mais refratários à americanização. Apesar de o público brasileiro continuar a preferir a música brasileira, entretanto, ela foi capaz de atingir o grande público e se tornou produto central da indústria cultural no Brasil. Pode-se dizer que a música popular brasileira foi a manifestação cultural que melhor permitiu a junção do tradicional e do moderno, do erudito e do popular, do rural e do urbano, do nacional e do internacional, e se tornou, de fato, popular. As músicas populares constituíram o eixo fundamental tanto dos filmes que conseguiram sucesso popular — as "chanchadas" da Atlântida —, quanto dos programas de auditório transmitidos pelo rádio. Ambos fizeram o Brasil viver as experiências de uma sociedade de massas.

Notas

1. Essas informações sobre a José Olympio tiveram como fonte o livro de Laurence Hallewell (1985).
2. As principais informações sobre cinema no Brasil tiveram como fonte o artigo de Carlos Roberto de Souza (2001).
3. Arquivo Anísio Teixeira, CPDOC/FGV.
4. Agradeço a Heloísa Tapajós as informações sobre a música "Fanzoca de rádio", de Miguel Gustavo, gravada por Carequinha na década de 1950.
5. Sobre a música popular, ver Vianna (1995); Sandroni (2001); Naves (1998 e 2008).

Bibliografia

Calabre, Lia. 2002. *A era do rádio*. Rio de Janeiro: Zahar.

______. 2006. *O rádio na sintonia do tempo: radionovelas e cotidiano, 1940-1946*. Rio de Janeiro: Fundação Casa de Rui Barbosa.

Drumond, Maurício. 2009. "Vargas, Perón e o esporte: propaganda política e a imagem da nação". *Estudos Históricos*, v. 22, n. 44.

Garcia, Tânia da Costa. Jul.-dez. de 1999. "A canção popular e as representações do nacional no Brasil dos anos 30: a trajetória artística de Carmen Miranda". *História: questões & debates*. Ano 16, n. 31.

Hallewell, Laurence. 1985. *O livro no Brasil:* sua história. São Paulo: T.A. Queiroz/Edusp.

Jardim, Eduardo. 2016. *A brasilidade modernista; sua dimensão filosófica*. Ed. rev. e atual. Rio de Janeiro: Ed. PUC-Rio: Ponteio.

Lima, Nísia Trindade. 1999. *Um sertão chamado Brasil:* intelectuais e representação geográfica da identidade nacional. Rio de Janeiro: Revan/Iuperj-UCAM.

Lino, Sonia Cristina. 2001. "A história no cinema de Humberto Mauro: uma análise do filme 'O Descobrimento do Brasil'". *Locus: Revista de História.* Juiz de Fora, v. 7, n. 1.

Maio, Marcos Chor; Santos, Ricardo Ventura (orgs.). 1997. *Raça, ciência e sociedade.* Rio de Janeiro: Fiocruz/CCBB.

Melo, Victor Andrade de. 2008. "A educação física e o Estado Novo: A Escola Nacional de Educação Física e Desportos". In Pontes Jr., Geraldo; Pereira, Victor Hugo Adler (orgs.). *O velho, o novo e o reciclável Estado Novo.* Rio de Janeiro: Instituto de Letras da UERJ.

Morettin, Eduardo. Jan./dez. de 1997. "A representação da história no cinema brasileiro." *Anais do Museu Paulista.* São Paulo, v. 5.

______. 2007. "Humberto Mauro". *Alceu*, Puc-Rio, v. 8.

Naves, Santuza C. 1998. *O violão azul*: modernismo e música popular. Rio de Janeiro: Fundação Getulio Vargas.

______. 2008. "Os regentes do Brasil no período Vargas". In: Pontes Júnior, Geraldo; Pereira, Victor Hugo Adler (orgs.). *O velho, o novo e o reciclável Estado Novo.* Rio de Janeiro: Instituto de Letras da UERJ.

Oliven, Ruben. 1992. *A parte e o todo:* a diversidade cultural no Brasil-nação. Petrópolis: Vozes.

Ortiz, Renato. 2001. "Sociedade e cultura". In Sachs, Ignacy; Wilheim, Jorge; Pinheiro, Paulo Sergio (orgs.). *Brasil:* um século de transformações. São Paulo: Companhia das Letras.

Oliveira, Lúcia Lippi. 2002. "Cultura e identidade nacional no Brasil do século XX" In Gomes, Angela C.; Pandolfi, Dulce; Alberti, Verena (coord.). *A República no Brasil.* Rio de Janeiro: Nova Fronteira.

______. 2001. *O Brasil dos imigrantes.* Rio de Janeiro: Zahar.

______. 2004. "Identidade e alteridade no Brasil: o contraponto norte-americano". In Cavalcante, Berenice; Starling, Heloisa e Eisenberg, José (orgs.). *Decantando a República*, v. 2, *Retrato em branco e preto da nação brasileira.* Rio de Janeiro: Nova Fronteira/ São Paulo: Fundação Perseu Abramo.

Parada, Maurício. 2009. *Educando corpos e criando a nação:* cerimônias cívicas e práticas disciplinares no Estado Novo. Rio de Janeiro: Editora Puc-Rio: Apicuri.

Sandroni, Carlos. 2001. *Feitiço decente:* transformações do samba no Rio de Janeiro (1917-1930). Rio de Janeiro: Zahar/UFRJ.

Saroldi, Luiz Carlos; Moreira, Sônia Virgínia. 1988. *Rádio Nacional*: o Brasil em sintonia. Rio de Janeiro: Martins Fontes/Funarte.

Schvarzman, Sheila. 2008. Edgard Roquette-Pinto e o cinema. In Lima, Nísia Trindade; Sá, Dominich Miranda de (orgs.). *Antropologia Brasiliana; ciência e educação na obra de Edgard Roquette-Pinto*. Belo-Horizonte: Editora UFMG/ Rio de Janeiro: Fiocruz.

Segawa, Hugo. 1999. *Arquitetura no Brasil*. São Paulo: Edusp.

Souza, Carlos Roberto de. 2001. "Cinema em tempos de Capanema". In Bomeny, Helena (org.). *Constelação Capanema:* intelectuais e políticas. Rio de Janeiro: Fundação Getulio Vargas/EDSC.

Tota, Antonio Pedro. 2000. *Imperialismo sedutor*. São Paulo: Companhia das Letras.

Travassos, Elizabeth. 2000. *Modernismo e música brasileira*. Rio de Janeiro: Zahar.

Velloso, Monica Pimenta. 1997. "Os intelectuais e a política cultural do Estado Novo." In Ferreira, Jorge; Delgado, Lucilia de Almeida Neves. *O Brasil Republicano*, v. 2, O tempo do nacional-estatismo. Rio de Janeiro: Civilização Brasileira, 2003.

Vianna, Hermano. 1995. *O mistério do samba*. Rio de Janeiro: Zahar/UFRJ.

Bibliografia geral

AARÃO REIS, Daniel. 2014. *Luís Carlos Prestes*. Um revolucionário entre dois mundos. São Paulo: Companhia das Letras.

ABREU, Alzira Alves de *et al*. 2001. *Dicionário Histórico-Biográfico Brasileiro pós-1930*. Edição revista e ampliada. Rio de Janeiro: CPDOC, 5 v.

ABREU, Berenice. 2012. *Jangadeiros*: uma corajosa jornada em busca de direitos no Estado Novo. Rio de Janeiro: Civilização Brasileira.

ABREU, Marcelo de Paiva (org.). 1990. *A ordem no progresso*: cem anos de política econômica republicana, 1889-1989. Rio de Janeiro: Campus.

______. 1998. *O Brasil e a economia mundial, 1930-1945*. Rio de Janeiro: Civilização Brasileira.

ALMEIDA, Claudio Aguiar. 1999. *O cinema como "agitador das almas"*: *Argila*, uma cena do Estado Novo. São Paulo: FAPESP/AnnaBlume.

AMARAL, Azevedo. 1938. *O Estado autoritário e a realidade nacional*. Rio de Janeiro: José Olympio.

ARAÚJO, Ângela (org.). 1997. *Trabalho, cultura e cidadania*. São Paulo: Scritta.

______. 1998. *A construção do consentimento*: corporativismo e trabalhadores nos anos 30. São Paulo, Scritta.

ARAÚJO, Ricardo Benzaquen de. 1988. *Totalitarismo e revolução*: o Integralismo de Plínio Salgado. Rio de Janeiro: Zahar.

ARAÚJO, Rosa Maria Barbosa de. 1981. *O batismo do trabalho*: a experiência de Lindolfo Collor. Rio de Janeiro: Civilização Brasileira.

AUGRAS, Monique. 1998. *O Brasil do samba-enredo*. Rio de Janeiro: Fundação Getulio Vargas.

BARROS, Orlando de. 2010. *A guerra dos artistas*: dois episódios de história brasileira durante a Segunda Guerra Mundial. Rio de Janeiro: E-papers.

BASTOS, Pedro Paulo Zahluth; FONSECA, Pedro Cezar Dutra (org.). 2012. *A era Vargas*: desenvolvimentismo, economia e sociedade. São Paulo: Unesp.

BERTONHA, João Fábio. 1999. *Sob a sombra de Mussolini*: os italianos em São Paulo e a luta contra o fascismo, 1919-1945. São Paulo: Annablume.

______. 2016. *O Integralismo e sua história*: memória, fontes, historiografia. Salvador: Pontocom.

BOMENY, Helena (org.). *Constelação Capanema*: intelectuais e política. Rio de Janeiro: Fundação Getulio Vargas, 2001.

CALABRE, Lia. 2002. *A era do rádio*. Rio de Janeiro: Zahar.

______. 2006. *O rádio na sintonia do tempo*: radionovelas e cotidiano, 1940-1946. Rio de Janeiro: Fundação Casa de Rui Barbosa.

CALDEIRA, João Ricardo de Castro Caldeira. 1999. *Integralismo e política regional*: a ação integralista no Maranhão (1933-1937). São Paulo: AnnaBlume.

CAMARGO, Aspásia *et al.* 1989. *O golpe silencioso*: as origens da república sindicalista. Rio de Janeiro: Rio Fundo.

CAMPOS, Augusto de (org.). 2014. *Pagu*: Vida-Obra. São Paulo: Companhia das Letras.

CAMPOS, André Luiz Vieira de. 2006. *Políticas internacionais de saúde na Era Vargas*: o Serviço Especial de Saúde Pública, 1942-1960. Rio de Janeiro: Editora Fiocruz.

CAMPOS, Francisco. 1941. *O Estado nacional*: sua estrutura, seu conteúdo ideológico. Rio de Janeiro: José Olympio.

CANCELLI, Elizabeth. 1993. *O mundo da violência*: a política da era Vargas. Brasília: UnB.

______. 1997. *A intentona em Nova York*. Brasília: Ed. UnB, Ed. Humanidades.

CAPELATO, Maria Helena. 1982. *O movimento de 1932*. Coleção Tudo é história. São Paulo: Brasiliense.

______. 1989. *Os arautos do liberalismo*: imprensa paulista 1920-1945. São Paulo: Brasiliense.

______. 1998. *Multidões em cena*: propaganda política no varguismo e no peronismo. Campinas/São Paulo: Papirus/FAPESP.

CARNEIRO, Maria Luiza Tucci. 1988. *O antissemitismo na era Vargas*. São Paulo: Brasiliense.

CARONE, Edgar. 1976. *A República Nova: 1930-1937*. São Paulo: Difel.

______. 1976. *Estado Novo*. Rio de Janeiro: Difel.

______. 1982. *O PCB, de 1922 a 1943*. São Paulo: Difel.

______. 1982. *O PCB, de 1943 a 1964*. São Paulo: Difel.

CARVALHO, José Murilo de. 2001. *Cidadania no Brasil*: o longo caminho. Rio de Janeiro: Civilização Brasileira.

CASTRO, Ruy. 2005. *Carmen*: uma biografia. São Paulo: Companhia das Letras.

CERVO, Amado L.; BUENO, Clodoaldo. 2010. *História da política exterior do Brasil*, 3ª ed. Brasília: Editora UnB.

CHASIN, José. 1978. *O integralismo de Plínio Salgado*: forma de regressividade no capitalismo hipertardio. São Paulo: Ciências Humanas.

CHAUI, Marilena. 1978. "Apontamentos para uma crítica da Ação Integralista Brasileira". In *Ideologia e mobilização popular*. São Paulo: Paz e Terra.

CHILCOTE, Ronald. 1982. *Partido Comunista Brasileiro*: Conflito e integração, 1922-1972. Rio de Janeiro: Graal.

COSTA, Homero de Oliveira. 1995. *A insurreição comunista de 1935*: Natal – O primeiro ato da tragédia. São Paulo: Ensaio/Rio Grande do Norte: Cooperativa Universitária do Rio Grande do Norte.

COUTINHO, Renato S. 2014. *Um Flamengo grande, um Brasil maior*: o Clube de Regatas do Flamengo e a construção do imaginário político nacionalista popular (1933-1955). Rio de Janeiro: 7 Letras/Faperj.

CYTRYNOWICZ, Roney. 2000. *Guerra sem guerra*: a mobilização e o cotidiano em São Paulo durante a Segunda Guerra Mundial. São Paulo: Geração Editorial/Edusp.

D'ARAUJO, Maria Celina. 1997. *A era Vargas*. São Paulo: Moderna.

______. 1999 (org.). *As instituições brasileiras da era Vargas*. Rio de Janeiro: UERJ/Fundação Getulio Vargas.

______. 2000. *O Estado Novo*. Rio de Janeiro: Zahar.

DINIZ, Eli. 1978. *Empresariado, Estado e Capitalismo no Brasil*: 1930-1945. Rio de Janeiro: Paz e Terra.

DRAIBE, Sônia. 1985. *Rumos e Metamorfoses*: um estudo sobre a constituição do Estado e as alternativas de industrialização no Brasil, 1939-1960. Rio de Janeiro: Paz e Terra

DRUMMOND, José Augusto. 1986. *O movimento tenentista*: a intervenção política dos jovens oficiais (1922-1935). Rio de Janeiro: Graal.

DUARTE, Adriano. 1999. *Cidadania e exclusão*: Brasil 1937-1945. Florianópolis: Universidade Federal de Santa Catarina.

DULLES, John Foster. 1984. *A Faculdade de Direito de São Paulo e a resistência anti-Vargas (1938-1945)*. São Paulo: Edusp/Nova Fronteira.

DUTRA, Eliana Regina Freitas. 1997. *O ardil totalitário*: imaginário político no Brasil dos anos 30. Rio de Janeiro/Belo Horizonte: UFRJ/UFMG.

ERICKSON, Paul Kenneth. 1979. *Sindicalismo no processo político brasileiro*. São Paulo: Brasiliense.

EVANGELISTA, Ana Maria da Costa. 2014. *Arroz e feijão, discos e livros*. História do Serviço de Alimentação da Previdência Social, SAPS (1940-1967). Rio de Janeiro, 7 Letras/Faperj.

FAORO, Raymundo. 1976. *Os donos do poder*: formação do patronato político brasileiro. Porto Alegre: Globo, 2 v.

FAUSTO, Boris. 1970. *A revolução de 1930*: história e historiografia. São Paulo: Brasiliense.

______. 2001. *O pensamento nacionalista autoritário*. Rio de Janeiro: Zahar.

______. 2006. *Getúlio Vargas*: o poder e o sorriso. São Paulo: Companhia das Letras.

FERRAZ, Francisco Cesar Alves. 2005. *Os brasileiros e a Segunda Guerra Mundial*. Rio de Janeiro: Zahar.

FERREIRA, Jorge. 2002. *Prisioneiros do mito*: cultura e imaginário político dos comunistas no Brasil (1930-1956). Rio de Janeiro/Niterói: Mauad/Eduff.

______. 2011. *Trabalhadores do Brasil*: o imaginário popular. Rio de Janeiro: 7 Letras/FAPERJ.

______. (org.). 2001. *O populismo e sua história*: debate e crítica. Rio de Janeiro: Civilização Brasileira.

______. (org.). 2014. *O Rio de Janeiro nos jornais*: ideologias, culturas políticas e conflitos sociais (1930-1945). Rio de Janeiro: 7 Letras/FAPERJ.

FORTES, Alexandre. 2004. *Nós do quarto distrito*: a classe trabalhadora porto-alegrense na Era Vargas. Rio de Janeiro: Garamond.

FRENCH, John. 1995. *O ABC dos operários*: lutas e alianças de classe em São Paulo, 1900-1950. São Paulo/São Caetano do Sul: Hucitec/Prefeitura Municipal de São Caetano do Sul.

GARCIA, Nelson Jahr. 1981. *Estado Novo*: ideologia e propaganda política. São Paulo: Loyola.

GERTZ, René. 1987. *O fascismo no sul do Brasil*: germanisno, nazismo, integralismo. Porto Alegre: Mercado Aberto.

______. *O perigo alemão*. 1991. Porto Alegre: UFRGS.

______. 2005. *O Estado Novo no Rio Grande do Sul*. Passo Fundo, Editora da UPF.

GOMES, Angela Maria de Castro. 2014. *Burguesia e trabalho*: política e legislação social no Brasil (1917-1937), 2ª ed. Rio de Janeiro: 7 Letras.

______. "Confronto e compromisso no processo de constitucionalização (1930-1935)". In FAUSTO, Boris (org.). 1981. *O Brasil Republicano*, v. 3: Sociedade e política (1930-1964) (Coleção História Geral da Civilização Brasileira, t. III). São Paulo: Difel.

______. 2005. *A invenção do trabalhismo*, 3ª ed. Rio de Janeiro: FGV (primeira edição de 1988).

______. (org.). 2000. *Capanema*: o ministro e seu ministério. Rio de Janeiro: Fundação Getulio Vargas.

______. 2002. *Cidadania e direitos do trabalho*. Rio de Janeiro: Zahar.

______. 2013. (coord.). *Olhando para dentro*: 1930-1964. (Coleção História do Brasil Nação: 1808-2010, Direção de Lilia Moritz Schwarcz, v. 4). São Paulo: Fundación Mapfre/Objetiva.

______. 2010. "Estado Novo: ambiguidades e heranças do autoritarismo no Brasil". In Rollemberg, D.; Quadrat, S. (orgs.). *A construção social dos regimes autoritários*: Brasil e América Latina, v. 2. Rio de Janeiro: Civilização Brasileira.

______. PANDOLFI, Dulce Chaves; ALBERTI, Verena (orgs.). *A República no Brasil*. Rio de Janeiro: Nova Fronteira/Fundação Getulio Vargas.

GOULART, Silvana. 1990. *Sobre a verdade oficial*. São Paulo: CNPq/Marco Zero.

HILTON, Stanley. 1977. *Suástica sobre o Brasil*. Rio de Janeiro: Civilização Brasileira.

______. 1982. *A guerra civil brasileira*: História da Revolução Constitucionalista de 1932. Rio de Janeiro: Nova Fronteira.

______. 1983. *A Guerra secreta de Hitler no Brasil*: a espionagem alemã e a contra-espionagem aliada no Brasil, 1939-1945. Rio de Janeiro: Nova Fronteira.

______. 1983. *A Rebelião Vermelha*. Rio de Janeiro: Nova Fronteira.

KAREPOVS, Dainis. 2003. *Lutas subterrâneas*: o PCB em 1937-1938. São Paulo: Unesp/Hucitec.

KOIFMAN, Fábio. 2012. *Imigrante ideal*: o Ministério da Justiça e a entrada de estrangeiros no Brasil (1941-1945). Rio de Janeiro: Civilização Brasileira.

. 2001. *Quixote nas trevas*: o embaixador Souza Dantas e os refugiados do nazismo. Rio de Janeiro: Record.

LAMOUNIER, Bolívar. 1977. "Formação de um pensamento autoritário na Primeira República: uma interpretação". In FAUSTO, Boris (org.). *História Geral da Civilização Brasileira*, t. III, v. 2.

LENHARO, Alcir. 1986. *A sacralização da política*. Campinas: Papirus.

LESSER, Jeffrey. 1995. *O Brasil e a questão judaica*. Rio de Janeiro: Imago.

LEVINE, Robert. 1980. *O regime de Vargas, 1934-1938*: os anos críticos. Rio de Janeiro: Nova Fronteira.

______. *Pai dos pobres?* O Brasil e a era Vargas. 2001. São Paulo: Companhia das Letras.

LIMONCIC, Flávio; MARTINHO, Francisco Carlos Palomanes. 2010. *Os intelectuais do antiliberalismo*: projetos e políticas para outras modernidades. Rio de Janeiro: Civilização Brasileira.

LOCHERY, Neill. 2015. *Brasil*: os frutos da guerra. Rio de Janeiro: Intrínseca.

LOPES, José S. Leite. 1988. *A tecelagem dos conflitos de classe na cidade das chaminés*. São Paulo: Marco Zero.

LOPES, Juarez Brandão. 1967. *Crise do Brasil arcaico*. São Paulo: Difel.

______. 1971. *Sociedade industrial no Brasil*. São Paulo: Difel.

MAGALHÃES, Felipe. 2011. *Ganhou, leva!* O jogo do bicho no Rio de Janeiro (1890-1960). Rio de Janeiro: FGV/Faperj.

MAIO, Marcos Chor. 1992. *Nem Rotschild nem Trotsky*: o pensamento antissemita de Gustavo Barroso. Rio de Janeiro: Imago.

______; SANTOS, Ricardo Ventura (orgs.). 1997. *Raça, ciência e sociedade*. Rio de Janeiro: Fiocruz/CCBB.

MATOS, Cláudia. 1982. *Acertei no milhar*: samba e malandragem no tempo de Getúlio. Rio de Janeiro: Paz e Terra.

MEDEIROS, Jarbas. 1978. *Ideologia autoritária no Brasil*: 1930-1945. Rio de Janeiro: Fundação Getulio Vargas.

MICELLI, Sérgio. 1979. *Intelectuais e classe dirigente no Brasil*: 1920-1945. São Paulo: Difel.

MONIZ BANDEIRA, Luiz Alberto. 2007. *Presença dos Estados Unidos no Brasil* (dois séculos de história). 2ª ed. Rio de Janeiro: Civilização Brasileira.

MONTEIRO, Marcelo. 2013. *U-507:* o submarino que afundou o Brasil na Segunda Guerra Mundial. 2ª ed., Porto Alegre: Publicato.

MORAES FILHO, Evaristo de. 1978. *O problema do sindicato único no Brasil*: seus fundamentos sociológicos, 2ª ed. São Paulo: Alfa-Ômega.

MORAIS, Fernando. 1985. *Olga*. São Paulo: Alfa-Ômega.

MOREIRA, Sônia Virgínia. 1991. *O rádio no Brasil*. Rio de Janeiro: Rio Fundo.

MOTTA, Rodrigo Patto Sá. 2002. *Em guarda contra o perigo vermelho*: o anticomunismo no Brasil (1917-1964). São Paulo: Perspectiva/Fapesp.

MOURA, Gerson. 1984. *Tio Sam chega ao Brasil*: a penetração cultural americana. Rio de Janeiro: Brasiliense.

______. 1980. *Autonomia na dependência*: a política externa brasileira de 1935 a 1942. Rio de Janeiro: Nova Fronteira.

MOURELLE, Thiago; FRAGA, André (org.). 2017. *Olhares sobre o governo Vargas*. Rio de Janeiro: Autografia.

———. 1991. *Sucessos e ilusões*: relações internacionais do Brasil durante e após a Segunda Guerra Mundial. Rio de Janeiro: FGV.

MUNAKATA, Kazumi. 1981. *A legislação trabalhista no Brasil*. São Paulo: Brasiliense.

NETO, Lira. 2013. *Getúlio*: do governo provisório à ditadura do Estado Novo (1930-1945). São Paulo: Companhia das Letras.

NEVES, Frederico de Castro. 2000. *A multidão e a história*: saques e outras ações de massas no Ceará. Rio de Janeiro: Relume Dumará.

OLIVEIRA, Lucia Lippi. 2001. *O Brasil dos imigrantes*. Rio de Janeiro: Zahar.

———.; VELLOSO, Monica Pimenta; GOMES, Angela Maria de Castro. 1982. *Estado Novo*: ideologia e poder. Rio de Janeiro: Zahar.

PANDOLFI, Dulce. *Camaradas e companheiros*. História e memória do PCB. Rio de Janeiro: Relume Dumará, 1995.

——— (org.). 1999. *Repensando o Estado Novo*. Rio de Janeiro: Fundação Getulio Vargas.

PAOLI, Maria C. 1987. "O trabalhador urbano na fala dos outros". In LOPES, José Sérgio Leite (org.). *Cultura e identidade operária*. Rio de Janeiro: UFRJ/Museu Nacional/Marco Zero.

PARADA, Maurício. 2009. *Educando corpos e criando a nação*: cerimônias cívicas e práticas disciplinares no Estado Novo. Rio de Janeiro: Editora PUC-Rio: Apicuri.

PEREIRA, Leonardo Affonso de Miranda. 2000. *Footballmania*: uma história social do futebol no Rio de Janeiro, 1902-1938. Rio de Janeiro: Nova Fronteira.

PESSANHA, Elina; NASCIMENTO, Regina H. 1995. *Partido Comunista Brasileiro*: caminhos da Revolução (1929-1935). Rio de Janeiro: UFRJ/IFCS/AMORJ.

PINHEIRO, Paulo Sérgio; MICHAEL, Hall (orgs.). 1981. *A classe operária no Brasil, 1889-1934*, v. 2. São Paulo: Brasiliense.

———. 1991. *Estratégia da ilusão*: a revolução mundial e o Brasil, 1922-1935. São Paulo: Companhia das Letras.

PRESTES, Anita. 2015. *Luiz Carlos Prestes*. Um comunista brasileiro. São Paulo: Boitempo.

———. 1999. *Da insurreição armada (1935) à "união nacional" (1938-1945)*: a virada tática na política do PCB. Rio de Janeiro: Paz e Terra.

———. 1999. *Tenentismo pós-30*: continuidade ou ruptura?. São Paulo: Paz e Terra.

RAMALHO, José R. 1989. *Estado-patrão e luta operária*. Rio de Janeiro: Paz e Terra.

RODRIGUES, José Albertino. 1968. *Sindicato e desenvolvimento no Brasil*. São Paulo.

RODRIGUES, Leôncio Martins. 1966. *Conflito industrial e sindicalismo no Brasil*. São Paulo.

______. 1986. "Sindicalismo e classe operária; 1930-1964". In FAUSTO, Boris (dir.). *O Brasil Republicano*, v. 3: Sociedade política (1930-1964) (Coleção História Geral da Civilização Brasileira, t. III). São Paulo: Difel.

ROLLEMBERG, Denise; QUADRAT, Samantha (orgs.). 2010. *A construção social dos regimes autoritários*: legitimidade, consenso e consentimento no século XX. Brasil e América Latina. Rio de Janeiro: Civilização Brasileira.

ROSE, R. S. 2017. *O homem mais perigoso do país*. Biografia de Filinto Müller. O temido chefe de polícia da ditadura Vargas. Rio de Janeiro: Civilização Brasileira.

SANTOS, Wanderley Guilherme dos. 1987. *Cidadania e Justiça*: a política social na ordem brasileira. Rio de Janeiro: Campus.

SAROLDI, Luiz Carlos; MOREIRA, Sônia Virgínia. 1988. *Rádio Nacional*: o Brasil em sintonia. Rio de Janeiro: Martins Fontes/Funarte.

SANDER, Roberto. 2007. *O Brasil na mira de Hitler*: a história do afundamento de navios brasileiros pelos nazistas. Rio de Janeiro.

SCHWARCZ, Lilia M.; STARLING, Heloisa M. 2015. *Brasil*: uma biografia. São Paulo: Companhia das Letras.

SCHWARTZMAN, Simon; COSTA, Wanda Maria Ribeiro; BOMENY, Helena Bousquet. 1984. *Tempos de Capanema*. São Paulo/Rio de Janeiro: Edusp/ Paz e Terra.

SILVA, Fernando Teixeira da. 1995. *A carga e a culpa*: os operários das docas de Santos – direitos e cultura de solidariedade (1937-1968). São Paulo: Hucitec/ Prefeitura Municipal de Santos.

SILVA, Giselda Brito; GONÇALVES, Leandro Pereira; PARADA, Maurício (orgs.). 2016. *Histórias da política autoritária*: integralismos, nacional-sindicalismo, nazismo e fascismos, 2ª ed. Porto Alegre: EdiPUCRS.

SILVA, Hélio. 1966. *1931*: os tenentes no poder. Rio de Janeiro: Civilização Brasileira.

______. 1967. *1932*: A guerra paulista. Rio de Janeiro: Civilização Brasileira.

______. 1968. *1933*: A crise do tenentismo. Rio de Janeiro: Civilização Brasileira.

______. 1971. *Terrorismo em Campo Verde*. Rio de Janeiro: Civilização Brasileira.

______. 1972. *1930*: A revolução traída. Rio de Janeiro: Civilização Brasileira.

______. 1975. *1935*: A Revolta Vermelha. Rio de Janeiro: Civilização Brasileira.

______. 1980. *A ameaça vermelha*: *o plano Cohen*. Porto Alegre: L&PM.

SILVEIRA, Joaquim X. da. 1989. *A FEB por um soldado*. Rio de Janeiro: Nova Fronteira.

SIMÃO, Azis. 1966. *Sindicato e Estado*. São Paulo: Dominus.

SKIDMORE, Thomas. 1976. *Preto no branco*: raça e nacionalidade no pensamento brasileiro. Rio de Janeiro: Paz e Terra.

______. 1979. *Brasil*: de Getúlio a Castelo. Rio de Janeiro: Paz e Terra.

SODRÉ, Nelson Werneck. 1986. *A Intentona Comunista de 1935*. Porto Alegre: Mercado Aberto.

SOIHET, Rachel. 2008. *A subversão pelo riso*: estudos sobre o carnaval carioca da *Belle Époque* ao tempo de Vargas, 2ª ed. Uberlândia: EDUFU (primeira edição de 1998).

SOUZA, Denaldo Alchorne de. 2008. *O Brasil entra em campo! Construções e reconstruções da identidade nacional*. (1930-1947). São Paulo: Annablume.

SOUZA, Maria do Carmo Campello de. 1976. *Estados e partidos políticos no Brasil (1930 a 1964)*. São Paulo: Alfa-Ômega.

TOTA, Antonio Pedro. 2000. *Imperialismo sedutor*. São Paulo: Companhia das Letras.

TRINDADE, Hélgio. 1974. *Integralismo, o fascismo brasileiro na década de 30*. São Paulo: Difel.

______. 1981. "Integralismo: teoria e práxis política nos anos 30". In FAUSTO, Boris (dir.). *O Brasil Republicano*, v. 3: Sociedade e política (1930-1964) (Coleção História Geral da Civilização Brasileira, t. III). São Paulo: Difel.

______. 2017. *A tentação fascista no Brasil*: imaginário de dirigentes e militantes integralistas. Porto Alegre: Editora da UFRGS.

TRONCA, Ítalo. 1981. "O exército e a industrialização: entre as armas e Volta Redonda". In FAUSTO, Boris (dir.). *O Brasil Republicano*, v. 3: Sociedade e política (1930-1964) (Coleção História Geral da Civilização Brasileira, t. III). São Paulo: Difel.

VASCONCELOS, Gilberto. 1979. *Ideologia curupira*: análise do discurso integralista. São Paulo: Brasiliense.

VELLOSO, Monica Pimenta. 2000. *Que cara tem o Brasil?*: as maneiras de pensar e sentir o nosso país. Rio de Janeiro: Ediouro.

______. 2011. *Mário Lago*: boemia e política, 3ª ed. Rio de Janeiro: FGV.

______. 2015. *O modernismo no Rio de Janeiro*: turunas e quixotes, 2ª ed. Rio de Janeiro: KBR.

VIANNA, Hermano. 1995. *O mistério do samba*. Rio de Janeiro: Zahar/UFRJ.

VIANNA, Luís Werneck. 1976. *Liberalismo e sindicato no Brasil*. Rio de Janeiro: Paz e Terra.

VIANNA, Marly de A. G. 2011. *Revolucionários de 1935*: sonho e realidade, 3ª ed. São Paulo: Expressão Popular.

______ (org.). 1995. *Pão, terra e liberdade*: memória do Movimento Comunista de 1935. Rio de Janeiro/São Carlos: Arquivo Nacional/EUFSCar.

VILLAS BÔAS, Orlando; VILLAS BÔAS, Cláudio. 2012. *A marcha para o oeste*. São Paulo: Companhia das Letras.

VILLELA, A. V.; SUZIGAN, W. 1973. *Política do governo e crescimento da economia brasileira 1889-1945*. Rio de Janeiro: IPEA/INPES.

WAACK, William. 1993. *Camaradas. Nos arquivos de Moscou. A história secreta da revolução brasileira de 1935*. São Paulo: Companhia das Letras.

WEFFORT, Francisco. 1978. *O populismo na política brasileira*. Rio de Janeiro: Paz e Terra.

WEINSTEIN, Barbara. 2000. *(Re)Formação da classe trabalhadora no Brasil (1920-1964)*. São Paulo: Cortez.

WERNECK DA SILVA, José Luiz. 1991. *O feixe*: o autoritarismo como questão teórica e historiográfica. Rio de Janeiro: Zahar.

Filmografia

Aleluia, Gretchen
Direção de Sylvio Back. Drama, 1976, 118 min. CIC Vídeo. Com Carlos Vereza, Lílian Lemmertz, Miriam Pires e Kate Hansen.
Família alemã foge da Alemanha nazista e se instala em cidade do sul do Brasil em fins da década de 1930. A história acompanha a adaptação à nova vida e o conflituoso envolvimento, durante a Segunda Guerra Mundial, com o nazismo e o integralismo. Os laços mantidos com o nazismo perduram até a década de 1950, quando os personagens recebem, em sua residência, ex-oficiais da SS que acabam interferindo nas relações familiares.

Argila
Direção de Humberto Mauro. Drama, 1940, 103 min. Funarte/Rio Filmes. Com Carmem Santos, Celso Guimarães, Lídia Mattos e Floriano Faissal.
Disposta a incentivar a arte nacional, em especial a cerâmica marajoara, rica e jovem viúva se envolve em relação de amor conflituosa com pobre e talentoso ceramista contratado para decorar seu castelo em Petrópolis. O filme mostra o preconceito das elites diante da arte nacional e os preconceitos vigentes à época.

Baile perfumado
Direção de Lírio Ferreira e Paulo Caldas. Drama, 1997, 93 min. Riofilme. Com Luiz Carlos Vasconcelos, Chico Diaz, Giovanna Gold e Jofre Soares.
Em busca de riqueza, um jovem mascate libanês de nome Benjamin Abrahão, amigo de Padre Cícero, tem o objetivo de filmar Lampião e o seu grupo de cangaceiros. No entanto, o contexto político da época dificulta a realização do projeto.

Caso dos irmãos Naves, O
Direção de Luís Sérgio Person. Drama, 1967, 92 min. Globo Vídeo. Com John Herbert, Juca de Oliveira, Raul Cortez, Anselmo Duarte e Cacilda Lanuza.
Na cidade mineira de Araguari, em 1937, tenente perde um familiar e acusa injustamente dois irmãos pelo assassinato. As torturas, conjugadas com o silêncio e a cumplicidade da sociedade, resultam em uma injusta condenação, cujo erro judicial

repercute em todo o país. A relação entre regimes autoritários e arbitrariedade judicial é sugerida no filme. Baseado em fatos reais. Em preto e branco.

Cobra fumou, A
Direção de Vinícius Reis. Documentário, 2002, 94 min. Popmídia. Narração de Bete Mendes e Vinícius Reis.
Antigos combatentes da Força Expedicionária Brasileira relatam suas vivências e experiências nos campos de batalha na Itália, destacando-se os relatos sobre a conquista da cidade de Montese e a tomada de Monte Castelo.

Copacabana
Direção de Carla Camurati. Comédia, 2001, 92 min. Imagens Filmes Distribuidora. Com Marco Nanini, Laura Cardoso, Miriam Pires, Rogéria e Ida Gomes.
Um fotógrafo, morador de Copacabana faz, às vésperas de completar 90 anos, uma retrospectiva dos momentos mais marcantes de sua vida, desde o nascimento, quando foi abandonado na porta da Igreja de Nossa Senhora de Copacabana, até o dia da comemoração dos 90 anos. Sempre acompanhado de amigos fiéis, o protagonista relembra eventos históricos e culturais, a exemplo do levante do Forte de Copacabana, do baile comemorativo do retorno dos pracinhas no Hotel Copacabana Palace, do Carnaval de rua, entre outras situações que se confundem com a história da sua vida, do seu bairro e do país.

Crime do Zé Bigorna, O
Direção de Anselmo Duarte. Drama, 1977, 100 min. Globo Vídeo. Com Lima Duarte, Jofre Soares, Otávio Augusto, Lady Francisco e Stênio Garcia.
Durante a Revolução de 1930, o simplório ferreiro Zé Bigorna é preso como principal suspeito da morte de sua mulher, Marlene, e do amante dela, coronel Quirino Papa-Terra. Contudo, a população local defende Zé Bigorna: traído, o marido lavou sua honra com sangue; além disso, eliminou um homem poderoso e arbitrário. Assim, de assassino ele passa a herói da cidade. Acreditando ser, de fato, um herói, o ferreiro, para manter a fama, terá de se corromper quando o verdadeiro assassino aparece.

Deuses e os mortos, Os
Direção de Ruy Guerra. Drama, 1970, 95 min. Com Othon Bastos, Norma Bengell, Ruy Polanah, Ítala Nandi, Dina Sfat e Nelson Xavier.
No início do século XX, no sul da Bahia, um bandoleiro intromete-se na política local, onde duas famílias lideradas por coronéis do cacau disputam o poder. Seu interesse é acirrar a disputa entre as partes para tomar o lugar de um dos líderes. Com a matança, os deuses interferem no episódio, atuando no destino do bandoleiro. A partir de alegorias, o diretor discute os conflitos entre trabalhadores e elites do país.

Doramundo
Direção de João Batista de Andrade. Drama, 1978, 95 min. Vídeo Cassete do Brasil. Com Irene Ravache, Antônio Fagundes, Rolando Boldrin, Armando Bógus, Rodrigo Santiago, Oswaldo Campozana, Denise Del Vecchio e Sérgio Hingst.
Na pequena cidade de Cordilheira, São Paulo, ocorre uma série de assassinatos. Um delegado, ao investigar os crimes, descobre um triângulo amoroso e percebe a rivalidade entre solteiros e casados na cidade. Os ferroviários, sem alternativas diante do clima de opressão política, recorrem ao alcoolismo ou entram em conflitos entre si mesmos. Embora se passe em 1939, o filme reconstitui, com sutileza, a situação política brasileira da década de 1970. Baseado no romance homônimo de Geraldo Ferraz.

Estrada 47, A
Direção de Vicente Ferraz. Drama, 2013, 105 min. Europa Filmes. Com Daniel de Oliveira, Francisco Gaspar e Ivo Canelas.
Soldados brasileiros integrantes da Força Expedicionária Brasileira se perdem da tropa no início da subida do Monte Castelo. Eles têm que decidir entre enfrentar a Corte Marcial, acusados de abandonar o posto, ou retornar para enfrentar as tropas inimigas. O filme revela o despreparo dos soldados brasileiros, mas valoriza sua atuação e contribuição na guerra.

For all – O trampolim da vitória
Direção de Luiz Carlos Lacerda e Buza Ferraz. Comédia, 1997, 95 min. Columbia Tristar. Com Betty Faria, Claudio Mamberti, Paulo Gorgulho, Edson Celulari, Alexandre Lippiani, Luiz Carlos Tourinho, Diogo Vilela, Ney Latorraca, Louise Cardoso, Raul Gazzolla e Paulo César Grande.
Em 1943, 15.000 soldados norte-americanos chegam a Natal, Rio Grande do Norte, com a missão de defender o Atlântico Sul. O cotidiano da população local muda com a presença das tropas. As pessoas ficam assustadas com a guerra, mas também vivem romances, conseguem novos empregos e divertem-se em bailes.

Getúlio Vargas
Direção de Ana Carolina. Documentário, 1974, 76 min. Globo Vídeo. Narração de Paulo César Pereio.
O filme reconstitui a trajetória política de Getúlio Vargas desde a Revolução de 1930 até o suicídio em agosto de 1954. Diversos momentos de sua carreira e da história do país são revividos, como o Estado Novo, o surgimento da CSN, a entrada do Brasil na Segunda Guerra e a criação da Petrobras. A grande popularidade de Vargas com os trabalhadores, bem como a intensa oposição do empresariado e dos políticos conservadores, que discordavam da política nacionalista, tanto na imprensa quanto no Legislativo, também são discutidos no filme.

Homem de areia, O
Direção de Vladimir Carvalho. Crônica, 1982, 116 min. Funarte. Com Fernanda Montenegro e Mário Lago.
Documentário sobre a vida de José Américo de Almeida, liberal brasileiro, chefe civil da Revolução de 1930 no Nordeste e importante político brasileiro. Com a narração de Fernanda Montenegro e Mário Lago, o diretor Vladimir Carvalho, por meio das memórias de José Américo, reconstitui episódios da história política brasileira no século XX.

Imagens do Estado Novo – 1937-45
Direção de Eduardo Escorel. Documentário, 2018, 3 h 47 min.
O documentário sobre o Estado Novo, com quase quatro horas de duração, apresenta cenas de cine jornais produzidos no Brasil, Alemanha e Estados Unidos, filmes de época, cartas, filmes publicitários do DIP, canções populares entre outros registros, permitindo conhecer um período marcante da história política, social e cultural brasileira.

Joana Francesa
Direção de Carlos Diegues. Drama, 1973, 113 min. Globo Vídeo. Com Jeanne Moreau, Pierre Cardin e Carlos Kroeber.
Na década de 1930, em uma fazenda no interior do estado de Alagoas, um latifundiário leva Joana Francesa, proprietária de bordel paulistano, para morar em sua propriedade. Além do choque cultural, Joana depara-se com mistérios dentro da família e com a decadência econômica da região. Com a atuação da atriz francesa Jeanne Moreau no papel da protagonista, o filme é uma alegoria sobre a decadência de uma civilização.

Limite
Direção de Mário Peixoto. Drama, 1931, 120 min. Funarte. Com Olga Breno, Taciana Rei e Raul Schnoor.
Inspirado nas vanguardas artísticas europeias de sua época, o filme de Mário Peixoto é um clássico da filmografia brasileira. Três pessoas, em um barco, viajam sem rumo certo e relembram o passado. Trilha musical de Villa-Lobos e Debussy.

Madame Satã
Direção de Karim Aïnouz. Drama, 2002, 105 min. Lumière. Com Lázaro Ramos, Renata Sorrah, Gero Camilo, Marcélia Cartaxo, Flávio Bauraqui e Floriano Peixoto.
Nos anos 1930, ex-presidiário, negro, pobre e homossexual João Francisco dos Santos vive no boêmio bairro da Lapa, Rio de Janeiro, e sonha tornar-se artista. Em 1942, assume a identidade artística de Madame Satã.

Mandarim, O

Direção de Júlio Bressane. Musical, 1995, 100 min. Sagres Rio Filmes. Com Fernando Eiras, Giulia Gam, Renata Sorrah, Costinha, Paschoal Villaboim, Daniela Arantes, Catarina Abdala, Drica Moraes, Noa Bressane, João Rebelo, Sharon Matos, Raphael Rabello, Gal Costa, Gilberto Gil, Chico Buarque, Edu Lobo e Caetano Veloso.
O filme trata da história da música popular brasileira ao longo do século XX através da vida do misterioso e solitário cantor e compositor carioca Mário Reis, tendo como cenário a cidade do Rio de Janeiro. Cantores consagrados, como Chico Buarque e Caetano, interpretam canções clássicas do repertório da MPB.

Memórias do cárcere

Direção de Nélson Pereira dos Santos. Drama, 1984, 124 min. Sagres. Com Carlos Vereza, Glória Pires, Jofre Soares, Marcos Palmeira, José Dumont, Cássia Kiss, Nelson Dantas e Monique Lafont.
Baseado no clássico livro de memórias de Graciliano Ramos, o filme narra a passagem do escritor pela prisão logo após a insurreição comunista de 1935. No presídio da Ilha Grande ele convive com ladrões, malandros e marginais.

Nem tudo é verdade

Direção de Rogério Sganzerla. Documentário, 1985, 95 min. VTI. Com Arrigo Barnabé e Grande Otelo.
Misto de documentário e ficção, o filme é uma reconstituição da passagem de Orson Welles pelo Brasil em 1942. Em vez de filmar temas amenos, como o Carnaval, de acordo com os ditames da política da boa vizinhança, Welles prefere filmar favelas, cultos afro-brasileiros, a pobreza dos pescadores nordestinos, entre outros temas que incomodaram autoridades brasileiras e norte-americanas. Com Arrigo Barnabé interpretando Orson Welles, o filme é, também, uma homenagem ao cineasta.

Olga

Direção de Jayme Monjardim. Drama, 2004, 99 min. Lumière. Com Camila Morgado, Caco Ciocler, Sabrina Greve e José Dumont.
Olga Benário, agente soviética, recebe a tarefa de proteger o líder comunista Luiz Carlos Prestes em sua vinda ao Brasil para liderar revolução. Mas enquanto ambos se envolvem amorosamente, os planos revolucionários de Prestes fracassam. Grávida, Olga é presa e deportada para Alemanha nazista.

Ópera do malandro

Direção de Ruy Guerra. Musical, 1986, 103 min. Paris Vídeo. Com Edson Celulari, Ney Latorraca, Cláudia Ohana, Fábio Sabag, Elba Ramalho, Wilson Grey e Cláudia Gimenez.

Na década de 1940, malandro carioca tem seus interesses no contrabando contrariados após entrar em conflito com um empresário alemão, dono de um cabaré. Para se recuperar dos prejuízos, conquista a filha do rival e, sem largar a malandragem, passa a frequentar os ambientes burgueses do Rio de Janeiro.

Parahyba mulher macho
Direção de Tizuka Yamasaki. Drama, 1983, 83 min. Vídeo Cassete do Brasil. Com Tânia Alves, Cláudio Marzo, Walmor Chagas.
O conservador advogado Dantas e a libertária Anayde vivem explosiva paixão. A relação amorosa entre eles é intensa e marcadamente erótica, apesar de suas diferenças sociais e ideológicas. As diversidades entre os dois, porém, ficam em evidência quando o presidente da província da Paraíba, João Pessoa, é assassinado, episódio que detona a Revolução de 1930.

Radio Auriverde
Direção de Sylvio Back. Documentário, 1991, 80 min. CIC.
O diretor desvenda as relações entre Brasil e Estados Unidos durante a Segunda Guerra Mundial a partir da campanha militar da FEB na Itália. Utilizando uma rádio clandestina, os pracinhas realizam transmissões debochadas com músicas alegres. O filme utiliza depoimentos e filmes de época. Preto e branco.

Soldados de Deus
Direção de Sérgio Sanz. Documentário, 2005, 80 min. VideoFilmes. Narração de Nelson Xavier.
O documentário apresenta diferentes interpretações sobre o integralismo, movimento político influenciado pelo fascismo europeu. Através de antigos integralistas, daqueles que os apoiaram, de seus opositores e de intelectuais, o filme permite compreender como a Ação Integralista Brasileira tornou-se o primeiro movimento de massas no Brasil.

Sonho intenso, Um
Direção de José Mariani. Documentário, 2015, 102 min. Bretz – Back Five. Narração de Adalberto Cardoso, Celso Amorim, Lena Lavinas, Carlos Lessa, João Manuel Cardoso de Melo, José Murilo de Carvalho, Francisco de Oliveira e Luiz Gonzaga Beluzo.
Economistas e historiadores discutem a história econômica e política do Brasil, de 1930 aos dias atuais, centrando o debate no projeto desenvolvimentista que permitiu a industrialização do país.

Tenda dos milagres
Direção de Nélson Pereira dos Santos. Drama, 1977, 148 min. Manchete Vídeo. Com Hugo Carvana, Sônia Dias, Anecy Rocha, Laurence R. Wilson, Jards Macalé, Juarez Paraíso, Jofre Soares e Dorival Caymmi.
Ninguém sabia da existência de Pedro Arcanjo, baiano sabido, feiticeiro, filho dos orixás e apologista do mulatismo, até que um pesquisador norte-americano, doutor Levenson, chega a Salvador para resgatar sua imagem. A partir daí começa, na Bahia, a busca de informações sobre Arcanjo, com a revelação de aspectos da miscigenação da população e das práticas do racismo. Baseado no romance de Jorge Amado.

Tudo é Brasil
Direção de Rogério Sganzerla. Documentário, 1977, 82 min. Warner. Com Grande Otelo, Carmem Miranda, Dalva de Oliveira, Ary Barroso e Dorival Caymmi.
Documentário sobre a visita de Orson Welles ao Brasil na década de 1940, os bastidores de *It's all true* e as razões para a interrupção do filme. Com depoimento de Welles e a participação de Ary Barroso, Carmem Miranda, Dalva de Oliveira, Dorival Caymmi, Grande Otelo, Herivelto Martins e Linda Batista, o filme resgata cenas do Rio de Janeiro à época do Estado Novo e desvenda a maneira como *It's all true* foi concebido e filmado.

Velho — A história de Luís Carlos Prestes, O
Direção de Toni Venturi. Documentário, 1997, 105 min, Funarte/Rio Filmes.
Conjugando entrevistas com cenas de época, o documentário relata a vida de Luís Carlos Prestes desde sua infância, o envolvimento nas revoltas da década de 1920, sua liderança no movimento tenentista, a coluna que recebeu seu nome, a insurreição de 1935, as prisões e os exílios. Em todo o filme o próprio Prestes relata e interpreta os acontecimentos.

Villa-Lobos – o índio de casacas
Direção de Roberto Feith. Musical, 1987, 120 min. Manchete Vídeo. Com Paulo José, Turíbio Santos, Antônio Guedes Barbosa, Orquestra Filarmônica Mundial.
Documentário sobre a vida e a obra do maestro Heitor Villa-Lobos, ou Villa, como gostava de ser chamado. O filme apresenta imagens inéditas de seu cotidiano gravadas, através de uma 8mm, por Erminda, ou Mindinha, sua segunda esposa. Essas cenas são entrecortadas por imagens do período histórico e por breve contextualização. Conhecemos, assim, seu nascimento, um pouco antes da proclamação da República; o contato com a boemia carioca no bairro da Lapa, em que tocava

com os Chorões e de onde retira a influência popular; a participação na Semana de Arte Moderna em São Paulo, em que Del Picchia deu-lhe o apelido de "Índio de Casacas"; a primeira incursão pela Europa; a atuação no governo de Getúlio Vargas, bem como a conquista da América do Norte.

Villa-Lobos – Uma vida de paixão
Direção de Zelito Viana. Drama, 2000, 113 min, Europa Filmes. Com Antônio Fagundes, Marcos Palmeira, Letícia Spiller, Ana Beatriz Nogueira, Paulo Nogueira, Ilya São Paulo, Othon Bastos, Lucinha Lins, Marcelo Tas, Antônio Pitanga, Marieta Severo, José Wilker e Emilio de Mello.
Um pouco antes de ser homenageado no Teatro Municipal, Villa-Lobos repassa a infância, os conflitos no primeiro casamento, o ambiente cultural e o modernismo na década de 1920, o sucesso profissional, o amor por Mindinha e o medo de perdê-la em consequência de uma doença inesperada.

Os autores

ANGELA DE CASTRO GOMES. Doutora em Ciência Política pelo Iuperj. Professora Titular do programa de pós-graduação em História Social da UFF e Professora Emérita da FGV. Autora de *A invenção do trabalhismo* (Rio de Janeiro, FGV, 2005, 3ª ed.; primeira edição de 1989).

DULCE PANDOLFI. Doutora em História Social pela UFF. Historiadora e presidenta do Conselho Curador do Instituto Brasileiro de Análises Sociais e Econômicos (Ibase). Autora de *Camaradas e companheiros*: história e memória do PCB (Rio de Janeiro: Relume Dumará, 1995).

FÁBIO KOIFMAN. Doutor em História Social pela UFRJ. Professor do departamento de História e de Relações Internacionais e do programa de pós-graduação em História da UFRRJ. Autor de *Quixote nas trevas:* o embaixador Souza Dantas e os refugiados do nazismo (2ª ed., Rio de Janeiro, Record, 2012).

LÚCIA LIPPI OLIVEIRA. Doutora em Sociologia pela USP. Professora Associada do programa de pós-graduação em História, Política e Bens Culturais e do curso de mestrado profissional em Bens Culturais e Projetos Sociais do CPDOC-FGV. Professora Emérita da FGV. Autora de *Cultura é patrimônio:* um guia (Rio de Janeiro: FGV, 2008).

MARCOS CHOR MAIO. Doutor em Ciência Política pelo Iuperj. Pesquisador da Casa de Oswaldo Cruz/Fiocruz e professor do programa de pós-graduação em História das Ciências da Saúde. Autor de *Nem Rothschild, nem Trotsky:* o pensamento antissemita de Gustavo Barroso (Rio de Janeiro: Imago, 1992).

MARIA ANTONIETA P. LEOPOLDI. Doutora em Ciência Política pela Universidade de Oxford. Professora Adjunta do departamento e do programa de pós-graduação em Ciência Política da UFF e do programa de pós-graduação em Políticas Públicas, Estratégias e Desenvolvimento da UFRJ. Autora de *Política e interesses na industrialização brasileira*. Associações industriais, política econômica e o Estado (São Paulo: Paz e Terra, 2000).

Maria Celina D'Araujo. Doutora em Ciência Política pelo Iuperj. Professora do departamento e do programa de pós-graduação em Ciências Sociais da PUC-Rio. Organizadora de *Getúlio Vargas, perfil parlamentar* (2ª ed. Brasília: Câmara dos Deputados, 2017).

Maria Helena Capelato. Doutora em História Social pela USP. Professora Titular do programa de pós-graduação em História Social da USP. Autora de *Multidões em cena*. Propaganda política no varguismo e no peronismo (2ª ed. São Paulo: Editora da Unesp, 2009).

Marly de Almeida G. Vianna. Doutora em História Social pela USP, professora aposentada da UFSCar e professora do programa de pós-graduação em História, mestrado e doutorado, da Universo. Autora de *Revolucionários de 35*. Sonho e realidade (3ª ed. São Paulo: Expressão Popular, 2011).

Monica Pimenta Velloso. Doutora em História Social pela USP. Pesquisadora da Fundação Casa de Rui Barbosa. Autora de *Mário Lago:* boemia e política (3ª ed. Rio de Janeiro, FGV, 2011).

Rachel Soihet. Doutora em História Social pela USP e Professora Titular do programa de pós-graduação em História da UFF. Autora de *A subversão pelo riso*. Estudos sobre o carnaval da Belle Époque ao tempo de Vargas (Rio de Janeiro: FGV, 1998).

Roney Cytrynowicz. Doutor em História pela USP. Diretor da Editora Narrativa Um – Projetos e Pesquisas de História. Autor de *Guerra sem guerra*. A mobilização e o cotidiano em São Paulo durante a Segunda Guerra Mundial (São Paulo: Edusp/Geração Editorial, 2000).

Plano geral da coleção

Volume 1 – O tempo do liberalismo oligárquico – da proclamação da República à Revolução de 1930 – Primeira República (1889-1930)

Os cenários da República. O Brasil na virada do século XIX para o século XX
Profa. Dra. Margarida de Souza Neves (PUC-Rio)

A consolidação da República: rebeliões de ordem e progresso
Prof. Dr. Elio Chaves Flores (UFPB)

O processo político na Primeira República e o liberalismo oligárquico
Profa. Dra. Maria Efigênia Lage de Resende (UFMG)

Religião e política no alvorecer da República: os movimentos de Juazeiro, Canudos e Contestado
Profa. Dra. Jacqueline Hermann (UFRJ)

Formação da classe operária e projetos de identidade coletiva
Prof. Dr. Cláudio H. M. Batalha (Unicamp)

Primeira República: economia cafeeira, urbanização e industrialização
Prof. Dr. José Miguel Arias Neto (UEL)

Reforma urbana e Revolta da Vacina na cidade do Rio de Janeiro
Prof. Dr. Jaime Larry Benchimol (Fiocruz)

Política externa na Primeira República: entre continuidades e mudanças
Prof. Francisco Doratioto (UnB)

Tenentismo e crises políticas na Primeira República
Prof. Dr. Mário Cléber Martins Lanna Júnior (PUC-Minas)

O Modernismo e a questão nacional
Dra. Monica Pimenta Velloso (FCRB)

A crise dos anos 1920 e a Revolução de 1930
Profa. Dra. Marieta de Moraes Ferreira (UFRJ/CPDOC-FGV) e Profa. Dra. Surama Conde Sá Pinto (UFRRJ)

Volume 2 – O tempo do nacional-estatismo – do início dos anos 1930 ao apogeu do Estado Novo – Segunda República (1930-1945)

Os anos 1930: as incertezas do regime
Profa. Dra. Dulce Chaves Pandolfi (Ibase)

Ação Integralista Brasileira: um movimento fascista no Brasil (1932-1938)
Prof. Dr. Marcos Chor Maio (Fiocruz) e Dr. Roney Cytrynowicz (Editora Narrativa Um)

O PCB, a ANL e as insurreições de novembro de 1935
Profa. Dra. Marly de Almeida G. Vianna (Universo)

O Estado Novo: o que trouxe de novo?
Profa. Dra. Maria Helena Capelato (USP)

Os intelectuais e a política cultural do Estado Novo
Dra. Monica Pimenta Velloso (FCRB)

Estado Novo: debatendo nacionalismo, autoritarismo e populismo
Profa. Dra. Angela de Castro Gomes (UFF)

Estado, classe trabalhadora e políticas sociais
Profa. Dra. Maria Celina D'Araújo (PUC-Rio)

A economia política do primeiro governo Vargas (1930-1945): a política econômica em tempos de turbulência
Profa. Dra. Maria Antonieta P. Leopoldi (UFF)

O governo Vargas e a política externa brasileira (1930-1945)
Prof. Dr. Fábio Koifman (UFRRJ)

O povo na rua: manifestações culturais como expressão de cidadania
Profa. Dra. Rachel Soihet (UFF)

Sinais da modernidade na era Vargas: vida literária, cinema e rádio
Profa. Dra. Lúcia Lippi Oliveira (CPDOC-FGV)

Volume 3 – O tempo da experiência democrática – da democratização de 1945 ao golpe civil-militar de 1964 – Terceira República (1945-1964)

A transição democrática de 1945 e o movimento queremista
Prof. Dr. Jorge Ferreira (UFF/UFJF)

Trabalhadores, sindicatos e política (1945-1964)
Prof. Dr. Antonio Luigi Negro (UFBA) e Prof. Dr. Fernando Teixeira da Silva (Unicamp)

Forças Armadas e política, 1945-1964
Prof. Dr. João Roberto Martins Filho (UFSCar)

Partidos políticos e frentes parlamentares: projetos, desafios e conflitos na democracia
Profa. Dra. Lucilia de Almeida Neves Delgado (UFMG/PUC-Minas/UnB)

O nacional-desenvolvimentismo em tempos de Getúlio Vargas (1951-1954)
Prof. Dr. Pedro Cezar Dutra Fonseca (UFRGS) e Prof. Dr. Ivan Colangelo Salomão (UFRGS)

A política externa brasileira do pós-guerra ao golpe de 1964: construindo as bases da diplomacia brasileira contemporânea
Prof. Dr. Felipe P. Loureiro (USP)

O governo Juscelino Kubitschek (1956-1961): estabilidade política e desenvolvimento econômico
Prof. Dr. Marcelo Cedro (PUC-Minas)

PCB: a questão nacional e a democracia
Prof. Dr. José Antonio Segatto (Unesp)

Ligas Camponesas e sindicatos rurais em tempo de revolução
Prof. Dr. Antônio Torres Montenegro (UFPE)

Arte e cultura na República de 1946
Prof. Dr. Marcos Napolitano (USP)

Crises da República: 1954, 1955 e 1961
Prof. Dr. Jorge Ferreira (UFF/UFJF)

O governo Jânio Quadros: entre a política e o personalismo
Prof. Dr. Jefferson José Queler (Ufop)

O governo Goulart e o golpe civil-militar de 1964
Prof. Dr. Jorge Ferreira (UFF/UFJF)

Volume 4 – O tempo do regime autoritário – ditadura militar e redemocratização – Quarta República (1964-1985)

Os dias seguintes ao golpe de 1964 e a construção da ditadura (1964-1968)
Profa. Dra. Maria Celina D'Araújo (PUC-Rio) e Profa. Dra. Mariana Joffily (UFSC)

Esquerdas revolucionárias e luta armada
Profa. Dra. Denise Rollemberg (UFF)

Cultura e política: os anos 1960 e 1970 e sua herança
Prof. Dr. Marcelo Ridenti (Unicamp)

Espionagem, polícia política, censura e propaganda: os pilares básicos da repressão
Prof. Dr. Carlos Fico (UFRJ)

O regime empresarial-militar e a questão agrária no Brasil
Profa. Dra. Leonilde Servolo de Medeiros (UFRRJ)

O "milagre" brasileiro: crescimento acelerado, integração internacional e concentração de renda – 1967-1973
Prof. Dr. Luiz Carlos Delorme Prado (IE-UFRJ) e Prof. Dr. Fábio Sá Earp (IE-UFRJ)

Trabalhadores, sindicatos e política no Brasil: do golpe à redemocratização (1964-1985)
Prof. Dr. Marco Aurélio Santana (UFRJ)

As relações internacionais do Brasil na era militar (1964-1985)
Paulo Roberto de Almeida (Uniceub)

Crise da ditadura militar e o processo de abertura política no Brasil, 1974-1985
Prof. Dr. Francisco Carlos Teixeira da Silva (UFRJ)

A anistia de 1979 e as heranças da ditadura
Profa. Dra. Carla Simone Rodeghero (UFRGS)

Volume 5 – O tempo da Nova República – da transição democrática à crise política de 2016 – Quinta República (1985-2016)

O Brasil e o tempo presente
Profa. Dra. Angélica Müller (UFF) e Profa. Dra. Francine Iegelski (UFF)

O presidente acidental: José Sarney e a transição democrática
Prof. Dr. Jorge Ferreira (UFF/UFJF)

O fim do desenvolvimentismo: o governo Sarney e a transição do modelo econômico brasileiro
Prof. Dr. Luiz Carlos Delorme Prado (UFRJ) e Profa. Dra. Maria Antonieta P. Leopoldi (UFF)

As eleições de 1989 e a democracia brasileira: atores, processos e prognósticos
Prof. Dr. Américo Freire (CPDOC-FGV) e Profa. Dra. Alessandra Carvalho (CAP/UFRJ)

O governo e o impeachment *de Fernando Collor de Mello*
Prof. Dr. Brasilio Sallum Jr. (USP)

Reestruturação produtiva, neoliberalismo e o mundo do trabalho no Brasil: anos 1990 e 2000
Prof. Dr. José Ricardo Ramalho (UFRJ)

A estabilização e a estabilidade: do Plano Real aos governos FHC (1993-2002)
Profa. Dra. Marly Motta (CPDOC-FGV)

"A gente cultiva a terra e ela cultiva a gente" – uma história do MST
Profa. Dra. Adelaide Gonçalves Pereira (UFC)

Arte e cultura no tempo presente
Profa. Dra. Maria Fernanda Garbero (UFRRJ), Prof. Dr. Luiz Sérgio de Oliveira (UFF) e Prof. Dr. Rafael de Luna Freire (UFF)

Pátria amada, não idolatrada: o Brasil no rock dos anos 1980/1990
Dr. Mario Luis Grangeia (MPF)

Realismo, ambição e frustração: o Brasil e sua política internacional (1985-2015)
Prof. Dr. Estevão de Rezende Martins (UnB)

O lulismo e os governos do PT: ascensão e queda
Prof. Dr. Rodrigo Patto Sá Motta (UFMG)

Cidadania no tempo presente
Profa. Dra. Cláudia Viscardi (UFJF) e Prof. Dr. Fernando Perlatto (UFJF)

O texto deste livro foi composto em Sabon, desenho tipográfico de Jan Tschichold de 1964 baseado nos estudos de Claude Garamond e Jacques Sabon no século XVI, em corpo 10,5/14,5. Para títulos e destaques, foi utilizada a tipografia Frutiger, desenhada por Adrian Frutiger em 1975.

A impressão se deu sobre papel off-white pelo Sistema Digital Instant Duplex da Divisão Gráfica da Distribuidora Record.